中国社会科学院大学专项资助成果

满语文系列教材
朝克 主编

无圈点满文

赵志强 编著

中国社会科学出版社

图书在版编目（CIP）数据

无圈点满文 / 赵志强编著. -- 北京：中国社会科学出版社，2025.1. --（满语文系列教材）. -- ISBN 978-7-5227-4473-5

Ⅰ. K282.1

中国国家版本馆 CIP 数据核字第 2024J2D939 号

出 版 人	赵剑英
责任编辑	单　钊　苗祎琦
责任校对	韩天炜
责任印制	李寡寡

出　　版	中国社会科学出版社
社　　址	北京鼓楼西大街甲 158 号
邮　　编	100720
网　　址	http://www.csspw.cn
发 行 部	010-84083685
门 市 部	010-84029450
经　　销	新华书店及其他书店

印　　刷	北京明恒达印务有限公司
装　　订	廊坊市广阳区广增装订厂
版　　次	2025 年 1 月第 1 版
印　　次	2025 年 1 月第 1 次印刷

开　　本	710×1000　1/16
印　　张	21.75
字　　数	318 千字
定　　价	98.00 元

凡购买中国社会科学出版社图书，如有质量问题请与本社营销中心联系调换
电话：010-84083683
版权所有　侵权必究

目 录

导　言 1

第一章　无圈点满文的字母及音节字 5
　　第一节　无圈点满文的元音字母 7
　　第二节　无圈点满文的音节字 26

第二章　过渡期满文的字母及音节字 77
　　第一节　过渡期满文形成原因及起止时间 77
　　第二节　过渡期满文形体的变化 86
　　第三节　新增的音节字 101
　　第四节　过渡期满文之混乱 117

第三章　无圈点满文的改革 118
　　第一节　无圈点满文改革的起点 118
　　第二节　无圈点满文改革的内容 124
　　第三节　改革遗留的问题 137
　　第四节　无圈点满文遗留的旧词 141

第四章　读音特殊的音节字 145
　　第一节　切韵字 145
　　第二节　外单字 155
　　第三节　外联字 165

第五章　同形字辨识方法
第一节　根据满语特点辨识同形词 ················ 168
第二节　利用清代图书辨识同形词 ················ 177

第六章　文献阅读
第一节　无圈点满文文献 ······················ 198
第二节　过渡期满文文献 ······················ 206

参考文献 ································· 214

附录　无圈点、加圈点满文词语对照表 ·············· 217

后　记 ·································· 344

导　言

无圈点满文即初创之"满洲字"。明朝末年，建州女真首领弩尔哈齐建立金国，始称聪睿贝勒，继而称汗。在统一女真诸部的过程中，他逐步建章立制，使国家形态日益完备。在此期间，于明万历二十七年（1599）二月，命巴克什（榜识）额尔德尼（厄儿得溺）等借用蒙文，创制文字，用以记注朝政。此新创的文字，当时称为 ᠮᠠᠨᠵᡠ ᠪᡳᡨᡥᡝ（manju bithe）即"满洲文字"[①]，今简称满文。

无圈点满文属于拼音文字。其书写规则是自上而下[②]、从左向右书写。在单词里，各字母一般要连缀书写，分开书写者偶尔有之。

无圈点满文并非完善的符号系统，最显著的弊病就是有些元音字母如 o 与 u 形体雷同，有些辅音字母如 q、ɢ、χ 形体亦雷同。后来为了克服此弊病，在有些元音字母如 u 和辅音字母如 ɢ 的右侧增加一点，有些辅音字母如 χ 的右侧增加一圈，以区分读音不同的字母，是

[①]《满洲实录》卷 3，中华书局 1986 年影印本，第 112 页。本书引用满文，均以新疆维吾尔自治区锡伯语言学会监制、乌鲁木齐市索贝特数码科技有限公司开发的《索贝特—锡伯文满文输入法》V2.0 版输入，采用"XM_GF 锡满雅白"字体。个别形体特殊，无法输入者，采用原文图片。满文后面，均附拉丁字母转写。转写方法基本遵循穆麟德（P.G.von Möllendorff）氏 *A Manchu Grammar* 一书。唯其转写法不区分小舌音与舌根音，k 代表 ᠴ[q'] 和 ᠊ᠺ[k']，g 代表 ᠨ[q] 和 ᠊ᡤ[k]，h 代表 ᡥ[χ] 和 ᠊ᡥ[x]，以资简便，却不完全适合老满文之转写与还原。因此，在本书转写中，增加 q、ɢ、χ 三个字母，分别转写前述三个小舌音，原有的 k、g、h 三个字母，仅分别转写前述三个舌根音，即 ᠴ[q'] 转写为 q，ᠨ[q] 转写为 ɢ，ᡥ[χ] 转写为 χ，᠊ᠺ[k'] 转写为 k，᠊ᡤ[k] 转写为 g，᠊ᡥ[x] 转写为 h，借以区分小舌音与舌根音。辅音字母 ᠺ、ᡤ、ᡥ 亦分别以 k、g、h 转写。引用他人转写之文，一仍其旧。

[②] 本书中出现的满文，除表格及行文中少量手写者外，均左转 90 度，自左向右书写，以便书写和排版。

无圈点满文

为"加圈点字"。与之相对,初创的"满洲字"被清人称为"无圈点字"。今则分别称为"无圈点满文""加圈点满文",或"老满文""新满文"。

关于满文的创制,清代文献多有记载,如《大清太祖武皇帝实录》满文体云:

taidzu sure beile monggo bithe be qūbulime. manju gisun i araki seci. erdeni baqsi gagai jargūci hendume: be monggoi bithe be tacixa daχame sambi dere: julgeci jihe bithe be te adarame qūbulibumbi seme marame gisureci: taidzu sure beile hendume: niqan gurun i bithe be χūlaci. niqan bithe sara niyalma sarqū niyalma gemu ulhimbi. monggo gurun i bithe be χūlaci. bithe sarqū niyalma inu gemu ulhimbiqai[①]: musei bithe be monggorome χūlaci: musei gurun i bithe sarqū niyalma ulhiraqū qai: musei gurun i gisun i araci adarame mangga: encu monggo gurun i gisun adarame ja seme henduci: gagai jargūci erdeni baqsi jabume musei gurun i gisun i araci sain mujangga: qūbulime arara be meni dolo baχanaraqū ofi marambi dere. taidzu sure beile hendume. a sere hergen ara: a i fejile ma sindaci ama waqao: e sere hergen ara. e i fejile me sindaci eme waqao: mini dolo gūnime wajiχa: suwe arame tuwa ombiqai[②] seme emhun marame monggorome χūlara bithe be. manju gisun i qūbulibuχa: tereci taidzu sure beile. manju bithe be fuqjin deribufi manju gurun de selgiyehe[③]:

该书汉文体云:"二月,太祖欲以蒙古字编成国语,榜识厄儿得溺、刚盖对曰:'我等习蒙古字,始知蒙古语。若以我国语编创译书,我等实不能。'太祖曰:'汉人念汉字,学与不学者皆知;蒙古之人念蒙古字,学与不学者亦皆知。我国之言,写蒙古之字,则不习蒙古语者不能知矣。何汝等以本国言语编字为难,以习他国之言为易耶?'

---

① 此 ulhimbiqai,《满洲实录》分作 ulhimbi qai。参见《满洲实录》卷3,中华书局1986年影印本,第111页。

② 此 ombiqai,《满洲实录》分作 ombi qai。参见《满洲实录》卷3,中华书局1986年影印本,第112页。

③ 中国第一历史档案馆藏:《大清国太祖武圣皇帝实录》卷2(《daicing gurun i taidzu χoronggo enduringge χūwangdi yargiyan qooli》jai debtelin),第1—3页。

导 言

刚盖、厄儿得溺对曰：'以我国之言编成文字最善，但因翻编成句，吾等不能，故难耳。'太祖曰：'写阿字，下合一妈字，此非阿妈乎（阿妈，父也）？厄字，下合一脉字，此非厄脉乎（厄脉，母也）？吾意决矣，尔等试写可也。'于是，自将蒙古字编成国语颁行，创编满洲文字，自太祖始。"[①]

由此可见，清太祖弩尔哈齐与巴克什额尔德尼、噶盖（刚盖）创制满文的过程也是他们研究满语的具体实践活动，如果不熟悉满语，不知道"阿妈，父也""厄脉，母也"，则无从知道"写阿字，下合一妈字""（写）厄字，下合一脉字"，亦即无从创制满文。

此外，关于满文的创制，《大清太祖武皇帝实录》等书只提到了清太祖弩尔哈齐与巴克什额尔德尼、噶盖。今人则多归功于额尔德尼和噶盖，甚至额尔德尼一人。《清史列传》之《额尔德尼传》即云："会噶盖以事伏法，额尔德尼遵上指授，独任拟制，奏上裁定颁行。"[②]实际上，当时参加创制的人员可能更多。如据《钦定八旗满洲氏族通谱》中的《喀喇》传记载："喀喇，正白旗人，世居乌喇地方，国初来归。以喀喇奉命创制清书，赐巴克什号，授骑都尉，任郎中，兼佐领。"[③]由此可见，初创之满文并非成于一人之手，而应该是集体智慧的结晶，只是额尔德尼具体负责此事，出力尤多。

初创的满文借用蒙古字，故其蒙文痕迹颇重，如有些形体颇似蒙文，有些单词的书写形式也有类似蒙文者。例如："蒙古语，凡字下之〇，随上字音，各有读法，如：〇读伯叶、〇读萨喇、〇读什讷、〇读阿哈、〇读灵呼斡、〇读额垮、〇读苏墨。"[④]无圈点满文受此影响，也有这样的书写形式。其读音或为 a，如：〇又作〇即〇（aniya，年）、〇即〇（niyaqūraxa，跪了）、〇又作〇即〇（χaχa，男人）、〇又作〇即〇（yaya，诸凡）、〇又作〇即〇（hiya，侍卫）、〇即〇（waliya，令上

[①] 《大清太祖武皇帝实录》卷 2，台北"故宫博物院"1970 年影印本，第 1—2 页。
[②] 王钟翰点校：《清史列传》卷 4，中华书局 1987 年版，第 187 页。
[③] 《钦定八旗满洲氏族通谱》卷 23，《钦定四库全书》本。
[④] 阿桂等奉敕撰：《御制满洲蒙古汉字三合切音清文鉴·凡例》，《钦定四库全书》本。

无圈点满文

坟、令摺);或读音为 e,如:〇〇又作〇〇、〇即〇〇(ejeme,记)、〇〇又作〇、〇即〇〇(feye,伤)①。再如:音节字 de 用作虚词、单独书写时,亦往往按蒙文书写方式,写成〇和〇等形式,如:〇〇又作〇〇 〇即〇〇 〇(ejen de,于主子)、〇〇 〇即〇〇(ula de,于乌喇)、〇〇〇〇又作〇〇〇 〇即〇〇 〇(χafasa de,于官员们)、〇〇〇 〇即〇〇(simiyan de,于沈阳)、〇〇〇(suwende)又作〇〇 〇(sūwen de,于你们)、〇〇 〇即〇〇(loode,于监牢)。②诸如此类,都是无圈点满文受蒙文影响的结果。

  无圈点满文应用一段时间后,大约自天命后期,人们开始在无圈点满文的右边施加圈点以区分形体雷同的字母和音节字,开启无圈点满文向加圈点满文过渡的阶段。此阶段的满文被今人称为过渡期满文。至天聪六年(1632)初,金国汗皇太极颁布加圈点满文《十二字头》,使无圈点满文进入加圈点满文发展阶段。当然,新旧替换并非一蹴而就,在加圈点满文施行初期,无圈点满文夹杂其中,某些书写形式延续颇久,甚至迄今犹存。

---

① 鄂尔泰等奉敕编纂:《无圈点字书》第 1 卷,a、e、i 字头,乾隆内府写本,第 1、4、10、11、12、41、42、47、51、53 页。

② 鄂尔泰等奉敕编纂:《无圈点字书》第 1 卷,a、e、i 字头,乾隆内府写本,第 4、8、13、23、24 页。第 4 卷,ao、eo、io 字头,第 5 页。

第一章　无圈点满文的字母及音节字

无圈点满文是拼音文字。不过，从创制者当时的言论来看，所谓"满洲文字"不完全等同于音素文字。无圈点满文创制之际，清太祖说："写阿字，下合一妈字，此非阿妈乎（阿妈，父也）？厄字，下合一脉字，此非厄脉乎（厄脉，母也）？"其中，"阿""妈""阿妈""厄""脉""厄脉"等言，用拉丁字母转写，分别为 a、ma、ama、e、me、eme。在此，a、e 均为元音字母；ma、me 为辅音字母 m 与元音字母 a、e 构成的音节字；ama、eme 为满语单词的书写形式，从"满洲文字"角度而言，两者分别是由元音字母 a 与音节字 ma、元音字母 e 与音节字 me 构成的词语。然而，在后世有关著作中，依然把满文元音字母、音节字以及音节末的辅音字母，统统称为"字"，或称"字母韵母"。例如，舞格著述、雍正八年（1730）成书的《满汉字清文启蒙》在满语教学领域影响深远。该书讲述《十二字头》部分，在"第一字头"下明言："此头为后十一字头之字母韵母，学者先将此头诵写极熟，务俟笔画音韵清楚之后，再读其余字头，自能分别，容易读记，不致串混也。"①在"第一字头"后面有明言："右第一字头，共四十七句，一百三十一字。"②在这里，所谓"字"，就包括满文元音字母和音节字。其余十一字头后面，也都有这样的结语，如第二字头后面云："右第二字头，共四十六句，一百二十四

---

① 舞格：《满汉字清文启蒙》卷1，三槐堂刻本，第1页。
② 舞格：《满汉字清文启蒙》卷1，三槐堂刻本，第12页。

字。"①在第三字头后面举例云:"如阿字下加尔字是阿尔,联写阿尔欺烧酒。"②再如:乾隆三十二年(1767)嵇璜奉敕撰《皇朝通志·六书略一》云:"大抵《十二字头》率以三字或二字蝉联成句。"并在第一字头"阿 额 伊 鄂 乌 谔"下明言:"臣等谨按,《十二字头》实为国书生生不已之母,而第一字头又为十一字头之母,至此六字则更为第一字头之母。"③该书将第二至第十二字头音节末的元音字母(词尾形式)(i)、辅音字母(词尾形式)(r)、(n)、(ng)、(q/k)、(s)、(t)、(b)、元音字母(词尾形式)(o)、辅音字母(词尾形式)(l)、(m),也都称为"字"。④又,该书《七书略一》"第一字头阿、额、伊、鄂、乌、谔"下亦云:"臣等谨按,阿、额、伊、鄂、乌、谔,音韵之字也。纳阿、讷额以下,则为配合翻切之字,而字母、韵母皆不能出此六字之范围。纳阿至发阿二十四字、讷额至热额二十一字、尼伊至之伊二十一字、傩鄂至若鄂二十四字、努乌至儒乌二十三字、懦谔至佛谔十一字分晰之而声悉谐,参错之而母共贯,十一字头皆以此为不易之体例也。"⑤

按照现代文字学理论分析,"满洲文字"是由元音字母和辅音字母构成的符号系统,上述音节字 ma、me 被分解为辅音字母 m 和元音字母 a、e,而不被视为一个"字"。

无圈点满文的元音字母有几个?辅音字母又有多少?今据《无圈点档》《无圈点字书》记载,按现代语言学、文字学理论分析,可知无圈点满文共有 29 个字母,其中元音字母 7 个、辅音字母 22 个,下面分别叙述。

---

① 舞格:《满汉字清文启蒙》卷1,三槐堂刻本,第14页。
② 舞格:《满汉字清文启蒙》卷1,三槐堂刻本,第15页。原书为竖版,故"阿""尔""阿尔""阿尔欺"诸字均左转90度。
③ 嵇璜等奉敕撰:《皇朝通志》卷11,王云五主编《清朝通志》,商务印书馆1935年版,第6807页。原书为竖版,注音汉字"阿""额""伊""鄂""乌""谔"均左转90度。
④ 嵇璜等奉敕撰:《皇朝通志》卷11,王云五主编《清朝通志》,商务印书馆1935年版,第6807—6808页。
⑤ 嵇璜等奉敕撰:《皇朝通志》卷14,王云五主编《清朝通志》,商务印书馆1935年版,第6819页。

第一章 无圈点满文的字母及音节字

第一节 无圈点满文的元音字母

元音字母是元音的书写符号，也叫母音字母。元音是音素的一种，又称母音，是发音时气流通过口腔而不受任何阻碍发出的音，与辅音相对。

在满语中，究竟有多少元音，迄今仍有争议。

在无圈点满文里，元音字母有七个，分别是：ᠠ（a）、ᠨ（e）、ᠢ（i）、ᠣ（o）、ᠣ（u）、ᠣ（ō）、ᠣ（ū）。其中，ᠣ（o）与ᠣ（u）、ᠣ（ō）与ᠣ（ū）形体雷同，而ᠣ（o）与ᠣ（ō）、ᠣ（u）与ᠣ（ū）形体虽殊，但读音相同；ᠣ（o）、ᠣ（u）分别为元音[o] [u]的阳性形体，ᠣ（ō）、ᠣ（ū）分别为元音[o] [u]的阴性形体。

元音字母可独自成为一个词，亦可与其他元音字母、辅音字母或音节字构成单词，表达意义。元音字母出现在单词里时，都有词首、词中、词尾三种书写形式，详见表 1-1。

表 1-1　　　　　　无圈点满文元音字母书写形式

拉丁字母转写	独立形式	词首形式	词中形式	词尾形式
a	ᠠ	ᠠ	ᠠ	ᠠ ᠠ
e	ᠨ	ᠨ	ᠨ	ᠨ ᠨ
i	ᠢ	ᠢ	ᠢ ᠢ	ᠢ
o	ᠣ	ᠣ	ᠣ	ᠣ ᠣ
u	ᠣ	ᠣ	ᠣ	ᠣ ᠣ
ō	ᠣ	ᠣ	ᠣ	ᠣ
ū	ᠣ	ᠣ	ᠣ	ᠣ

需要说明的是，按传统理论，元音字母ᠠ（a）只有独立、词首形式，而没有词中、词尾形式，当它出现在词中、词尾时，都被视为音节字的组成部分。例如：《皇朝通志·六书略一》云："国书成语读法，如ᠠ ᠨ ᠢ ᠣ ᠣ ᠣ 六字，于联字清语内，从无用在句之中间者，

7

无圈点满文

间有读阿字者皆系ᠠ字，读额字者皆系ᡝ字，读伊字者皆系ᡳ字，读鄂字者皆系ᠣ字，读乌字者皆系ᡠ字。"[①] 再举几个词语为例。如：ᡍᡠᠯᠠᡍᠠ（χulaχa）即ᡍᡡᠯᠠᡍᠠ（χūlaχa，读了、传唤了）一词，按传统理论分析，则是由ᡍᡠ（χu）、ᠯᠠ（la）、ᡍᠠ（χa）三个"字"组成的，其中ᠯᠠ（la）是音节字ᠯᠠ（la）的词中形式，ᡍᠠ（χa）是音节字ᡍᠠ（χa）的词尾形式，而不分别拆分为辅音字母词中形式（l）和元音字母词中形式（a）、辅音字母词中形式（χ）和元音字母词尾形式（a）。再如：ᡍᡠᠪᠠ（χuba）即ᡍᡡᠪᠠ（χūba，琥珀）一词，按传统理论分析，则是由ᡍᡠ（χu）和ᠪᠠ（ba）两个字组成的，其中元音字母（词尾形式）（a）被视为ᠪᠠ（ba）字的组成部分，而不拆分为辅音字母词首形式（b）和元音字母词尾形式（a）。

以下逐一详述这七个元音字母。

一 元音字母 ᠠ（a）

按语言学理论，满语元音ᠠ（a）是展唇、舌面低、央元音。发音时，嘴唇自然展开，舌头放平，气流缓缓呼出。

在无圈点满文中，元音字母ᠠ（a）有独立、词首、词中、词尾书写形式，其中词尾形式又分两种书写形式，详见表 1-2。

表 1-2　　　　　元音字母 ᠠ（a）书写形式

拉丁字母转写	独立形式	词首形式	词中形式	词尾形式
a	ᠠ	ᠠ	ᠠ	ᠠ　ᠠ

其独立形式ᠠ（a）可作为单词，或为名词，意为阴阳之"阳"，或为象声词，表示惊惧声，相当于"啊"字。

其词首形式为ᠠ（a），例如：ᠠᠴᠠᡍᠠ（acaχa）即ᠠᠴᠠᡍᠠ（acaχa，会合了）、ᠠᠮᠠᠰᡳ（amasi，往回）、ᠠᠪᡴᠠ（abqa，天）、ᠠᠮᠪᠠ（amba，大）。

[①] 嵇璜等奉敕撰：《皇朝通志》卷 11，载王云五主编《清朝通志》，商务印书馆 1935 年版，第 6809 页。

第一章　无圈点满文的字母及音节字

其词中形式（a），例如：⟨acaχa⟩即⟨acaχa，会合了）、⟨amasi，往回）、⟨lampa，冗杂）、⟨tana，东珠）、⟨yasa）即⟨yasa，眼睛）。

其词尾形式有两种，在辅音字母词首形式 ⟨b⟩、⟨p⟩ 之下写作 ⟨a⟩，例如：⟨χuba⟩即⟨χūba，琥珀）、⟨amba，大）、⟨lampa，冗杂）、⟨sumpa⟩即⟨sumpa，须发斑白）。在其他辅音字母下俱用 ⟨a⟩，例如：⟨na，地）、⟨tana，东珠）、⟨χulaχa⟩即⟨χūlaχa，读了、传唤了）、⟨yasa⟩即⟨yasa，眼睛）。

在《无圈点档》中，该元音字母的词尾形式在有些单词中，既可作 ⟨a⟩，又可作 ⟨a⟩。例如：⟨hiya，侍卫）——⟨hii-a，侍卫）、⟨aniya，年）——⟨anii-a，年）、⟨biya，月）——⟨bii-a，月）等。在此，第二种书写形式都是蒙文书写形式，后来逐渐被废弃。

练习
1. 默写无圈点满文元音字母 ⟨a⟩ 的四种书写形式。
2. 掌握无圈点满文元音字母 ⟨a⟩ 两种词尾形式的应用规律。

二　元音字母 ⟨e⟩

按语言学理论，满语元音 ⟨e⟩ 是展唇、舌面次高、央元音。发音时，嘴唇自然展开，舌头后缩，气流缓缓呼出。

在无圈点满文中，元音字母 ⟨e⟩ 有独立、词首、词中、词尾书写形式，其中词尾形式又分两种书写形式，详见表 1-3。

表 1-3　　　　元音字母 ⟨e⟩ 的书写形式

拉丁字母转写	独立形式	词首形式	词中形式	词尾形式
e	⟨⟩	⟨⟩	⟨⟩	⟨⟩

无圈点满文

其独立形式 (e) 可作为单词，或为名词，意为阴阳之"阴"；或为象声词，表示惊奇的声音、轻视人的声音，相当于汉文"哦""呃"字。

其词首形式为 (e)，例如： (emu) 即 (emu，一)、 (ejen) 即 (ejen，主)、 (efu) 即 (efu，额驸)、 (eshen) 即 (eshen，叔)、 (emgi) 即 (emgi，与、同)。

其词中形式为 (e)，例如： (ejehe) 即 (ejehe，记的、记了、敕书)、 (musei) 即 (musei，咱们的)、 (terei) 即 (terei，那个的、其)、 (tūmen) 即 (tūmen，万)、 (tere) 即 (tere，那个)。

其词尾形式有两种，在辅音字母词首形式 (b)、 (p)、 (k)、 (g)、 (h) 之下写作 (e)，例如： (hebe) 即 (hebe，议)、 (muke) 即 (muke，水)、 (genehe) 即 (genehe，去了)、 (χusutulehe) 即 (χūsutulehe，努力了)。在辅音字母词首形式 (n)、 (s)、 (š)、 (t)、 (d)、 (l)、 (m)、 (c)、 (j)、 (y)、 (r)、 (f)、 (w) 之下俱用 (e)，例如： 即 (ne，今) 即 (tere，那个)、 、 即 (muse，咱们)、 、 即 (unde，尚未)、 即 (eletele，够够的、直至满足)、 (χudulame) 即 (χūdulame，加快)。

《无圈点字书》所列元音字母 (e) 的书写形式，除 (e) 之外，尚有 (ne)、 (ei)、 (o) 三种。其相关的例词有： (nemu) 与 (emu)，附注之新满文为 (emu，一)。 (eifiyeme)，附注之新满文为 (efime，玩耍)。 (eifiyen) 与 (efiyen)、 (efiyen)，附注之满文为 (efin，玩艺)。 (ubufi) 与 (ebufi)、 (ebufi)，附注之满文为 (ebufi，下)。[①]但其实，此言有误导之嫌疑。

---

① 鄂尔泰等奉敕编纂：《无圈点字书》第 1 卷，a、e、i 字头，乾隆内府写本，第 3、4、5 页。

第一章 无圈点满文的字母及音节字

　　数词"一",无圈点满文为(emu)即(emu,一)。然而,当其前面有尾音(n)的单词,且与之连读、语速较快时,读为(nemu)即(nemu,一)。例如《无圈点档》之(orin nemuci)即(orin nemuci,第二十一)、(juwan nemu)即(juwan nemu,十一)等,皆如此。

　　(efime)即(efime)为动词(efimbi,玩耍、演)的连用形式和副动形式,(efin,玩艺)系由动词(efimbi,玩耍、演)派生的名词。据博赫《清语易言·改念的韵》,在清代满语口语中,(efimbi)的(e)读为(ei)。另据舞格《清文启蒙》,元音(e)多念(ei)音,如:(ebihe)读为"恶意切逼呵"(eibihe,饱了);(ekisaqa)读为"恶意切欺萨喀"(eikisaqa,悄悄的);(dehi)读为"得衣切稀"(deihi,四十);等等。

　　(ebufi,下来后)为动词(ebumbi,下)的连用形式,无圈点满文又作(ubufi)即(ubufi,下来后)。据《清文启蒙》《清语易言》可知,元音(u)与(e)有互补现象,如:(ume,勿)读为"恶模"(eme,勿);(kunesun,行粮)读为"枯奴孙"(kunusun,行粮);等等。[①]在锡伯口语中,(ebumbi)的(e)亦读称(u)音。

　　显然,所谓(ne)即(ne)、(ei)、(u)都不是元音字母(e)的另一种形体,而是在特定条件下某些单词的口语读音。《无圈点档》记事多用口语,故难免如此。

练习

3. 默写无圈点满文元音字母(e)的四种书写形式。
4. 掌握无圈点满文元音字母(e)两种词尾形式的应用规律。

---

　　① 以上《清语易言》《清文启蒙》词语,引自季永海《〈清语易言〉语音探析——读书笔记之二》,《满语研究》1992年第1期;季永海《〈清文启蒙〉语音研究——读书笔记之三》,《满语研究》1994年第2期。

三　元音字母ᡳ（i）

按语言学理论，满语元音ᡳ（i）是展唇、舌面前、高元音。发音时，嘴唇自然展开，舌尖部位抬高，气流缓缓呼出。

在无圈点满文中，元音字母ᡳ（i）有独立、词首、词中、词尾四种书写形式，其中词中形式又分两种书写形式，详见表1-4。

表1-4　　　　　元音字母　ᡳ（i）书写形式

拉丁字母转写	独立形式	词首形式	词中形式	词尾形式
i				

其独立形式ᡳ（i）可作为单词，即作为第三人称代词单数形式，相当于"他"字。

其词首形式为ᡳ（i），例如：(ini，他的)、(iliχa) 即 (iliχa，站立的、站立了)、(ilan，三)、(iχan) 即 (iχan，牛)。

其词中形式有两种，在辅音字母下俱用(i)，例如：(tuwakiyabuχa) 即 (tuwakiyabuχa，使看守的、使看守了)、(χuwakiyaχa) 即 (χūwakiyaχa，剖开的、剖开了)、(iliχa) 即 (iliχa，站立的、站立了)、(efin，玩艺)。在元音字母下俱用(i)。例如：(aiseme) 即 (aiseme，何必)、(suilaχa) 即 (suilaχa，遭罪了)、(dailaχa) 即 (dailaχa，征讨的、征讨了)、(waidara) 即 (waidara，舀的)。

其词尾形式为(i)，例如：(waki seme) 即 (waki seme，欲杀)、(ulai) 即 (ulai，乌喇的)、(yehei) 即 (yehei，叶赫的)、(uwehei) 即 (uwehei，石头的)、(Goloi) 即 (Goloi，路的)、(deoi) 即 (deoi，弟弟的)、(jekui) 即 (jekui，粮的)、(gurgui) 即 (gurgui，野兽的)。

第一章　无圈点满文的字母及音节字

　　若再细究，词尾形式⌒（i）用处不同，形体略有变化。在元音或多数辅音字母下，其形体为⌒（i），例如：⌒（ai）、⌒（ei）、⌒（oi）、⌒（ni）、⌒（ti）、⌒（si）等。在辅音字母⌒（k）、⌒（g）、⌒（h）、⌒（b）、⌒（p）下，其形体为⌒（i），例如：⌒（ki）、⌒（gi）、⌒（hi）、⌒（bi）、⌒（pi）。在辅音字母⌒（dz）下，其形体为⌒（i），例如：⌒（dzi）。

　　此外，在语句中，词尾形式⌒（i）亦可独立使用。此时，或为助词，表示领属关系，相当于"的"字，例如：⌒ ⌒（alin i oforo，山嘴。直译意为山的鼻子）、⌒ ⌒（bira i dolo，河中。直译意为河的里面）。或作为介词，表示动作行为凭借的工具，相当于"以"字。例如：⌒ ⌒（Gala i arambi，用手写）、⌒ ⌒（loχo i sacimbi，用腰刀砍）等。这种⌒（i）字，可与前面的单词连写，表意相同，如：⌒ ⌒（bira i dolo，河中）——⌒ ⌒（birai dolo，河中）、⌒ ⌒（Gala i arambi，用手写）——⌒ ⌒（Galai arambi，用手写）等。这种⌒（i）字，前面有辅音字母⌒（n）时，受其影响，读音变为[ni]音。

　　《无圈点字书》所列元音字母⌒（i）的书写形式，除⌒（i）外，尚有⌒（ei）。所录单词仅有⌒，附注新满文为⌒（i jeo，义州）。[①] 从《无圈点档》记载可知，当初满洲（女真）人把"义州"就称为⌒（eiju）即⌒（eiju，义州），后来才改称⌒（i jeo，义州）。显然，"义州"之言，前后拼写方法不同，并非元音字母⌒（i）又写作⌒（ei）。

练习

5. 默写无圈点满文元音字母⌒（i）的四种书写形式。
6. 掌握无圈点满文元音字母⌒（i）两种词中形式的应用规律。
7. 将元音字母⌒（a）、⌒（e）与⌒（i）连写，并练习拼读。

[①] 鄂尔泰等奉敕编纂：《无圈点字书》第1卷，a、e、i字头，乾隆内府写本，第5、7页。

四 元音字母 ᠣ（o）

按语言学理论，满语元音 ᠣ（o）是圆唇、舌面次高、宽元音。发音时，嘴唇稍圆，舌头后缩，气流缓缓呼出。

在无圈点满文中，该元音有两种形体，即 ᠣ（o）和 ᠣ（ō），其中 ᠣ（ō）为阴性形体（详见本章后文），ᠣ（o）为阳性形体。

在无圈点满文中，元音字母 ᠣ（o）有独立、词首、词中、词尾书写形式，其中词尾形式又分两种书写形式，详见表1-5。

表1-5　　　　　元音字母 ᠣ（o）书写形式

拉丁字母转写	独立形式	词首形式	词中形式	词尾形式
o	ᠣ	ᠣ	ᠣ	ᠣ ᠣ

其独立形式 ᠣ（o）可作为单词，或为名词，意为胳肢窝；或为象声词（答应声），相当于"喔"字。

其词首形式为 ᠣ（o），例如：ᠣᠪᡠᡰᠠ（obuχa）即 ᠣᠪᡠᡰᠠ（obuχa，作为的、作为了）、ᠣᡵᡳᠨ（orin，二十）、ᠣᡶᡳ（ofi）即 ᠣᡶᡳ（ofi，因为）、ᠣᠯᠵᡳ（olji，俘虏）。

其词中形式为 ᠣ（o），例如：ᠴᠣᠣᡥᠠ（cooχa）即 ᠴᠣᠣᡥᠠ（cooχa，兵）、ᡨᠣᠰᠣᡰᠣ（tosoχo）即 ᡨᠣᠰᠣᡰᠣ（tosoχo，拦阻的、拦阻了）、ᠪᠣᡳᡤᠣᠨ（boiɢon）即 ᠪᠣᡳᡤᠣᠨ（boiɢon，户）、ᡩᠣᠪᠣᡵᡳ（dobori）即 ᡩᠣᠪᠣᡵᡳ（dobori，夜）。

其词尾形式有两种，在辅音字母词首形式 ᠪ（b）、ᠫ（p）之下用 ᠣ（o），且随辅音字母之笔顺向右倾斜，例如：ᠣᠯᠪᠣ（olbo，马褂）、ᡰᠣᠪᠣ（χobo）即 ᡰᠣᠪᠣ（χobo，棺）。在其他辅音字母词首形式下俱用 ᠣ（o），例如：ᠣᡶᠣᡵᠣ（oforo，鼻）、ᠣᡨᠣᠯᠣ（otolo，至于）、ᠣᠩᡤᠣᠯᠣ（ongɢolo）即 ᠣᠩᡤᠣᠯᠣ（ongɢolo，前）、ᡩᠣᠯᠣ（dolo）即 ᡩᠣᠯᠣ（dolo，内）。

《无圈点字书》所列元音字母 ᠣ（o）的书写形式，除 ᠣ（o）外，尚有 ᠣ（ō）、ᠣᠣ（oo）和 ᠣᠸᡝ（owe）三种。其实，ᠣᠣ（oo）之读音为[o:]，ᠣᠸᡝ（owe）之读音为[oe]，属于不同的拼写形式，而不是元音字母 ᠣ（o）的不同形体。该书所录与 ᠣ（ō）相关的词，有：

（ōmosi），附注新满文为 (omosi，众孙)。 (ōke)，附注新满文为 (oke，婶母)。 (ōkete，附注新满文为 (okete，众婶母))。该书另有 (Gōcifi) 即 (Gocifi，撤、吸)、 (dōlo) 即 (dolo，内)、 (mōro) 即 (moro，碗) 等词。①

在无圈点满文中， (ō) 为元音[o]的阴性形体（详见后文）， (o) 为元音[o]的阳性形体。因此，不能认为 (ō) 是 (o) 的另一种书写形式。值得注意的是，在《无圈点档》中，阴阳形体的使用不是特别严格，同一个单词，或用阳性形体书写，或用阴性形体书写，例如： (boso，布) 与 (bōso，布) 并存， (dolo) 即 (dolo，内) 又写作 (dōlo，内)，等等。甚至阴阳混用的现象，也屡见不鲜。

练习

8. 默写无圈点满文元音字母 (o) 的四种书写形式。
9. 掌握无圈点满文元音字母 (o) 两种词尾形式的应用规律。
10. 将元音字母 (a)、 (e)、 (i) 与 (o) 连写，并练习拼读。
11. 将元音字母 (o) 与 (i) 连写，并练习拼读。

五　元音字母 (ō)

按语言学理论，满语元音 (ō) 是圆唇、舌面次高、宽元音。发音时，嘴唇稍圆，舌头后缩，气流缓缓呼出，与 (o) 相同。

在无圈点满文中，元音[o]有两种形体，即 (o) 和 (ō)，其中 (ō) 为阴性形体， (o) 为阳性形体（详见上文）。

在无圈点满文中，元音字母 (ō) 有独立、词首、词中、词尾书写形式，详见表1-6。

---

① 鄂尔泰等奉敕编纂：《无圈点字书》第1卷，a、e、i字头，乾隆内府写本，第7、13、31、36页。

无圈点满文

表 1-6　　　　　元音字母 ᠣ̄（ō）书写形式

拉丁字母转写	独立形式	词首形式	词中形式	词尾形式
ō	ᠣ̄	ᠣ̄	ᠣ̄	ᠣ̄

其词首形式为 ᠣ̄（ō），例如：ᠣ̄mosi（ōmosi）即 omosi（omosi，众孙）、ᠣ̄ke（ōke）即 oke（oke，婶母）、ᠣ̄kete（ōkete）即 okete（okete，众婶母）、ᠣ̄χaqu（ōχaqu）即 oχaqū（oχaqū，未允）、ōjiraqu（ōjiraqu）即 ojoraqū（ojoraqū，不可）。

其词中形式为 ᠣ̄（ō），例如：Gōcimbi（Gōcimbi）即 Gocimbi（Gocimbi，撒、吸）、dōlo（dōlo）即 dolo（dolo，内）、mōro（mōro）即 moro（moro，碗）、dōro（dōro）即 doro（doro，道）、bōso（bōso）即 boso（boso，布）。

其词尾形式为 ᠣ̄（ō），例如：pō（pō，颇，汉姓）、dailio tiyan dzō χan（dailio tiyan dzō χan）即 dailio tiyan dzo χan（dailio tiyan dzo χan，大辽天祚帝）、lio sing dzō（lio sing dzō，刘兴祚）。

从《无圈点档》记载来看，元音字母 ᠣ̄（ō）多用于词首和词中，少用于词尾。

练习

12. 默写无圈点满文元音字母 ᠣ̄（ō）的四种书写形式。
13. 将元音字母 ᠣ̄（ō）与 ᡳ（i）连写，并练习拼读。

六　元音字母 ᠣ（o）与 ᠣ̄（ō）的关系

在无圈点满文元音字母中，ᠣ（o）、ᠣ̄（ō）分别为圆唇、后半高、宽元音[o]的阳性形体和阴性形体的独立形式，详见前述。

考其来源，满文元音字母 ᠣ（o）、ᠣ̄（ō）及其词首、词中、词尾书写形式均来自回鹘蒙古文。在回鹘蒙古文里，"o 元音。此元音在回鹘蒙古文中分别为词首作 ᠣ，词中作 ᠣ 或 ᠣ"，"ö 元音。此元

第一章　无圈点满文的字母及音节字

音在回鹘蒙古文中分别为，词首作ᠣ，词中作ᠣ、ᠥ或ᠥ"①。显然，16世纪末叶，清太祖弩尔哈齐命巴克什额尔德尼等人借用蒙文创制文字拼写满语时，直接借用了回鹘蒙古文的元音字母ᠣ（o）和ᠥ（ö），故其各种书写形体均相同。

至于认为回鹘蒙古文ᠥ（ö）的词中形式又作ᠥ或ᠥ，这在很大程度上是基于蒙古语严格的元音和谐律推导出来的。如果满语的元音和谐规律同蒙古语一样严格，也可以说无圈点满文元音字母ᠥ（ō）的词中形式又作ᠥ或ᠥ，词尾形式又作ᠥ或ᠥ，这是无可置疑的。譬如在《荒字档》内，包含元音[e]和[o]的词汇共出现65次，除借词、人名、地名以及附加成分外，满语固有词汇有ᠣᠥ（deo）即ᠣᠥ（deo，弟）以及ᠣᠥᠢ（deoi）即ᠣᠥᠢ（deoi，弟的）、ᠣᠥᠲᠡ（deote）即ᠣᠥᠲᠡ（deote，众弟）等。②在《昃字档》内，有ᠰᠣᠯᠡ（seole）即ᠰᠣᠯᠡ（seole，令思虑）以及ᠰᠣᠯᠡᠮᠡ（seoleme）即ᠰᠣᠯᠡᠮᠡ（seoleme，-mbi，考虑）、ᠰᠣᠯᠡᡥᡝ（seolehe）即ᠰᠣᠯᠡᡥᡝ（seolehe，思虑了）等词。③在《张字档》内，有ᠨᠢᠣᡥᡝ（niohe）即ᠨᠢᠣᡥᡝ（niohe，狼、狼皮）、ᠨᠡᠣᠨ（neon）即ᠨᡠᠨ（nun，妹）。④在这些词语里，出现在词中的ᠥ（o）和词尾的ᠥ（o），可以参照上述回鹘蒙古文的情况，作为元音字母ᠥ（ō）的词中和词尾形式之一。

考其读音，满蒙语之间亦有共同之处。在回鹘蒙古文中，元音字母ᠣ（o）的读音为[ɔ]，"《秘史》等汉字标音文献中词首一般作'斡'，带有辅音的音节一般以'那、孛、可、歌、抹、罗、脱、朵、勺……等字来表达"；元音字母ᠥ（ö）的读音，"《秘史》等汉字标音文献中词首一般作'斡'，在辅音之后构成音节一般以'那、孛、可、歌、抹、罗、脱、朵、勺……等字来表达，与o音的标音几乎无异"⑤。在无圈点满文中，元音字母ᠣ（o）、ᠥ（ō）的读音相同，都读[ɔ]音。

---

①　嘎日迪：《中古蒙古语研究》，辽宁民族出版社2006年版，第103、106页。引文内原蒙文字母，均改以"锡满雅白"字体输入。下同。
②《满文原档》第1册，台北"故宫博物院"2005年影印本，第3、7、8页。
③《满文原档》第1册，台北"故宫博物院"2005年影印本，第348、326、358页。
④《满文原档》第2册，台北"故宫博物院"2005年影印本，第321、517页。
⑤　嘎日迪：《中古蒙古语研究》，辽宁民族出版社2006年版，第104、106页。

17

无圈点满文

例如：天命九年（1624）《寒字档》内有一些满汉对照的记载，其中与无圈点满文书写的人名 ◌◌◌（looja）对应的汉文作"老张"，与 ◌◌◌（oolan）对应的汉文作"襖乱"，与地名 ◌◌◌（tomido）对应的汉文作"陀弥倒"，与 ◌◌◌（χoifa）对应的汉文作"迴扒"即辉发。① 以上这些人名、地名，在乾隆中期以新满文"音写"的《加圈点字档》里，分别写作 ◌◌◌（looja）、◌◌◌（oolan）、◌◌◌（tomido）、◌◌◌（χoifa）。② 由此可见，自清太祖时期直至清高宗时期，大约 150 年间，元音字母 ◌（o）的读音为[ɔ]，并无变化。

至于 ◌（ō）的读音，在《满文原档》里没有发现对应的汉字，但发现当时 ◌（o）与 ◌（ō）两者通用，兹举四组例句如下：

例1：《张字档》作 ◌◌◌◌◌◌◌◌◌◌（sini gūrun i dōlo tebufi ... sini dōlo Gunici endembio.）③

《来字档》作 ◌◌◌◌◌◌◌◌◌◌（sini gūrun i dolo tebufi ... sini dolo Gunici endembio.）④

例2：《列字档》作 ◌◌◌◌◌（mantai χan boco de amuran.）⑤

《冬字档》作 ◌◌◌◌◌（mantai χan bōco de amuran.）⑥

例3：《列字档》作 ◌◌◌◌（jaqun boode dosire jaqa.）⑦

《冬字档》作 ◌◌◌◌（jaqun boo de dōsire jaqa.）⑧

例4：《列字档》作 ◌◌◌◌（amba dōro be adarame jafambi:）⑨

---

① 《满文原档》第 4 册，台北"故宫博物院"2005 年影印本，第 100、101、102 页。
② 中国第一历史档案馆整理编译：《内阁藏本满文老档》第 6 册，辽宁民族出版社 2009 年影印本，第 2817、2818、2819 页。
③ 《满文原档》第 2 册，台北"故宫博物院"2005 年影印本，第 239 页。
④ 《满文原档》第 3 册，台北"故宫博物院"2005 年影印本，第 86 页。
⑤ 《满文原档》第 3 册，台北"故宫博物院"2005 年影印本，第 168 页。
⑥ 《满文原档》第 3 册，台北"故宫博物院"2005 年影印本，第 389 页。
⑦ 《满文原档》第 3 册，台北"故宫博物院"2005 年影印本，第 215 页。
⑧ 《满文原档》第 3 册，台北"故宫博物院"2005 年影印本，第 412 页。
⑨ 《满文原档》第 3 册，台北"故宫博物院"2005 年影印本，第 369 页。

第一章　无圈点满文的字母及音节字

《冬字档》作"▱▱▱▱▱"（amba doro be adarame jafambi:）①

以上档册中，《张字档》《列字档》都是原始记录的抄录件，《来字档》是《张字档》经过编辑修改以后的誊清件，《冬字档》是《列字档》经过修改以后的誊清件。然而，同一时期同一句话中同一个词的同一个元音，在不同的档册里却有两种不同的书写形式。显然，在这些句子里，就其音义而言，▱（dōlo，内）等同于▱（dolo）即▱（dolo，内），▱（bōco）等同于▱（boco，色），▱（dōsire）等同于▱（dosire）即▱（dosire，入的），▱（dōro）等同于▱（doro）即▱（doro，政）。换言之，元音字母▱（ō）的读音等同于▱（o）。

此外，在后来的部分教科书，如清世宗时期成书的《清文启蒙》中，满文字母▱（o）与▱（ō）的注音汉字也相同，均为"窝"②。

由此推断，在满语中，元音字母▱（ō）的读音与▱（o）无异，亦读为[ɔ]音。这一点与蒙语略有差异，因为在蒙语中，元音▱（ö）已有独立的音位。

值得注意的是，在《满文原档》内，阳性元音字母▱（o）、阴性元音字母▱（ō）以及相应的音节字常常混用，阴阳混用的现象也较为多见。例如：《张字档》有▱（ōχaqu）③之言，本应作▱（oχaqu）即新满文▱（oχaqū，未允），因为该词内▱（χa）、▱（qu）都是阳性音节字。又有▱（ōjiraqu）④之言，本应作▱（ojiraqu）即新满文▱（ojoraqū，不可），因为该词内▱（ji）为中性音节字，▱（ra）、▱（qu）均为阳性音节字。《寒字档》有人名▱（jōtai），对应的汉文作"赵太"⑤，本应作▱（jotai），因为该词内▱（ta）是阳性音节字。乾隆抄本《加圈点字档》作▱（jaotai），显然是根据汉文"赵太"改写了。《黄字档》有人名▱（tōkina）⑥，本应作▱（tokina），乾

---

① 《满文原档》第3册，台北"故宫博物院"2005年影印本，第453页。
② 舞格：《满汉字清文启蒙》卷1，三槐堂刻本，第1页。
③ 《满文原档》第2册，台北"故宫博物院"2005年影印本，第32页。
④ 《满文原档》第2册，台北"故宫博物院"2005年影印本，第57页。
⑤ 《满文原档》第4册，台北"故宫博物院"2005年影印本，第135页。
⑥ 《满文原档》第4册，台北"故宫博物院"2005年影印本，第425页。

19

无圈点满文

隆抄本《加圈点字档》即作 ᠊ (tokina)，因为该词内 ᠊ (ki) 是中性音节字，᠊ (na) 是阳性音节字。又有人名 ᠊ (sōju)①，本应作 ᠊ (soju) 即新满文 ᠊ (soju)，乾隆抄本《加圈点字档》即作 ᠊ (soju)，因为该词内 ᠊ (ju) 为阳性音节字。《洪字档》有人名 ᠊ (bōjina)②，本应作 ᠊ (bojina)，因为该词内 ᠊ (ji) 为中性音节字，᠊ (na) 为阳性音节字。《往字档》有名词 ᠊ (tōnɢo)③，本应作 ᠊ (tongɢo) 即新满文 ᠊ (tongɢo，线)，因为该词内 ᠊ (ɢo) 为阳性音节字。又有词组 ᠊ ᠊ (χulχa χōlo，盗贼)④，并将 ᠊ (χōlo) 圈画，改为 ᠊ (χolo) 即新满文 ᠊ (χolo，虚假)。

究其原因，无圈点满文虽借用回鹘蒙古文元音字母 ᠊ (o) 和 ᠊ (ö) 及其各种书写形式，但满蒙语言互有差异。蒙语元音和谐律较为严谨，因此在回鹘蒙古文里，阳性元音字母 ᠊ (o) "出现在阳性元音词汇中"，阴性元音字母 ᠊ (ö) "只出现在阴性词第一和第二音节中，其后极少出现"⑤。满语则略有不同，元音和谐律自有其特点，全盘照搬回鹘蒙古文的书写规则似乎不太可能。此外，创制满文时，也没有根据满语的具体情况制定相应的使用规则。因此，在《满文原档》里，同一个单词的书写形式既有阳性形式、阴性形式，也不乏阴阳混用的书写形式。这是无圈点满文书写形式"五花八门"的主要原因，客观上加剧了人们阅读和利用的难度。

综上所述，在无圈点满文中，圆唇后半高宽元音字母有阳性形体 ᠊ (o) 和阴性形体 ᠊ (ō)，由于无圈点，所以其形体分别与圆唇后高窄元音字母的阳性形体 ᠊ (u) 和阴性形体 ᠊ (ū) 雷同。只有在特定语言环境中，才能加以区分。⑥

---

① 《满文原档》第 4 册，台北"故宫博物院"2005 年影印本，第 425 页。
② 《满文原档》第 5 册，台北"故宫博物院"2005 年影印本，第 205 页。
③ 《满文原档》第 5 册，台北"故宫博物院"2005 年影印本，第 307 页。
④ 《满文原档》第 5 册，台北"故宫博物院"2005 年影印本，第 310 页。
⑤ 嘎日迪：《中古蒙古语研究》，辽宁民族出版社 2006 年版，第 107 页。
⑥ 详见赵志强《满文圆唇后高窄元音字母形体之演变——基于〈满文原档〉的考察》，《满语研究》2021 年第 1 期。

20

第一章　无圈点满文的字母及音节字

七　元音字母 ᡠ（u）

按语言学理论，满语元音ᡠ（u）是圆唇、舌面后高、窄元音。发音时，双唇缩圆，舌头后部抬高，气流缓缓呼出。

在无圈点满文中，该元音有两种形体，即ᡠ（u）和ᡡ（ū），其中ᡡ（ū）为阴性形体（详见后文），ᡠ（u）为阳性形体。

在无圈点满文中，元音字母ᡠ（u）有独立、词首、词中、词尾四种书写形式，其中词尾形式又分两种书写形式，详见表1-7。

表1-7　　　　　元音字母 ᡠ（u）书写形式

拉丁字母转写	独立形式	词首形式	词中形式	词尾形式
u	ᡠ	ᡠ	ᡠ	ᡠ

其独立形式ᡠ（u）可作为单词，或为名词，意为刺；或为象声词，叠用，意为"恸哭声"。此外，还可构成词组ᡠ ᡩᠠ（u da），意为"长辈"。

其词首形式为ᡠ（u），例如：ᡠᠯᡤᡳᠶᠠᠨ（ulgiyan）即 ᡠᠯᡤᡳᠶᠠᠨ（ulgiyan，猪、亥）、ᡠᡳᠯᡝ（uile）即ᡠᡳᠯᡝ（weile，事、罪）、ᡠᠴᠠᠮᡝ（uqame）即ᡠᠴᠠᠮᡝ（uqame，逃）、ᡠᠶᡠᠨ（uyun）即ᡠᠶᡠᠨ（uyun，九）。

其词中形式为ᡠ（u），例如：ᡶᡠᠩᠵᡳᡦᡠᡳ（fungjipui）即ᡶᡠᠩᠵᡳᡦᡠᡳ（fungjipui，奉集堡的）、ᠰᠠᠪᡠᠮᠪᡳ（sabumbi）即ᠰᠠᠪᡠᠮᠪᡳ（sabumbi，看见）、ᡨᠠᡤᡡᡵᠠᠮᠪᡳ（taqurambi）即ᡨᠠᡤᡡᡵᠠᠮᠪᡳ（taqūrambi，差遣）、ᡤᠠᠨᠠᠪᡠᠮᠪᡳ（Ganabumbi）即ᡤᠠᠨᠠᠪᡠᠮᠪᡳ（Ganabumbi，使去取）、ᡴᡝᠮᡠᠨᡳ（kemuni）即ᡴᡝᠮᡠᠨᡳ（kemuni，仍）。

其词尾形式有两种，在辅音字母词首形式ᠪ（b）、ᡦ（p）、ᡴ（k）、ᡤ（g）、ᡥ（h）之下用ᡠ（u），且随辅音字母之笔顺向右倾斜，例如：ᠰᠠᠪᡠ（sabu）即ᠰᠠᠪᡠ（sabu，鞋）、ᡧᠠᡥᠣ ᡦᡠᡠ（šaχo puu）即ᡧᠠᡥᠣ ᡦᡠᡠ（šaχo puu，沙河堡）、ᠪᡡᠯᡝᡴᡠ（būleku）即ᠪᡡᠯᡝᡴᡠ（buleku，镜子）。在其他辅音字母词首形式下俱用ᡠ（u），例如：ᡝᠮᡠ（emu）即ᡝᠮᡠ（emu，一）、ᡤᡝᠮᡠ（gemu）即ᡤᡝᠮᡠ（gemu，皆）、ᠪᠠᡵᡠ（baru）即ᠪᠠᡵᡠ（baru，向）、ᡠᡵᡠ（uru）

21

即 (uru，是非之是)、 (idu) 即 (idu，班)。

《无圈点字书》所列元音字母 (u) 的书写形式，除 (u) 外，尚有 (ū)、 (e)、 (ut) 和 (uu) 四种。其中，元音字母 (e) 与 (u) 可以互补，详见前述。 (ut) 为元音字母 (u) 与辅音字母 (t) 构成的复合音节字， (uu) 为元音字母 (u) 与 (u) 构成的复合音节字。这些都属于不同的拼写形式，而非元音字母 (u) 的不同形体。

该书收录的与 (ū) 相关的词语颇多，例如： (ūbu)，附注新满文为 (ubu，分)； (ūsin)，附注新满文为 (usin，田)； (ūlan)，附注新满文为 (ulan，沟)。[①] 其实， (ū) 为元音[u]的阴性形体，而不是 (u) 的另一种形体，详见后述。

练习

14. 默写无圈点满文元音字母 (u) 的四种书写形式。
15. 掌握无圈点满文元音字母 (u) 两种词尾形式的应用规律。
16. 将元音字母 (u) 与 (i) 连写，并练习拼读。

八 元音字母 (ū)

按语言学理论，满语元音 (ū) 是圆唇、舌面后高、窄元音。发音时，双唇缩圆，舌头后部抬高，气流缓缓呼出，与 (u) 相同。

在无圈点满文中，该元音有两种形体，即 (u) 和 (ū)，其中 (u) 为阳性形体（详见上文）， (ū) 为阴性形体。

在无圈点满文中，元音字母 (ū) 有独立、词首、词中、词尾书写形式，详见表 1-8。

[①] 鄂尔泰等奉敕编纂：《无圈点字书》第 1 卷，a、e、i 字头，乾隆内府写本，第 8 页。

第一章 无圈点满文的字母及音节字

表 1-8　　　　　元音字母 ᠊ᡡ（ū）书写形式

拉丁字母转写	独立形式	词首形式	词中形式	词尾形式
ū	ᡡ	ᡡ	ᡡ	ᡡ

其独立形式为 ᡡ（ū），例如：ᡡ ᡐᠠ ᡐᡠᠨ（ū ta tun）即 ᡡ ᡐᠠ ᡐᡠᠨ（ū ta tun，乌塔屯）、ᠰᡳ ᡡ ᠯᡳ ᡝᡶᡠ（si ū li efu）即（si ū li efu，施吾理额驸）、ᡡ ᠸᠠᠩ（ū wang，武王）、ᡥᡠᠩ ᡡ ᡥᠠᠨ（ɣung ū ɣan）即（ɣung ū ɣan，洪武帝）。ᠵᡝᠨ ᡡ ᡦᡠ（jen ū pu）即（jen ū pu，镇武堡）。

其词首形式为 ᡡ（ū），例如：ᡡᠮᡝ（ūme）即（ume，勿）、ᡡᠰᡳᠨ（ūsin）即（usin，田）、ᡡᠵᡳᡥᡝ（ūjihe）即（ujihe，养的、养了）、ᡡᡵᡠ（ūru）即（uru，是非之是）、ᡡᠵᡠ（ūju）即（uju，头、第一）。

其词中形式为 ᡡ（ū），例如：ᡐᡡᠮᡝᠨ（tūmen）即（tumen，万）、ᠪᡡᠯᡝᡴᡠ（būleku）即（buleku，镜子）、ᡴᡡᠨᡩᡠᠯᡝᠨ（kūndulen）即（kundulen，恭敬）、ᡤᡡᠩ（gūng）即（gūng，功）、ᠪᡡᡥᡝ（būhe）即（buhe，给的、给了）、ᠵᡡᠰᡝ（jūse）即（juse，众子）。

其词尾形式为 ᡡ（ū），例如：ᠨᡝᡥᡡ（nehū）即（nehū，使婢）、ᠮᡡᡥᡡ ᡤᡳᠣᡵᠣ（mūhū gioro）即（muhu gioro，穆湖觉罗）、ᡦᡡ（pū）即（pu，堡）、ᡤᡡ ᠰᡳᠣᠰᠠᡳ（gū siosai）即（gu šusai，顾秀才）。

练习
17. 默写无圈点满文元音字母 ᡡ（ū）的四种书写形式。
18. 将元音字母 ᡡ（ū）与 ᡳ（i）连写，并练习拼读。

九　元音字母 ᡠ（u）与 ᡡ（ū）的关系

在无圈点满文元音字母中，ᡠ（u）、ᡡ（ū）分别为圆唇、舌面后、高元音[u]的阳性形体和阴性形体的独立形式，详见前述。

其亦源于回鹘蒙古文。在回鹘蒙古文中，"u 元音。此元音在回鹘

23

无圈点满文

蒙古文中分别为，词首作▿，词中作▫或▫。""ü元音。此元音在回鹘蒙古文中分别为，词首作▿，词中作▫、或▫，词末作▫或▫。"①与此相同，无圈点满文元音字母▿（u）、▿（ū）也有独立、词首、词中、词尾四种书写形式。其独立形式作▿（u）、▿（ū），词首形式作▿（u）、▿（ū），词中、词尾形式均以音节字形式出现，若从中析出，则其词中形式为▫（u）、▫（ū），词尾形式分别为▫（u）、▫（u）、▫（ū）。例如：（ulai）即（ulai，乌拉的）、（ubašafi）即（ubašafi，叛后）、（sunja）即（sunja，五）、（tuwakiyabuχa）即（tuwakiyabuχa，使看守了）、（emu）即（emu，一）、（aqu）即（aqū，无）。②再如：（ūjihe）即（ujihe，养了）、（ūme）即（ume，勿）、（tūmen）即（tumen，万）、（tūcibufi）即（tucibufi，派出后）、（kū）即（ku，库）。③显然，额尔德尼等奉命创制满文时，直接借用了回鹘蒙古文字母▿（u）、▿（ü）及其在单词中的各种书写形式。至于认为回鹘蒙古文▿（ü）的词中形式又作▫（u）或▫（u），这在很大程度上是基于蒙古语严格的元音和谐律推导出来的。如果满语的元音和谐律同蒙古语一样严格，也可以说无圈点满文元音字母▿（ū）的词中形式又作▫（u）或▫（u），词尾形式又作▫（u）或▫（u）。

考其读音，满蒙语之间亦有共同之处。兹仍以元音字母▿（u）、▿（ū）为例，略作考察。在蒙古书面语中，元音字母▿（u）在"中古蒙古语相关文字所记录的读音为u"，▿（ü）在"中古蒙古语相关文字所记录的读音为ü"，"在汉字标音文献中……用'兀'字标写了当时的u和ü音"④，可见两者虽已发展成两个音位，但读音相近。在无圈点满文中，元音字母▿（u）、▿（ū）的读音应与加圈点满文元音字母▿（u）的读音一致，都读[u]音，没有发展成两个音位。例如：

---

① 嘎日迪：《中古蒙古语研究》，辽宁民族出版社2006年版，第104、108页。引文内原回鹘蒙文字母，均改为"锡满雅白"字体输入。
② 《满文原档》第1册，台北"故宫博物院"2005年影印本，第2、3、29页。
③ 《满文原档》第1册，台北"故宫博物院"2005年影印本，第2、3、29页。
④ 嘎日迪：《中古蒙古语研究》，辽宁民族出版社2006年版，第106、109、110页。

第一章　无圈点满文的字母及音节字

天命九年《寒字档》内有一些包含 ᡠ（u）的满汉对照词汇，其中人名 �（eidu）对应"厄一都"、ᡩᠠᡵᡠᠩᡤᠠ（darungGa）对应"答禄哈"、ᠠᠯᡳᠪᡠ（alibu）对应"阿里卜"，部落名 ᡠᠯᠠ（ula）对应"兀喇"。① 在乾隆年间以新满文"音写"的《加圈点字档》里，这些词语分别写作 �（eidu）、ᡩᠠᡵᡠᠩᡤᠠ（darungGa）、ᠠᠯᡳᠪᡠ（alibu）、ᡠᠯᠠ（ula）。② 由此可见，自清太祖时期直至清高宗时期，元音字母 ᡠ（u）的读音为[u]，并无变化。

ᡡ（ū）的读音从《满文原档》记载中可以窥知。在《满文原档》中，不乏元音字母 ᡡ（ū）与 ᡠ（u）通用的语句，兹举四组例句如下：

例1：《列字档》作 ᠴᠣᠷᠴᡳᠨ ᡳ {ᠣᠣᠪᠠ} ᠴᡠᠩ ᡨᠠᡳᠵᡳ ᡩᡝ ᡠᠩᡤᡳᡥᡝ ᠪᡳᡨᡥᡝᡳ ᡤᡳᠰᡠᠨ（qorcin i {ooba} χung taiji de unggihe bithei gisun）③

《冬字档》作 ᠴᠣᠷᠴᡳᠨ ᡳ ᠣᠣᠪᠠ ᠴᡠᠩ ᡨᠠᡳᠵᡳ ᡩᡝ ᡡᠩᡤᡳᡥᡝ ᠪᡳᡨᡥᡝ ᡳ ᡤᡳᠰᡠᠨ（qorcin i ooba χung taiji de ūnggihe bithe i gisun）④

例2：《列字档》作 ᠴᠠᡥᠠᡵᠠ ᠴᠣᠷᠴᡳᠨ ᡩᡝ ᠣᠯᡥᠣᠮᡝ ᡝᠮᡨᡝ ᠵᡠᠸᡝᡨᡝ ᡨᠠᠩᡤᡠ ᠴᠣᠣᡥᠠᡳ ᠨᡳᠶᠠᠯᠮᠠ ᠴᠣᠷᠴᡳᠨ ᡳ ᡝᡵᡤᡳᡩᡝ ᠠᠨᡶᡠ ᠰᡳᠨᡩᠠᡶᡳ ᠮᠣᡵᡳᠨ ᡨᡠᡵᡤᠠᠯᠠᡥᠠ ᠪᡳ（caχara: qorcin de olχome emte juwete tanggu cooχai niyalma qorcin i ergide anfu sindafi morin turGalaχa bi）⑤

《冬字档》作 ᠴᠠᡥᠠᡵᠠ ᠴᠣᠷᠴᡳᠨ ᡩᡝ ᠣᠯᡥᠣᠮᡝ ᡝᠮᡨᡝ ᠵᡡᠸᡝᡨᡝ ᡨᠠᠩᡤᡠ ᠴᠣᠣᡥᠠᡳ ᠨᡳᠶᠠᠯᠮᠠ ᠴᠣᠷᠴᡳᠨ ᡳ ᡝᡵᡤᡳᡩᡝ ᠠᠨᡶᡠ ᠰᡳᠨᡩᠠᡶᡳ ᠮᠣᡵᡳᠨ ᡨᡠᡵᡥᠠᠯᠠᡥᠠᠪᡳ（caχara: qorcin de olχome emte jūwete tanggu cooχai niyalma qorcin i ergide anfu sindafi morin turχa~laχabi）⑥

例3：《列字档》作 ᠰᡠᠸᡝᠮᠪᡝ ᡤᠣᠯᠣᠮᠪᡳᠣ: ᠰᡠᠸᡝᠨᡳ ᡤᡝᠰᡝ ᠪᡳᡤᠠᡵᠠᠮᡝ ᠮᡝᠨᡳ ᠵᡡᠰᡝ（suwembe golombio suweni gese biGarame meni jūse

---

① 《满文原档》第 4 册，台北"故宫博物院" 2005 年影印本，第 99—102 页。
② 中国第一历史档案馆整理编译：《内阁藏本满文老档》第 6 册，辽宁民族出版社 2009 年影印本，第 2817、2818、2819 页。
③ 《满文原档》第 3 册，台北"故宫博物院" 2005 年影印本，第 166 页。
④ 《满文原档》第 3 册，台北"故宫博物院" 2005 年影印本，第 385 页。
⑤ 《满文原档》第 3 册，台北"故宫博物院" 2005 年影印本，第 166—167 页。
⑥ 《满文原档》第 3 册，台北"故宫博物院" 2005 年影印本，第 386 页。sindabi 之 b，右边有一小圈。

banjime baχaraqu）①

《冬字档》作 ᠰᡠᠸᡝᠮᠪᡝ ᠰᡠᠸᡝᠨᡳ： ᠰᡠᠸᡝᠨᡳ ᡤᡝᠰᡝ ᠪᡳᠴᠠᡵᠠᠮᡝ ᠮᡝᠨᡳ ᠵᡠᠰᡝ ᠪᠠᠨᠵᡳᠮᡝ ᠪᠠᠴᠠᡵᠠᡴᡡ（ sūwembe golombio: sūweni gese biχarame meni jūse banjime baχaraqu）②

在以上档册中，同一时期、同一语句、同一词语里的同一个元音[u]，在不同的档册内有阳性和阴性两种不同的书写形式。就正常沟通而论，其音义应无差别，即 ᡠᠩᡤᡳᡥᡝ（unggihe，赉送的）等于 ᡡᠩᡤᡳᡥᡝ（ūnggihe，赉送的）、ᠵᡠᠸᡝᡨᡝ（juwete，各二）等于 ᠵᡡᠸᡝᡨᡝ（jūwete，各二）、ᠰᡠᠸᡝᠮᠪᡝ（suwembe，把你们）等于 ᠰᡡᠸᡝᠮᠪᡝ（sūwembe，把你们）、ᠰᡠᠸᡝᠨᡳ（suweni，你们的）等于 ᠰᡡᠸᡝᠨᡳ（sūweni，你们的）。此外，《满文原档》中出现在词首及辅音字母（q、ɢ、χ除外）后面的元音字母 ᡡ（ū），在乾隆抄本《加圈点字档》里，均被元音字母 ᡠ（u）所替换。例如：ᡡᠵᡳᡥᡝ（ūjihe）、ᠮᡡᠰᡝ（mūse）、ᡡᠮᡝ（ūme）③，分别被 ᡠᠵᡳᡥᡝ（ujihe）、ᠮᡠᠰᡝ（muse）、ᡠᠮᡝ（ume）④所替换。由此可见，无圈点满文元音字母 ᡡ（ū）的读音与 ᡠ（u）无异，亦读为[u]音。

总之，无圈点满文元音字母 ᡠ（u）、ᡡ（ū）作为元音[u]的阳性形体和阴性形体，尽管形体各异，但没有发展成为两个音位，其读音并无差别，都为[u]音。与蒙文相比，这一点略有区别。

第二节　无圈点满文的音节字

音节字，顾名思义，是音节的书写形式。音节是由音素（包括辅音和元音）组合发音的语音单位，是听觉能感受到的最自然的语音单位，由一个或几个音素按一定规律组合而成。辅音，又称子音，是音素的一种，是发音时气流在口腔或咽头受到阻碍而形成的音，与元音

---

① 《满文原档》第3册，台北"故宫博物院"2005年影印本，第184页。
② 《满文原档》第3册，台北"故宫博物院"2005年影印本，第397页。
③ 《满文原档》第1册，台北"故宫博物院"2005年影印本，第3页。
④ 中国第一历史档案馆整理编译：《内阁藏本满文老档》第1册，辽宁民族出版社2009年影印本，第6页。

第一章 无圈点满文的字母及音节字

相对。在满语中，有 22 个辅音。

辅音字母是辅音的书写符号，也叫子音字母。在无圈点满文里，有 22 个辅音字母，多数有词首、词中书写形式，有些还有词尾书写形式，只有辅音字母（ng）没有词首书写形式。无圈点满文辅音字母的词首、词中、词尾形式，大部分与新满文相同，少部分有所不同，有的还有两种，甚至四种不同书写形式，详见表 1-9。

表 1-9　　　　　　无圈点满文辅音字母书写形式

拉丁转写	词首形式	词中形式	词尾形式
n			
q			
G			-
χ			-
b			
p			-
s			
š			-
t			
d			-
l			
m			
c			-
j			-
y			-
k			
g			-
h			-
r	-		
f			-
w			-
ng	-		

27

无圈点满文

从表 1-9 所列可知，无圈点满文的辅音字母或形体雷同，如词首形式ᠠ（q）、ᠠ（G）、ᠠ（χ）、ᠠ（s）、ᠠ（š）、ᠥ（t）、ᠥ（d）、ᠠ（k）、ᠠ（g）、ᠠ（h），再如词中形式ᠠ（q）、ᠠ（G）、ᠠ（χ）、ᠠ（s）、ᠠ（š）、ᠥ（t）、ᠥ（d）、ᠠ（k）、ᠠ（g）、ᠠ（h）；或同一个辅音字母有不同的形体，如词首形式ᠠ（c）与ᠠ（c）、ᠠ（j）与ᠠ（j）、ᠠ（f）与ᠣ（f）。因此，无圈点满文多数辅音字母的读音，只能在具体语句中方可正确辨识。兹逐一详述无圈点满文的辅音字母。

十　音节字ᠨ（na）等

按语言学理论，满语辅音ᠨ（n）是舌尖中鼻音。发音时，舌面前部接触上齿龈附近，阻塞气流通路，同时向鼻腔送气，声带颤动。

在无圈点满文中，该辅音没有独立书写形式，与元音字母词尾形式ᠠ（a）、ᠠ（e）、ᠠ（i）、ᠣ（o）、ᠣ（u）、ᠣ（ō）、ᠣ（ū）结合，构成音节字ᠨ（na）、ᠨ（ne）、ᠨ（ni）、ᠨ（no）、ᠨ（nu）、ᠨ（nō）、ᠨ（nū），可出现在词首、词中和词尾，详见表 1-10。

表 1-10　　　　　　　辅音字母 ᠨ（n）书写形式

拉丁字母转写	独立形式	词首形式	词中形式	词尾形式
na				
ne				
ni				
no				
nu				
nō				
nū				
n	-			

其词首形式，例如：ᠨ（na，地）、ᠨᠠᡴᠠ（naqaχa）即 ᠨᠠᡴᠠ（naqaχa，停止了）、ᠨᠠᡩᠠᠨ（nadan）即 ᠨᠠᡩᠠᠨ（nadan，七）、ᠨᠠᡳᡥᡝᡵᡠ（neihequ）即 ᠨᠠᡳᡥᡝᡵᡡ（neiheqū，未睁开）、ᠨᡝᡳ（nei）即 ᠨᡝᡳ（nei，汗水）、ᠨᡝᠨᡝᡥᡝ（nenehe）

即 (nenehe，先前的)、 (ninggu) 即 (ninggu，上)、 (niyalma) 即 (niyalma，人)、 (nonggimbi) 即 (nonggimbi，增添)、 (nofi) 即 (nofi，个人)、 (nuχaliyan) 即 (nuχaliyan，低洼)、 (nungnere) 即 (nungnere，侵害的)、 (nūktere) 即 (nuqtere，游牧的)、 (nūkcime) 即 (nuqcime，突出)。有时也写作 (n)，例如： (nadan) 即 (nadan，七)、 (narimbulu) 即 (narimbulu，纳林布禄)。这种情况也许属于笔误，即书写时遗漏了左边一点。

其词中形式，例如： (ainambi，干甚么)、 (isinafi) 即 (isinafi，到达后)、 (aname) 即 (aname，推)、 (Gunire) 即 (Gūnire，想的)、 (χonin) 即 (χonin，羊、未)、 (jongnon，钟嫩，人名)、 (unume) 即 (unume，背)。

其词尾形式，例如： (ini，他的)、 (χono) 即 (χono，尚且)、 (ainu) 即 (ainu，为何)。

该辅音字母可用于词首、词中，见上述诸词。此外，亦可出现在词中音节末，书写形式为 (n)，例如： (wanli，万历)、 (banjibuχa) 即 (banjibuχa，使生活了)。但有时也相反，音节首用 (n) 而音节末用 (n)，例如： (Ganaχa) 即 (Ganaχa，去取了)、 (isinafi) 即 (isinafi，到达后)、 (anabumbi) 即 (anabumbi，失败)、 (enteheme) 即 (enteheme，永远)、 (encu) 即 (encu，另样、别)，尤其音节 en 的左边多有一点，而加圈点满文无此点。亦可出现在词尾，书写形式分别为 (n) 和 (n)，一般情况下多用 (n)，例如： (niqan，汉人)、 (furdan) 即 (furdan，关)、 (ilan，三)，偶尔用 (n)，例如： (an) 即 (an，常)、 (χan) 即 (χan，汗)。

《无圈点字书》所载音节 (nei) 的形体，除 (nei) 之外，尚有 (nei)。相关的词有 ，附注的新满文为

（neifi，开后）。[①]音节〇（nan）的形体，除〇（nan）之外，尚有〇（nan）。相关词语有〇〇〇〇和〇〇〇〇，附注的新满文分别为〇〇〇〇〇（nantuχūn，污秽）和〇〇〇〇〇 〇〇（nantuχūn sai，诸污秽人的）。[②]

在无圈点满文中，当辅音字母〇(n)出现在词首时，左边如缺一点，则其音节字〇（na）、〇（ne）、〇（ni）、〇（no）、〇（nu）、〇（nō）、〇（nū）的词首形式，与元音字母〇（a）、〇（e）、〇（i）、〇（o）、〇（u）、〇（ō）、〇（ū）的词首形式一致，如在以上诸例中，即与元音字母〇（a）的词首形式〇（a）相混。此外，就《无圈点档》中所见单词而言，词首辅音字母〇(n)的左边缺一点的情况不多，远远少于有点者，甚至可以说仅偶尔一见。故缺点者当属笔误，即记载时遗漏所致，而不是辅音字母〇(n)出现在词首时的另一种书写形式。

练习

19. 默写无圈点满文辅音字母〇(n)的三种书写形式。

20. 掌握无圈点满文辅音字母〇(n)两种词中、词尾形式的应用规律。

21. 将音节字〇（na）、〇（ne）、〇（ni）、〇（no）、〇（nu）、〇（nō）、〇（nū）与元音字母〇（i）连写，并练习拼读。

22. 将音节字〇（na）、〇（ne）、〇（ni）、〇（no）、〇（nu）、〇（nō）、〇（nū）与元音字母〇（o）连写，并练习拼读。

23. 将元音字母〇（a）、〇（e）、〇（i）、〇（o）、〇（u）、〇（ō）、〇（ū）、音节字〇（na）、〇（ne）、〇（ni）、〇（no）、〇（nu）、〇（nō）、〇（nū）与辅音字母词尾形式〇（n）连写，并练习拼读。

十一 音节字〇（qa）等

按语言学理论，满语辅音〇（q）是小舌、送气、清塞音。发音时，舌根抵住小舌，然后突然放开，气流进出。

[①] 鄂尔泰等奉敕编纂：《无圈点字书》第2卷，ai、ei、ii字头，乾隆内府写本，第2页。
[②] 鄂尔泰等奉敕编纂：《无圈点字书》第2卷，an、en、yen字头，乾隆内府写本，第2页。

第一章 无圈点满文的字母及音节字

在无圈点满文中，该辅音没有独立书写形式，与元音字母词尾形式√（a）、◦（o）、◦（u）结合，构成音节字 ᠬᠠ（qa）、ᠬᠣ（qo）、ᠬᠤ（qu），可出现在词首、词中和词尾，详见表1-11。

表1-11　　　　　　辅音字母 ᠬ（q）书写形式

拉丁字母转写	独立形式	词首形式	词中形式	词尾形式
qa				
qo				
qu				
q	-			

其词首形式，例如：ᠬᠠᡳ（qai，也）、ᠬᠠᠮᠪᡳ（qambi，围困、堵）、ᠬᠣᠷᠣ（qoro，伤痛）、ᠬᠣᠷᠰᠣᠮᠪᡳ（qorsombi，愧恨）、ᠬᡠᡵᡠ（quru）即 ᠬᡡᡵᡠ（qūru，奶饼）、ᠬᡠᠸᠠᡵᠠᠨ（quwaran）即 ᠬᡡᠸᠠᡵᠠᠨ（qūwaran，营）。

其词中形式，例如：ᠠᡴᠠᠮᠪᡳ（aqambi，伤心）、ᡩᡠᡴᠠᡳ（duqai）即 ᡩᡠᡴᠠᡳ（duqai，门的）、ᠠᠪᡴᠠᡳ（abqai，天的）。

其词尾形式，例如：ᠠᠪᡴᠠ（abqa，天）、ᠰᠣᠩᡴᠣ（songqo，踪迹）、ᠠᡴᡠ（aqu）即 ᠠᡴᡡ（aqū，无）。

该辅音字母可用于词首、词中，见上述诸词。此外，亦可出现在词中音节末，书写形式为ᡴ（q），例如：ᠵᠠᡴᠰᠠᠨ（jaqsan，霞）、ᠠᡴᡩᡠᠨ（aqdun，信、结实）。在《无圈点档》中，往往也书写为ᡴ（q），例如：ᠣᡴᡩᠣᠮᠪᡳ（oqdombi）即 ᠣᡴᡩᠣᠮᠪᡳ（oqdombi，迎接）、ᡨᠣᡴᡨᠣᠪᡠᠮᠪᡳ（toqtobumbi）ᡨᠣᡴᡨᠣᠪᡠᠮᠪᡳ（toqtobumbi，定）。这或许是无意遗漏，或许是有意省略。该辅音字母亦可用于词尾，书写形式为ᡴ（q），例如：ᡥᠠᠮᡠᡴ（χamuq）即 ᡥᠠᠮᡠᡴ（χamuq，哈穆克）、ᠪᠠᡴ（baq）即 ᠪᠠᡴ（baq，巴克）。后来加圈点满文则作ᡴ（q），例如：ᠯᡠᡴ ᠰᡝᠮᡝ ᡨᠠᠯᠮᠠᡴᠠ（luq seme talmaqa，下浓雾）、ᠴᠠᡴ ᠰᡝᡵᡝ ᠪᡝᡳᡴᡠᠸᡝᠨ（caq sere beikuwen，严寒）。

31

无圈点满文

练习

24. 默写无圈点满文辅音字母 ᠺ（q）的三种书写形式。

25. 掌握无圈点满文辅音字母 ᠺ（q）两种词中形式的应用规律。

26. 将音节字 ᠺ（qa）、ᠺ（qo）、ᠺ（qu）与元音字母 ᠶ（i）连写，并练习拼读。

27. 将音节字 ᠺ（qa）、ᠺ（qo）、ᠺ（qu）与元音字母 ᠶ（o）连写，并练习拼读。

28. 将音节字 ᠺ（qa）、ᠺ（qo）、ᠺ（qu）与辅音字母词尾形式 ᠨ（n）连写，并练习拼读。

29. 将 ᠠ（a）、ᠶ（i）、ᠣ（o）、ᠣ（u）、音节字 ᠨ（na）、ᠨ（ni）、ᠨ（no）、ᠨ（nu）、ᠺ（qa）、ᠺ（qo）、ᠺ（qu）与辅音字母词尾形式 ᠺ（q）连写，并练习拼读。

十二　音节字 ᠺ（Ga）

按语言学理论，满语辅音 ᠺ（G）是小舌、不送气、清塞音。发音时，舌根抵住小舌，然后突然放开，气流缓出。

在无圈点满文中，该辅音没有独立书写形式，与元音字母词尾形式 ᠠ（a）、ᠣ（o）、ᠣ（u）结合，构成音节字 ᠺ（Ga）、ᠺ（Go）、ᠺ（Gu），可出现在词首、词中和词尾，详见表1-12。

表1-12　　　　　辅音字母 ᠺ（G）书写形式

拉丁字母转写	独立形式	词首形式	词中形式	词尾形式
Ga	ᠺ	ᠺ	᠊	᠊ᠺ
Go	ᠺ	ᠺ	᠊	᠊ᠺ
Gu	ᠺ	ᠺ	᠊	᠊ᠺ

其词首形式，例如：ᠺᠠᠵᠢᠷᠠ（Gajire）即 ᠺᠠᠵᠢᠷᠠ（Gajire，带来的）、ᠺᠠᠶᠢᡶᡳ（Gaifi）即 ᠺᠠᠶᠢᡶᡳ（Gaifi，率领、取后）、ᠺᠣᠶᠢᡩᠠᡧᠠᡴᡠᠪᡳ（Goidaχaqubi）即 ᠺᠣᠶᠢᡩᠠᡧᠠᡴᡠᠪᡳ（Goidaχaqubi，未久）、ᠺᠣᠰᡳᠮᠪᡳ（Gosimbi）即 ᠺᠣᠰᡳᠮᠪᡳ（Gosimbi，仁爱）、ᠺᠣᡵᠣ（Goro）即 ᠺᠣᡵᠣ（Goro，远）、ᠺᡠᠸᠠᠯᡳᠶᠠᠮᠪᡳ（Guwaliyambi）

即 (gūwaliyambi，变化)。(gunimbi) 即 (gūnimbi，想)。

其词中形式，例如：(mingɢan) 即 (mingɢan，千)、(angɢai) 即 (angɢai，口的)、(jirɢambi) 即 (jirɢambi，安逸)。

其词尾形式，例如：(aɢa) 即 (aɢa，雨)、(falɢa) 即 (falɢa，甲、党、作)、(χarangɢa) 即 (χarangɢa，所属的)、(mongɢo) 即 (mongɢo，蒙古)、(falangɢu) 即 (falangɢū，手掌)。

练习

30. 默写无圈点满文辅音字母 (ɢ) 的两种书写形式。

31. 将音节字 (ɢa)、(ɢo)、(ɢu) 与元音字母 (i) 连写，并练习拼读。

32. 将音节字 (ɢa)、(ɢo)、(ɢu) 与元音字母 (o) 连写，并练习拼读。

33. 将音节字 (ɢa)、(ɢo)、(ɢu) 与辅音字母词尾形式 (n) 连写，并练习拼读。

34. 将音节字 (ɢa)、(ɢo)、(ɢu) 与辅音字母词尾形式 (q) 连写，并练习拼读。

十三　音节字 (χa) 等

按语言学理论，满语辅音 (χ) 是小舌、清塞音。发音时，舌根接近小舌，气流从中摩擦而出。

在无圈点满文中，该辅音没有独立书写形式，与元音字母词尾形式 (a)、(o)、(u) 结合，构成音节字 (χa)、(χo)、(χu)，可出现在词首、词中和词尾，详见表1-13。

无圈点满文

表 1-13　　　　　　辅音字母 ᠰ（χ）书写形式

拉丁字母转写	独立形式	词首形式	词中形式	词尾形式
χa				
χo				
χu				

其词首形式，例如：（χan）即（χan，汗）、（χaranggа）即（χaranggа，所属的）、（χusun）即（χūsun，力）、（χuturi）即（χūturi，福）。

其词中形式，例如：（daχambi）即（daχambi，投降、跟随）、（cooχai）（cooχai，兵的）、（boiχon）即（boiχon，土）、（moχon）即（moχon，尽头）、（farχun）即（farχūn，昏暗）、（saχurun）即（šaχūrun，冷）、（χalχun）即（χalχūn，热）。

其词尾形式，例如：（aχa）即（aχa，奴仆）、（solχo）即（solχo，高丽）、（χasχu）即（χasχū，左）。

《无圈点字书》所载音节字（χa）的形体，除（χa）外，尚有（χa）和（χai），相应的词有（χafan，官）、（χaifirame，逼勒、夹），附注的新满文分别为（χafan，官）、（χafirame，逼勒、夹）。显然，在此（χai）不是音节字（χa）的另一种形体，而是音节字（χa）与元音字母（i）构成的复合音节字。在（χafirame，逼勒、夹）一词中增加元音字母（i），应是当时的口语音。（χafan，官）之词首辅音（χa），右边已加一圈，虽然位置偏上，但已是加圈点满文了。

练习

35. 默写无圈点满文辅音字母（χ）的两种书写形式。

36. 将音节字（χa）、（χo）、（χu）与元音字母（i）连写，并练习拼读。

第一章 无圈点满文的字母及音节字

37. 将音节字 (χa)、(χo)、(χu) 与元音字母 (o) 连写，并练习拼读。

38. 将音节字 (χa)、(χo)、(χu) 与辅音字母词尾形式 (n) 连写，并练习拼读。

39. 将音节字 (χa)、(χo)、(χu) 与辅音字母词尾形式 (q) 连写，并练习拼读。

十四 音节字 (ba) 等

按语言学理论，满语辅音 (b) 是双唇、不送气、清塞音。发音时，双唇紧闭，然后突然张开一条缝，气流稍微透出。

在无圈点满文中，该辅音没有独立书写形式，与元音字母词尾形式 (a)、(e)、(i)、(o)、(u)、(ō)、(ū) 结合，构成音节字 (ba)、(be)、(bi)、(bo)、(bu)、(bō)、(bū)，可出现在词首、词中和词尾，详见表 1-14。

表 1-14　　　　　**辅音字母 (b) 书写形式**

拉丁字母转写	独立形式	词首形式	词中形式	词尾形式
ba				
be				
bi				
bo				
bu				
bō				
bū				
b	—			

其词首形式，例如：(ba, 地方)、(baχabi) 即 (baχabi, 得到了)、(baturu) 即 (baturu, 勇士)、(be) 即 (be, 我们、将)、(beile) 即 (beile, 贝勒)、(benehe)

35

无圈点满文

即 (benehe，送去了)、(bi，我、有)、(boiχon) 即 (boiχon，土)、(bolori，秋)、(buya) 即 (buya，卑微)、(burlara) 即 (burulara，逃亡的)、(bucehe) 即 (bucehe，死了)、(būhe) 即 (buhe，给的、给了)、(būcecina) 即 (bucecina，死吧)。

其词中形式，例如：(amban，大臣)、(dabambi) 即 (dabambi，越过)、(tuba) 即 (tuba，那里)、(imbe) 即 (imbe，把他)、(ebergi) 即 (ebergi，这边)、(dūbe) 即 (dube，尖端)、(jihebi) 即 (jihebi，来了)、(ɢaimbi) 即 (ɢaimbi，取)、(jobombi，愁苦)、(dobori) 即 (dobori，夜)、(ambula) 即 (ambula，甚、广)、(obuci) 即 (obuci，若作为)。

其词尾形式，例如：(amba，大)、(hebe) 即 (hebe，谋)、(ɢaimbi) 即 (ɢaimbi，取)、(olbo，马褂)、(ūlebu) 即 (ulebu，令喂)。

该辅音字母可用于词首、词中，见上述诸词。亦可出现在词中音节末，例如：(abqa，天)、(sabqa，筷子)、(ebsi，以来、往这里些)。亦可出现在词尾，书写形式为 (b)，例如：(coshib) 即 (coshib，绰斯希卜，人名)、(tob tab seme，嘀嗒嘀嗒地)、(tob seme，正合着)。

练习

40. 默写无圈点满文辅音字母 (b) 的三种书写形式。

41. 将音节字 (ba)、(be)、(bi)、(bo)、(bu)、(bō)、(bū) 与元音字母 (i) 连写，并练习拼读。

42. 将音节字 (ba)、(be)、(bi)、(bo)、(bu)、(bō)、(bū) 与元音字母 (o) 连写，并练习拼读。

43. 将音节字 (ba)、(be)、(bi)、(bo)、(bu)、

（bō）、❀（bū）与辅音字母词尾形式 √（n）连写，并练习拼读。

44. 将音节字 ꪜ（ba）、ꪜ（bi）、❀（bo）、❀（bu）与辅音字母词尾形式 √（q）连写，并练习拼读。

45. 将元音字母 √（a）、ꪁ（e）、ꪢ（i）、ꪋ（o）、ꪋ（u）、ꪋ（ō）、ꪋ（ū）、音节字 √（na）、√（ne）、ꪢ（ni）、ꪋ（no）、ꪋ（nu）、ꪋ（nō）、ꪋ（nū）、ꪋ（qa）、ꪋ（qo）、ꪋ（qu）、ꪋ（Ga）、ꪋ（Go）、ꪋ（Gu）、ꪋ（χa）、ꪋ（χo）、ꪋ（χu）、ꪜ（ba）、ꪜ（be）、ꪜ（bi）、❀（bo）、❀（bu）、❀（bō）、❀（bū）与辅音字母词尾形式 ꪜ（b）连写，并练习拼读。

十五　音节字 ꪜ（pa）等

按语言学理论，满语辅音 ❀（p）是双唇、送气、清塞音。发音时，双唇紧闭，然后突然放开，气流急速透出。

在无圈点满文中，该辅音没有独立书写形式，与元音字母词尾形式 √（a）、ꪁ（e）、ꪢ（i）、❀（o）、❀（u）、❀（ō）、❀（ū）结合，构成音节字 ꪜ（pa）、ꪜ（pe）、ꪢ（pi）、❀（po）、❀（pu）、❀（pō）、❀（pū），可出现在词首、词中和词尾，详见表1-15。

表1-15　　　　　　　辅音字母 ❀（p）书写形式

拉丁字母转写	独立形式	词首形式	词中形式	词尾形式
pa	ꪜ	ꪜ	ꪜ	ꪜ
pe	ꪜ	ꪜ	ꪜ	ꪜ
pi	ꪢ	ꪢ	ꪢ	ꪢ
po	❀	❀	❀	❀
pu	❀	❀	❀	❀
pō	❀	❀	❀	❀
pū	❀	❀	❀	❀

无圈点满文

其词首形式，例如：꜒(pan，云牌)、꜒(pailo，牌楼)、꜒(poo，炮)、꜒(pinglupuu)即꜒(pinglupuu，平房堡)、꜒(šaχo puu)即꜒(šaχo pu，沙河堡)。

其词中形式，例如：꜒(pinglupuu)即꜒(pinglupuu，平房堡)、꜒(dangpuli，当铺)、꜒(daipun，鹏)、꜒(porponoχobi，胖笨)。

其词尾形式，例如：꜒(lampa，冗杂)、꜒(sampa，虾)、꜒(pampu，厚棉袄)、꜒(umpu，山楂)。

在《无圈点档》中，辅音字母 p 的形体多与 b 雷同，例如：꜒(poo)即꜒(poo，炮)、꜒(po)即꜒(po，颇，汉姓)、꜒(poo)即꜒(po，颇，汉姓)、꜒(pū)即꜒(pū，蒲，汉姓)、꜒(pu)即꜒(pu，堡)、꜒(fungjipui)即꜒(fungjipui，奉集堡的)、꜒(mampu hecen)即꜒(mampu hecen，满蒲城)、꜒(puχo hecen)即꜒(puχo hecen，蒲河城)、꜒(tumpan)即꜒(tumpan，通判)、꜒(χupi yi)即꜒(χūpi yi，虎皮驿)。此外，偶尔以辅音字母（词首形式）ᡶ(f)替代ᡦ(p)，例如：꜒(be ta fui)即꜒(be ta pui，白塔堡的)。

《无圈点字书》所载音节字꜒(pi)的形体，有꜒(pi)、꜒(pi)两种，所录之词则是꜒、꜒、꜒、꜒，附注的新满文分别为꜒(pileme，批)、꜒(pilehe，批了)、꜒(pilefi，批后)、꜒(pijan，皮箱)。

该书所载音节字꜒(pu)的形体，有꜒(pu)、꜒(pu)、꜒(pū)三种，而所录词语有꜒、꜒、꜒，附注的新满文分别为꜒(puse，补子)、꜒(puse noχo，尽是补子的)、꜒(puseli，铺面)。①

该书所载音节字꜒(poo)的形体，有꜒(poo)、꜒(poo)两种，而所录之词仅有꜒，附注的新满文为꜒(poo，炮)。②

---

① 鄂尔泰等奉敕编纂：《无圈点字书》第 1 卷，a、e、i 字头，乾隆内府写本，第 20、21 页。
② 鄂尔泰等奉敕编纂：《无圈点字书》第 4 卷，ao、eo、io 字头，乾隆内府写本，第 3 页。

由此推断，满语中本有辅音☉（p），而在无圈点满文中或许没有相应的辅音字母，故遇到☉（p）辅音时，多以辅音字母☉（b）替代，偶尔用辅音字母ᡗ（f）替代，辅音字母☉（p）属于无圈点满文向加圈点满文过渡时期产生的书写形式。

练习

46. 默写无圈点满文辅音字母☉（p）的两种书写形式。

47. 将音节字☉（pa）、☉（pe）、☉（pi）、☉（po）、☉（pu）、☉（pō）、☉（pū）与元音字母ᡳ（i）连写，并练习拼读。

48. 将音节字☉（pa）、☉（pe）、☉（pi）、☉（po）、☉（pu）、☉（pō）、☉（pū）与元音字母ᠣ（o）连写，并练习拼读。

49. 将音节字☉（pa）、☉（pe）、☉（pi）、☉（po）、☉（pu）、☉（pō）、☉（pū）与辅音字母词尾形式ᠨ（n）连写，并练习拼读。

50. 将音节字☉（pa）、☉（pe）、☉（pi）、☉（po）、☉（pu）、☉（pō）、☉（pū）与辅音字母词尾形式ᠪ（b）连写，并练习拼读。

十六　音节字 ᠰᠠ（sa）等

按语言学理论，满语辅音ᠰ（s）是舌尖前、清擦音。发音时，牙齿轻闭，舌尖靠近上齿龈，构成缝隙，使气流平缓通过。在音节字ᠰᡳ（si）中，辅音字母ᠰ的读音是[ɕ]，而不是[s]。[ɕ]是清龈颚擦音。发音时，舌面前部抬起，气流通过舌面前部，发出摩擦的声音，声带不振动。

在无圈点满文中，该辅音没有独立书写形式，与元音字母词尾形式ᠠ（a）、ᡝ（e）、ᡳ（i）、ᠣ（o）、ᡠ（u）、ᠥ（ō）、ᡡ（ū）结合，构成音节字ᠰᠠ（sa）、ᠰᡝ（se）、ᠰᡳ（si）、ᠰᠣ（so）、ᠰᡠ（su）、ᠰᠥ（sō）、ᠰᡡ（sū），可出现在词首、词中和词尾，详见表1-16。

表 1-16　　　　　　　　辅音字母 ᠰ（s）书写形式

拉丁字母转写	独立形式	词首形式	词中形式	词尾形式
sa				
se				
si				
so				
su				
sō				
sū				
s	-			

其词首形式，例如：（sacimbi）即（sacimbi，砍）、（sarɢan）即（sarɢan，妻）、（se）即（se，岁）、（sembi）即（sembi，说）、（solχo）即（solχo，高丽）、（sunja）即（sunja，五）、（sūhe）即（suhe，斧头）、（sūje）即（suje，缎子）。

其词中形式，例如：（yasai）即（yasai，眼睛的）、（daisang）即（daisang，代桑，人名）、（jasei）即（jasei，栅栏的）、（ūksin）即（uqsin，甲）、（jasire）即（jasire，寄的）、（qomsoqon，少少的）、（osoqon，小）、（gisurehe）即（gisurehe，说的、说了）、（sufi）即（sufi，脱后）。

其词尾形式，例如：（sasa，一齐）、（yasa）即（yasa，眼睛）、（mūse）即（muse，咱们）、（umusi）即（umesi，着实）、（mongɢoso，众蒙古）、（ilarsu）即（ilarsu，三重）、即（ulhisu，颖悟）。

该辅音字母可用于词首、词中，见上述诸词。此外，亦可出现在词中音节末，书写形式为ᠰ（s），例如：（asχan）即（asχan，侧）、（ɢasχuχa）即（ɢasχūχa，发誓的、发誓了）、（tasχa）即（tasχa，虎、寅）。亦可出现在词尾，书写形

第一章 无圈点满文的字母及音节字

式为◌（s），例如：◌◌（cinggis χan）即◌◌（cinggis χan，成吉思汗）、◌◌（qūwas kis，脚擦地声）。

《无圈点字书》所载音节字◌（su）的形体，除◌（su）之外，尚有◌（sū）和◌两种。◌（sū）是辅音字母◌（s）与阴性元音字母◌（ū）结合而成的音节字，也就是音节字◌（su）的阴性变体。◌类似于新满文的音节字◌（žu），也类似于新满文音节字◌（že）与元音字母◌（u）构成的复合音节字形式。然而，该书所录词语只有◌，附注的新满文为◌（sujure be，把跑的）。suju-则分别为◌、◌即◌（sujubume，使跑）、◌即◌（sujuhe，跑的、跑了）、◌即◌（sujure，跑的）。① 以此观之，《无圈点档》◌之"◌"或许是辅音字母◌（s）之笔误。

练习

51. 默写无圈点满文辅音字母◌（s）的三种书写形式。

52. 将音节字◌（sa）、◌（se）、◌（si）、◌（so）、◌（su）、◌（sō）、◌（sū）与元音字母◌（i）连写，并练习拼读。

53. 将音节字◌（sa）、◌（se）、◌（si）、◌（so）、◌（su）、◌（sō）、◌（sū）与元音字母◌（o）连写，并练习拼读。

54. 将音节字◌（sa）、◌（se）、◌（si）、◌（so）、◌（su）、◌（sō）、◌（sū）与辅音字母词尾形式◌（n）连写，并练习拼读。

55. 将音节字◌（sa）、◌（si）、◌（so）、◌（su）与辅音字母词尾形式◌（q）连写，并练习拼读。

56. 将音节字◌（sa）、◌（se）、◌（si）、◌（so）、◌（su）、◌（sō）、◌（sū）与辅音字母词尾形式◌（b）连写，并练习拼读。

57. 元音字母◌（a）、◌（e）、◌（i）、◌（o）、◌（u）、◌（ō）、◌（ū），音节字◌（na）、◌（ne）、◌（ni）、◌（no）、◌（nu）、◌（nō）、◌（nū）、◌（qa）、◌（qo）、◌（qu）、◌（ɢa）、◌（ɢo）、◌（ɢu）、◌（χa）、◌（χo）、◌（χu）、◌（ba）、◌（be）、◌（bi）、

---

① 鄂尔泰等奉敕编纂：《无圈点字书》第 1 卷，a、e、i 字头，乾隆内府写本，第 24 页。

41

ᠣ (bo)、ᠣ (bu)、ᠣ (bō)、ᠣ (bū)、ᠣ (pa)、ᠣ (pe)、ᠣ (pi)、ᠣ (po)、ᠣ (pu)、ᠣ (pō)、ᠣ (pū)、ᠰ (sa)、ᠰ (se)、ᠰ (si)、ᠰ (so)、ᠰ (su)、ᠰ (sō)、ᠰ (sū)与辅音字母词尾形式 ᠰ (s) 连写，并练习拼读。

十七　音节字 ᠱ (ša) 等

按语言学理论，满语辅音 ᠱ (š) 是舌尖后、清擦音。发音时，舌尖抵住上齿龈，呼出气流的同时，使之产生摩擦。在音节字 ᠱ (ši) 中，元音字母 ᠢ (i) 的读音是[ɿ]，而不是[i]。[ɿ]是展唇、舌尖、后高元音。发音时，舌尖略向上翘，接近上颚前部。

在无圈点满文中，该辅音没有独立书写形式，与元音字母词尾形式 ᠠ (a)、ᠠ (e)、ᠢ (i)、ᠣ (o)、ᠣ (u)、ᠣ (ō)、ᠣ (ū) 结合，构成音节字 ᠱ (ša)、ᠱ (še)、ᠱ (ši)、ᠱ (šo)、ᠱ (šu)、ᠱ (šō)、ᠱ (šū)，可出现在词首、词中和词尾，详见表 1-17。

表 1-17　　　　　　辅音字母 ᠱ (š) 书写形式

拉丁字母转写	独立形式	词首形式	词中形式	词尾形式
ša	ᠱ	ᠱ	ᠱ	ᠱ
še	ᠱ	ᠱ	ᠱ	ᠱ
ši	ᠱ	ᠱ	ᠱ	ᠱ
šo	ᠱ	ᠱ	ᠱ	ᠱ
šu	ᠱ	ᠱ	ᠱ	ᠱ
šō	ᠱ	ᠱ	ᠱ	ᠱ
šū	ᠱ	ᠱ	ᠱ	ᠱ
š	-	ᠱ	ᠱ	-

其词首形式，例如：ᠱᠠᠩᠨᠠᠮᠧ (šangname，赏赐)、ᠱᡠᠨ (šun) 即 ᠱᡠᠨ (šun，日)。

其词中形式，例如：ᡨᠠᡧᠠᠨ (tašan，虚)、ᡠᠪᠠᡧᠠᠮᡝ (ubašame，叛)、ᠵᡠᡧᡝᠨ (jušen) 即 ᠵᡠᡧᡝᠨ (jušen，女真)、ᡨᡝᠮᡧᡝᠮᡝ (temšeme) 即 ᡨᡝᠮᡧᡝᠮᡝ (temšeme,

第一章 无圈点满文的字母及音节字

争竞）。

其词尾形式，例如：〰〰（šušu šaša，背人说话状）、〰（uše，带子）、〰〰（šooši，少师）、〰（χošo，隅、和硕）、〰（šušu，紫）。

该辅音字母可出现在词首、词中音节首，详见上述诸词。此外，亦可出现在词中音节末，例如：〰〰（aššaχa，动的、动了）、〰〰（faššambi，奋勉）。

《无圈点字书》第一字头所载音节字中，〰（ša）的形体有〰（ša）、〰（ša）两种，所录词语则有〰（ša）无〰（ša），如：〰即〰（šaχūrun，寒）、〰即〰（šajin，法、禁约）。

该书所载音节字〰（še）的书写形式有〰（še）、〰（še）、〰（siye）三种，所录词语有〰（še）、〰（siye）而无〰（še），如：〰即〰（šelefi，舍、拼）、〰、〰即〰（šerime，讹诈）。〰读为 siye，系音节字〰（si）与〰（ye）组成的音节。

该书所载音节字 ši 的书写形式有〰（ši）、〰（ši）两种，所录词语则有〰（ši）无〰（ši），如〰即〰〰（ši men，石门）、〰即〰〰〰〰（ši san jan ci，自十三站）。

该书所载音节字〰（šo）的书写形式有〰（šo）、〰（sio）、〰（siyo）、〰（si）四种，所录词语有〰（sio）、〰（siyo）、〰（si）而无〰（šo），如：〰（silo）、〰（siolo）、〰（siyolo）即〰（šolo，空闲）、〰〰（sioling χoo）即〰（šolingχo，小凌河）。〰读音为 sio，系音节字〰（si）与元音字母〰（o）组成的复合音节字。〰读音为 siyo，系音节字〰（si）与〰（yo）即〰（yo）组成的复合音节字。这些都是不同的拼写形式，而非音节字〰（šo）的另一种形体。〰（šo）又作〰（si），仅见于上述〰（šolo，空闲）一词，故或为〰（sio）或〰（siyo）之误。

该书所载音节字〰（šu）的书写形式有〰（šu）、〰（siyu）、〰（siu）三种，所录词语有〰（siyu）、〰（siu）而无〰（šu），如：〰（siuban）即〰（šuban，书办）、〰（siusai）即〰（šusai，

43

秀才、生员）、〜〜〜〜（siyusihiyeme）、〜〜〜〜（siusihiyeme）即〜〜〜〜（šusihiyeme，挑唆）。①实际上，〜（siyu）、〜（siu）亦属于不同拼写形式，而非音节字〜（šu）的另一种形体，〜（šu）或〜（šu）为无圈点满文〜（šu）的本字。

在其他字头中，情况亦大体如此。

由此可见，满语中虽有š辅音，而在无圈点满文中，起初或许没有辅音字母（词首形式）✧（š），需要时则以辅音字母✧（s）代替；迨至满文过渡时期、创制辅音字母✧（š）后，才沿用到了加圈点满文中。

练习

58. 默写无圈点满文辅音字母✧（š）的两种书写形式。

59. 将音节字〜（ša）、〜（še）、〜（ši）、〜（šo）、〜（šu）、〜（šō）、〜（šū）与元音字母〜（i）连写，并练习拼读。

60. 将音节字〜（ša）、〜（še）、〜（ši）、〜（šo）、〜（šu）、〜（šō）、〜（šū）与元音字母〜（o）连写，并练习拼读。

61. 将音节字〜（ša）、〜（še）、〜（ši）、〜（šo）、〜（šu）、〜（šō）、〜（šū）与辅音字母词尾形式〜（n）连写，并练习拼读。

62. 将音节字〜（ša）、〜（ši）、〜（šo）、〜（šu）与辅音字母词尾形式〜（q）连写，并练习拼读。

63. 将音节字〜（ša）、〜（še）、〜（ši）、〜（šo）、〜（šu）、〜（šō）、〜（šū）与辅音字母词尾形式〜（b）连写，并练习拼读。

64. 将音节字〜（ša）、〜（še）、〜（ši）、〜（šo）、〜（šu）、〜（šō）、〜（šū）与辅音字母词尾形式〜（s）连写，并练习拼读。

十八　音节字〜（ta）等

按语言学理论，满语辅音〜（t）是舌尖中、送气、清塞音。发音时，舌尖抵住上齿龈，然后突然离开，气流透出较强。

---

① 鄂尔泰等奉敕编纂：《无圈点字书》第1卷，a、e、i字头，乾隆内府写本，第24、25页。

第一章 无圈点满文的字母及音节字

在无圈点满文中，该辅音没有独立书写形式，与元音字母词尾形式（a）、（e）、（i）、（o）、（u）、（ō）、（ū）结合，构成音节字（ta）、（te）、（ti）、（to）、（tu）、（tō）、（tū），可出现在词首、词中和词尾，详见表1-18。

表1-18　　　　　　辅音字母（t）书写形式

拉丁字母转写	独立形式	词首形式	词中形式	词尾形式
ta				
te				
ti				
to				
tu				
tō				
tū				
t	-			

其词首形式，在《无圈点档》中，首笔多不出头，例如：　　即　　（taqaχa，认得的、认得了）、　　即　　（taqūra，令差遣）、　　即　　（toχoχo，备的、备了）、　　即　　（toχorombume，安抚）。偶尔出头，例如：　　即　　（tebumbi，使坐、栽、安置）、　　即　　（tutafi，落后、滞留后）。大体而言，出头者用于阳性词，不出头者用于阴性词。但就《无圈点档》所见而论，书写形式极不统一，如tebu-一词，既作　　即　　（tebufi，使坐后）、　　即　　（tebume，使坐）、　　即　　（tebuci，若使坐），又作　　即　　（tebumbi，使坐）、　　即　　（tebuki，请使坐）。

其词中形式，亦分为首笔出头与不出头两种情况，例如：　　即　　（atanggi，几时）、　　即　　（etembi，得胜）。又如：　　即　　（eyute，众姐姐）、　　即　　（feteme，挖、刨、揭）。按其词首出头者，在词中书写时通常亦不出头，盖出于书写之便。

45

无圈点满文

其词尾形式，首笔或出头，或不出头，似无规范。例如：〰（ilata，各三个）、〰（emte，各一个）、〰（sati，公马熊）、〰（oqto，药）、〰（χontoχo，半）、〰（hutu，鬼）。

该辅音字母可用于词首、词中，见上述诸词。此外，亦可出现在词中音节末，通常书写为〰（t），例如：〰即〰（utχai，即刻）、〰即〰（uttu，如此）。① 偶尔亦作〰（t），例如：〰即〰（butχai，渔猎的）②，是为特例，抑或由笔误所致。亦可出现在词尾，书写形式为〰（t），例如：〰即〰（jarut，扎鲁特，部落名）、〰即〰（bayot，巴岳特，部落名）、〰即〰（urut，乌鲁特，部落名）、〰即〰（tanggūt，唐古特）。

练习

65. 默写无圈点满文辅音字母〰（t）的三种形式。

66. 将音节字〰（ta）、〰（te）、〰（ti）、〰（to）、〰（tu）、〰（tō）、〰（tū）与元音字母〰（i）连写，并练习拼读。

67. 将音节字〰（ta）、〰（te）、〰（ti）、〰（to）、〰（tu）、〰（tō）、〰（tū）与元音字母〰（o）连写，并练习拼读。

68. 将音节字〰（ta）、〰（te）、〰（ti）、〰（to）、〰（tu）、〰（tō）、〰（tū）与辅音字母词尾形式〰（n）连写，并练习拼读。

69. 将音节字〰（ta）、〰（ti）、〰（to）、〰（tu）与辅音字母词尾形式〰（q）连写，并练习拼读。

70. 将音节字〰（ta）、〰（te）、〰（ti）、〰（to）、〰（tu）、〰（tō）、〰（tū）与辅音字母词尾形式〰（b）连写，并练习拼读。

71. 将音节字〰（ta）、〰（te）、〰（ti）、〰（to）、〰（tu）、〰（tō）、〰（tū）与辅音字母词尾形式〰（s）连写，并练习拼读。

72. 将元音字母〰（a）、〰（e）、〰（i）、〰（o）、〰（u）、〰（ō）、

---

① 鄂尔泰等奉敕编纂：《无圈点字书》第1卷，a、e、i 字头，乾隆内府写本，第4、50页。鄂尔泰等奉敕编纂：《无圈点字书》第3卷，at、et、it 字头，乾隆内府写本，第1页。

② 鄂尔泰等奉敕编纂：《无圈点字书》第1卷，a、e、i 字头，乾隆内府写本，第2、3、50页。鄂尔泰等奉敕编纂：《无圈点字书》第3卷，at、et、it 字头，乾隆内府写本，第2页。

（ū）、音节字 （na）、 （ne）、 （ni）、 （no）、 （nu）、 （nō）、 （nū）、 （qa）、 （qo）、 （qu）、 （Ga）、 （Go）、 （Gu）、 （χa）、 （χo）、 （χu）、 （ba）、 （be）、 （bi）、 （bo）、 （bu）、 （bō）、 （bū）、 （pa）、 （pe）、 （pi）、 （po）、 （pu）、 （pō）、 （pū）、 （sa）、 （se）、 （si）、 （so）、 （su）、 （sō）、 （sū）、 （ša）、 （še）、 （ši）、 （šo）、 （šu）、 （šō）、 （šū）、 （ta）、 （te）、 （ti）、 （to）、 （tu）、 （tō）、 （tū）与辅音字母词尾形式 （t）连写，并练习拼读。

十九 音节字 （da）等

按语言学理论，满语辅音 （d）是舌尖中、不送气、清塞音。发音时，舌尖抵住上齿龈，然后突然离开，气流透出较弱。

在无圈点满文中，该辅音没有独立书写形式，与元音字母词尾形式 （a）、 （e）、 （i）、 （o）、 （u）、 （ō）、 （ū）结合，构成音节字 （da）、 （de）、 （di）、 （do）、 （du）、 （dō）、 （dū），可出现在词首、词中和词尾，详见表1-19。

表1-19　　　　　辅音字母 （d）书写形式

拉丁字母转写	独立形式	词首形式	词中形式	词尾形式
da				
de				
di				
do				
du				
dō				
dū				

其词首形式，在《无圈点档》中，首笔多不出头，例如： 即 （daχa，刮的、刮了、下的、下了等）、 即 （daχasu，

47

无圈点满文

和顺)、▱即▱（dasame，复、再)、▱即▱（dalin，岸)。偶尔出头，例如：▱▱即▱▱(de šeng men，德胜门)、▱即▱（deduhe，卧的、卧了)。大体而言，不出头者用于阳性词，出头者用于阴性词。但就《无圈点档》所见而论，书写形式极不统一，例如：▱、▱、▱俱为▱（dube，尖、端)、▱、▱、▱俱为▱（duleke，过的、过了)。又如：▱为▱（deberen，崽子)、▱为▱（dele，上)、▱为▱（deheme，姨母)。①

其词中形式，例如：▱即▱（adali，相同)、▱即▱（adun，群)。②又如：▱即▱（fidere，调遣的)、▱即▱（fudeme，送）等。③其词首出头者，在词中书写时往往不出头，或出于书写之便。

其词尾形式，例如：▱（anda）即▱（anda，宾友)、▱（saqda）即▱（saqda，老人)、▱（minde）即▱（minde，于我)、▱（ordo，亭)、▱（fadu）即▱（fadu，荷包)。

练习

73. 默写无圈点满文辅音字母▱（d）的三种书写形式。

74. 将音节字▱（da)、▱（de)、▱（di)、▱（do)、▱（du)、▱（dō)、▱（dū）与元音字母▱（i）连写，并练习拼读。

75. 将音节字▱（da)、▱（de)、▱（di)、▱（do)、▱（du)、▱（dō)、▱（dū）与元音字母▱（o）连写，并练习拼读。

76. 将音节字▱（da)、▱（de)、▱（di)、▱（do)、▱（du)、▱（dō)、▱（dū）与辅音字母词尾形式▱（n）连写，并练习拼读。

77. 将音节字▱（da)、▱（di)、▱（do)、▱（du）与辅音字母词尾形式▱（q）连写，并练习拼读。

78. 将音节字▱（da)、▱（de)、▱（di)、▱（do)、▱（du)、

---

① 鄂尔泰等奉敕编纂：《无圈点字书》第1卷，a、e、i字头，乾隆内府写本，第26、27、28、29页。

② 鄂尔泰等奉敕编纂：《无圈点字书》第1卷，a、e、i字头，乾隆内府写本，第2页。

③ 鄂尔泰等奉敕编纂：《无圈点字书》第1卷，a、e、i字头，乾隆内府写本，第51、52页。

第一章　无圈点满文的字母及音节字

（dō）、（dū）与辅音字母词尾形式（b）连写，并练习拼读。

79. 将音节字（da）、（de）、（di）、（do）、（du）、（dō）、（dū）与辅音字母词尾形式（s）连写，并练习拼读。

80. 将音节字（da）、（de）、（di）、（do）、（du）、（dō）、（dū）与辅音字母词尾形式（t）连写，并练习拼读。

二十　音节字（la）等

按语言学理论，满语辅音（l）是舌尖中、边音。发音时，舌尖抵住上齿龈，气流从舌头前部两边透出，声带颤动。

在无圈点满文中，该辅音没有独立书写形式，与元音字母词尾形式（a）、（e）、（i）、（o）、（u）、（ō）、（ū）结合，构成音节字（la）、（le）、（li）、（lo）、（lu）、（lō）、（lū），可出现在词首、词中和词尾，详见表1-20。

表1-20　　　　　　辅音字母（l）书写形式

拉丁字母转写	独立形式	词首形式	词中形式	词尾形式
la				
le				
li				
lo				
lu				
lō				
lū				
l	-			

其词首形式，例如：（lakiyame）即（lakiyame，吊、悬挂）、（laba，喇叭）、（leose）即（leose，楼）、（lefu）即（lefu，熊）、（liodun）即（liyoodung，辽东）、（li，李，汉姓）、（loχo）即（loχo，腰刀）、

（loo，牢）、�луᡥuᠯeᠪuᡳ（luhulebufi）即 ᡥuᠯeᠪuᡳ（luhulebufi，浮伤后）、ᠯuᠨᡤᠰᡳ（lungsi）即 ᠯuᠨᡤᠰᡳ（lungsi，龙什，人名）、ᠶᡳ ᠯu（yi lū，懿路，地名）。

其词中形式，例如：ᠪᠠᡳᡨᠠᠯᠠᠷᠠ（baitalara，使用的）、ᠠᠯᠠᠷᠠ（alara，告诉的）、ᠪᡝᡳᠯᡝᡳ（beilei）即 ᠪᡝᡳᠯᡝᡳ（beilei，贝勒的）。

其词尾形式，例如：ᡤᠠᠯᠠ（Gala）即 ᡤᠠᠯᠠ（Gala，手）、ᠰᡝᠯᡝ（sele）即 ᠰᡝᠯᡝ（sele，铁）、ᠶᠠᠯᡳ（yali）即 ᠶᠠᠯᡳ（yali，肉）、ᡧᠣᠯᠣ（šolo）即 ᡧᠣᠯᠣ（šolo，闲暇）、ᡶuᠯu（fūlu）即 ᡶuᠯu（fulu，多余）。

该辅音字母可用于词首、词中，见上述诸词。此外，亦可出现在词中音节末，书写形式亦为ᠯ(1)，例如：ᠨᡳᠶᠠᠯᠮᠠ(niyalma) 即 ᠨᡳᠶᠠᠯᠮᠠ(niyalma，人)、ᡝᠯᡥᡝ（elhe）即 ᡝᠯᡥᡝ（elhe，安）、ᡳᠯᡥᡳ（ilhi）即 ᡳᠯᡥᡳ（ilhi，次、副）、ᡤuᠯᡥuᠨ（gulhun）即 ᡤuᠯᡥuᠨ（gulhun，完整）。亦可出现在词尾，书写形式为ᠯ(1)，例如：ᠮᠠᠩᡤᠣᠯ（manggol）即 ᠮᠠᠩᡤᠣᠯ（manggol，莽果勒，人名）、ᡥᠠᠩᡤᠠᠯ（χanggal）即 ᡥᠠᠩᡤᠠᠯ（χanggal，杭噶勒，人名）。

练习

81. 默写无圈点满文辅音字母ᠯ(1)的三种书写形式。

82. 将音节字ᠯᠠ(la)、ᠯᡝ(le)、ᠯᡳ(li)、ᠯᠣ(lo)、ᠯu(lu)、ᠯᠣ(lō)、ᠯu(lū)与元音字母ᡳ(i)连写，并练习拼读。

83. 将音节字ᠯᠠ(la)、ᠯᡝ(le)、ᠯᡳ(li)、ᠯᠣ(lo)、ᠯu(lu)、ᠯᠣ(lō)、ᠯu(lū)与元音字母ᠣ(o)连写，并练习拼读。

84. 将音节字ᠯᠠ(la)、ᠯᡝ(le)、ᠯᡳ(li)、ᠯᠣ(lo)、ᠯu(lu)、ᠯᠣ(lō)、ᠯu(lū)与辅音字母词尾形式ᠨ(n)连写，并练习拼读。

85. 将音节字ᠯᠠ(la)、ᠯᡳ(li)、ᠯᠣ(lo)、ᠯu(lu)与辅音字母词尾形式ᡴ(q)连写，并练习拼读。

86. 将音节字ᠯᠠ(la)、ᠯᡝ(le)、ᠯᡳ(li)、ᠯᠣ(lo)、ᠯu(lu)、ᠯᠣ(lō)、ᠯu(lū)与辅音字母词尾形式ᠪ(b)连写，并练习拼读。

87. 将音节字ᠯᠠ(la)、ᠯᡝ(le)、ᠯᡳ(li)、ᠯᠣ(lo)、ᠯu(lu)、ᠯᠣ(lō)、ᠯu(lū)与辅音字母词尾形式ᠰ(s)连写，并练习拼读。

第一章 无圈点满文的字母及音节字

88. 将音节字ᠯᠠ（la）、ᠯᡝ（le）、ᠯᡳ（li）、ᠯᠣ（lo）、ᠯᡠ（lu）、ᠯᠣ̄（lō）、ᠯᡡ（lū）与辅音字母词尾形式（t）连写，并练习拼读。

89. 将元音字母（a）、（e）、（i）、（o）、（u）、（ō）、（ū），音节字（na）、（ne）、（ni）、（no）、（nu）、（nō）、（nū）、（qa）、（qo）、（qu）、（Ga）、（Go）、（Gu）、（χa）、（χo）、（χu）、（ba）、（be）、（bi）、（bo）、（bu）、（bō）、（bū）、（pa）、（pe）、（pi）、（po）、（pu）、（pō）、（pū）、（sa）、（se）、（si）、（so）、（su）、（sō）、（sū）、（ša）、（še）、（ši）、（šo）、（šu）、（šō）、（šū）、（da）、（de）、（di）、（do）、（du）、（dō）、（dū）、（la）、（le）、（li）、（lo）、（lu）、（lō）、（lū）与辅音字母词尾形式（l）连写，并练习拼读。

二十一 音节字ᠮᠠ（ma）等

按语言学理论，满语辅音（m）是双唇、鼻音。发音时，双唇紧闭，气流从鼻腔里出来，声带颤动。

在无圈点满文中，该辅音没有独立书写形式，与元音字母词尾形式（a）、（e）、（i）、（o）、（u）、（ō）、（ū）结合，构成音节字（ma）、（me）、（mi）、（mo）、（mu）、（mō）、（mū），可出现在词首、词中和词尾，详见表1-21。

表1-21　　　　　　辅音字母（m）书写形式

拉丁字母转写	独立形式	词首形式	词中形式	词尾形式
ma				
me				
mi				
mo				

无圈点满文

续表

拉丁字母转写	独立形式	词首形式	词中形式	词尾形式
mu				
mō				
mū				
m	-			

其词首形式，例如：（manggi）即（manggi，后）、（manabume）即（manabume，敝坏）、（meihe）即（meihe，蛇、巳）、（mederi）即（mederi，海）、（moo，木）、（moorin，马）、（muwa）即（muwa，粗）、（mudan）即（mudan，次、湾）、（mūse）即（muse，咱们）、（mūjilen）即（mujilen，心）。

其词中形式，例如：（amasi，往回）、（tūmen）即（tumen，万）、（omolo，孙）、（ūme）即（ume，勿）、（kemuni）即（kemuni，仍）。

其词尾形式，例如：（ama，父）、（eme）即（eme，母）、（jirami）即（jiramin，厚）、（omo，池）、（gemu）即（gemu，皆）。

该辅音字母可用于词首、词中，见上述诸词。此外，亦可出现在词中音节末，书写形式亦为（m），例如：即（amcambi，追）、（emhun）即（emhun，单独）、（ombi，可以、去得）。亦可出现在词尾，书写形式为（m），例如：（sonom，琐诺木，人名）、（tam χoo ui）即（tam χo ui，塔木河卫）、（kim jinaq-a ui）即（kim jinaqa ui，奇木吉纳喀卫）。

练习

90. 默写无圈点满文辅音字母（m）的三种书写形式。

91. 将音节字（ma）、（me）、（mi）、（mo）、（mu）、

52

第一章　无圈点满文的字母及音节字

ㄉ（mō）、ㄉ（mū）与元音字母ㄨ（i）连写，并练习拼读。

92. 将音节字ㄓ（ma）、ㄓ（me）、ㄉ（mi）、ㄉ（mo）、ㄉ（mu）、ㄉ（mō）、ㄉ（mū）与元音字母ㄨ（o）连写，并练习拼读。

93. 将音节字ㄓ（ma）、ㄓ（me）、ㄉ（mi）、ㄉ（mo）、ㄉ（mu）、ㄉ（mō）、ㄉ（mū）与辅音字母词尾形式（n）连写，并练习拼读。

94. 将音节字ㄓ（ma）、ㄓ（mi）、ㄉ（mo）、ㄉ（mu）、ㄉ（mō）、ㄉ（mū）与辅音字母词尾形式（q）连写，并练习拼读。

95. 将音节字ㄓ（ma）、ㄓ（me）、ㄉ（mi）、ㄉ（mo）、ㄉ（mu）、ㄉ（mō）、ㄉ（mū）与辅音字母词尾形式（b）连写，并练习拼读。

96. 将音节字ㄓ（ma）、ㄓ（me）、ㄉ（mi）、ㄉ（mo）、ㄉ（mu）、ㄉ（mō）、ㄉ（mū）与辅音字母词尾形式（s）连写，并练习拼读。

97. 将音节字ㄓ（ma）、ㄓ（me）、ㄉ（mi）、ㄉ（mo）、ㄉ（mu）、ㄉ（mō）、ㄉ（mū）与辅音字母词尾形式（t）连写，并练习拼读。

98. 将音节字ㄓ（ma）、ㄓ（me）、ㄉ（mi）、ㄉ（mo）、ㄉ（mu）、ㄉ（mō）、ㄉ（mū）与辅音字母词尾形式（l）连写，并练习拼读。

99. 将元音字母（a）、（e）、（i）、（o）、（u）、（ō）、（ū），音节字（na）、（ne）、（ni）、（no）、（nu）、（nō）、（nū）、（qa）、（qo）、（qu）、（Ga）、（Go）、（Gu）、（χa）、（χo）、（χu）、（ba）、（be）、（bi）、（bo）、（bu）、（bō）、（bū）、（pa）、（pe）、（pi）、（po）、（pu）、（pō）、（pū）、（sa）、（se）、（si）、（so）、（su）、（sō）、（sū）、（ša）、（še）、（ši）、（šo）、（šu）、（šō）、（šū）、（da）、（de）、（di）、（do）、（du）、（dō）、（dū）、（la）、（le）、（li）、（lo）、（lu）、（lō）、（lū）、（ma）、（me）、（mi）、（mo）、（mu）、（mō）、（mū）与辅音字母词尾形式（m）连写，并练习拼读。

53

二十二　音节字 ᠴᠠ（ca）等

按语言学理论，满语辅音ᠴ（c）是舌尖后、送气、清塞擦音。发音时，舌尖抵住硬腭，造成阻塞，然后打开阻塞部位，使气流冲破阻塞，摩擦而出。在音节字ᠴ（ci）中，辅音字母ᠴ的读音是[tɕʰ]，而不是[tʃʰ]。[tɕʰ]是舌面前、送气、清塞擦音。发音时，舌面抵住硬腭，造成阻塞，然后打开阻塞部位，让气流冲破阻塞，摩擦而出。

在无圈点满文中，该辅音没有独立书写形式，与元音字母词尾形式（a）、（e）、（i）、（o）、（u）、（ō）、（ū）结合，构成音节字（ca）、（ce）、（ci）、（co）、（cu）、（cō）、（cū），可出现在词首、词中和词尾，详见表1-22。

表1-22　　　　　　　　辅音字母ᠴ（c）书写形式

拉丁字母转写	独立形式	词首形式	词中形式	词尾形式
ca				
ce				
ci				
co				
cu				
cō				
cū				

其词首形式，例如：（cang，锣）、（calcin mūke）即（calcin muke，潮水）、（ceni）即（ceni，他们的）、（cooχa）即（cooχa，兵）、（coqo，鸡，酉）、（culgan）即（culgan，盟）、（cuwangname）即（cuwangname，抢掠）。

其词中形式，例如：（acanjifi）即（acanjifi，来会后）、（funceme）即（funceme，余剩）、（wacihiyame）即（wacihiyame，全部）。

其词尾形式，例如：（baica，令查）、（cece）即（cece，

第一章 无圈点满文的字母及音节字

纱）、〰（oci，若是、如可）、〰（onco，宽）、〰（encu）即〰（encu，另样）。

在《无圈点档》中，辅音字母 ᡝ（c）的书写形式多不一致。在词首，有 ᡝ（c）、ᡝ（c）两种书写形式，例如：〰 即 〰（ceni，他们的）、〰 即 〰（cekemu，倭缎）、〰、〰 即 〰（coχome，特意）。在词中，有 ᡝ（c）、ᡝ（c）、ᡝ（c）三种书写形式，例如：〰 即 〰（acaname，去会）、〰 即 〰（acan，合、会）、〰 即 〰（ananjime，来会）、〰 即 〰（acambi，会合）。① 按 ᡝ（c）应为辅音字母（词首形式）ᡕ（j）的词中形式、ᡝ（c）应为辅音字母 ᡕ（y）的规范形式，详后。在《无圈点档》中有此不同的书写形式，盖出于记载者的不同书写风格所致。

练习

100. 默写无圈点满文辅音字母 ᡝ（c）的两种书写形式。

101. 将音节字 〰（ca）、〰（ce）、〰（ci）、〰（co）、〰（cu）、〰（cō）、〰（cū）与元音字母 〰（i）连写，并练习拼读。

102. 将音节字 〰（ca）、〰（ce）、〰（ci）、〰（co）、〰（cu）、〰（cō）、〰（cū）与元音字母 〰（o）连写，并练习拼读。

103. 将音节字 〰（ca）、〰（ce）、〰（ci）、〰（co）、〰（cu）、〰（cō）、〰（cū）与辅音字母词尾形式 〰（n）连写，并练习拼读。

104. 将音节字 〰（ca）、〰（ci）、〰（co）、〰（cu）与辅音字母词尾形式 〰（q）连写，并练习拼读。

105. 将音节字 〰（ca）、〰（ce）、〰（ci）、〰（co）、〰（cu）、〰（cō）、〰（cū）与辅音字母词尾形式 〰（b）连写，并练习拼读。

106. 将音节字 〰（ca）、〰（ce）、〰（ci）、〰（co）、〰（cu）、〰（cō）、〰（cū）与辅音字母词尾形式 〰（s）连写，并练习拼读。

107. 将音节字 〰（ca）、〰（ce）、〰（ci）、〰（co）、〰（cu）、〰（cō）、〰（cū）与辅音字母词尾形式 〰（t）连写，并练习拼读。

---

① 鄂尔泰等奉敕编纂：《无圈点字书》第1卷，a、e、i 字头，乾隆内府写本，第2页。

108. 将音节字ᠴ（ca）、ᠴ（ce）、ᠴ（ci）、ᠴ（co）、ᠴ（cu）、ᠴ（cō）、ᠴ（cū）与辅音字母词尾形式ᠯ（1）连写，并练习拼读。

109. 将音节字ᠴ（ca）、ᠴ（ce）、ᠴ（ci）、ᠴ（co）、ᠴ（cu）、ᠴ（cō）、ᠴ（cū）与辅音字母词尾形式ᠮ（m）连写，并练习拼读。

二十三　音节字ᠶ（ja）等

按语言学理论，满语辅音ᠵ（j）是舌尖后、不送气、清塞擦音。发音时，舌尖抵住硬腭，造成阻塞，然后打开阻塞部位，使气流冲破阻塞，摩擦而出。在音节字ᠵ（ji）中，辅音字母ᠵ的读音是[tɕ]而非[tʃ]。[tɕ]是舌面前、不送气、清塞擦音。发音时，双唇向两边伸展，舌尖抬起，靠近硬腭，气流从舌和硬腭的缝隙间通过，声带同时振动。

在无圈点满文中，该辅音没有独立书写形式，与元音字母词尾形式ᠠ（a）、ᠠ（e）、ᠢ（i）、ᠣ（o）、ᠣ（u）、ᠣ（ō）、ᠣ（ū）结合，构成音节字ᠶ（ja）、ᠶ（je）、ᠶ（ji）、ᠶ（jo）、ᠶ（ju）、ᠶ（jō）、ᠶ（jū），可出现在词首、词中和词尾，详见表1-23。

表1-23　　　　　　辅音字母ᠵ（j）书写形式

拉丁字母转写	独立形式	词首形式	词中形式	词尾形式
ja	ᠶ	ᠶ	ᠶ	ᠶ
je	ᠶ	ᠶ	ᠶ	ᠶ
ji	ᠶ	ᠶ	ᠶ	ᠶ
jo	ᠶ	ᠶ	ᠶ	ᠶ
ju	ᠶ	ᠶ	ᠶ	ᠶ
jō	ᠶ	ᠶ	ᠶ	ᠶ
jū	ᠶ	ᠶ	ᠶ	ᠶ

其词首形式，例如：ᠵᠠᡤᡠᠨ（jaqun）即ᠵᠠᡤᡠᠨ（jaqun，八）、ᠵᠡᡵᡤᡳ（jergi）即ᠵᠡᡵᡤᡳ（jergi，次）、ᠵᡳᡥᡝ（jihe）即ᠵᡳᡥᡝ（jihe，来了）、ᠵᠣᡵᡤᠣᠨ（jorgon）即ᠵᠣᡵᡤᠣᠨ（jorgon，十二）、ᠵᡠᠸᡝ（juwe）即ᠵᡠᠸᡝ（juwe，二）、ᠵᡡᠰᡝ（jūse）

第一章 无圈点满文的字母及音节字

即〿（juse，众子）。

其词中形式，例如：〿（bujan）即〿（bujan，平地树林）、〿（ejen）即〿（ejen，主）、〿（šajin）即〿（šajin，法、禁约）、〿（bujumbi）即〿（bujumbi，煮）。

其词尾形式，例如：〿（sunja）即〿（sunja，五）、〿（sūje）即〿（suje，缎）、〿即〿（dalji，干涉）、〿（χojo）即〿（χojo，俏）、〿（ninju）即〿（ninju，六十）。

在《无圈点字书》中，音节字〿（ja）的形体，除〿（ja）之外，尚有〿（sa）、〿（dza）两种，与之相关的词仅有〿、〿，附注的新满文为〿（jafu，札付）。① 显然，与其说〿（sa）、〿（dza）是〿（ja）的不同形体，不如把〿（safu）、〿（dza）作为"札付"的不同音译。其中，辅音字母〿（s）详见前述，〿（dz）是后来新增音节字〿（dza）、〿（dze）、〿（dzi）、〿（dzo）、〿（dzu）中代表辅音部分的符号，详见后述。

又，该书所列音节字〿（ji）的形体，除〿（ji）之外，尚有〿（ci）、〿（ki）两种，与之相关的词各有一个，即〿，附注新满文为〿（jilame，慈爱）；〿，附注新满文为〿（jiramin，厚）。② 辅音字母〿（j）多见于词中音节首，偶尔也出现在词首。至于〿，《无圈点档》或《无圈点字书》所录可能有误。因此，〿（ci）和〿（ki）不应视作〿（ji）的不同形体。

《无圈点字书》所列音节字〿（jib）的书写形式，有〿（jib）、〿（kib）两种，所录之词只有〿、〿，附注新满文为〿（jibca，皮袄）。③

将词首音节字〿（ji）写作〿（ki），或是笔误，或属于某一作者的特殊书写风格，不可因此而认为〿（jib）又作〿（kib）。

有时，辅音字母词中形式〿（j）的形体如同〿（c），例如：〿

---

① 鄂尔泰等奉敕编纂：《无圈点字书》第1卷，a、e、i字头，乾隆内府写本，第39页。
② 鄂尔泰等奉敕编纂：《无圈点字书》第1卷，a、e、i字头，乾隆内府写本，第40页。
③ 鄂尔泰等奉敕编纂：《无圈点字书》第4卷，ab、eb、ib字头，乾隆内府写本，第6页。

无圈点满文

即 (kenehunjebuci，若使怀疑)、即 (fejile，下)。① 凡此，也出于笔误或书写风格不同所致。

练习

110. 默写无圈点满文辅音字母（j）的两种书写形式。

111. 记住音节字（ji）中，辅音字母的读音是[tɕ]，而不是[tʃ]。

112. 将音节字（ja）、（je）、（ji）、（jo）、（ju）、（jō）、（jū）与元音字母（i）连写，并练习拼读。

113. 将音节字（ja）、（je）、（ji）、（jo）、（ju）、（jō）、（jū）与元音字母（o）连写，并练习拼读。

114. 将音节字（ja）、（je）、（ji）、（jo）、（ju）、（jō）、（jū）与辅音字母词尾形式（n）连写，并练习拼读。

115. 将音节字（ja）、（ji）、（jo）、（ju）、（jō）、（jū）与辅音字母词尾形式（q）连写，并练习拼读。

116. 将音节字（ja）、（je）、（ji）、（jo）、（ju）、（jō）、（jū）与辅音字母词尾形式（b）连写，并练习拼读。

117. 将音节字（ja）、（je）、（ji）、（jo）、（ju）、（jō）、（jū）与辅音字母词尾形式（s）连写，并练习拼读。

118. 将音节字（ja）、（je）、（ji）、（jo）、（ju）、（jō）、（jū）与辅音字母词尾形式（t）连写，并练习拼读。

119. 将音节字（ja）、（je）、（ji）、（jo）、（ju）、（jō）、（jū）与辅音字母词尾形式（l）连写，并练习拼读。

120. 将音节字（ja）、（je）、（ji）、（jo）、（ju）、（jō）、（jū）与辅音字母词尾形式（m）连写，并练习拼读。

二十四 音节字（ya）等

按语言学理论，满语辅音（y）又称半元音，发音与元音[i]相似，但带有轻微摩擦。

---

① 鄂尔泰等奉敕编纂：《无圈点字书》第1卷，a、e、i字头，乾隆内府写本，第43、51页。

第一章 无圈点满文的字母及音节字

在无圈点满文中，该辅音没有独立书写形式，与元音字母词尾形式（a）、（e）、（o）、（u）、（ō）、（ū）结合，构成音节字（ya）、（ye）、（yo）、（yu）、（yō）、（yū），可出现在词首、词中和词尾。在音节字（ye）、（yu）、（yū）里，受（y）的影响，（e）读为[e]，（u）、（ū）都读为[y]。可出现在词首、词中和词尾，详见表1-24。

表1-24　　　　　　　辅音字母（y）书写形式

拉丁字母转写	独立形式	词首形式	词中形式	词尾形式
ya				
ye				
yo				
yu				
yō				
yū				

其词首形式，例如：（yabume）即（yabume，行走）、（yasa）即（yasa，眼睛）、（yali）即（yali，肉）、（yehe）即（yehe，叶赫）、（yoso）即（yoso，道）、（yordoχo）即（yordoχo，用响箭射了）、（li yung fang）即（li yung fang，李永芳）。

其词中形式，例如：（bayan）即（bayara，巴雅喇、护军）、（bayara）即（bayan，富）。（beliyen）即（beliyen，呆）、（beye）即（beye，身、自己）、（omsiyon）即（omšon，十一）、（uyun）即（uyun，九）、（siyun）即（šun，日）。

其词尾形式，例如：（yaya）即（yaya，诸凡）、（beye）即（beye，身、自己）、（χosiyo）即（χošo，隅、和硕）、（uyu，绿松石）。

在无圈点满文中，辅音字母词首形式（y）多与辅音字母词首形

59

式ᠶ（j）雷同，后来为了区别，将辅音字母词首形式ᠶ（y）改为ᠶ（y），即首笔末端向上挑起，形成小钩状。

在《无圈点字书》中，音节字ᠶ（yo）的形体，除ᠶ（yo）、ᠶ（yo）外还有ᠶ（yoo），与之相关的词语为ᠶ，附注新满文为ᠶ ᠶ（yo jeo i，耀州的）。

音节字ᠶ（yu）的形体，除ᠶ（yu）、ᠶ（yu）外，还有ᠶ（ya）、ᠶ（io）两种，与之相关的词语分别为：ᠶ（yayume，饥馑）、ᠶ（iowanšuwai，元帅）。

其实，ᠶ（yoo）为音节字ᠶ（yo）与元音字母ᠶ（o）组成的复合音节字，在此为汉字"耀"的音译；ᠶ（io）为元音字母ᠶ（i）和ᠶ（o）组成的音节，与后面的ᠶ（wan）连读，构成切韵字，在此为汉字"元"的音译。二者均属于不同的拼写方式，并非音节字ᠶ（yo）的不同形体。至于ᠶ（yayume，饥馑），或为ᠶ（yuyume，饥馑）之误，或为方言。

练习

121. 默写无圈点满文辅音字母ᠶ（y）的两种书写形式。

122. 将音节字ᠶ（ya）、ᠶ（ye）与元音字母ᠶ（i）连写，并练习拼读。

123. 将音节字ᠶ（ya）、ᠶ（ye）与元音字母ᠶ（o）连写，并练习拼读。

124. 将音节字ᠶ（ya）、ᠶ（ye）与辅音字母词尾形式ᠶ（n）连写，并练习拼读。

125. 将音节字ᠶ（ya）与辅音字母词尾形式ᠶ（q）连写，并练习拼读。

126. 将音节字ᠶ（ya）、ᠶ（ye）与辅音字母词尾形式ᠶ（b）连写，并练习拼读。

127. 将音节字ᠶ（ya）、ᠶ（ye）与辅音字母词尾形式ᠶ（s）连写，并练习拼读。

128. 将音节字ᠶ（ya）、ᠶ（ye）与辅音字母词尾形式ᠶ（t）连写，并练习拼读。

129. 将音节字ᠶ（ya）、ᠶ（ye）与辅音字母词尾形式ᠶ（l）连写，并练习拼读。

130. 将音节字ᠶ（ya）、ᠶ（ye）与辅音字母词尾形式ᠶ（m）连写，并练习拼读。

二十五　音节字ᠬ（ke）等

按语言学理论，满语辅音ᠬ（k）是舌根、送气、清塞音。发音时，舌根抵住软腭，然后突然放开，气流透出较强。

在无圈点满文中，该辅音没有独立书写形式，与元音字母词尾形式ᠬ（e）、ᠬ（i）、ᠬ（ū）结合，构成音节字ᠬ（ke）、ᠬ（ki）、ᠬ（kū），可出现在词首、词中和词尾，详见表 1-25。

表 1-25　　　　　　辅音字母ᠬ（k）书写形式

拉丁字母转写	独立形式	词首形式	词中形式	词尾形式
ke	ᠬ	ᠬ	ᠬ	ᠬ
ki	ᠬ	ᠬ	ᠬ	ᠬ
kū	ᠬ	ᠬ	ᠬ	ᠬ
k	－	ᠬ	ᠬ	ᠬ

其词首形式，例如：ᠬᡝᠮᡠᠨᡳ（kemuni）即 ᠬᡝᠮᡠᠨᡳ（kemuni，仍旧）、ᡴᡳᠴᡝᠮᡝ（kiceme）即 ᡴᡳᠴᡝᠮᡝ（kiceme，努力）、ᡴᡡᠨᡩᡠᠯᡝᠨ（kūndulen）即 ᡴᡡᠨᡩᡠᠯᡝᠨ（kundulen，恭敬）。

其词中形式，可出现在音节首，例如：ᠰᡝᡴᡝᡳ（sekei）即 ᠰᡝᡴᡝᡳ（sekei，貂皮的）、ᡨᡠᠴᡳᡴᡝᠪᡳ（tucikebi）即 ᡨᡠᠴᡳᡴᡝᠪᡳ（tucikebi，出来了）、ᡨᡡᡴᡳᠶᡝᠮᡝ（tūkiyeme）即 ᡨᡡᡴᡳᠶᡝᠮᡝ（tūkiyeme，举、抬）、ᠠᡶᠠᡴᡳ ᠰᠠᠴᡳᡴᡳ ᠰᡝᠮᠪᡳ（afaki sacikisembi）即 ᠠᡶᠠᡴᡳ ᠰᠠᠴᡳᡴᡳ ᠰᡝᠮᠪᡳ（afaki sacikisembi，欲战、欲砍）。亦可出现在音节末，例如：ᡩᡝᡴᡩᡝᡵᡝ（dekdere）即 ᡩᡝᡴᡩᡝᡵᡝ（dekdere，升起的）、ᡨᡝᡴᠰᡳᠯᡝᠮᡝ（teksileme）即 ᡨᡝᡴᠰᡳᠯᡝᠮᡝ（teksileme，弄整齐）、ᡝᡴᠰᡳᠩᡤᡝ（eksingge）

即 ᠊ᠠᡴᠰᡳᠩᡤᡝ（eksingge，额克兴额，人名）。

其词尾形式，例如：（seke）即（seke，貂皮）、（adaki）即（adaki，邻居）、（cirkū）即（cirku，枕头）。

该辅音字母可用于词首、词中，见上述诸词。亦可用于词尾，书写形式为（k），例如：（nangnuk）即（nangnuq，囊努克，人名）、（bodisuk）即（bodisuq，博第苏克，人名）。

值得注意的是，在《无圈点档》中，音节字（kū）多以（ku）替代，例如：（kuu，库）、（kuren）即（kuren，城）、（jeku）即（jeku，粮）、（etuku）即（etuku，衣）。参见第一章第九节元音字母（u）与（ū）的变化。

汉语中没有（ki）音，故将此音节字音译为[tɕ'i]音，一般用"齐""奇"等字。

练习

131. 默写无圈点满文辅音字母（k）的三种书写形式。

132. 将音节字（ke）、（ki）、（kū）与元音字母（i）连写，并练习拼读。

133. 将音节字（ke）、（ki）、（kū）与元音字母（o）连写，并练习拼读。

134. 将音节字（ke）、（ki）、（kū）与辅音字母词尾形式（n）连写，并练习拼读。

135. 将元音字母（e）、（ō）、（ū），音节字（ne）、（ni）、（nō）、（nū）、（be）、（bō）、（bū）、（pe）、（pō）、（pū）、（se）、（sō）、（sū）、（še）、（šō）、（šū）、（te）、（tō）、（tū）、（de）、（dō）、（dū）、（le）、（lō）、（lū）、（me）、（mō）、（mū）、（ce）、（cō）、（cū）、（je）、（jō）、（jū）、（ye）、（ke）、（ki）、（kū）与辅音字母词尾形式（k）连写，并练习拼读。

136. 将音节字 ᠴ（ke）、ᠴ（ki）、ᠣ（kū）与辅音字母词尾形式 ᡦ（b）连写，并练习拼读。

137. 将音节字 ᠴ（ke）、ᠴ（ki）、ᠣ（kū）与辅音字母词尾形式 ᠰ（s）连写，并练习拼读。

138. 将音节字 ᠴ（ke）、ᠴ（ki）、ᠣ（kū）与辅音字母词尾形式 ᡨ（t）连写，并练习拼读。

139. 将音节字 ᠴ（ke）、ᠴ（ki）、ᠣ（kū）与辅音字母词尾形式 ᠯ（l）连写，并练习拼读。

140. 将音节字 ᠴ（ke）、ᠴ（ki）、ᠣ（kū）与辅音字母词尾形式 ᠮ（m）连写，并练习拼读。

二十六　音节字 ᡬ（ge）

按语言学理论，满语辅音 ᡬ（g）是舌根、不送气、清塞音。发音时，舌根抵住软腭，然后突然放开，气流透出较弱。

在无圈点满文中，该辅音没有独立书写形式，与元音字母词尾形式 ᠊ᡝ（e）、ᡳ（i）、ᡠ（ū）结合，构成音节字 ᡬ（ge）、ᡤ（gi）、ᡱ（gū），可出现在词首、词中和词尾，详见表1-26。

表 1-26　　　　　辅音字母 ᡬ（g）书写形式

拉丁字母转写	独立形式	词首形式	词中形式	词尾形式
ge	ᡬ	ᡤ	ᡤ	ᡬ
gi	ᡤ	ᡤ	ᡤ	ᡤ
gū	ᡱ	ᡱ	ᡱ	ᡱ

其词首形式，例如：ᡤᡝᠨᡝᡥᡝ（genehe）即 ᡤᡝᠨᡝᡥᡝ（genehe，去的、去了）、ᡤᡝᡵᡝᠨ（geren）即 ᡤᡝᡵᡝᠨ（geren，众多）、ᡤᡳᡩᠠᠮᠪᡳ（gidambi）即 ᡤᡳᡩᠠᠮᠪᡳ（gidambi，压、打败）、ᡤᡳᠰᡠᠨ（gisun）即 ᡤᡳᠰᡠᠨ（gisun，言语）、ᡤᡡᡵᡠᠨ（gūrun）即 ᡤᡡᡵᡠᠨ（gurun，国）、ᡤᡡᠴᡠ（gūcu）即 ᡤᡡᠴᡠ（gucu，朋友）。

其词中形式，例如：ᠠᡤᡝᡳ（agei）即 ᠠᡤᡝᡳ（agei，阿哥的）、ᡤᡝᡤᡝᡨᡝ（gegete）即 ᡤᡝᡤᡝᡨᡝ（gegete，众姐姐、众格格）、ᡳᠨᡝᠩᡤᡳᠴᡳ（inenggici）即 ᡳᠨᡝᠩᡤᡳᠴᡳ

（inenggici，自……日）、▱（jergide）即▱（jergide，于……等次）、▱（ergume）即▱（ergume，朝衣）、▱（ninggun）即▱（ninggun，六）、▱（ningguta）即▱（ningguta，各六个）。

其词尾形式，例如：▱（gege）即▱（gege，格格）、▱（sogi）即▱（sogi，菜）、▱（gurgu）即▱（gurgu，兽）。

值得注意的是，在《无圈点档》中，音节字▱（gū）多以▱（gu）替代，例如：▱（gucu）即▱（gucu，朋友）、▱（gurun）即▱（gurun，国）、▱（gurgu）即▱（gurgu，兽）。参见第一章元音字母▱（u）与▱（ū）的变化。

汉语中没有▱（gi）音，故将此音节字音译为[tɕi]音，一般用"吉""济"等字。

练习

141. 默写无圈点满文辅音字母▱（g）的两种书写形式。

142. 将音节字▱（ge）、▱（gi）、▱（gū）与元音字母▱（i）连写，并练习拼读。

143. 将音节字▱（ge）、▱（gi）、▱（gū）与元音字母▱（o）连写，并练习拼读。

144. 将音节字▱（ge）、▱（gi）、▱（gū）与辅音字母词尾形式▱（n）连写，并练习拼读。

145. 将音节字▱（ge）、▱（gi）、▱（gū）与辅音字母词尾形式▱（g）连写，并练习拼读。

146. 将音节字▱（ge）、▱（gi）、▱（gū）与辅音字母词尾形式▱（b）连写，并练习拼读。

147. 将音节字▱（ge）、▱（gi）、▱（gū）与辅音字母词尾形式▱（s）连写，并练习拼读。

148. 将音节字▱（ge）、▱（gi）、▱（gū）与辅音字母词尾形式▱（t）连写，并练习拼读。

149. 将音节字▱（ge）、▱（gi）、▱（gū）与辅音字母词尾形式▱

第一章 无圈点满文的字母及音节字

（1）连写，并练习拼读。

150. 将音节字 (ge)、(gi)、(gū) 与辅音字母词尾形式 (m) 连写，并练习拼读。

二十七 音节字 (he) 等

按语言学理论，满语辅音 (h) 是舌根、清塞音。发音时，舌根接近软腭，气流从中擦出来。

在无圈点满文中，该辅音没有独立书写形式，与元音字母词尾形式 (e)、(i)、(ū) 结合，构成音节字 (he)、(hi)、(hū)，可出现在词首、词中和词尾，详见表 1-27。

表 1-27　　　　　辅音字母 (h) 书写形式

拉丁字母转写	独立形式	词首形式	词中形式	词尾形式
he				
hi				
hū				

其词首形式，例如：(henduhe) 即 (henduhe，说的、说了)、(hehe) 即 (hehe，女人)、(hiya) 即 (hiya，侍卫)、(hilteri ūksin) 即 (hilteri uqsin，明叶甲)、(hūle) 即 (hule，仓石)、(hūwekiyebuhe) 即 (huwekiyebuhe，鼓舞了)。

其词中形式，例如：(henduhebi) 即 (henduhebi，说的、说了)、(hehesi) 即 (hehesi，众女人)、(dehici) 即 (dehici，第四十)、(siusihiyeme) 即 (šusihiyeme，挑唆)。

其词尾形式，例如：(ehe) 即 (ehe，恶)、(dehi) 即 (dehi，四十)、(nehū，使婢)、(muhū gioro) 即 (muhu gioro，穆湖觉罗)。

值得注意的是，在《无圈点档》中，音节字 (hū) 多以 (hu)

无圈点满文

替代，例如：ᠣᡥᡠᠶᡝ（hūye）即 ᡥᡠᠶᡝ（huye，呼叶，地名）、ᠣᡥᡠᠸᡝᠰᡳ（hūwesi）即 ᡥᡠᠸᡝᠰᡳ（huwesi，小刀）、ᡤᡠᠯᡥᡡᠨ（gulhūn）即 ᡤᡠᠯᡥᡠᠨ（gulhun，完整）、ᠸᡝᡳᡥᡡ（weihū）即 ᠸᡝᡳᡥᡠ（weihu，小船）、ᡳᠰᡥᡡᠨᡩᡝ（ishūnde）即 ᡳᠰᡥᡠᠨᡩᡝ（ishunde，彼此）。参见第一章元音字母 ᡠ（u）与 ᡡ（ū）的变化。

汉语中没有 ᡥᡳ（hi）音，故将此音节字音译为[ɕi]音，一般用"希""锡"等字。

练习

151. 默写无圈点满文辅音字母 ᡥ（h）的两种书写形式。

152. 将音节字 ᡥᡝ（he）、ᡥᡳ（hi）、ᡥᡠ（hū）与元音字母 ᡳ（i）连写，并练习拼读。

153. 将音节字 ᡥᡝ（he）、ᡥᡳ（hi）、ᡥᡠ（hū）与元音字母 ᠣ（o）连写，并练习拼读。

154. 将音节字 ᡥᡝ（he）、ᡥᡳ（hi）、ᡥᡠ（hū）与辅音字母词尾形式 ᠨ（n）连写，并练习拼读。

155. 将音节字 ᡥᡝ（he）、ᡥᡳ（hi）、ᡥᡠ（hū）与辅音字母词尾形式 ᡤ（k）连写，并练习拼读。

156. 将音节字 ᡥᡝ（he）、ᡥᡳ（hi）、ᡥᡠ（hū）与辅音字母词尾形式 ᠪ（b）连写，并练习拼读。

157. 将音节字 ᡥᡝ（he）、ᡥᡳ（hi）、ᡥᡠ（hū）与辅音字母词尾形式 ᠰ（s）连写，并练习拼读。

158. 将音节字 ᡥᡝ（he）、ᡥᡳ（hi）、ᡥᡠ（hū）与辅音字母词尾形式 ᛐ（t）连写，并练习拼读。

159. 将音节字 ᡥᡝ（he）、ᡥᡳ（hi）、ᡥᡠ（hū）与辅音字母词尾形式 ᠯ（l）连写，并练习拼读。

160. 将音节字 ᡥᡝ（he）、ᡥᡳ（hi）、ᡥᡠ（hū）与辅音字母词尾形式 ᠮ（m）连写，并练习拼读。

第一章 无圈点满文的字母及音节字

二十八 音节字 ᠷ (ra) 等

按语言学理论，满语辅音 r（r）是舌尖中、颤音。发音时，舌尖稍稍翘起，贴近齿龈，依靠呼出气流的冲击，使舌尖发生连续的颤动。

在无圈点满文中，该辅音没有独立书写形式，与元音字母词尾形式 (a)、(e)、(i)、(o)、(u)、(ō)、(ū) 结合，构成音节字（ra）、（re）、（ri）、（ro）、（ru）、（rō）、（rū），可出现在词首、词中和词尾，详见表1-28。

表1-28　　　　　辅音字母 r（r）书写形式

拉丁字母转写	独立形式	词首形式	词中形式	词尾形式
ra				
re				
ri				
ro				
ru				
rō				
rū				
r	-			

其词首形式，例如：（rabtan，阿拉布坦，人名）、（radi，魔力）、（raqca，罗刹）。在《无圈点档》内，未见其词首形式。

其词中形式，可出现在音节首，例如：（taquraχa）即（taquūraχa，差遣的、差遣了）、（birai，河的）、（sureken）即（sureken，略聪明）、（terei）即（terei，那个的）、（orin，二十）、（χoron）即（χoron，威）、（Goro）即（Goro，远）、（gūrun）即（gurun，国）。亦可出现在音节末，例如：（sarGan）即（sarGan，妻）、（darχan）即（darχan，达尔汉，名号）、（ergi）即（ergi，方）、（ergembuhequ）即（ergembuhequū，未使安逸）、（irgen）即（irgen，民）、（orχo）即（orχo，草）、

67

无圈点满文

（χurɢan）即 （χūrɢan，扈尔汉）、 （χurki χada）即 （χurki χada，呼尔奇山峰）。

其词尾形式，例如： （tura）即 （tura，柱）、 （sūre）即 （sure，聪睿）、 （bolori，秋）、 （ɢoro）即 （ɢoro，远）、 （uru）即 （uru，是非之是）。

该辅音字母用于词首、词中，见上述诸词。亦可用于词尾，书写形式为 （r），例如： （qongɢor）即 （qongɢor，孔果尔，人名）、 （noor gurun）即 （noor gurun，诺洛国）、 （caχar）即 （caχar，察哈尔）、 （seter）即 （seter，塞特尔，人名）、 （enggeder）即 （enggeder，恩格德尔，人名）、 （kitangɢur）即 （kitangɢūr，齐唐固尔，人名）、 （jolhur）即 （jolhur，卓勒呼尔，人名）。

练习

161. 默写无圈点满文辅音字母 χ（r）的三种书写形式。

162. 将音节字 （ra）、 （re）、 （ri）、 （ro）、 （ru）、（rō）、 （rū）与元音字母 （i）连写，并练习拼读。

163. 将音节字 （ra）、 （re）、 （ri）、 （ro）、 （ru）、（rō）、 （rū）与元音字母 （o）连写，并练习拼读。

164. 将音节字 （ra）、 （re）、 （ri）、 （ro）、 （ru）、（rō）、 （rū）与辅音字母词尾形式 （n）连写，并练习拼读。

165. 将音节字 （ra）、 （ri）、 （ro）、 （ru）与辅音字母词尾形式 （q）连写，并练习拼读。

166. 将音节字 （re）、 （rō）、 （rū）与辅音字母词尾形式 （h）连写，并练习拼读。

167. 将音节字 （ra）、 （re）、 （ri）、 （ro）、 （ru）、（rō）、 （rū）与辅音字母词尾形式 （b）连写，并练习拼读。

168. 将音节字 （ra）、 （re）、 （ri）、 （ro）、 （ru）、（rō）、 （rū）与辅音字母词尾形式 （s）连写，并练习拼读。

第一章 无圈点满文的字母及音节字

169. 将音节字 ᡵ（ra）、ᡵ（re）、ᡵ（ri）、ᡵ（ro）、ᡵ（ru）、ᡵ（rō）、ᡵ（rū）与辅音字母词尾形式 ᡨ（t）连写，并练习拼读。

170. 将音节字 ᡵ（ra）、ᡵ（re）、ᡵ（ri）、ᡵ（ro）、ᡵ（ru）、ᡵ（rō）、ᡵ（rū）与辅音字母词尾形式 ᠯ（l）连写，并练习拼读。

171. 将音节字 ᡵ（ra）、ᡵ（re）、ᡵ（ri）、ᡵ（ro）、ᡵ（ru）、ᡵ（rō）、ᡵ（rū）与辅音字母词尾形式 ᠮ（m）连写，并练习拼读。

172. 将元音字母 ᠠ（a）、ᡝ（e）、ᡳ（i）、ᠣ（o）、ᡠ（u）、ᠥ（ō）、ᡡ（ū），音节字 ᠨᠠ（na）、ᠨᡝ（ne）、ᠨᡳ（ni）、ᠨᠣ（no）、ᠨᡠ（nu）、（nō）、（nū）、（qa）、（qo）、（qu）、（Ga）、（Go）、（Gu）、（χa）、（χo）、（χu）、（ba）、（be）、（bi）、（bo）、（bu）、（bō）、（bū）、（pa）、（pe）、（pi）、（po）、（pu）、（pō）、（pū）、（sa）、（se）、（si）、（so）、（su）、（sō）、（sū）、（ša）、（še）、（ši）、（šo）、（šu）、（šō）、（šū）、（ta）、（te）、（ti）、（to）、（tu）、（tō）、（tū）、（da）、（de）、（di）、（do）、（du）、（dō）、（dū）、（la）、（le）、（li）、（lo）、（lu）、（lō）、（lū）、（ma）、（me）、（mi）、（mo）、（mu）、（mō）、（mū）、（ca）、（ce）、（ci）、（co）、（cu）、（cō）、（cū）、（ja）、（je）、（ji）、（jo）、（ju）、（jō）、（jū）、（ya）、（ye）、（yo）、（yu）、（yō）、（yū）、（ke）、（ki）、（kū）、（ge）、（gi）、（gū）、（he）、（hi）、（hū）、（ra）、（re）、（ri）、（ro）、（ru）、（rō）、（rū）与辅音字母词尾形式 ᠷ（r）连写，并练习拼读。

二十九　音节字 ᡶᠠ（fa）等

按语言学理论，满语辅音 ᡶ（f）是唇齿、清擦音。发音时，上齿接触下唇，气流从接触的缝隙中擦出来。

在无圈点满文中，该辅音没有独立书写形式，与元音字母词尾形

69

式ᠠ（a）、ᠠ（e）、ᡳ（i）、ᠣ（o）、ᡠ（u）、ᠥ（ō）、ᡡ（ū）结合，构成音节字，即：（fa）、（fe）、（fi）、（fo）、（fu）、（fō）、（fū），可出现在词首、词中和词尾，详见表1-29。

表1-29　　　　　辅音字母ᡶ（f）书写形式

拉丁字母转写	独立形式	词首形式	词中形式	词尾形式
fa				
fe				
fi				
fo				
fu				
fō				
fū				

其词首形式，例如：（fafun）即（fafun，法）、（faχun）即（faχun，肝）、（fe）即（fe，旧）、（fejergi）即（fejergi，下）、（fon，时候）、（fonjimbi，问）、（fujin）即（fujin，福晋）、（fujan）即（fujiyang，副将）、（fūlgiyeme）即（fulgiyeme，吹）、（fūjin）即（fujin，福晋）。

其词中形式，例如：（afabure）即（afabure，交代的）、（afara）即（afara，战的）、（efen）即（efen，饼）、（efeleme）即（efuleme，破坏）、（oforo，鼻）、（tofoχon）即（tofoχon，十五）、（efulefi）即（efulefi，毁坏后）。

其词尾形式，例如：即（mafa，祖）、（fe）即（fe，旧）、（saifi，匙子）、（foifo，磨）、（efu）即（efu，额驸）。

在无圈点满文中，辅音字母词首形式ᡶ（f）的形体与ᠸ（w）雷同，大概在过渡时期，在ᡶ（f）与元音字母ᠠ（a）、ᠠ（e）构成的音节字

70

第一章　无圈点满文的字母及音节字

中，ᡶ（f）的形体变为ᡶ（词首）、ᡶ（词中），两者形体不再雷同。因ᡶ（w）只与元音字母ᠠ（a）、ᡝ（e）构成音节字ᠸᠠ（wa）、ᠸᡝ（we），不与元音字母ᡳ（i）、ᠣ（o）、ᡠ（u）、ō（ō）、ū（ū）构成音节字，故辅音字母ᡶ（f）与这些元音字母构成音节字时，仍作ᡶ（词首）、ᡶ（词中）。此或出于书写之便，但在实际使用中难免相混。因此，在《无圈点档》中，该辅音字母的书写形式也颇为繁杂。

在《无圈点字书》中，该辅音字母的形体有两种，词首作ᡶ或ᡶ，词中作ᡶ或ᡶ，例如：ᠠᡶᠠᡥᠠ（afaχa）即ᠠᡶᠠᡥᠠ（afaχa，战的、战了）、ᠠᡶᠠᠪᡠ（afabu）即ᠠᡶᠠᠪᡠ（afabu，令交给、令使战）、ᠠᡶᠠᠪᡠᡥᠠ（afabuχa）即ᠠᡶᠠᠪᡠᡥᠠ（afabuχa，使战的、使战了、交给的、交给了）、ᠠᡶᠠᠮᡝ（afame）即ᠠᡶᠠᠮᡝ（afame，战）、ᠠᡶᠠᠴᡳ（afaci）即ᠠᡶᠠᠴᡳ（afaci，若战）、ᠠᡶᠠᠨᠵᡳᡥᠠ（afanjiχa）即ᠠᡶᠠᠨᠵᡳᡥᠠ（afanjiχa，来战的、来战了）、ᠠᡶᠠᠨᠵᡳᡶᡳ（afanjifi）即ᠠᡶᠠᠨᠵᡳᡶᡳ（afanjifi，来战后）、ᡶᠠᡶᡠᠨ（fafun）即ᡶᠠᡶᡠᠨ（fafun，法）、ᡶᡝ ᠪᠠ（fe ba）即ᡶᡝ ᠪᠠ（fe ba，故土）、ᡶᡝ ᠠᠨᡳ（fe ani）、ᡶᡝ ᠠᠨ ᡳ（fe an i）即ᡶᡝ ᠠᠨ ᡳ（fe an i，仍旧）。①

从音节字ᡶᡳ（fi）的演变情况来看，起初，其辅音字母作ᠣ（f）或ᠥ（f），例如：ᠣᡳ ᡥᠣᠣᡧᠠᠨ（fi χoošan）即ᡶᡳ ᡥᠣᠣᡧᠠᠨ（fi χoošan，纸笔）、ᠣᡳᠰᡳᡥᡝ（fisihe）即ᡶᡳᠰᡳᡥᡝ（fisihe，小黄米）、ᠣᡳᠰᠠ（fisa）即ᡶᡳᠰᠠ（fisa，背）、ᠣᡳᡩᡝᡵᡝ（fidere）即ᡶᡳᡩᡝᡵᡝ（fidere，调遣的）。②此形体与ᠪᡳ（bi）雷同，彼此相混。于是，后来在ᠣᡳ（fi）的右边增加一字圈，写作ᠣ᠊ᡳ（fi），以区别于ᠪᡳ（bi）。更改之后，两者不再相混，但又导致辅音字母ᡶ（f）与ᠥ（f）同音而异形。于是又改音节字ᠣ᠊ᡳ（fi）的形体为ᡶᡳ（fi）。这种形体，已近于加圈点满文ᡶᡳ（fi）的形体了。经过此番改造，该辅音字母的形体趋于划一。

在无圈点满文中，音节字ᡶᡳ（fi）的复杂状况，可能该字与借用蒙文有关。按"蒙古字内，无'法''佛''费''馘''扶''拂'等字"③，即没有辅音字母（词首形式）ᡶ（f）。故借用蒙文创制的无圈

---

① 鄂尔泰等奉敕编纂：《无圈点字书》第1卷，a、e、i字头，乾隆内府写本，第3、50页。
② 鄂尔泰等奉敕编纂：《无圈点字书》第1卷，a、e、i字头，乾隆内府写本，第51页。
③ 阿桂等奉敕撰：《御制满洲蒙古汉字三合切音清文鉴·凡例》，《钦定四库全书》本。

71

无圈点满文

点满文，起初该辅音字母的应用较为混乱，与元音字母 a、e、o、u、ō、ū 构成音节字时作ᡩ（词首）、ᡩ（词中），而与元音字母词尾形式ᡳ（i）构成音节字时作ᡤ（词首）、ᡤ（词中）。这种字形来源于阿里噶里蒙古文，详见后述。

练习

173. 默写无圈点满文辅音字母ᡩ（f）的两种书写形式。

174. 将音节字ᡩ（fa）、ᡩ（fe）、ᡩ（fi）、ᡩ（fo）、ᡩ（fu）、ᡩ（fō）、ᡩ（fū）与元音字母ᡳ（i）连写，并练习拼读。

175. 将音节字ᡩ（fa）、ᡩ（fe）、ᡩ（fi）、ᡩ（fo）、ᡩ（fu）、ᡩ（fō）、ᡩ（fū）与元音字母ᠣ（o）连写，并练习拼读。

176. 将音节字ᡩ（fa）、ᡩ（fe）、ᡩ（fi）、ᡩ（fo）、ᡩ（fu）、ᡩ（fō）、ᡩ（fū）与辅音字母词尾形式ᠨ（n）连写，并练习拼读。

177. 将音节字ᡩ（fa）、ᡩ（fi）、ᡩ（fo）、ᡩ（fu）与辅音字母词尾形式ᡬ（q）连写，并练习拼读。

178. 将音节字ᡩ（fe）、ᡩ（fō）、ᡩ（fū）与辅音字母词尾形式ᡴ（k）连写，并练习拼读。

179. 将音节字ᡩ（fa）、ᡩ（fe）、ᡩ（fi）、ᡩ（fo）、ᡩ（fu）、ᡩ（fō）、ᡩ（fū）与辅音字母词尾形式ᠪ（b）连写，并练习拼读。

180. 将音节字ᡩ（fa）、ᡩ（fe）、ᡩ（fi）、ᡩ（fo）、ᡩ（fu）、ᡩ（fō）、ᡩ（fū）与辅音字母词尾形式ᠰ（s）连写，并练习拼读。

181. 将音节字ᡩ（fa）、ᡩ（fe）、ᡩ（fi）、ᡩ（fo）、ᡩ（fu）、ᡩ（fō）、ᡩ（fū）与辅音字母词尾形式ᡐ（t）连写，并练习拼读。

182. 将音节字ᡩ（fa）、ᡩ（fe）、ᡩ（fi）、ᡩ（fo）、ᡩ（fu）、ᡩ（fō）、ᡩ（fū）与辅音字母词尾形式ᠯ（l）连写，并练习拼读。

183. 将音节字ᡩ（fa）、ᡩ（fe）、ᡩ（fi）、ᡩ（fo）、ᡩ（fu）、ᡩ（fō）、ᡩ（fū）与辅音字母词尾形式ᠮ（m）连写，并练习拼读。

184. 将音节字ᡩ（fa）、ᡩ（fe）、ᡩ（fi）、ᡩ（fo）、ᡩ（fu）、ᡩ（fō）、ᡩ（fū）与辅音字母词尾形式ᠷ（r）连写，并练习拼读。

第一章 无圈点满文的字母及音节字

三十 音节字 ᠊ᠣ (wa) 等

按语言学理论，满语辅音 (w) 是唇齿、浊擦音，其发音与 f 近似，只是声带颤动，气流透出较强。

在无圈点满文中，该辅音没有独立书写形式，与元音字母词尾形式 (a)、 (e) 结合，构成音节字 (wa)、 (we)，可出现在词首、词中和词尾，详见表 1-30。

表 1-30　　　　　　　　辅音字母 (w) 书写形式

拉丁字母转写	独立形式	词首形式	词中形式	词尾形式
wa				
we				

其词首形式，例如： (wanuci) 即 (wanuci，若乱杀)、 (waχabi) 即 (waχabi，杀了)、 (wase) 即 (wase，瓦)、 (wesiχai) 即 (usiχai，星的)、 (wesihun) 即 (wesihun，贵、往东)、 (weile) 即 (weile，事、罪)。

其词中形式，例如： (cuwan) 即 (cuwan，船)、 (χūwai) 即 (χūwai，院子的)、 (juwari) 即 (juwari，夏)。 (juwe) 即 (juwe，二)、 (uwesihun) 即 (wesihun，往上)。

其词尾形式，例如： (šuwa，山后密林)、 (tuwa) 即 (tuwa，火)、 (Guwa) 即 (Gūwa)、 (jūwe) 即 (juwe，二)、 (sūwe) 即 (suwe，你们)。

《无圈点字书》所列音节字 (we) 的形体，除 (we) 之外，尚有 (ūwe)、 (uwe) 两种，与之相关的词语颇多。例如： (uwebe) 即 (we be，将谁)、 (ūwede) 即 (we de，于谁)、 (uwehe)、 (ūwehe) 即 (wehe，石) 等等。其实， (uwe)、 (ūwe) 是元音字母 (u)、 (ū) 与音节字 (we) 组成的复合音节字，即切韵字 (详见后述)，读音为

73

无圈点满文

[uə]，音近ᠣ（we）。ᡠᠸᡝ（uwe）是阳性形体，ᡡᠸᡝ（ūwe）是阴性形体。这两者都是不同的拼写形式，而不是音节字ᠣ（we）的不同形体。

练习

185. 默写无圈点满文辅音字母ᠸ（w）的两种书写形式。

186. 将音节字ᠣ（wa）、ᠣ（we）与元音字母ᡳ（i）连写，并练习拼读。

187. 将音节字ᠣ（wa）、ᠣ（we）与元音字母ᠣ（o）连写，并练习拼读。

188. 将音节字ᠣ（wa）、ᠣ（we）与辅音字母词尾形式ᠨ（n）连写，并练习拼读。

189. 将音节字ᠣ（wa）与辅音字母词尾形式ᠩ（q）连写，并练习拼读。

190. 将音节字ᠣ（we）与辅音字母词尾形式ᡴ（k）连写，并练习拼读。

191. 将音节字ᠣ（wa）、ᠣ（we）与辅音字母词尾形式ᠪ（b）连写，并练习拼读。

192. 将音节字ᠣ（wa）、ᠣ（we）与辅音字母词尾形式ᠰ（s）连写，并练习拼读。

193. 将音节字ᠣ（wa）、ᠣ（we）与辅音字母词尾形式ᠲ（t）连写，并练习拼读。

194. 将音节字ᠣ（wa）、ᠣ（we）与辅音字母词尾形式ᠯ（l）连写，并练习拼读。

195. 将音节字ᠣ（wa）、ᠣ（we）与辅音字母词尾形式ᠮ（m）连写，并练习拼读。

196. 将音节字ᠣ（wa）、ᠣ（we）与辅音字母词尾形式ᠷ（r）连写，并练习拼读。

第一章 无圈点满文的字母及音节字

三十一 辅音字母（词中形式）ᠩ（ng）

按语言学理论，满语辅音ᠩ（ng）是舌根鼻音。发音时，气流从鼻腔里出来，声带颤动。

在无圈点满文中，该辅音没有独立书写形式，只出现在词中音节末和词尾，不能出现在词首，详见表 1-31。

表 1-31　　　　辅音字母ᠩ（ng）书写形式

拉丁字母转写	独立形式	词首形式	词中形式	词尾形式
ng	-	-	ᠩ	ᠩ

其词中音节末形式，例如：ᡩᠠᠩᠰᡝ（dangse）即 ᡩᠠᠩᠰᡝ（dangse，档子）、ᠮᠠᠩᡤᡳ（manggi）即ᠮᠠᠩᡤᡳ（manggi，后）、ᡨᠠᠩᡤᡡ（tanggu）即 ᡨᠠᠩᡤᡡ（tangGu，百）、ᡤᡝᠩᡤᡳᠶᡝᠨ（genggiyen）即ᡤᡝᠩᡤᡳᠶᡝᠨ（genggiyen，明亮）、ᡝᡨᡝᠩᡤᡳ（etenggi，）即ᡝᡨᡝᠩᡤᡳ（etenggi，强盛）、ᠨᡳᠩᡤᡠ（ninggu）即ᠨᡳᠩᡤᡠ（ninggu，上）、ᠮᡳᠩᡤᠠᠨ（minggan）即ᠮᡳᠩᡤᠠᠨ（mingGan，千）、ᠮᠣᠩᡤᠣ（monggo）即ᠮᠣᠩᡤᠣ（mongGo，蒙古）、ᡥᠣᡵᠣᠩᡤᠣ（χoronggo）即ᡥᠣᡵᠣᠩᡤᠣ（χoronggo，威武的）、ᠠᡧᡠᠩᡤᠠ（aχungga）即ᠠᡧᡠᠩᡤᠠ（aχūngGa，年长的）、ᡠᠩᡤᡳᠮᠪᡳ（unggimbi）即ᡠᠩᡤᡳᠮᠪᡳ（unggimbi，派遣）。

其词尾形式，例如：ᡩᠠᡳᠰᠠᠩ（daisang）即ᡩᠠᡳᠰᠠᠩ（daisang，代桑，人名）、ᠸᠠᠩ（wang，王）、ᡳᠯᡩᡝᠩ即（ildeng）ᡳᠯᡩᡝᠩ（ildeng，伊尔登，人名）、ᡤᡠᠴᡝᠩ（gūceng）即ᡤᡠᠴᡝᠩ（guceng，古城）、ᡥᠣᠩ ᡨᠠᡳᠵᡳ（χong taiji）即 ᡥᠣᠩ ᡨᠠᡳᠵᡳ（χong taiji，皇太极）、ᠯᡳᠣᡩᠣᠩ（liodong）即ᠯᡳᠣᡩᠣᠩ（liyoodung，辽东）、ᡨᡝᠶᡝᠯᡳᠩ即（teyeling）ᡨᡳᠶᡝᠯᡳᠩ（tiyeling，铁岭）、ᡳᠩ（ing，营）、ᡳᡠᡳ ᡫᡠᠸᠠᠩ（iui χuwang）即ᡳᡠᡳ ᡫᡠᠸᠠᠩ（iui χūwang，玉皇）、ᡤᡠᠩ（gūng）即ᡤᡠᠩ（gung，功）。

练习

197. 默写无圈点满文辅音字母ᠩ（ng）的两种书写形式。

198. 将元音字母ᠠ（a）、ᡝ（e）、ᡳ（i）、ᠣ（o）、ᡠ（u）、ᡡ（ō）、

75

无圈点满文

ᡟ（ū），音节字 ᠨᠠ（na）、ᠨᡝ（ne）、ᠨᡳ（ni）、ᠨᠣ（no）、ᠨᡠ（nu）、ᠨ�（nō）、ᠨᡡ（nū）、ᡴᠠ（qa）、ᡴᠣ（qo）、ᡴᡠ（qu）、ᡬᠠ（ɢa）、ᡬᠣ（ɢo）、ᡬᡠ（ɢu）、ᡥᠠ（χa）、ᡥᠣ（χo）、ᡥᡠ（χu）、ᠪᠠ（ba）、ᠪᡝ（be）、ᠪᡳ（bi）、ᠪᠣ（bo）、ᠪᡠ（bu）、ᠪō（bō）、ᠪᡡ（bū）、ᡦᠠ（pa）、ᡦᡝ（pe）、ᡦᡳ（pi）、ᡦᠣ（po）、ᡦᡠ（pu）、ᡦō（pō）、ᡦᡡ（pū）、ᠰᠠ（sa）、ᠰᡝ（se）、ᠰᡳ（si）、ᠰᠣ（so）、ᠰᡠ（su）、ᠰō（sō）、ᠰᡡ（sū）、ᡧᠠ（ša）、ᡧᡝ（še）、ᡧᡳ（ši）、ᡧᠣ（šo）、ᡧᡠ（šu）、ᡧō（šō）、ᡧᡡ（šū）、ᡐᠠ（ta）、ᡐᡝ（te）、ᡐᡳ（ti）、ᡐᠣ（to）、ᡐᡠ（tu）、ᡐō（tō）、ᡐᡡ（tū）、ᡑᠠ（da）、ᡑᡝ（de）、ᡑᡳ（di）、ᡑᠣ（do）、ᡑᡠ（du）、ᡑō（dō）、ᡑᡡ（dū）、ᠯᠠ（la）、ᠯᡝ（le）、ᠯᡳ（li）、ᠯᠣ（lo）、ᠯᡠ（lu）、ᠯō（lō）、ᠯᡡ（lū）、ᠮᠠ（ma）、ᠮᡝ（me）、ᠮᡳ（mi）、ᠮᠣ（mo）、ᠮᡠ（mu）、ᠮō（mō）、ᠮᡡ（mū）、ᠴᠠ（ca）、ᠴᡝ（ce）、ᠴᡳ（ci）、ᠴᠣ（co）、ᠴᡠ（cu）、ᠴō（cō）、ᠴᡡ（cū）、ᠵᠠ（ja）、ᠵᡝ（je）、ᠵᡳ（ji）、ᠵᠣ（jo）、ᠵᡠ（ju）、ᠵō（jō）、ᠵᡡ（jū）、ᠶᠠ（ya）、ᠶᡝ（ye）、ᠶᠣ（yo）、ᠶᡠ（yu）、ᠶō（yō）、ᠶᡡ（yū）、ᡴᡝ（ke）、ᡴᡳ（ki）、ᡴū（kū）、ᡬᡝ（ge）、ᡬᡳ（gi）、ᡬū（gū）、ᡥᡝ（he）、ᡥᡳ（hi）、ᡥū（hū）、ᡵᠠ（ra）、ᡵᡝ（re）、ᡵᡳ（ri）、ᡵᠣ（ro）、ᡵᡠ（ru）、ᡵō（rō）、ᡵᡡ（rū）、ᡶᠠ（fa）、ᡶᡝ（fe）、ᡶᡳ（fi）、ᡶᠣ（fo）、ᡶᡠ（fu）、ᡶō（fō）、ᡶᡡ（fū）、ᠸᠠ（wa）、ᠸᡝ（we）与辅音字母词尾形式 ᠩ（ng）连写，并练习拼读。

第二章　过渡期满文的字母及音节字

　　无圈点满文存在诸多弊病，并非成熟的文字系统，因此，在使用过程中，人们不断加以改进，逐步使之完善，最终成为加圈点满文。故所谓过渡期满文，就是无圈点满文向加圈点满文转变这一阶段的满文。其显著特点是，开始在无圈点满文部分元音字母或音节字的右边增加圈或点，以区分形体雷同的元音字母和音节字。过渡期满文的形体既不同于无圈点满文，亦不完全等同于加圈点满文。因此，今人称之为过渡期满文，或称"半加圈点的过渡期间的满文"[①]"半圈点的过度阶段的满文"[②]"改进后的半圈点的过渡阶段的满文"[③]"处在过渡阶段的新满文"[④]，等等。过渡期满文始于何时？终于何时？过渡期满文形体的变化如何？本章将对这些问题做一简要解答。

第一节　过渡期满文形成原因及起止时间

　　过渡期满文的形成，乃由于无圈点满文存在诸多缺陷。如上所述，无圈点满文并非成熟的文字，缺陷颇多。其中最明显的缺陷，即读音不同的字母形体多雷同，主要表现在如下几个方面。

[①] 广禄、李学智译注：《清太祖朝老满文原档·序》，台湾中华书局1970年版，第5页。
[②]《重译满文老档·前言》，辽宁大学历史系1978年刊印本，第1页。
[③] 中国第一历史档案馆、中国社会科学院历史研究所译注：《满文老档·前言》，中华书局1990年版，第1页。
[④] 关孝廉：《〈满文老档〉特点及其史料价值》，《满学研究》第4辑，民族出版社1998年版，第124页。

无圈点满文

1. 元音字母中,有些完全雷同,有些词中形体雷同。例如:ᠠ(a)、ᠡ(e) 的词中形式ᠠ(a) 与ᠠ(e),词尾形式ᠠ(a) 与ᠠ(e)、ᠡ(a) 与ᠡ(e) 形体雷同。ᠣ(o) 与ᠣ(u)、ᠣ(ō) 与ᠣ(ū) 独立形式形体雷同外,词首形式ᠣ(o) 与ᠣ(u)、ᠣ(ō) 与ᠣ(ū),词中形式ᠣ(o) 与ᠣ(u)、ᠣ(ō) 与ᠣ(ū),词尾形式ᠣ(o) 与ᠣ(u)、ᠣ(o) 与ᠣ(u)、ᠣ(ō) 与ᠣ(ū) 形体皆雷同。

2. 辅音字母中,有些发音不同、但词首与词中形体雷同。例如:词首形式ᠰ(s) 与ᠰ(š)、词中形式ᠰ(s) 与ᠰ(š),词首形式ᠲ(t) 与ᠲ(d)、词中形式ᠲ(t) 与ᠲ(d),词首形式ᠶ(j) 与ᠶ(y),词首形式ᡥ(q)、ᡥ(G)、ᡥ(χ)、词中音节首形式ᡥ(q)、ᡥ(G)、ᡥ(χ),词首形式ᡴ(k)、ᡴ(g)、ᡴ(h)、词中音节首形式ᡴ(k)、ᡴ(g)、ᡴ(h),词首形式ᠪ(b)、ᠪ(p)、词中音节首形式ᠪ(b)、ᠪ(p),词首形ᡶ(f)、ᡶ(w)、词中形式ᡶ(f) 与ᡶ(w) 形体皆雷同。

3. 有些辅音字母词首形式与元音字母词尾形式构成的音节字,上下字形体雷同。例如:ᠨ(n)、ᠯ(l)、ᠮ(m)、ᠴ(c)、ᠷ(r)、ᡶ(f)、ᡶ(w) 分别与ᠠ(a)、ᠠ(e)、ᠣ(o)、ᠣ(u)、ᠣ(ō)、ᠣ(ū) 构成音节字时 [ᡶ(w) 只有与ᠠ(a)、ᠠ(e) 构成的音节字],上下字形体雷同,即:ᠨᠠ(na) 与ᠨᠠ(ne)、ᠨᠣ(no) 与ᠨᠣ(nu)、ᠨᠣ(nō) 与ᠨᠣ(nū)、ᠯᠠ(la) 与ᠯᠠ(le)、ᠯᠣ(lo) 与ᠯᠣ(lu)、ᠯᠣ(lō) 与ᠯᠣ(lū)、ᠮᠠ(ma) 与ᠮᠠ(me)、ᠮᠣ(mo) 与ᠮᠣ(mu)、ᠮᠣ(mō) 与ᠮᠣ(mū)、ᠴᠠ(ca) 与ᠴᠠ(ce)、ᠴᠣ(co) 与ᠴᠣ(cu)、ᠴᠣ(cō) 与ᠴᠣ(cū)、ᠷᠠ(ra) 与ᠷᠠ(re)、ᠷᠣ(ro) 与ᠷᠣ(ru)、ᠷᠣ(rō) 与ᠷᠣ(rū)、ᡶᠠ(fa) 与ᡶᠠ(fe)、ᡶᠣ(fo) 与ᡶᠣ(fu)、ᡶᠣ(fō) 与ᡶᠣ(fū)、ᡶᠠ(wa) 与ᡶᠠ(we) 形体皆雷同。

4. 有些发音不同的辅音字母词首形式与元音字母词尾形式构成的音节字非但上下字形体雷同,且彼此之间独立形式、词首、词中和词尾形式亦雷同。例如:

独立形式ᠰᠠ(sa)、ᠰᠠ(se)、ᠰᠠ(ša)、ᠰᠠ(še)、ᠰᠣ(so)、ᠰᠣ(su)、ᠰᠣ(šo)、ᠰᠣ(šu),ᠰᠣ(sō)、ᠰᠣ(sū)、ᠰᠣ(šō)、ᠰᠣ(šū),词首形式ᠰᠠ(sa)、ᠰᠠ(se)、ᠰᠠ(ša)、ᠰᠠ(še)、ᠰᠣ(so)、ᠰᠣ(su)、ᠰᠣ(šo)、

第二章　过渡期满文的字母及音节字

（šu）、（sō）、（sū）、（šō）、（šū），词中形式（sa）、（se）、（ša）、（še），（so）、（su）、（šo）、（šu）、（sō）、（sū）、（šō）、（šū），词尾形式（sa）、（se）、（ša）、（še），（so）、（su）、（šo）、（šu）、（sō）、（sū）、（šō）、（šū）。

独立形式（ta）、（te）、（da）、（de），（to）、（tu）、（do）、（du），（tō）、（tū）、（dō）、（dū），词首形式（ta）、（te）、（da）、（de），（to）、（tu）、（do）、（du），（tō）、（tū）、（dō）、（dū），词中形式（ta）、（te）、（da）、（de），（to）、（tu）、（do）、（du），（tō）、（tū）、（dō）、（dū），词尾形式（ta）、（te）、（da）、（de），（to）、（tu）、（do）、（du），（tō）、（tū）、（dō）、（dū）。

独立形式（ja）、（je）、（ya）、（ye），（jo）、（ju）、（yo）、（yu），（jō）、（jū）、（yō）、（yū），词首形式（ja）、（je）、（ya）、（ye），（jo）、（ju）、（yo）、（yu），（jō）、（jū）、（yō）、（yū）。

独立形式（ba）、（be）、（pa）、（pe），（bi）、（pi），（bo）、（bu）、（po）、（pu），（bō）、（bū）、（pō）、（pū），词首形式（ba）、（be）、（pa）、（pe），（bo）、（bu）、（po）、（pu），（bō）、（bū）、（pō）、（pū），词中形式（ba）、（be）、（pa）、（pe），（bo）、（bu）、（po）、（pu），（bō）、（bū）、（pō）、（pū），词尾形式（ba）、（be）、（pa）、（pe），（bo）、（bu）、（po）、（pu），（bō）、（bū）、（pō）、（pū）。

独立形式（qa）、（ɢa）、（χa），（qo）、（ɢo）、（χo），（qu）、（ɢu）、（χu），词首形式（qa）、（ɢa）、（χa），（qo）、（ɢo）、（χo）、（qu）、（ɢu）、（χu），词中形式（qa）、（ɢa）、（χa），（qo）、（ɢo）、（χo）、

无圈点满文

（qu）、⚊（Gu）、⚊（χu），词尾形式⚊（qa）、⚊（Ga）、⚊（χa）、⚊（qo）、⚊（Go）、⚊（χo）、⚊（qu）、⚊（Gu）、⚊（χu）。

独立形式⚊（ke）、⚊（ge）、⚊（he），⚊（ki）、⚊（gi）、⚊（hi），⚊（kū）、⚊（gū）、⚊（hū）。词首形式⚊（ke）、⚊（ge）、⚊（he）、⚊（ki）、⚊（gi）、⚊（hi），⚊（kū）、⚊（gū）、⚊（hū）。词中形式⚊（ke）、⚊（ge）、⚊（he），⚊（ki）、⚊（gi）、⚊（hi），⚊（kū）、⚊（gū）、⚊（hū）。词中形式⚊（ke）、⚊（ge）、⚊（he），⚊（ki）、⚊（gi）、⚊（hi），⚊（kū）、⚊（gū）、⚊（hū）。

独立形式⚊（fa）、⚊（fe）、⚊（wa）、⚊（we），词首形式⚊（fa）、⚊（fe）、⚊（wa）、⚊（we），词中形式⚊（fa）、⚊（fe）、⚊（wa）、⚊（we），词尾形式⚊（fa）、⚊（fe）、⚊（wa）、⚊（we）。

无圈点满文何时进入过渡期？这一过渡期何时结束？这是一个见仁见智的问题。兹按时间顺序，胪列几家之言如下。

李德启认为："太祖于明万历二十七年（己亥年），始命噶盖、额尔德尼依蒙文创制本国文字。此种文字，即无圈点老满文。至太宗时，以老满文向无圈点，习用不便，于天聪六年（明崇祯五年）命达海酌加圈点，是为加圈点满文。"[1]

陈捷先认为："老满文初创以后，由于音韵不全，字迹不清，在拼写方面都有了问题。使用三十多年以后，才在字形和发音上做了改革，语法和用词方面也有了调整。"[2]

季永海认为："老满文的改进是在天聪六年（1632）由达海完成的。""至于何时开始推行，因《满文老档》缺少七、八、九三年，其他史料也未见记载，因此无法说出确切时间。崇德元年的《满文老档》已出现新满文，可见其推行当在崇德元年之前。我们所说的推行，仅指清代官方使用满文的情况，并以官方文件为准。因为新满文推行的时间不长，运用还不熟练，所以崇德元年的《满文老档》是新老满文并用，而且仍

---

[1] 李德启：《阿济格略明事件之满文木牌》，国立北平故宫博物文献馆 1935 年版，第 3 页。
[2] 陈捷先：《〈旧满洲档〉述略》，《旧满洲档》（一），台北"故宫博物院"1969 年影印本，第 28 页。

第二章　过渡期满文的字母及音节字

存在老满文中的一些问题，辨识起来还是比较困难的。"①

关孝廉认为："达海从天聪三年四月始奉命改进无圈点老满文字，到天聪六年正月十七日颁行改进后的加圈点新满文字，约用三年时间。仅以《满文老档》为例，天聪六年三月十三日以后的各册，均用改进后的新满文抄写。可见颁行新文字两个多月后，文移记载已改用新文字了。"②

关克笑认为："达海是从天命八年（1623）以后进行老满文的改革。""达海改革老满文应是始于天命八年（1623），而绝非天聪三年或六年。""用时五六年的时间，至天聪三年新满文才正式用于记事。"③

张虹认为："巴克什达海于天命年间开始着手改革老满文，天聪六年完成并加以推行。"④

从《满文原档》书写文字来看，自天命七年（1622）四月初起，至天聪六年（1632）三月颁布新满文《十二字头》止，大约经历了十年时间。在此期间，人们不断探索，试行文字改革，以消除无圈点满文形体雷同的弊端。兹以《满文原档》内所见词语为例，略作探讨。

《张字档》记事自天命六年（1621）二月起，至天命七年（1622）四月止。其中，在天命六年二月至天命七年四月初七日以前的记事中，未见满文右边施加圈点者，而天命七年四月初八日记事中，出现了一个施加圈点的人名。其文曰：〔满文〕"（ice jaqun de tūrusi χosin qorcin de elcin genehe：初八日，图鲁什、和新奉使科尔沁。）⑤此句内〔满文〕（χosin）之名，乾隆抄本作〔满文〕（Gosin）。⑥查阅《张字档》，自天命五年（1620）九月至天命八年（1623）正月记事中，多次出现〔满文〕（Gosin）之名，唯有天命六年（1621）十一月二十一日记事中所书类似〔满文〕（Gosan），在乾隆抄本中均作〔满文〕（Gosin）。如天命六年十一月二十一日记事内云：〔满文〕"〔满文〕"〔满文〕"

---

① 季永海：《试论满文的创制和改进》，《中央民族学院学报》1981年第3期。
② 关孝廉：《论〈满文老档〉》，《满族研究》1988年第1期。
③ 关克笑：《老满文改革时间考》，《满语研究》1997年第2期。
④ 张虹：《老满文改革的初始时间》，《满语研究》2006年第2期。
⑤ 《满文原档》第2册，台北"故宫博物院" 2005年影印本，第546页。
⑥ 中国第一历史档案馆整理编译：《内阁藏本满文老档》第5函第41册，辽宁民族出版社2009年影印本，第8页。

81

无圈点满文

〇〇〇〇〇〇〇〇〇〇〇〇〇〇〇〇〇〇〇〇〇〇〇〇"（toolai. maχai. gosin. aljutai. amida. ere sunja niyalma de beiguwan i hergen de buci qadalaci muteraqu seme ciyansun i hergen de juwanta yan būhe.陶赖、玛海、果新、阿勒珠泰、阿弥达此五人，若赏于备御之职，则不能管束，遂于千总之职，各赏银十两。）①此句内〇〇〇〇（Gosin）之名，乾隆抄本作〇〇〇〇（Gosin）。②再如：天命七年（1622）三月二十六日记载：〇〇〇〇〇〇〇〇〇〇〇〇〇〇〇〇〇"（tere inenggi qorcin i gūmbu taiji de elcin genehe Gosin isamu isinjiχa.是日，奉使于科尔沁台吉古木布之果新、伊沙穆还。）③此句内〇〇〇〇（Gosin）之名，乾隆抄本亦作〇〇〇〇（Gosin）。④

《列字档》天命八年（1623）正月二十五日记载：〇〇〇〇〇〇〇〇〇〇〇〇〇〇〇〇〇〇"（ineku tere inenggi yahican hife gosin qorcin i qongGoro beile de elcin genehe.是日，雅希禅、希福、果新奉使于科尔沁之孔果尔贝勒。）⑤此句内〇〇〇〇（Gosin）之名，乾隆抄本仍作〇〇〇〇（Gosin）。⑥

在以上史料中，〇〇〇〇（χosin）、〇〇〇〇（Gosan）、〇〇〇〇（Gosin）均为〇〇〇〇（Gosin）之异文。此人于天命年间任佐领，且在御前当差，经常奉使科尔沁部。在《无圈点档》中，其名多被书写为〇〇〇〇（Gosin），唯一所见〇〇〇〇（Gosan），当因 (i) 字书写略短、类似 (a) 所致；天命七年（1622）四月初八日记事中所见〇〇〇〇（χosin）多出一圈，当为有意添加，以区分形体雷同之字。在当时，其读音或许为〇〇〇〇（Gosin）。

此外，《盈字档》天命八年（1623）七月初八日记事内，出现了

---

① 《满文原档》第 2 册，台北"故宫博物院"2005 年影印本，第 256 页。
② 中国第一历史档案馆整理编译：《内阁藏本满文老档》第 4 函第 29 册，辽宁民族出版社 2009 年影印本，第 8—9 页。
③ 《满文原档》第 2 册，台北"故宫博物院"2005 年影印本，第 529 页。
④ 中国第一历史档案馆整理编译：《内阁藏本满文老档》第 5 函第 40 册，辽宁民族出版社 2009 年影印本，第 23 页。
⑤ 《满文原档》第 3 册，台北"故宫博物院"2005 年影印本，第 190 页。
⑥ 中国第一历史档案馆整理编译：《内阁藏本满文老档》第 6 函第 44 册，辽宁民族出版社 2009 年影印本，第 2 页。

第二章 过渡期满文的字母及音节字

㊀（enculeme，另样行、专属）一词，书写形式特殊①，见图2-1。同日另一条记载中，还出现了㊁（encu，另样）一词，书写形式亦特殊②，见图2-2。

图 2-1   图 2-2

这两个词中，辅音字母词中形式㇏（n）的左边都有两个点。这显然不是笔误，而是有意所为。至于其原因，尚待探究。

《寒字档》天命九年（1624）正月初八日记事文字变化较大，字之右侧多有圈点③，见图2-3。此段文字内，第3行第4字hio，第5行第8字hio，书写形式均特殊，即辅音字母㇏（h）的右下方均有一圈，与无圈点满文辅音字母㇏（h）相比，已有了明显区别。

《收字档》天命十年（1625）正月初二日一段记事文字④，多带圈点，即：第1行第2字㇏（ergide），第2行第3、5字㇏（χan），本行最后一字㇏（be），第3行第5、9字㇏（χan），第4行第5字㇏（fonde），第6行第5字㇏（tebuhe）之词首辅音字母㇏（t）已出头，第7行第1、8、10字

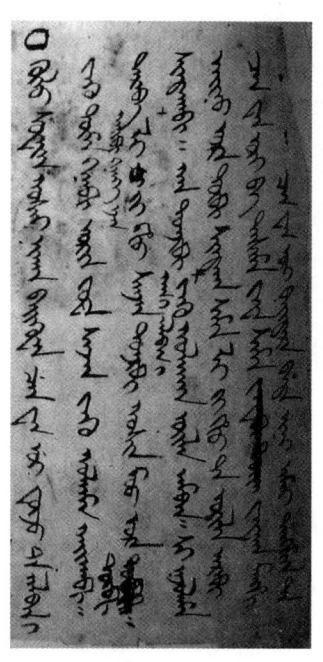

图 2-3 《寒字档》天命九年
正月初八日记事

---

① 《满文原档》第4册，台北"故宫博物院"2005年影印本，第78页。
② 《满文原档》第4册，台北"故宫博物院"2005年影印本，第80页。
③ 《满文原档》第4册，台北"故宫博物院"2005年影印本，第196页。
④ 《满文原档》第4册，台北"故宫博物院"2005年影印本，第245页。

83

无圈点满文

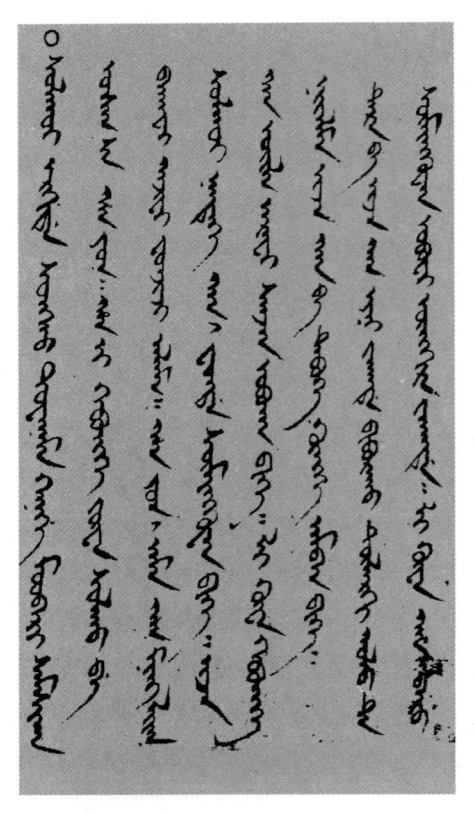

图 2-4 《收字档》天命十年正月初二日记事

ᡨᡝᡵᡝ(tere)、ᡨᡠᠯᡝᡵᡤᡳ(tūlergi)、ᡩᡝ(de)之词首辅音字母ᡨ(t)、ᡩ(d)俱已出头，本行第 6 字、第 8 行第 4 字ᠵᠠᡴᠠᡩᡝ(jaqade)，详见图 2-4。特别值得注意的是，此段文字中，作为姓的ᠬᠠᠨ(χan，韩)与作为帝号的ᡥᠠᠨ(χan，汗)书写形式明显不同，ᠬᠠᠨ(χan，韩)字右边有圈，而ᡥᠠᠨ(χan，汗)字右边无圈，例如：第 2 行之ᠬᠠᠨ ᠶᡠᠨ(χan yun，韩润)、ᠬᠠᠨ ᠶᡳ(χan yi，韩义)第 3 行之ᠬᠠᠨ ᠶᡠᠨ(χan yun，韩润)、ᠬᠠᠨ ᠮᡳᠩ ᠯᡳᠶᠠᠨ(χan ming liyan，韩明廉)。①第 4 行之ᠰᠣᠯᡥᠣᡳ ᠨᡝᠨᡩᡝᡥᡝ ᡥᠠᠨ(solχoi nendehe χan，高丽之先汗)、第 4、5、6、7 行之ᡳᠴᡝ ᡥᠠᠨ(ice χan，新汗)、第 8 行之ᡥᠠᠨ(χan，汗)。毫无疑问，这是人们特意区分的。

根据上述情况，可以认为，无圈点满文的改进始于天命后期。

另外，《张字档》记载了当时记录

---

① 此朝鲜人名，满文《大清太祖武皇帝实录》卷 4 作ᠬᠠᠨ ᠶᡠᠨ(χan yun)、ᠬᠠᠨ ᠶᡳ(χan yi)、ᠬᠠᠨ ᠮᡳᠩ ᠯᡳᠶᠠᠨ(χan ming liyan)（中国第一历史档案馆藏本，第 75 页），汉文作韩润、韩义、韩明廉。《满洲实录》卷 8 满汉文作ᠬᠠᠨ ᠵᡠᠨ(χan žun)韩润、ᠬᠠᠨ ᠶᡳ(χan yi)韩义、ᠬᠠᠨ ᠮᡳᠩ ᠯᡳᠶᠠᠨ(χan ming liyan)韩明廉（中华书局 1986 年影印本，第 374 页），《大清太祖高皇帝实录》卷 9 汉文亦作韩润、韩义、韩明廉（中华书局 1986 年影印本，第 126 页），而朝鲜李朝《仁祖实录》卷 12 第 28 页作"韓潤""韓澤""韓明璉"（［日］末松保和编：《李朝实录·仁祖实录》，学习院东洋文化研究所 1962 年版，第 288 页）。《承政院日记》亦作"韓明璉""韓潤""韓澤"（《承政院日记》第 12 册，国史编撰委员会 1961—1977 年影印本，仁祖四年四月十四日丙戌条）。在此，ᠵᡠᠨ(žun)比ᠶᡠᠨ(yun)更准确，而"澤"字译为ᠶᡳ(yi)，当根据该朝鲜人自称记录。据韩国高丽大学李勋教授、金宣旻教授赐教："泽"这个汉字在韩语中有两个读音，1.택(tek)，(汉语音 ze)，表示"水"的意思。2.역(yek)，(汉语音 yi)，表示"酒"的意思。通常情况下，人名中的"泽"读作 tek。显然，此人名"韓澤"中读为 yì，只是后来修史，还原为汉文时误作"义"了。ᠯᡳᠶᠠᠨ(liyan)为"璉"之音译，后来还原时误作"廉"。

第二章 过渡期满文的字母及音节字

政务的人员的姓名。例如：在天命六年（1621）三月的记录前面，有一行字：ᠵᠠᠩᡴᡳᠣ ᠪᠠᡴᠰᡳ ᠠᡳᠪᠠᡵᡳ ᠪᠠᡴᠰᡳ ᠠᠵᠠᡥᠠ ᡩᠠᠩᠰᠠ（jangkio baqsi aibari baqsi ejehe dangse，张球巴克什、爱巴礼巴克什记录的档子）。①同年四月的记录前面，有一行字：ᡥᡳᡶᡝ ᠵᠠᠨᠵᡠ ᠠᠵᠠᡥᠠ ᡩᠠᠩᠰᠠ（hife janju ejehe dangse，希福、詹珠记录的档子）。②同年五月的记录前面，有一行字：ᡴᡠᡵᠴᠠᠨ ᠪᠠᡴᠰᡳ ᠨᡳᡴᠠᠨ ᠪᠠᡴᠰᡳ ᠠᠵᠠᡥᠠ ᡩᠠᠩᠰᠠ（qurcan baqsi niqan baqsi ejehe dangse，库尔缠巴克什、尼堪巴克什记录的档子）。③同年九月的记录前面，有一行字：ᡴᡠᡵᠴᠠᠨ ᠠᠵᠠᡥᠠ ᡩᠠᠩᠰᠠ（qurcan ejehe dangse，库尔缠巴克什记录的档子）。④同年十月的记录前面，有一行字：ᠵᡠᠸᠠᠨ ᠪᡳᠶᠠᡩᡝ ᡩᠠᡥᠠᡳ ᡩᡠᠰᠶ ᠠᠵᠠᠮᡝ ᠠᡵᠠᡥᠠ ᡩᠠᠩᠰᠠ（juwan biyade daχai dusy ejeme araχa dangse，十月，达海都司记录的档子）。⑤天命七年（1622）正月的记录前面，有一行字：ᠰᠠᡥᠠᠯᡳᠶᠠᠨ ᡳᠨᡩᠠᡥᡡᠨ ᠠᠨᡳᠶᠠ ᠠᠨᡳᠶᠠ ᠪᡳᠶᠠ(ᡳ) {ᡩᡝ ᠨᡳᡴᠠᠨ ᠪᠠᡴᠰᡳ ᠪᡠᡵᠰᠠᠨ ᠪᠠᡴᠰᡳ ᠠᠵᠠᡥᠠ（saχaliyan indaχūn aniya aniya biya[i] (de niqan baqsi bursan baqsi ejehe，壬戌年正月，尼堪巴克什、布尔山巴克什记录了）。⑥是年二月的记录前面，有一行字：ᠵᡠᠸᡝ ᠪᡳᠶᠠᡩᡝ ᠵᠣᠨᡨᠣᡳ ᠪᠠᡴᠰᡳ ᠠᠵᠠᡥᠠ（juwe biyade jontoi baqsi ejehe，二月，准退巴克什记录了）。⑦显然，记录档子的张球、爱巴礼、希福、詹珠、库尔缠、尼堪、达海、布尔山、准退等人，应是改变无圈点满文形体的先行者。他们在实际应用的过程中，探索出一些可行的方法，以区分形同音异的元音字母和音节字。

至于满文过渡期的下限，应以天聪六年初颁布的新满文《十二字头》为标志。以此为开端，满文进入加圈点满文发展时期。

1969年台北"故宫博物院"编印《旧满洲档》时，陈捷先撰文指出："满文由旧变新的过程和若干真相又是如何呢？这是一般人无法知道的。现在从这份老满文著作里，我们看到不少资料，似乎可以帮

---

① 《满文原档》第2册，台北"故宫博物院"2005年影印本，第32页。
② 《满文原档》第2册，台北"故宫博物院"2005年影印本，第64页。
③ 《满文原档》第2册，台北"故宫博物院"2005年影印本，第88页。
④ 《满文原档》第2册，台北"故宫博物院"2005年影印本，第187页。
⑤ 《满文原档》第2册，台北"故宫博物院"2005年影印本，第216页。
⑥ 《满文原档》第2册，台北"故宫博物院"2005年影印本，第336页。
⑦ 《满文原档》第2册，台北"故宫博物院"2005年影印本，第403页。

无圈点满文

助我们钩考出满文新旧嬗变的痕迹。"[①]是为不刊之论。根据《旧满洲档》及《满文原档》的文字演变情况,我们可以钩考满文新旧嬗变的痕迹,归纳起来,最为显著的有三点,即:元音字母形体的变化;辅音字母形体的变化;音节字形体的变化。

第二节　过渡期满文形体的变化

为了克服形体类同而发音不同的元音字母和音节字,过渡期满文的形体发生了一些变化。这些变化主要表现在三个方面:一是增添圈点,二是改变字形,三是新增音节字。

圈点如何增添?这取决于元音字母或音节字在第一字头里所处的位置。凡第一字头里形同音异者,第一个保持原形,第二个在其右边增添一点,第三个在其右边增添一圈。所谓第一字头,是指满文《十二字头》中的第一个字头,包括元音字母独立式 (a)、 (e)、 (i)、 (o)、 (u)、 (ō)、 (ū)、无圈点满文辅音字母词首形式 (n)、 (q)、 (q)、 (χ)、 (b)、 (p)、 (s)、 (š)、 (t)、 (d)、 (l)、 (m)、 (c)、 (j)、 (y)、 (k)、 (g)、 (h)、 (r)、 (f)、 (w) 与元音字母词尾形式 (a)、 (e)、 (i)、 (o)、 (u)、 (ō)、 (ū) 构成的音节字[②],如 (a)、 (na)、 (qa) 等等。其余第二至第十二字头,依次是第一字头元音字母、音节字词首形式同元音字母词尾形式 (i)、辅音字母词尾形式 (r)、 (n)、 (ng)、 (q/k)、 (s)、 (t)、 (b)、元音字母词尾形式 (o)、辅音字母词尾形式 (l)、 (m) 构成的复合音节字,如 (ai)、 (nai)、 (qai) 等等。

字形如何改变?凡增添圈点仍不能区分形同音异者,或调整笔画

[①] 陈捷先:《〈旧满洲档〉述略》,《旧满洲档》(一),台北"故宫博物院"1969年影印本,第28页。

[②] 其中,辅音字母词首形式 (q)、 (q)、 (χ) 只与元音字母词尾形式 (a)、 (o)、 (u) 构成音节字; (y) 不与元音字母词尾形式 (i) 构成音节字; (k)、 (g)、 (h) 只与元音字母词尾形式 (e)、 (i)、 (ū) 构成音节字; (w) 只与元音字母词尾形式 (a)、 (e) 构成音节字。

第二章　过渡期满文的字母及音节字

的长短，或替换元音字母的形体。

新增音节字的构成，亦遵循以上原则。

然而，过渡期满文新旧混用，且有些音节字的形体上下左右彼此相混，导致过渡期满文给人以"五花八门"的感觉。

三十二　有些元音字母形体的变化

在过渡时期，在无圈点满文元音字母ᡪ（a）、ᠠ（e）、ᡳ（i）、（o）、ᡠ（u）、ᠣ（ō）、ᡡ（ū）中，ᡪ（a）、ᡳ（i）、ᠣ（o）、ᠣ（ō）保持原形，没有发生变化；ᠠ（e）的独立形式和词首形式（e）保持原形，没有发生变化，而其词中形式除原有的（e）之外，增加了（e），词尾形式除原有的（e）、ᠠ（e）之外，增加了（e）、（e），ᡠ（u）的独立形式、词首形式除原有的ᡠ（u）之外，增加了（u），词中形式除原有的（u）之外，增加了（u），词尾形式除原有的（u）、（u）之外，增加了（u）、（u）；ᡡ（ū）的独立形式、词首形式、词中形式、词尾形式，除原有的（ū）（ū）、（ū）、（ū）之外，增加了（ū）、（ū）、（ū）、（ū），详见表2-1。

表2-1　　　　　过渡时期部分元音字母形体变化

独立	ᡪ	ᠠ	ᡳ	ᠣ	ᡠ	ᠣ	ᡡ
词首							
词中							
词尾							
拉丁	a	e	i	o	u	ō	ū

注：

1. 在辅音字母词首形式（n）、（s）、（š）、（l）、（m）、（j）、（y）、（r）、（f）、（w）中，元音字母ᠠ（e）的词中形式原作（e），词尾形式原作（e）。在过渡期满文中，增加了词中形式（e）和词尾形式（e），例如：（neneme，先）、（seme，说）、（lefu，熊）、（memerembi，拘泥）、（jembi，吃）、（yehe，叶赫）。

2. 在辅音字母词首形式（t）、（d）中，元音字母（e）依然用词中形式（e）和词尾形式（e），例如：（tembi，坐）、（te，今，令坐）、（deyembi，飞）、（de，于，在）。

3. 在辅音字母词首形式（b）、（p）中，元音字母ᠠ（e）原用词中形式（e）和词尾形式

87

无圈点满文

（e）。在过渡期满文中，增加了词中形式作･（e）和词尾形式ᠩ（e），例如：ᠪᡝᠨᡝᠮᠪᡳ（benembi，送）、ᠪᡝ（be，我们、把）、ᠫᡝᠰ ᡦᡳᠰ（pes pis，磕绊声）、ᡴᡝᠮᡦᡝ（kempe，结巴）。

4．在辅音字母词首形式ᠺ（k）、ᡬ（g）、ᡥ（h）中，元音字母ᠩ（e）依然用词中形式･（e）和词尾形式ᠩ（e），例如：ᡴᡝᠮᡠᠨᡳ（kemuni，仍然）、ᡤᡝᡵᡝᡴᡝ（gereke，天亮了）、ᡤᡝᠨᡝᠮᠪᡳ（genembi，去）、ᡤᡝ（ge，大伯）、ᡥᡝᠯᠮᡝᠨ（helmen，影）、ᡤᡝᠨᡝᡥᡝ（genehe，去了、去的）。

5．元音字母·（u）是新增的形式，原有的形式ᠣ（u）在过渡期满文中依然保留，例如：ᡠᡴᠰᡳᠨ（uksin）即ᡠᡴᠰᡳᠨ（uqsin，甲）、ᡠᡳᠯᡝ（uile）即ᠸᡝᡳᠯᡝ（weile，罪、事）。这属于新旧混用。

6．在辅音字母词首形式ᠨ（n）、ᠰ（s）、ᡧ（š）、ᠯ（l）、ᠮ（m）、ᠵ（j）、ᠶ（y）、ᡵ（r）、ᡶ（f）、ᠸ（w）中，元音字母ᠣ（u）的词中形式原作ᠣ（u），词尾形式原作ᠣ（u）。在过渡期满文中，增加了元音字母·（u）的词中形式·（u）和词尾形式ᠣ（u），例如：ᠨᠠᠮᡠᠨ（namun，库）、ᡤᡝᠮᡠ（gemu，都）、ᠰᡠᠵᡝ（suje，缎子）、ᠠᠰᡠ（asu，网）。

7．在辅音字母词首形式ᡨ（t）、ᡩ（d）中，依然用元音字母ᠣ（u）的词中形式ᠣ（u）和词尾形式ᠣ（u），例如：ᡨᡠᠪᠠ（tuba，那里）、ᡨᡠᡨᡨᡠ（tuttu，那样、所以）、ᡩᡠᠯᡝᡴᡝ（duleke，过去的、过去了）、ᡠᡩᡠ（udu，几个）。

8．在辅音字母词首形式ᡴ（q）、ᡤ（G）、ᡥ（χ）中，元音字母ᠣ（u）的词中形式原作ᠣ（u），词尾形式原作ᠣ（u）。在过渡期满文中增加了词中形式ᠥ（ū）和词尾形式ᠥ（ū），例如：ᠨᡳᠶᠠᡴᡡᡵᠠ（niyaqūra，令跪）、ᠵᠠᡴᡡᠨ（jaqūn，八）、ᡥᡡᠯᠠᡵᠠ（χūlara，呼唤）、ᡥᡡᠯᡥᠠ（χūlχa，盗贼）、ᡩᡝᡵᡳᠪᡠᡥᡝᡡ（deribuheqū，未奏乐）、ᠰᠠᡵᡳᠯᠠᡥᠠᡡ（sarilaχaqū，未筵宴）。①

9．在辅音字母词首形式ᠪ（b）、ᡦ（p）中，元音字母ᠣ（u）的词中形式原作ᠣ（u），词尾形式原作ᠣ（u）。在过渡期满文中，增加了词中形式·（u）和词尾形式·（u），例如：ᠪᡠᠮᠪᡳ（bumbi，给）、ᠰᠠᠪᡠ（sabu，鞋）、ᡦᡠᠰᡝᠯᡳ（puseli，铺面）、ᡠᠮᡦᡠ（umpu，山楂）。

10．在辅音字母词首形式ᠺ（k）、ᡬ（g）、ᡥ（h）中，多用元音字母ᠥ（ū）的词中形式ᠥ（ū）和词尾形式ᠥ（ū），例如：ᡴᡡᡳ（kūi）即ᡴᡠᡳ（kui，库的）、ᡴᡡᠨᡩᡠᠯᡝᠮᡝ（kūnduleme）即ᡴᡠᠨᡩᡠᠯᡝᠮᡝ（kunduleme，款待）、ᡤᡡᡵᡠᠨ（gūrun）即ᡤᡠᡵᡠᠨ（gurun，国）、ᡤᡡᠴᡠ（gūcu）即ᡤᡠᠴᡠ（gucu，朋友）、ᠮᡝᠩᡤᡡᠨ（menggūn）即ᠮᡝᠩᡤᡠᠨ（menggun，银）、ᠵᡝᡴᡡ（jekū）即ᠵᡝᡴᡠ（jekū，粮）。②亦用元音字母·（u）的词中形式·（u）和词尾形式·（u），例如：ᡴᡠᠮᡠᠨ（kumun，乐）、ᡤᡠᡵᡠᠨ（gurun，国）、ᡥᡠᠸᡝᠰᡳ（huwesi，小刀）、ᡝᠮᡥᡠᠨ（emhun，独自）、ᡳᠨᡝᡴᡠ（ineku，本）、ᠠᡤᡠ（agu，老兄）、ᡠᠯᡥᡠ（ulhu，灰鼠）。

11．元音字母ᠣ（ū）与ᠣ（ū）独立形式和词首形式的使用，属于新旧混用。

上述过渡时期满文元音字母最明显的变化，即：元音字母ᠩ（e）的词中形式增加了･（e），词尾形式增加了ᡝ（e）和ᠩ（e）；元音字母·（u）、ᠥ（ū）的独立形式、词首形式、词中形式和词尾形式的右边

---

① 《满文原档》第6册，台北"故宫博物院" 2005年影印本，第3、125页。
② 《满文原档》第6册，台北"故宫博物院" 2005年影印本，第11、16、23、100、125页。

第二章　过渡期满文的字母及音节字

都增加了一个点。

在无圈点满文ᠣ（u）、ᠣ̄（ū）的右边增加一个点，使其形体变为ᡠ（u）、ᡡ（ū），从而使ᠣ（o）与ᡠ（u）、ᠣ̄（ō）与ᡡ（ū）的形体不再雷同。由此，某些音节字的形体也不再雷同了，例如：ᠨᠣ（no）与ᠨᠣ（nu）、ᠨᠣ̄（nō）与ᠨᠣ̄（nū）原本形体雷同，在过渡期满文中变为ᠨᠣ（no）与ᠨᡠ（nu）、ᠨᠣ̄（nō）与ᠨᡡ（nū）。再如：ᠰᠣ（so）与ᠰᠣ（su）、ᠰᠣ̄（sō）与ᠰᠣ̄（sū）原本形体亦雷同，在过渡期满文中变为ᠰᠣ（so）与ᠰᡠ（su）、ᠰᠣ̄（sō）与ᠰᡡ（sū）。

由于新增了元音字母ᡠ（u）和ᡡ（ū），这使无圈点满文中形体雷同的ᠣ（o）与ᡠ（u）、ᠣ̄（ō）与ᡡ（ū）不再雷同、各具形体。例如：《岁字档》天聪二年（1628）正月记载中出现单词 (jobolon，忧患)、 (orin，二十) 以及 (cisui，私自)[①]，见图2-5、图2-6、图2-7。《月字档》天聪四年（1630）正月记载中出现的 (yung ping fuu i) 即 (yung ping fu i，永平府的)[②]之言，见图2-8。《天字档》天聪元年（1627）五月记载中出现的单词 (ōfi) 即 (ofi，因为)，《闰字档》天聪二年四月初三日记载中出现的单词 (bōlori) 即 (bolori，秋)[③]，见图2-9、图2-10。《岁字档》天聪二年正月记载中出现的单词 (ūsin) 即 (usin，田) 和 (ūdu) 即 (udu，虽然、几个)，[④]见图2-11、图2-12。

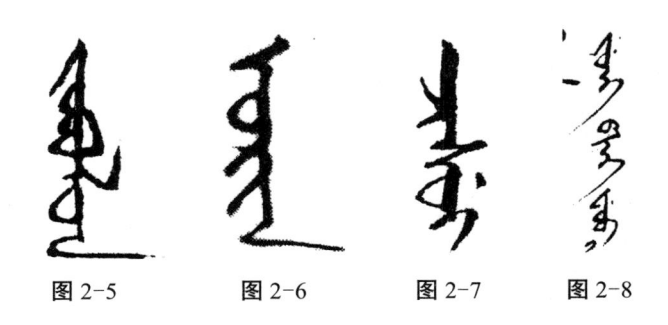

图2-5　　　图2-6　　　图2-7　　　图2-8

[①]《满文原档》第6册，台北"故宫博物院"2005年影印本，第163、168、162页。
[②]《满文原档》第7册，台北"故宫博物院"2005年影印本，第4页。
[③]《满文原档》第6册，台北"故宫博物院"2005年影印本，第248页。
[④]《满文原档》第6册，台北"故宫博物院"2005年影印本，第169页。

89

无圈点满文

图 2-9　　　图 2-10　　　图 2-11　　　图 2-12

值得注意的是，在过渡期满文中虽然出现了元音字母(u)、(ū)，但是无圈点满文原有的元音字母(u)、(ū)并未随之消失，在辅音字母词首形式(k)、(g)、(h)中，词中形式依旧多作(u)，词尾形式多作(u)。此外，在新旧混用的情况中，使用旧形体的例子还多一些，例如：《地字档》天聪六年（1632）二月至十二月的记事里，元音字母(u)出现 2175 次，如 即 (uncehen，尾)、(ulχuma) 即 (ulχuma，野鸡)、(ulebufi, -mbi，喂、使吃)、(uyun，九)；(u) 出现 1588 次，如：(uksin) 即 (uqsin，披甲)、即 (uqanju，逃人)；(ū) 出现 11 次，如：(jūng，中，人名)、(ūju) 即 (uju，头)、(ū，吴，汉姓)；(ū) 出现 532 次，如：(jūwe) 即 (juwe，二)、(ūme) 即 (ume，勿)、(ūlebuhe) 即 (ulebuhe，喂了、使吃了)。①

再如：在《岁字档》里，元音字母(ū)出现 37 次，如：(ūsin) 即 (usin，田)、(ūdu) 即 (udu，虽然、几个)、(ūjen) 即 (ujen，重)、(sūweni) 即 (suweni，你们的)、(mūrime) 即 (murime, -mbi，固执、强迫)，而 (ū) 出现 355 次，如：(dūrime) 即 (durime, -mbi，

---

①《满文原档》第 8 册，台北"故宫博物院"2005 年影印本，第 98、99、100、110、129、139、190 页。

第二章 过渡期满文的字母及音节字

抢夺）、 (ūme) 即 (ume，勿)、 (sūmingguwan) 即 (sumingguwan，总兵官)、 (tūng) 即 (tun，岛)、 (ūnenggi) 即 (unenggi，诚)； (u) 出现 748 次，如： 即 (uyun，九)、 即 (uttu，这样)，而 (u) 出现 685 次，如： (uile) 即 (weile，事情)、 即 (unggihe，赏送的)，等等。①

在过渡时期满文中，元音字母 (o) 和 (ō) 的使用情况，没有发生变化。不过，相对而言，元音字母 (o) 用得多， (ō) 用得少。例如：记载丁未年（明万历三十五年，1607）三月至天命四年（1619）三月政务的《荒字档》内， (o) 出现 3199 次，如 即 (cooχa，兵)、 即 (tosoχo，-mbi，堵截)②，而 (ō) 未见一次。记载天命六年（1621）二月至天命七年（1622）四月政务的《张字档》内， (o) 出现 7870 次，而 (ō) 仅出现 18 次，如： 即 (tondo，忠直)、 (morin，马) (bōso) 即 (boso，布)、 (χōlo) 即 (χolo，虚伪)。③记载天命六年七月至十一月的《来字档》内， (o) 出现 1385 次，而 (ō) 仅出现 13 次，如： 即 (doroi，以礼)、 即 (omibuχa，使喝了)、 (bōdome) 即 (bodome，-mbi，筹划)、 (dōolo) 即 (dolo，内)。④再如：记载天聪元年（1627）正月至十二月政务的《天字档》内， (o) 出现 3512 次，而 (ō) 仅出现 9 次，如： 即 (tondo，忠直)、 (ofi，因为)、 (dōro) 即 (doro，道、礼)、 (ōfi) 即 (ofi，因为)。⑤记载天聪二年（1628）正月至十二月政务的《闻字档》内， (o) 出现 1439 次，而 (ō) 仅出现 7 次，如： 即 (cooχa，兵)、 即 (oci，若是)、 (bōlori) 即 (bolori，秋)、

---

① 《满文原档》第 6 册，台北"故宫博物院"2005 年影印本，第 162—164、168、170、292 页。
② 《满文原档》第 1 册，台北"故宫博物院"2005 年影印本，第 3 页。
③ 《满文原档》第 2 册，台北"故宫博物院"2005 年影印本，第 1、2、15、23 页。
④ 《满文原档》第 3 册，台北"故宫博物院"2005 年影印本，第 4、28、86 页。
⑤ 《满文原档》第 6 册，台北"故宫博物院"2005 年影印本，第 5、47、108 页。

无圈点满文

（dōlo）即 ᠣᡩᠣ（dolo，内）。①

在过渡时期满文中，除原有的元音字母 ᠣ（u）与 ᠣ（ū）依然混用外，新增的 ᠣ（u）与 ᠣ（ū）也混用，例如：ᠰᡠᠸᡝ（sūwe，你们）与 ᠰᡠᠸᡝ（suwe，你们）、ᠮᡠᠰᡝ（mūse，咱们）与 ᠮᡠᠰᡝ（muse，咱们）、ᡠᠩᡤᡳ（ūnggi，令差遣）与 ᡠᠩᡤᡳ（unggi，令差遣）、ᠪᡡᡶᡳ（būfi，给后）与 ᠪᡠᡶᡳ（bufi，给后）、ᠪᡡᡴᡳ（būki，请给）与 ᠪᡠᡴᡳ（buki，请给）、ᡨᡡᠴᡳᡴᡝᡴᡠ（tūcikequ，未出）与 ᡨᡠᠴᡳᡴᡝᡴᡠ（tucikequ，未出）、ᡨᡡᠪᠠᡩᡝ（tūbade，在那里）与 ᡨᡠᠪᠠᡩᡝ（tubade，在那里）等等，都见于《满文原档》。

三十三　有些辅音字母形体的变化

为了区分无圈点满文中形同音异的音节字，在过渡时期，改革者首先采用了或保留原形、或添加圈点的方法，且每个音节字右边至多添加一点或一圈。何者保留原形？何者添加一点？何者添加一圈？这取决于该音节字在第一字头里所处的位置。

凡某辅音字母词首形式与元音字母词尾形式 ᠠ（a）、ᡝ（e）、ᡳ（i）、ᠣ（o）、ᡠ（u）、ᠣ（ō）、ᡠ（ū）构成的音节字、并在第一字头里自成一组者，如 ᠰᠠ（sa）、ᠰᡝ（se）、ᠰᡳ（si）、ᠰᠣ（so）、ᠰᡠ（su）、ᠰᠣ（sō）、ᠰᡠ（sū）等，其上下字形同音异者，如 ᠰᠠ（sa）与 ᠰᡝ（se）、ᠰᠣ（so）与 ᠰᡠ（su）、ᠰᠣ（sō）与 ᠰᡠ（sū），第一个音节字保持原形，第二个音节字在其右边增添一点，使其形体不再雷同，如 ᠰᠠ（sa）与 ᠰᡝ（se）、ᠰᠣ（so）与 ᠰᡠ（su）、ᠰᠣ（sō）与 ᠰᡠ（sū）。属于这一类的，包括辅音字母词首形式 ᠨ（n）、ᠯ（l）、ᠮ（m）、ᠰ（s）、ᠱ（š）、ᠶ（j）、ᠷ（r）、ᡶ（f）、ᠸ（w）与元音字母词尾形式 ᠠ（a）、ᡝ（e）、ᡳ（i）、ᠣ（o）、ᡠ（u）、ᠣ（ō）、ᡠ（ū）构成的音节字。辅音字母词首形式 ᠪ（b）、ᠪ（p）与元音字母词尾形式 ᠠ（a）、ᡝ（e）、ᡳ（i）、ᠣ（o）、ᡠ（u）、ᠣ（ō）、ᡠ（ū）构成的音节字 ᠪᠠ（ba）、ᠪᡝ（be）、ᠪᡳ（bi）、ᠪᠣ（bo）、ᠪᡠ（bu）、ᠪᠣ（bō）、ᠪᡠ（bū）和（a）、（e）、（i）、（o）、（u）、（ō）、（ū），形体雷同者的变化情况亦如上述。位置在前者，ᠪᠠ（ba）、ᠪ

---

① 《满文原档》第 6 册，台北"故宫博物院" 2005 年影印本，第 229、248、253 页。

第二章 过渡期满文的字母及音节字

（bo）、☌（bō）和（a）、☍（o）、☍（ō）保持原形，位置在后者，☍（be）、☍（bu）、☍（bū）和☍（e）、☍（u）、☍（ū）变为☍（be）、☍（bu）、☍（bū）和☍（e）、☍（u）、☍（ū）。凡属此类者，从音素文字的角度归纳，形体变化归入元音字母的变化，即☍（e）、☍（u）、☍（ū）变为☍（e）、☍（u）、☍（ū），而其辅音字母词首形式均归入保持原形、不在变化之列。

凡三个形同音异的辅音字母词首形式与某些元音字母词尾形式构成的音节字、并在第一字头中接连排列者，如☍（qa）、☍（Ga）、☍（χa），☍（qo）、☍（Go）、☍（χo），☍（qu）、☍（Gu）、☍（χu），☍（ke）、☍（ge）、☍（he），☍（ki）、☍（gi）、☍（hi），☍（kū）、☍（gū）、☍（hū），仍为第一个音节字保持原形，第二个音节字在其右边增添一点，第三个音节字在其右边增添一圈。于是，上述音节字就变为：☍（qa）、☍（Ga）、☍（χa），☍（qo）、☍（Go）、☍（χo），☍（qu）、☍（Gu）、☍（χu），☍（ke）、☍（ge）、☍（he），☍（ki）、☍（gi）、☍（hi），☍（kū）、☍（gū）、☍（hū）。凡属此类者，从音素文字的角度归纳，形体变化归入辅音字母词首形式的变化，即（q）、（G）、（χ）、（k）、（g）、（h）变为（q）、（G）、（χ）、（k）、（g）、（h），而其元音字母词尾形式均归入保持原形、不在变化之列。

由上可知，在过渡时期，无圈点满文辅音字母的形体有些保持原样，有些发生了变化，借以区分形体雷同的字母。从《无圈点档》文字来看，过渡期满文辅音字母词首形式（n）、（l）、（m）、（b）、（p）、（s）、（š）、（q）、（k）、（j）、（r）、（f）、（w），以及词中形式（l）、（m）、（b）、（p）、（s）、（š）、（q）、（k）、（j）、（r）、（f）、（w）、（ng），词尾形式（n）、（l）、（m）、（b）、（s）、（q）、（k）、（r）以及（t）、（ng），都没有发生变化，而辅音字母词首形式（G）、（χ）、（y）、（g）、（h）、（f）及其词中形式（G）、（χ）、（y）、（g）、（h）、（f）的形体则发生了变化，即除原有形体外，增加了新的形体，详见表2-2。

93

无圈点满文

表 2-2　　　　　　　过渡时期部分辅音字母形体变化

拉丁字母转写	词首形式	词中形式
G		
χ		
y		
g		
h		
f		

注：

1. 以上辅音字母的形体变化，有些是比较稳定的，有些则不太稳定，导致形体变化多端。

2. 辅音字母 G 除原有的形体 (G) 外，新增了 (G)，例如：（Gaifi，带领后）、（Gamaci）即（Gamaci，若带去）、（amaGa，将来的）、（Gosiχa，仁爱的）、（forGon，季）、（Gusai）即（Gūsai，固山的）、（Gusin）即（Gūsin，三十）、（aGura）即（aGūra，武器）。

3. 辅音字母 χ 除原有的形体 (χ) 外，新增了 (χ)，例如：（χan，汗）、（waχa，杀了）、（χono，尚且）、（solχoi，高丽的）、（χusun）即（χūsun，力）、（aχun）即（aχūn，兄）、（χūdun）即（χūdun，速）、（daχū，端罩）。

4. 辅音字母 y 除原有的形体 (y) 外，新增了 (y)，例如：（yaya，诸凡）、（biya，月）、（yehe，叶赫）、（beye）即（beye，身体）、（yooni，全）、（ayo）即（ayoo，恐怕）、（yuyume）即（yuyume，饥馑）、（uyun）即（uyun，九）、（mi yūn，密云）、（jiyūn šoo，郡守）。

5. 辅音字母 g 除原有的形体 (g) 外，新增了 (g)，例如：（gemu，都）、（genehe，去的）、（gin，斤）、（elgiyen，充裕）、（gurun，国）、（menggun，银）、（gūwembi）即（guwembi，脱免）、（turgūn）即（turgun，缘故）。

6. 辅音字母 h 除原有的形体 (h) 外，新增了 (h)，例如：（hehesi，女人们）、（buhe，给了）、（hiowan cuwan）即（hiowan cuwan，宣川）、（Gabsihiyan，前锋）、（huwesi，小刀）、（ūrhu）即（urhu，偏）、（tūrhūn）即（turgun，缘故）。

第二章 过渡期满文的字母及音节字

7. 辅音字母 f 除原有的形体 ᡶ（f）外，新增了 ᡶ（f），例如：〜（faidaχa，排列了）、〜（χafasa，官员们）、〜（mafa，祖先）、〜（fejile，下）、〜（feye，伤）、〜（hefeli，肚子）、〜（efiyen）即〜（efiyen，玩艺）、〜（efime，演）、〜（tucifi，出后）、〜（fūcihi）即〜（fucihi，佛）、〜（fūlehun）即〜（fulehun，恩情）。

三十四 音节字形体的变化

在过渡期满文中，有些音节字形体的变化同时体现在两个方面：一是在其右边添加一个点，二是改变某个笔画的书写形式。与添加圈点相比，改变形体者为数较少。

（一）辅音字母词首形式 ᡐ（t）、ᡑ（d）形体的变化。 在无圈点满文中，辅音字母词首形式 ᡐ（t）、ᡑ（d）形体雷同，它们与元音字母词尾形式 ᠠ（a）、ᠠ（e）、ᠢ（i）、ᠣ（o）、ᠣ（u）、ᠣ（ō）、ᠣ（ū）构成的音节字，在第一字头中又混合排列，即：〜（ta）、〜（da）、〜（te）、〜（de），〜（ti）、〜（di），〜（to）、〜（do）、〜（tu）、〜（du），〜（tō）、〜（dō），〜（tū）、〜（dū）。这便导致〜（ta）、〜（da）、〜（te）、〜（de）四个音节字形体雷同，〜（to）、〜（do）、〜（tu）、〜（du）和〜（tō）、〜（dō）、〜（tū）、〜（dū）也是如此。由于四个音节字形体雷同，仅靠添加圈点的方法不足以区分。于是，在加点的同时，又改变了某些音节字的书写形式，即：第一个音节字保持了原形，第二个音节字在其右边增添一点，第三个音节字首笔出头，第四个音节字首笔出头并在右边增添一点，这 14 个音节字的形体就变为：〜（ta）、〜（da）、〜（te）、〜（de）、〜（ti）、〜（di）、〜（to）、〜（do）、〜（tu）、〜（du）、〜（tō）、〜（dō），〜（tū）、〜（dū）。其结果，虽然区分了形体类同的音节字，但破坏了前述元音字母词尾形式为〜（e）、〜（u）、〜（ū）的音节字右边增加一点的规则。凡属此类者，从音素文字角度归纳，形体变化亦归入辅音字母词首形式的变化，即 ᡐ（t）、ᡑ（d）变为 ᡐ/ᡐ（t）、ᡑ/ᡑ（d），而其元音字母词尾形式亦归入保持原形、没有变化之列。然而，从《无圈点档》中的文字来看，ᡐ/ᡐ（t）与 ᡑ/ᡑ（d）在

无圈点满文

实际应用中彼此相混者不一而足,包括其词首形式和词中形式,详见表 2-3。

表 2-3　　　　　ᡨ(t)、ᡩ(d) 书写形式

拉丁字母转写	词首形式	词中形式
t	ᠣ ᠣ ᠣ ᠣ	ᡨ ᡨ ᡨ
d	ᠣ ᠣ ᠣ ᠣ	ᡩ ᡩ ᡩ

注:

1. 辅音字母 t 除原有的形体 ᠣ(t)外,新增了 ᠣ(t)、ᠣ(t)、ᠣ(t),例如:ᡨᠠᠰᡥᠠ(tasχa,虎)、ᡨᠠᡳ(tai,台)、ᡨᡝᡵᡝ(tere,那个)、ᡳᡨᡝᠨ(iten,二岁牛)、ᡨᡳᠶᡝᠰᠠᠨ(tiyesan)即 ᡨᡳᠶᡝᡧᠠᠨ(tiyešan,铁山)、ᡨᡳᠶᠠᠨ ᡯᠣ ᡥᠠᠨ(tiyan dzō χan)即 ᡨᡳᠶᠠᠨ ᡯᠣ ᡥᠠᠨ(tiyan dzo χan,天祚汗)、ᡨᠣᡶᠣᡥᠣᡨᠣ(tofoχoto)即 ᡨᠣᡶᠣᡥᠣᡨᠣ(tofoχoto,各十五)、ᡥᠣᡨᠣᠨ(χoton)即 ᡥᠣᡨᠣᠨ(χoton,城)、ᡨᡠᡨᡨᡠ(tuttu,那样)、ᡨᡠ(tu,纛)、ᡨᡡᠮᡝᠨ(tūmen)即 ᡨᡠᠮᡝᠨ(tumen,万)、ᡨᡡᠴᡳᡴᡝ(tūcike)即 ᡨᡠᠴᡳᡴᡝ(tucike,出了)、ᡨᡠᡨᡨᡠ(tuttu)即 ᡨᡠᡨᡨᡠ(tuttu,那样)、ᡩᡠᠩ ᡨᡳᠶᠠᠨ ᠵᡳ(dung tiyan ji,董天机)、ᠰᡠᡳ ᡳᠩ ᡨᠠᡳ(sui ing tai,崔应泰)。

2. 辅音字母 d 除原有的形体 ᠣ(d)外,新增了 ᠣ(d)、ᠣ(d)、ᠣ(d),例如:ᡩᠠᠩᠰᡝ(dangse,档子)、ᡩᠠᠪᠠᠯᠠ(dabala,罢了)、ᡩᡝ(de,于)、ᠮᡝᡩᡝᡤᡝ(medege,消息)、ᡩᡳᠩᠵᡠᡳ(dingjui,定州的)、ᡥᡡᠸᠠᠩᡩᡳ(χuwangdi)即 ᡥᡡᠸᠠᠩᡩᡳ(χūwangdi,皇帝)、ᡩᠣᡵᠣ(doro,礼)、ᡩᠣᠪᠣᡵᡳ(dobori,夜)、ᡩᡠᡴᠠ(duqa,大门)、ᠠᡴᡩᡠᠨ(akdun)即 ᠠᡴᡩᡠᠨ(aqdun,信实)、ᡩᡡᡩᡠ(dūdu)即 ᡩᡠᡩᡠ(dudu,杜度)、ᡩᡡᠪᡝ(dūbe)即 ᡩᡠᠪᡝ(dube,端)、ᡥᡡᡩᡠᠨ(χudun)即 ᡥᡡᡩᡠᠨ(χūdun,速)、ᡥᡝᠨᡩᡠᠮᡝ(hendume)即 ᡥᡝᠨᡩᡠᠮᡝ(hendume,讲说)、ᠨᡝᠨᡩᡝᡥᡝ(nendehe)即 ᠨᡝᠨᡩᡝᡥᡝ(nendehe,先前的)、ᡥᡝᠨᡩᡠᠮᡝ(hendume)即 ᡥᡝᠨᡩᡠᠮᡝ(hendume,讲说)、ᡩᡠᡠ(duu)即 ᡩᡝᠣ(deo,弟)。

由上可见,辅音字母 t 与 d 的形体变化及实际应用较为混乱。辅音字母词首形式 ᠣ(t)与元音字母词尾形式 ᠠ(a)、ᡳ(i)、ᠣ(o)、ᡠ(u)构成音节字时,有 ᠣ(t)、ᠣ(t)、ᠣ(t)三种形体;与元音字母词尾形式 ᡝ(e)、ᠣ(ō)、ᡡ(ū)构成音节字时,有 ᠣ(t)、ᠣ(t)、ᠣ(t)、ᠣ(t)四种形体。辅音字母词首形式 ᠣ(d),与元音字母 ᠠ(a)、ᡳ(i)、ᠣ(o)、ᡠ(u)构成音节字时,有 ᠣ(d)、ᠣ(d)、ᠣ(d)、ᠣ(d)四种形体;与元音字母 ᡝ(e)、ᠣ(ō)、ᡡ(ū)构成音节字时,有 ᠣ(d)、

第二章 过渡期满文的字母及音节字

ᡐ（d）、ᡐ（d）、ᡐ（d）四种形体，尤其值得注意的是，辅音字母 t 与 d 的各种形体之间也是混杂的。

我们再从音节字的角度，观察过渡期满文中 ᡐᠣ（to）、ᡐᠣ（do）等音节字形体的变化。在过渡期满文里，音节字 ᡐᠣ（to）的首笔出头，变为 ᡐᠣ（to），例如：《收字档》天命十年（1625）四月记事内，有言曰：ᠪᠠᡤᠠ ᠣᠯᠵᡳ ᠨᡳᠶᠠᠯᠮᠠ ᠮᠣᡵᡳᠨ ᡳᡤᠠᠨ ᠠᡳ ᠠᡳ ᠵᠠᡘᠠ ᡳ ᡐᠣᠨ ᠪᡝ ᡤᡝᡐᡠᡴᡝᠨ ᡳ ᠪᡳᡨᡥᡝ ᠠᡵᠠᡶᡳ ᡡᠩᡤᡳ（baχa olji niyalma morin iχan ai ai jaqa i ton be getuken i bithe arafi ūnggi，将所获俘虏人马牛一应物件之数，缮具清册咨送）、ᡠᡴᠰᡳᠨ ᡳ ᡐᠣᠨ ᡝᠮᡠ ᠮᡳᠩᡤᠠᠨ ᠰᡠᠨᠵᠠ ᡨᠠᠩᡤᡡ ᡠᡴᠰᡳᠨ ᡴᡠᡨᡠᠯᡝᡳ ᡐᠣᠨ ᡝᠮᡠ ᡨᠠᠩᡤᡡ ᠰᡠᠰᠠᡳ（ūksin i ton emu mingɢan sunja tanggu ūksin: kutulei ton emu tanggu susai，披甲之数，一千五百名披甲。跟役之数，一百五十名）。天命十年八月记事内，有言曰：ᡤᠠᠵᡳᡤᠠ ᠠᠩᡤᠠᠯᠠᡳ ᡐᠣᠨ ᡝᠮᡠ ᠮᡳᠩᡤᠠᠨ ᡠᠶᡠᠨ ᡨᠠᠩᡤᡡ（ɢajiχa angɢalai ton emu mingɢan uyun tanggu，带来的人口之数，一千九百）。[1]

音节字 ᡐᠣ（do）则右边加一点，变为 ᡐᠣ（do），例如：《列字档》中之 ᡐᠣᠪᡳᡥᡳ（dobihi，狐皮）、ᡐᠣᡵᠵᡳ（dorji，多尔济，人名）。[2] 再如：《冬字档》中之 ᠪᠣᡐᠣ（bodo，-mbi，筹划、计算）、ᡐᠣᠪᠣᡵᡳ（dobori，夜）、ᡐᠣᡤᠣᠨ（doɢon，渡口）、ᡐᠣᠣᡶᡳ（doofi，-mbi，渡过）、ᡐᠣᠯᠣ（dolo，内）。[3] 与此同时，原有形体 ᡐᠣ（do）并未消失，有时仍会使用，例如：《来字档》天命六年（1621）七月记事内之 ᠯᡳᠣᡐᠣᠨ（liodon）即 ᠯᡳᠶᠣᠣᡐᡠᠩ（liyoodung，辽东）[4]，《冬字档》天命八年（1623）二月记事内之 ᠪᠣᡐᠣ（bodo）即 ᠪᠣᡐᠣ（bodo，-mbi，筹划、计算）。[5] 在天聪初年的记载中，ᡐᠣ（do）、ᡐᠣ（do）也往往混用，例如：《天字档》内 ᡐᠣ（do）出现 212 次，如 ᡐᠣᠣᠰᠣᡵᠠᡢᡠ（doosoraqu）即 ᡐᠣᠰᠣᡵᠠᡢᡡ（dosoraqū，耐不住）、ᡐᠣᠨᡐᠣ（tondo）即 ᡐᠣᠨᡐᠣ（tondo 公正、忠直）[6]，ᡐᠣ（do）出现 122 次，如

---

① 《满文原档》第 4 册，台北"故宫博物院"2005 年影印本，第 280、308—309 页。
② 《满文原档》第 3 册，台北"故宫博物院"2005 年影印本，第 391、402 页。
③ 《满文原档》第 3 册，台北"故宫博物院"2005 年影印本，第 409、427、456 页。
④ 《满文原档》第 3 册，台北"故宫博物院"2005 年影印本，第 16 页。
⑤ 《满文原档》第 3 册，台北"故宫博物院"2005 年影印本，第 410 页。
⑥ 《满文原档》第 6 册，台北"故宫博物院"2005 年影印本，第 5 页。

（doro，礼）、（dosire，-mbi，进入）。①

尤其值得注意的是，（do）并非该字唯一的新形体，有时还作（do），例如：《收字档》天命十年（1625）正月记事内，有言曰：（bi hiosiolara deocilere doroi gajifi sarilambi，我以孝悌之礼，召来宴请）。同年五月记事涂抹文字内，有（dosiqa，-mbi，进入）之言。八月记事内，又有（ūncihen de jušen i cooχa dosifi mūke de fekumbufi waχa，女真兵杀入队尾，使其淹死）之言。②

（二）音节字（qū）、（Gū）、（χū）的形体变化。在过渡期满文中，形体变化最显著者非此三者莫属。按音素文字分析，在无圈点满文中，辅音字母词首形式（q）、（G）、（χ）形体雷同，且只能与阳性元音字母词尾形式（a）、（o）、（u）构成音节字，并在第一字头里混合排列，即（qa）、（Ga）、（χa）、（qo）、（Go）、（χo）、（qu）、（Gu）、（χu）。其中前三者，即（qa）、（Ga）、（χa）形体雷同，后六者，即（qo）、（Go）、（χo）、（qu）、（Gu）、（χu）形体雷同。

在过渡时期，为了区分此三者的形体，辅音字母（q）保持原形，（G）的右边添加一点变成（G），（χ）的右边添加一圈变成（χ）。于是，这三个辅音字母的形体不再雷同，它们与阳性元音词尾形式构成的音节字就变成（qa）、（Ga）、（χa）、（qo）、（Go）、（χo）、（qu）、（Gu）、（χu），详见前述。

添加圈点之后，音节字（qa）、（Ga）、（χa）的形体不再雷同，而（qo）、（Go）、（χo）、（qu）、（Gu）、（χu）的形体虽有所变化，但（qo）与（qu）、（Go）与（Gu）、（χo）与（χu）的形体依然雷同。如将音节字（qu）、（Gu）、（χu）的元音字母改为（u），它们的形体便分别变成（qu）、

---

① 《满文原档》第6册，台北"故宫博物院"2005年影印本，第3、11页。
② 《满文原档》第4册，台北"故宫博物院"2005年影印本，第255、290、301页。

（Gu）、(χu)。这固然可与音节字(qo)、(Go)、(χo)的形体相区别，但就会违背每个字的右边只添加一个圈或点的基本原则。也许出于这一缘故，当时的人们没有采用这种办法。

他们采用的办法是：舍弃音节字(qu)、(Gu)、(χu)中的阳性元音字母词尾形式(u)，改用阴性元音字母词尾形式(ū)。于是，它们的形体就变为(qū)、(Gū)、(χū)，例如：《天字档》天聪元年（1627）正月记事中，出现了(deribuheqū)即(deribuheqū，未奏乐)、(sarilaχaqū)即(sarilaχaqū，未筵宴)①等词。再如：《岁字档》天聪二年（1628）四月记事中，出现了(qūbulime)即(qūbulime，-mbi，变)②一词。又如：《成字档》天聪三年（1629）七月记事中，出现了(χūturi)即(χūturi，福)③一词。

尽管这样的改变，使音节字(qo)、(Go)、(χo)与(qū)、(Gū)、(χū)的形体不再雷同，但又破坏了源自回鹘蒙古文的、区分阳性与阴性形体的规则，有其不尽合理之处。

尚需注意的是，在过渡期满文中，虽产生了音节字(qū)、(Gū)、(χū)，但原有形体依然混用，新产生的形体亦存在使用不规范的现象。例如：《成字档》天聪三年（1629）闰四月记事中，就三次出现了(Gūnin)即(Gūnin，心意)④一词。

（三）音节字(fi)形体的变化。 在过渡期满文中，音节字(fi)形体变化过程较为曲折，亦最为典型。对此，前贤曾有争论："新满文动词过去式的语尾用 fi，老满文动词过去式语尾用 bi，两者显然不同。过去学者都认为的时态上的问题，甚至有人说：'此种由 bi 变 fi 之原因，尚无可靠之史料加以证明。……最初之老满文中，恐尚无现在、过去动词之分别或在词之语尾均加 bi 而代表之。……而其演变为 fi 字之原因，或系分别时间之需要，或为调节语尾声调等原因，而始

---

① 《满文原档》第 6 册，台北"故宫博物院"2005 年影印本，第 3 页。
② 《满文原档》第 6 册，台北"故宫博物院"2005 年影印本，第 213 页。
③ 《满文原档》第 8 册，台北"故宫博物院"2005 年影印本，第 19 页。
④ 《满文原档》第 8 册，台北"故宫博物院"2005 年影印本，第 6、11、12 页。

无圈点满文

将原来语尾之 bi 改为 fi 字者。'这种说法能否成立当然很有问题,不过现在我们在阅读旧满洲档以后,发现新旧满文之间,不仅是动词过去式(老满文中的动词确是有时态分别的)的语尾由 bi 改变为 fi,并且还有很多老满文的字中含有 bi 音的都在新满文中变成 fi 了。""由此可见,bi 变为 fi 不是时态变化的问题,而是发音变化的问题。"①

案,女真语中,fi 音节早已有之,如 fila(碟)、fisa(背)②等词,见于公元十二、十三世纪宋金时期的女真语,而蒙语没有这个音节,回鹘蒙古文里也没有这样的音节字。因此,无圈点满文借用了阿里噶里蒙古字 (fi),并在使用过程中,省略了其左上角的顿点,写作 (fi)。如大臣费英东之名,《荒字档》丁未年(1607)记事内即作 (fiyongdon,费英东)。③

因其形体与音节字 (bi,有、在、我)相同,之后便在其右边添加一圈,作 (fi),以资区分。例如:《列字档》天命八年(1623)正月初三日记载: [满文] "(ice ilan de χan amba yamun de tūcifi χacin χacin i efin efibume amba sarin sarilaχa: tere efiyen efihe niqasa de susai yan menggun šangname būhe. 初三日,汗御大衙门,陈百戏,设大宴。其演戏众汉人,赏给银五十两)。④其誊清本《冬字档》则写为:[满文]"(ice ilan de χan amba yamun de tūcifi χacin χacin i efiyen efibume amba sarin sarilaχa: tere efiyen efihe niqasa de susai yan menggun šangname būhe. 初三日,汗御大衙门,陈百戏,设大宴。其演戏诸汉人,赏给银五十两)。⑤

再后来,其书写形式向无圈点满文音节字 (fa)、 (fe)的形

---

① 陈捷先:《〈旧满洲档〉述略》,《旧满洲档》(一),台北"故宫博物院"1969 年影印本,第 32 页。
② 金启孮编著:《女真文辞典·索引》,文物出版社 1984 年版,第 24 页。
③《满文原档》第 1 册,台北"故宫博物院"2005 年影印本,第 7、17 页。
④《满文原档》第 3 册,台北"故宫博物院"2005 年影印本,第 165 页。
⑤《满文原档》第 3 册,台北"故宫博物院"2005 年影印本,第 385 页。

第二章　过渡期满文的字母及音节字

体靠拢，最终改作ᡶᡳ(fi)。此种形体，首见于《冬字档》天命八年（1623）四月十四日记事内，其文曰：（juwan duin de monɢɢoi jarut ɡūrun i anɢɢa beile be sūcufi, anɢɢai ama jūi be waχa：十四日，袭蒙古扎鲁特国昂阿贝勒，杀昂阿父子）。①同年五月记事内，亦有言曰：（oforo šan toqofi tantaχa χafan efulehe. 贯耳鼻，责打了，革职了）。②

值得注意的是，新形体产生后，旧形体依然混用，《天字档》内就有这样的情况，例如：{ᡶᡳ}（niqan {i} dorgi bade dosifi tefi dōro forɡosioro {jaqa de gemu niqan oχobi.}因进入汉人内地居住，礼俗转变，都成为汉人了）。③在这一句中，前一个词用ᡶᡳ(fi)，而后一个词用ᡶᡳ(fi)。

综上所述，过渡期满文通过增加圈点或改变书写形式，以区分形体雷同的辅音字母。这体现了当时人们积极探索的精神，但同时也经历了一个较为杂乱的过程。

第三节　新增的音节字

在过渡期满文中，还出现了新的音节字。从《无圈点档》中的文字来看，这些新增的音节字包括（tsui）、（dzō）、（dzū）、（žu）、（kao）、（gai）、（gao）、（gan）、（gan）、（go）。显然，过渡期满文中新增的音节字依然遵循无圈点满文的创制原则，即以辅音字母词首形式与元音字母词尾形式构成音节字，再由这些音节字与元音字母词尾形式（i）、（o）和辅音字母词尾形式（r）、（n）、（ng）、（q/k）、（s）、（t）、（b）、（l）、（m）组成复合音节字。这些音节字及其复合音节字的产生，主要是为了准确地拼写外来语、特

---

① 《满文原档》第3册，台北"故宫博物院"2005年影印本，第426页。
② 《满文原档》第3册，台北"故宫博物院"2005年影印本，第442页。
③ 《满文原档》第6册，台北"故宫博物院"2005年影印本，第47页。

101

无圈点满文

别是汉语借词。无圈点满文诸元音字母和音节字不足以准确拼写外来语、特别是汉语借词。因此，当遇到这样的借词时，只能以读音相近的音节字拼写，随意性大，颇欠准确。例如：盖州之名，无圈点满文因无音节字ᡤᠠ（ga），有时拼写为ᡤᠠᡳᠵᡠ（gaiju），有时拼写为ᡤᡝᡳᠵᡠ（geiju）[①]，形体既不统一，拼音亦欠准确。在过渡期满文中，新增了音节字ᡤᠠ（ga），拼写为ᡤᠠᡳᠵᡠ（gaiju）[②]，较前大有改观。

此外，在满文第一字头中，ᡴᠠ（ka）、ᡤᠠ（ga）、ᡥᠠ（ha）是一组音节字，应产生于同期。只是在现存《无圈点档》里，仅见ᡴᠠ（ka）、ᡤᠠ（ga）而未见ᡥᠠ（ha）。

这些音节字的产生，都是为了满足拼写外来语、特别是汉语借词的需要。在无圈点满文创制之初，满洲（女真）活动区域相对狭小，对外联系不多，生产、生活资料以及山川地理等名称均以母语命名，故尽管无圈点满文存在诸多弊病，也足以应付书写，并无大碍。随着金国势力日益增强，活动区域逐渐扩大，特别是随着汉人被征服或归服者不断增多，越来越多的汉语进入了他们的生活。这时，无圈点满文便显得捉襟见肘，力不从心了。许多地名、人名等专有名词无法准确书写，便增加了相关的音节字。

从音素角度而言，新增音节字中的元音字母在无圈点满文中均已存在，新增的只是其辅音字母（词首形式）。有些新增的辅音字母（词首形式）其实在无圈点满文中也已经存在，只是改变了它们的书写形式。这些新增的辅音字母也有词首、词中形式，但都没有词尾形式，详见表2-4。

表2-4　　　　　　　　过渡时期满文中新增辅音字母

拉丁转写	词首形式	词中形式	词尾形式
ts	ᡮ	ᡮ	—
dz	ᡯ	ᡯ	—

[①]《满文原档》第2册，台北"故宫博物院"2005年影印本，第232、239页。
[②]《满文原档》第3册，台北"故宫博物院"2005年影印本，第80页。

第二章　过渡期满文的字母及音节字

续表

拉丁转写	词首形式	词中形式	词尾形式
ž	ᠵ	ᠵ	—
k	ᡴ	ᡴ	—
g	ᡤ	ᡤ	—
h	ᡥ	ᡥ	—

从发音而言，新增辅音字母（词首形式）ᡴ（k）、ᡤ（g）、ᡥ（h）在无圈点满文中已有之，即ᡴ（k）、ᡴ（g）、ᡴ（h）。在过渡期满文中，辅音字母（词首形式）ᡴ（k）保持原形，辅音字母（词首形式）ᡴ（g）的右边增加一点，变为ᡤ（g）；辅音字母（词首形式）ᡴ（h）的右边增加一圈，变为ᡥ（h）。

按无圈点满文创制的原则，辅音字母词首形式ᡴ（k）、ᡴ（g）、ᡴ（h）只与阴性元音字母词尾形式ᡝ（e）、ᡠ（ū）和中性元音字母词尾形式ᡳ（i）构成音节字，故在无圈点满文中，缺乏这些辅音字母词首形式与阳性元音字母词尾形式构成的音节字，导致其不能准确地拼写外来语、特别是汉语借词不准确。因此，到了过渡时期，出于实际书写需要，便新增了这些音节字。下面逐一详述过渡期满文新增的音节字。

三十五　音节字ᡮ（tsa）等

按语言学理论，满语辅音ᡮ（ts）是舌尖前、送气、清塞擦音。发音时，舌尖抵住上齿背造成阻塞，然后突然松开，气流摩擦而出。

在过渡期满文中，该辅音没有独立书写形式，与元音字母词尾形式ᠠ（a）、ᡝ（e）、ᡳ（i）、ᠣ（o）、ᡠ（u）、ᠣ（ō）、ᡠ（ū）结合，构成音节字ᡮ（tsa）、ᡮ（tse）、ᡮ（tsy）、ᡮ（tso）、ᡮ（tsu）、ᡮ（tsō）、ᡮ（tsū），可出现在词首、词中和词尾，详见表2-5。

表2-5　　　　　　辅音字母ᡮ（ts）书写形式

拉丁字母转写	独立形式	词首形式	词中形式	词尾形式
tsa	ᡮ	ᡮ	ᡮ	ᡮ
tse	ᡮ	ᡮ	ᡮ	ᡮ

续表

拉丁字母转写	独立形式	词首形式	词中形式	词尾形式
tsy				
tso				
tsu				
tsō				
tsū				

值得注意的是，在满文音节字 (tsy) 中，元音字母（词尾形式）是 (i) 的变体，发音为舌尖前展唇元音[ɿ]。

其词首形式为 (ts)，例如： (tsafu，札付)。该词见于《盈字档》第 28 页天命八年六月十四日记事，见图 2-13。其文曰：

(tsafu ɢaici ambasa ujulaχa niyalma ɢaiχabidere: suweni sara ai bi:若取札付，则大臣、为首之人取之耳，尔等何所知耶）。①

图 2-13

再如： (be yang tsūi，白养粹，汉人姓名）。该姓名见于《月字档》第 4 页天聪四年（1630）正月初六日记录，见图 2-14。其文曰：

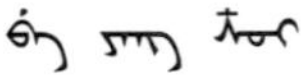

初 六 于 白 永 平 的 道 将 白 养
ice ninggun de (be) {yūng ping ni} dooli (be) {be yang
粹 将 使晋升后 都 堂 作为了 给的 札付 文书 的 言语
sūi be} ūwesimbufi② dutan③ obuχa: būhe safu④ bithei gisun:
金 国 的 汗 讲 说 白 养 粹 你 原先于 败坏的
aisin gūrun i χan hendume: be yang tsūi si dade efujehe
道 曾经 我 向来 你的 才 能的将 众 自 出
dooli bihe: bi daci sini erdemu mūterebe⑤ geren ci tūcimbi
说 听到 了 曾经 城 被攻取的 城 获得的 日子
seme donjiχa bihe: (χoton ɢaiбuχa) {hecen be baχa} inenggi:

图 2-14

诸凡比⑥ 先 头 剃后 我 于 投降了 者 忠 直 信 实⑦
yayaci⑥ neneme ūju fusibi minde daχaχa(ngge tondo aqdun

① 《满文原档》第 4 册，台北"故宫博物院" 2005 年影印本，第 28 页。
② 书面语为 wesibufi（-mbi，使晋升）。
③ 书面语为 du（都） tang（堂）。
④ 书面语为 jafu（札付）。
⑤ 此 mūterebe（能的将）之言，乾隆抄本《加圈点字档》分作 mutere（能的） be（将）。
⑥ 此 yayaci（诸凡比）之言，乾隆抄本《加圈点字档》分作 yaya（诸凡） ci（比）。
⑦ 该词辅音字母 q 的左边，仅有一点，犹如音节字母 na（纳）的词中形式。

第二章 过渡期满文的字母及音节字

<small>喜悦若 可以 令 你将 说 使晋升后① 都堂② 作为了 永</small>
urgunjeci ombi: te simbe) {seme} ūwesimbufi dutan obuχa: yung
<small>平 的 所属的 处将 你 令管理 心 尽 政 将 令筹划</small>
ping ni χaranGa babe si qadala: mūjilen wacihiyame doro be bodo:
<small>我的 谕旨 将 勿 辜负③ 你们的 汉人 的④ 旧 例 地方的⑤ 人</small>
mini hese be ūme ūrgudere: sūweni niqan ni fe qooli bai niyalma
<small>将 地方于 官员 的 内 无 有 才 的 忠 直 人</small>
be bade χafan sindara kooli aqu: mini dolo erdemungge tondo niyalma
<small>即刻 他的 处将⑥ 治理若 地方的⑦ 人 民 的 心 略清明⑧</small>
utχai ini babe dasaci bai niyalma irgen i mūjilen genggiken
<small>明白想必 为何 不可以⑨ 你 但 忠 直 将 令感激 法 将 令行</small>
ūlhimbidere: ainu ojiraqu: si damu tondo be hūkše: šajin be yabu
<small>兵 民 将 令体恤 那样 至远方 处 自 然 投 降</small>
cooχa irgen be Gosi: tuttu oci Goroki χanciki ini cisui aqdame daχambi:
<small>你 妥善</small>
si saiqan ginggule:⑩

其词中形式为 ᡮ (ts)，例如：ᠵᠠᡳᡮᠰᠠᠩ (jaitsang，寨桑)。该词见于《收字档》第 267 页天命十年（1625）二月记事，见图 2-15。其文曰：

（ …… ") juwe biyade qorcin i jaitsang beilei sarGan jui be ini aχūn uqšan taiji genggiyen χan i duici jui χong taiji beile⑪de sarGan benjihe：二月，将科尔沁寨桑贝勒之女，其兄吴克善台吉送于英明汗第四子皇太极贝勒为妻）。⑫

图 2-15

① 书面语为 wesibufi（-mbi，使晋升）。
② 书面语为 du（都） tang（堂）。
③ 书面语为 urgedere（-mbi，辜负）。
④ 此助词 ni（的），乾隆抄本改为 i（的）。
⑤ 此 bai（地方的）之言，乾隆抄本《加圈点字档》分作 ba（地方、处） i（的）。
⑥ 此 babe（处将）之言，乾隆抄本《加圈点字档》分作 ba（处） be（将）。
⑦ 此 bai（地方的）之言，乾隆抄本《加圈点字档》分作 ba（地方、处） i（的）。
⑧ 书面语为 genggiyeken（略清明）。
⑨ 书面语为 ojoraqū（不可以）。
⑩ 《满文原档》第 7 册，台北"故宫博物院"2005 年影印本，第 4—6 页。第 4 页该段起始处右眉上，有横写的四行满文，其文曰：……（be yang sūi mūjilen yabun ehe be neneme saχabi tuttu seme ekšere de taqa qadalakini seme sindaχa inu tašaraχa：白养粹心行恶劣，先已知之。然而，紧急之际，暂授以管束矣，亦误矣）
⑪ 此句中，duici jui χong taiji beile（四子皇太极贝勒）之言，乾隆抄本《加圈点字档》改为 jui duici beile（子四贝勒）。
⑫《满文原档》第 4 册，台北"故宫博物院"2005 年影印本，第 267 页。

无圈点满文

再如 ᠰᠠᠮᠰᡠᡳ（samtsui，翠蓝布的）。该词见于《天字档》第126页天聪元年（1627）七月初一日记事中，见图2-16。其文曰：

（tere inenggi aoχan naiman i elcin be jurambuχa: aoχan i dureng: cecen① joriqtu: naiman i χung batturi② boqdo tūsii~tu: ocir: dulba: ere nadan beilei elcin de samtsui ergūme emte: foloχo imiyesun④ emte: beri emte būhe: sangɢarajai elcin de samsui ergume canggi būhe: ere jaqun elcin de ūheri neneme boo de juwan ta yan menggun būhe: kūtuci⑤ de sunjata yan menggun būhe:）。⑥

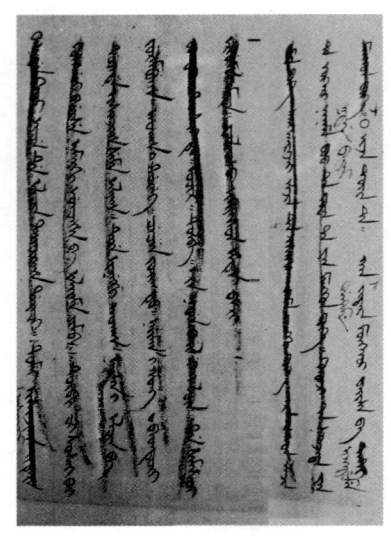

图2-16

此段记录中，"翠蓝布的"出现两次而书写不同，前者在第126页，作 ᠰᠠᠮᠰᡠᡳ（samtsui，翠蓝布的），而后者在第127页，作 ᠰᠠᠮᠰᡠᡳ（samtsui，翠蓝布的）。

三十六　音节字 ᡯ（dza）等

按语言学理论，满语辅音 ᡯ（dz）是舌尖前、不送气、清塞擦音。

---

① 又作 secen（塞臣）。
② 书面语为 baturu（巴图鲁）。
③ 书面语为 samsui（翠蓝布的）。
④ 书面语为 umiyesun（腰带）。
⑤ 即 kutuci，蒙古语，满语称 kutule。
⑥《满文原档》第6册，台北"故宫博物院"2005年影印本，第126—127页。

第二章 过渡期满文的字母及音节字

发音时，舌尖抵住上齿背造成阻塞，然后松开，气流轻微摩擦而出。在过渡期满文中，该辅音没有独立书写形式，与元音字母词尾形式 ᠊ᠠ（a）、᠊ᡝ（e）、᠊ᡳ（i）、᠊ᠣ（o）、᠊ᡠ（u）、᠊ō、᠊ū 结合，构成音节字 ᠳᠠ（dza）、ᠵᡝ（dze）、ᡯᡳ（dzi）、ᡯᠣ（dzo）、ᡯᡠ（dzu）、ᡯō（dzō）、ᡯū（dzū），可出现在词首、词中和词尾，详见表 2-6。

表 2-6　　　　　　　　辅音字母 ᡯ（dz）书写形式

拉丁字母转写	独立形式	词首形式	词中形式	词尾形式
dza				
dze				
dzi				
dzo				
dzu				
dzō				
dzū				

值得注意的是，在满文音节字 ᡯᡳ（dzi）中，元音字母（词尾形式）᠊ᡳ（i）是 ᡳ（i）的变体[ɿ]，为舌尖前展唇元音。

其词首形式为 ᡯ（dz），例如：ᡯᡝᠮᡨᡝᡥᡝ（dzemtehe，策穆特赫，人名）。该词见于《黄字档》第 360 页天命十年（1625）八月记事中，见图 2-17。其文曰：（sobohi biyo[①] χoton i niyalma bihe: ama dzemtehe ba be waliyafi baime jihe gūng: jai afabuχa uile be mūtembi: joriχa jurgan be jurceraqu seme beiguwan obuχa: (duin) {jūwe} jergi būcere uile be gūwebumbi：索博希原系蜚悠城之人，以父策穆特赫

图 2-17

---

① 乾隆抄本《加圈点字档》改为 fio。

107

无圈点满文

弃地来归之功，及能所交之事，不违指授，作为备御，免死罪二次）。①

再如 ᡯᠣ（dzō，祚）。该词见于《天字档》第 70 页天聪元年（1627）二月记事，见图 2-18。

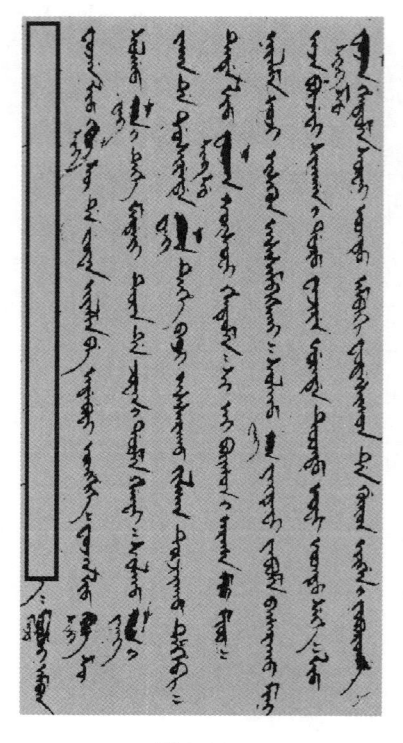

其文曰：(mūsei) {manju} amban（咱们的 满洲 大臣）
fujen② lio (hing) {sing} dzō de juwan（副将 刘 兴 兴 祚 于 十）
niyalma be adabufi ūnggihe: fujan③ lio（人 将 使陪同 差遣了 副将 刘）
(hing) {sing} dzō solGo④ (χan){wang} i⑤（兴 兴 祚 高丽 汗 王 的）
tehe mederi tūn de cuwan i doome genefi:（住的 海 岛 于 船 以 渡过 去后）
solχo (χan) {wang} i jaqa de⑦ dosirede⑧（高丽 汗 王 的⑥ 跟前 于 进的 于）
(χan) {wang} tehe baci aššaraqu jilgan（汗 王 坐的 处从 不动弹 声）
tūciraqu tehebi: tede lio(fujan) {sing⑨ dzu⑩}（不出 坐了 那于 刘 副将 兴 祚）
qorsofi hendume……lio(fujan) {sing dzo}（怨恨后 讲说 刘副将 兴 祚）
hendume……⑪（讲说）

此段文字中，"祚"字出现四次，前两次作 ᡯᠣ（dzō，祚），元音字母词尾形式 ᠣ（ō）为阴性形体。第三次补写之文作 ᠰᡠ（su），多一点，当为笔误。第四次补写之文作 ᡯᠣ（dzo），元音字母词尾形式 ᠣ（o）为阳性形体。

图 2-18

---

① 《满文原档》第 4 册，台北"故宫博物院"2005 年影印本，第 360 页。
② 应为 fujan（副将）之误，乾隆抄本《加圈点字档》作 fujiyang（副将）。
③ 乾隆抄本《加圈点字档》作 fujiyang（副将）。
④ 书面语为 solχo（高丽）。
⑤ 乾隆抄本《加圈点字档》作 ni（的），盖其前文 χan（汗）改为 wang（王）也。
⑥ 乾隆抄本《加圈点字档》作 ni（的），盖其前文 χan（汗）改为 wang（王）也。
⑦ 此 jaqa（跟前） de（于）之言，乾隆抄本《加圈点字档》连写为 jaqade（于跟前）。
⑧ 乾隆抄本《加圈点字档》分作 dosire（进的） de（于）。
⑨ 乾隆抄本《加圈点字档》作 hing（兴），同音异文也。
⑩ 乾隆抄本《加圈点字档》作 dzo（祚）。
⑪ 《满文原档》第 6 册，台北"故宫博物院"2005 年影印本，第 70 页。

第二章 过渡期满文的字母及音节字

此外，姓名 ᡥᠣᠸᠠᠩ ᠯᡳᠣᡳ ᡯᡠᠩ（χowang lioi dzūng，黄履中），见于《天字档》第 84 页天聪元年（1627）三月记事，见图 2-19。案，汉语之"中""忠"等字，满文音译为 ᡯᡠᠩ（dzūng）或 ᡯᡠᠩ（dzūng），相沿颇久，例如：顺治七年（1650）正月十七日进呈的满文翻译《ᠰᠠᠨ ᡤᡠᡵᡠᠨ ᡳ ᠪᡳᡨᡥᡝ》即《三国演义》中，将"黄忠""马忠"分别译为 ᡥᡠᠸᠠᠩ ᡯᡠᠩ（χūwang dzung）、ᠮᠠ ᡯᡠᠩ（ma dzung）。① 再如：满汉合璧《三国志》亦即《三国演义》卷 16 的目录有：ᡥᠠᠨ ᡯᡠᠩ ᠸᠠᠩ᠈ ᡤᡠᠸᠠᠨ ᡤᡠᠩ ᡩᡝ ᡤᠣᠰᡳᡥᠣᠯᠣᠮᡝ ᠰᠣᠩᡤᠣᡥᠣ᠈（χan dzung wang. guwan gung de gosiχolome songGoχo.）"汉中王痛哭关公"、ᡥᠠᠨ ᡯᡠᠩ ᠸᠠᠩ ᠵᡳᠯᡳ ᠪᠠᠨᠵᡳᡶᡳ ᠯᡳᠣ ᡶᡠᠩ ᠪᡝ ᠸᠠᡥᠠ᠈（χan dzung wang jili banjifi lio fung be waχa.）"汉中王怒杀刘封"、ᡥᠠᠨ ᡯᡠᠩ ᠸᠠᠩ ᠴᡝᠩ ᡩᡠ ᡥᡝᠴᡝᠨ ᡩᡝ ᡥᠠᠨ ᡨᡝᡥᡝ᠈（χan dzung wang. ceng du hecen de χan tehe.）"汉中王成都称帝"②。至乾隆三十七年（1772）三月二十九日，内阁奉上谕："向来内外各衙门题奏咨行事件，凡遇满洲、蒙古人地名应译对汉字者，往往任意书写，并不合清文、蒙古文本音，因而舛误鄙俚之字不一而足，甚至以字义之优劣，强为分别轩轾，尤属可笑。方今海寓车书大同，《清文鉴》一书屡经厘定颁示，且曾编辑《同文韵统》，本《三合切音》详加辨订，合之字音，无铢黍之差，第篇帙较繁，行文或未暇检阅。昨因评纂《通鉴辑览》，于金辽元人地名之讹谬者，悉为改正，复命廷臣重订《金辽元国语解》，将三史内伪误字样，另为刊定，以示传信。而现在疏章案牍清汉对音，转未画一，于体制殊为未协。著交军机大臣依国书《十二字头》，酌定对音，兼写清汉字样，即行刊成简明篇目，颁行中外大小衙门。嗣后，遇有满洲、蒙古人地名，对音俱查照译写，俾各知所遵守。将此，通谕知之。钦此。"③旋定满文 ᠵᡠᠩ（jung）之对音汉字作"忠、衷、钟"，ᠵᡠᠩ（jūng）之对音汉字作"中，入声读"④。

图 2-19

---

① 《满文原档》第 6 册，台北"故宫博物院"2005 年影印本，第 70 页。
② 绣像古本、李卓吾原评：满汉合璧《三国志》卷 16，吴郡绿荫堂藏版，第 1 页。
③ 《清汉对音字式·上谕》，光绪十六年（1890）聚珍堂刻本。
④ 《清汉对音字式》，光绪十六年（1890）聚珍堂刻本，第 29 页。

其词中形式为ᡯ（dz），例如：（jang idzan，张义站，堡名）。该词见于《寒字档》第216、217页天命九年（1624）五月十七日记事，见图2-20。其文曰：

"[tere (ci coqo erinde){yamji} jang idzan i (fuu) hecen de dosibfi (yamun de) deduhe:（于）是（酉时）{夕}，入张义站城而宿（于衙门）]。①

图2-20

"(tereci sarilame wajifi jang idzan ci tūcifi gusin ba jifi dedūhe: 于是，筵宴毕，出张义站，行三十里而宿)。②

此外，音节字ᡯ（dzi）多用于词尾，与汉语"子"相对，例如（kungdzi）、（mengdzi）。在过渡期满文中，这种ᡯ（dzi）的书写形式如同蒙文，见图2-21。该二词见于《宙字档》第42页，其读音为[si]。③

又，"子"字位于词中时，满文或以ᠰ（s）代ᡯ（dzi），例如（taisχa bira，太子河），是为河名，见于《列字档》。再如，（wangsdeng，王子登），是为人名，见于《列字档》两次。④

图2-21

三十七　音节字ᠵ（ž）等

按语言学理论，满语辅音ᠵ（ž）是舌尖后、浊擦音。发音时，舌尖接近硬腭前部，气流从中擦出，同时声带颤动。在过渡期满文中，该辅音没有独立书写形式，与元音字母词尾形式ᠠ（a）、ᠡ（e）、ᡳ（i）、ᠣ（o）、ᡠ（u）、ᡡ（ō）、ᡡ（ū）结合，构成音节字ᠵ（ža）、ᠵ（že）、ᠵ（ži）、ᠵ（žo）、ᠵ（žu）、ᠵ（žō）、ᠵ（žū），可出现在词首、词中和词尾，详见表2-7。

---

① 《满文原档》第4册，台北"故宫博物院"2005年影印本，第216页。
② 《满文原档》第4册，台北"故宫博物院"2005年影印本，第217页。原档中，此句被墨笔删划。
③ 《满文原档》第5册，台北"故宫博物院"2005年影印本，第42页。
④ 《满文原档》第3册，台北"故宫博物院"2005年影印本，第261、286页。

第二章　过渡期满文的字母及音节字

表2-7　　　　　　　　辅音字母卜（ž）书写形式

拉丁字母转写	独立形式	词首形式	词中形式	词尾形式
ža				
že				
ži				
žo				
žu				
žō				
žū				

值得注意的是，在满文音节字卜（ži）中，元音字母（词尾形式）ᠴ（i）的发音为[ꭤ]。如前所述，[ꭤ]是展唇、舌尖、后高元音。发音时，舌尖略向上翘，接近上颚前部。

其词首形式为卜（ž），例如 ᠮᠠ ᡰᡠ ᠯᡳᠨ（ma žu lin，马如麟）。此姓名见于《藏字档》第252页天命八年（1624）《敕书档》，见图2-22。其文曰：

图2-22

"…（χan hendume: ma žu lin si dade gitmen [giomen] i cigu hergn i χafan bihe:…汗曰：尔马如麟原系九门旗鼓……）。①此句中，卜（žu）字的元音字母词尾形式ᠴ（u）使用了单词词尾形式，这种书写形式常见于《无圈点档》。

再如 ᡰᡳᠨ ᡩᡝ ᠯᡳᠶᠠᠩ（žin de liyang，任得良）。此姓名见于《成字档》第3页天聪三年（1629）正月十三日记事，见图2-23。其文曰：

"…（sūre χan i ilaci aniya.

图2-23

---

① 《满文原档》第5册，台北"故宫博物院"2005年影印本，第252页。《藏字档》原系清太祖天命八年（1623）所颁投降汉官的敕书档，不知何时整理时，作为清太宗天聪二年（1628）五月档册。乾隆四十三年（1778）重抄老档时，又将其置于清太宗朝卷十五、天聪二年之后，并记为"无年月档"。

111

aniya biyai juwan ilan de. siosai jeng sin. basung žin de liyang de ūnggifi doron bi seme bederebuhe bithe i gisun：天聪三年正月十三日派生员郑新、把总任得良赍送，谓有印而退回文书之言）。①

又如：该档册第 5 页天聪三年二月二十八日记事内，将其姓名连写为（žindeliyang，任得良）。其文曰：

（jūwe biyai orin jaqun de siosai jeng sin. basung žindeliyang de ūnggihe bithei gisun：二月二十八日，派生员郑新、把总任得良咨文之言）。②

又如：该档册第 6 页天聪三年闰四月初二日记事中，亦将其姓名连写。其文曰：

（anaɢan i duin biyai ice jūwe de. mūsei taquraχa jeng sin. žindeliyang i emgi dūmin jūng i ɢajiχa bithei gisun：闰四月初二日，我所派郑新、任得良偕杜明中带来之书之言）。③

此外，在清太宗时期记录天聪六年（1632）以前政务的《天字档》《闰字档》《成字档》《月字档》《律字档》中，常可见到（jin sy žo，金时若）、（ciowan žin lu，权仁禄）、（žindeliyang，任得良）、（sū se žūn，祖泽润）、（jang sūn žin，张存仁）等姓名。又，《月字档》封面书写有（ping）、（o）、（ū）、（ūi）、（ža）、（že）、（ži）等音节字和元音字母，或为记录人员练习之作。

由此可见，辅音字母词首形式（ž）与元音字母词尾形式构成的音节字（ža）、（že）、（ži）、（žo）、（žu）、（žō）、（žū），在满文过渡时期均已产生了。

---

① 《满文原档》第 8 册，台北"故宫博物院" 2005 年影印本，第 3 页。
② 《满文原档》第 8 册，台北"故宫博物院" 2005 年影印本，第 5 页。
③ 《满文原档》第 8 册，台北"故宫博物院" 2005 年影印本，第 6 页。

三十八 音节字 ᠺᠠ（ka）等

按语言学理论，满语辅音 ᠺ（k）与前述辅音 ᠺ（k）一样，也是舌根、送气、清塞音。发音时，舌根抵住软腭，然后突然放开，气流透出较强。只是在无圈点满文中，ᠺ（k）只与阴性元音字母词尾形式 ᠨ（e）、ᠨ（i）、ᠣ（ū）结合，构成音节字 ᠺᠨ（ke）、ᠺᠨ（ki）、ᠺᠣ（kū）。在过渡期满文里，才新增了音节字 ᠺᠠ（ka）、ᠺᠣ（ko）。这两个音节字的出现，也反映了满文改革者辅音、元音观念不强及音节字观念根深蒂固的情况。按音素分析，ᠺᠠ（ka）、ᠺᠣ（ko）分别是由辅音字母词首形式 ᠺ（k）与元音字母词尾形式 ᠠ（a）、ᠣ（o）构成的音节字。

该音节字可出现在词首、词中和词尾，详见表2-8。

表2-8　　　　　　辅音字母 ᠺ（k）书写形式

拉丁字母转写	独立形式	词首形式	词中形式	词尾形式
ka	ᠺᠠ	ᠺ	ᠺ	ᠺᠠ
ko	ᠺᠣ	ᠺᠣ	ᠺᠣ	ᠺᠣ

其词首形式为ᠺ（k），例如：ᠺᠠᠣ（kao，口）。该词见于《调字档》第394页天聪四年（1630）二月初二日记事，见图2-24。其文曰：

ᠴᡳ ᠵᡠᠸᡝᡩᡝ ᠰᠠᠨ ᡨᡡᠨ ᡳᠩ᠈ ᡦᠠᠨ ᠵᡳᡟᠠ ᡣᠠᠣ (ᠪᡝ ᡨᡠᠸᠠ) {ᡥᠠᠯ ᠵᡠᠸᠠᠩ ᠪᡝ ᡨᡠᠸᠠ} ᠰᡳᠨᡩᠠᠮᡝ ᡨᠠᠪᠴᡳᠯᠠᠮᡝ ᡤᡝᠨᡝᡥᡝ᠈

（ice jūwede san tūn ing. pan jiya kao (be tuwa) {χal juwang be tuwa} sindame tabcilame genehe：初二日，往略焚烧三屯营、潘家口、喜峰口、汉儿庄）。①乾隆抄本《加圈点字档》中，改此ᠵᡳᡟᠠ（jiya，家）为ᡤᡳᡟᠠ（giya，家），ᡣᠠᠣ（kao，口）为ᡣᡝᠣ（keo，口）。

再如ᡣᠠᠣ（kao，口）。该词见于《调字档》同上页同日记事，见图2-25。其文曰：ᡦᠠᠨ ᠵᡳᡟᠠ ᡣᠠᠣ ᠪᡝ ᡩᠠᡥᠠᠪᡠᡶᡳ（pan jiya kao be daχabufi，征

图2-24

---

① 《满文原档》第6册，台北"故宫博物院"2005年影印本，第394页。

113

服潘家口）。①此ᠵᡳᠶ（jiya）ᡴᠣ（kao，口）之言，在乾隆抄本《加圈点字档》中亦改为ᡤᡳᠶ（giya，家）ᡴᡝᠣ（keo，口）。

案，"口"字的音译，ᡴᡝᠣ（keo，口）比ᡴᠣ（kao，口）更准确，《无圈点档》亦多作ᡴᡝᠣ（keo，口），在《调字档》内便出现34次，例如：（ice ilan de. saitung dade niqan i χongšan keo de cansun bihe. mūsei cooχaχongšan keo be Gaiχa manggi. χongšan keo i sanjan aqu ofi. 初三日，蔡通原系汉人洪山口千总，我军既克洪山口，因洪山口参将亡故）。②此句中，"口"字出现了三次，均音译为ᡴᡝᠣ（keo，口）。而音译为ᡴᠣ（kao，口）者，或出于个人用字不同所致。

图 2-25

三十九　音节字 ᡤᠠ（ga）等

按语言学理论，满语辅音ᡤ（g）与前述辅音ᡤ（g）一样，也为舌根、不送气、清塞音。发音时，舌根抵住软腭，然后突然放开，气流透出较弱。只是在无圈点满文中，ᡤ（g）只与阴性元音字母词尾形式ᡝ（e）、ᡳ（i）、ᡡ（ū）结合，构成音节字ᡤᡝ（ge）、ᡤᡳ（gi）、ᡤᡡ（gū）。在过渡期满文里，才新增了音节字ᡤᠠ（ga）、ᡤᠣ（go），也分别写为ᡤᠠ（ga）、ᡤᠣ（go）。这两个音节字的出现，同样反映了满文改革者辅音、元音观念不强及音节字观念根深蒂固的情况。按音素分析，ᡤᠠ（ga）是由辅音字母词首形式ᡤ（g）与元音字母词尾形式ᠠ（a）构成的音节字，ᡤᠣ（go）是由辅音字母词首形式ᡤ（g）与元音字母词尾形式ᠣ（o）构成的音节字。

该辅音没有独立书写形式，与元音字母词尾形式ᠠ（a）、ᠣ（o）结合，构成音节字ᡤᠠ（ga）、ᡤᠣ（go），可出现在词首、词中和词尾，详见表2-9。

---

① 《满文原档》第 6 册，台北"故宫博物院"2005 年影印本，第 394 页。
② 《满文原档》第 6 册，台北"故宫博物院"2005 年影印本，第 396 页。

第二章 过渡期满文的字母及音节字

表2-9　　　　　　　辅音字母ᡤ/ᡬ（g）书写形式

拉丁字母转写	独立形式	词首形式	词中形式	词尾形式
ga				
go				

其词首形式存在两种形式，即ᡤ(ga)与ᡬ(ga)，例如 （gaiju，盖州）。该词见于《来字档》第87页天命六年（1621）十一月十四日记事，见图2-26。其文曰：

"（juwan duinde (gaijui) χaijui niyalma gūrime (yoo) yooju de genehebi: tere boo jetere jeku orχo turi be aita si tuwame χaiju yooju gaiju amargi babe neigeleme icihiya: 十四日，海州之人已迁往耀州，所需住房、食粮、草豆，尔爱塔监督，将海州、耀州、盖州之北，均匀办理）。①

图2-26

再如 （gao，高）。该词见于《寒字档》第197页天命九年（1624）正月初八日记事，见图2-27。其文曰：

（gūlu lamun Gusai niqan iogi gao mingχo. 正蓝旗汉人游击高鸣鹤）。②

又如 （gan，甘）。该词见于《收字档》第314页天命十年（1625）八月初十日记事，见图2-28。其文曰：

图2-27　　图2-28

（χaiju bai gan ciowan pui julergi. 海州地方甘泉堡南）。③又作 （gan cuwan，甘泉），该词见于《收字档》第331页天命十年十月初五日记事中，见图2-29。其文曰：

① 《满文原档》第3册，台北"故宫博物院" 2005年影印本，第87页。
② 《满文原档》第4册，台北"故宫博物院" 2005年影印本，第197页。
③ 《满文原档》第4册，台北"故宫博物院" 2005年影印本，第314页。

115

无圈点满文

图 2-29

"（jai ansan: χaiju: gan cuwan: siosan tere (siudeme) {siurdeme} fui niyalma gemu jiyansi χalbufi cooχa boljofi Gajifi genembihe: 再，鞍山、海州、甘泉、岫山附近堡之人，皆容留奸细，约来兵卒而去）。①此句之（gan，甘）字，乾隆抄本作（gin），疑误。

四十　音节字（ha）等

按语言学理论，满语辅音（h）与前述辅音（h）一样，也是舌根、清擦音。发音时，舌根接近软腭，气流从中擦出。只是在无圈点满文中，（h）只与阴性元音字母词尾形式（e）、（i）、（ū）结合，构成音节字（he）、（hi）、（hū）。在过渡期满文里，增添音节字（ka）、（ko）、（ga）、（go）时，作为《十二字头》中同组的音节字（ha）、（ho）当亦产生。按音素分析，则（ha）、（ho）分别是由辅音字母词首形式（h）与元音字母词尾形式（a）、（o）构成的音节字。

该音节字亦有词首、词中和词尾形式，详见表 2-10。

表 2-10　　　　　　　　辅音字母（h）书写形式

拉丁字母转写	独立形式	词首形式	词中形式	词尾形式
ha				
ho				

尽管如此，在《无圈点档》中未见使用这两个音节字的情况，在后世加圈点满文文献中亦未见其踪影，当属"有音无字"的音节字。

---

① 《满文原档》第 4 册，台北"故宫博物院" 2005 年影印本，第 331 页。

第四节　过渡期满文之混乱

所谓过渡期满文，是指无圈点字向加圈点字转变阶段的满文。其显著特点是在无圈点满文部分元音字母和音节字的右边增加圈点，或改变某些音节字的形体，以区分形体雷同的元音字母和音节字。过渡期满文的形体既不同于无圈点满文，又不同于加圈点满文，介于两者之间，故今人称为过渡期满文，又称为半加圈点字。

从《满文原档》书写文字来看，无圈点满文行用二十多年后，自天命后期，无圈点满文进入过渡时期。天聪六年（1632）初颁布了新满文《十二字头》，以此为标志，加圈点满文登上历史舞台。因此，过渡期满文的起止时间应为自天命后期至天聪六年初，大约经历了十年左右的时间。

在此期间，记录档子的张球、爱巴礼、希福、詹珠、库尔缠、尼堪、达海、布尔山、准退等人在使用无圈点满文的过程中，试行文字改革，积极探索消除无圈点满文形体雷同的弊病，为加圈点满文的产生奠定了坚实基础。

这十年文字改革的成就主要有两点：一是在某些元音字母或音节字的右边增添了圈或点；二是改变了某些元音字母或音节字的书写形式。

然而，过渡期满文也十分混乱。究其原因，主要在两个方面：一是因为增添圈点尚处于试探阶段，何者增添，何者不增添，尚未固定，这便使某些字形变化无常；二是新字形产生后，旧字形并未消亡，这便造成了新旧文字的混合使用。换言之，无圈点满文向加圈点满文的过渡，是一个相当复杂的演变过程，其间的混乱状况超乎想象。

第三章　无圈点满文的改革

经过十年的探索，过渡期满文趋于成熟。至天聪六年（1632）正月，巴克什达海奉清太宗皇太极之命，在过渡期满文的基础上进一步规范了圈点的使用，统一了书写形式。于是，加圈点满文横空出世，以全新的面貌登上历史舞台。天聪六年巴克什达海奉命改进的满文，后人称为 ᠊᠊᠊᠊᠊᠊（tongki fuqa sindaχa hergen），即"加圈点字"，亦称新满文。值得注意的是，在新满文推行初期，与过渡期满文一样，依然保留了无圈点满文的某些书写形体，新旧混用，某些书写形体迄今仍遗留在新满文中。

第一节　无圈点满文改革的起点

关于无圈点满文改革的时间，其说不一，清人宜兴所编《清文补汇》tongki fuqa aqū hergen 条释文云："无圈点字。国朝本字也。崇德六年大海始加圈点以成今之清字。"[1]在此，年号"崇德"显然是"天聪"之误。在今天从事满学研究的学者之间亦有争议，主要有四种说法，即天命年间（1616—1626）说、天聪三年（1629）四月说、天聪六年（1632）正月说、天聪六年三月说。如关克笑认为："达海

---

[1] 宜兴编：《清文补汇》卷5，嘉庆七年（1802）刻本，第27页。

第三章　无圈点满文的改革

是从天命八年（1623）以后进行无圈点满文的改革。"①张虹认为："巴克什达海于天命年间开始着手改革无圈点满文，天聪六年完成并加以推行。"②张莉认为："皇太极即于天聪三年四月开始对文字进行改革，命达海改进无圈点满文。""于天聪六年正月十七日，皇太极将达海改进后的满文缮写十二字头颁布之。"③季永海认为："无圈点满文的改进是在天聪六年（1632）由达海完成的。""满文的改进工作在天聪六年正月以前已经开始，并且已经初具规模。"④古今之人有此歧见，主要受到满文发展两段论观点的影响，即将满文的历史分为无圈点满文和加圈点满文两个发展阶段，忽略了两者之间长达十年的过渡期，或将过渡期列入加圈点满文发展阶段，对满文过渡期起止时间又缺乏共识。

如前所述，从《满文原档》来看，从天命后期以来，开始改变了某些元音字母和音节字的书写形式，以区分形同音异之字。换言之，天命后期，无圈点满文进入过渡期。在此阶段，记录政务的大臣、包括巴克什达海都置身于改造无圈点满文的行列，经过十年的日积月累，为改进满文奠定了坚实基础。

在《满文原档·洪字档》中，保留了一张木刻印刷的告示，见图3-1。其文曰：

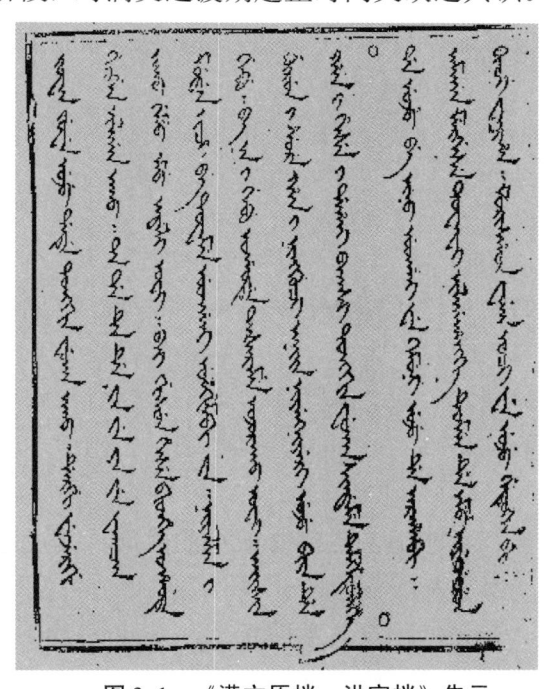

图3-1　《满文原档·洪字档》告示

---

① 关克笑：《老满文改革时间考》，《满语研究》1997年第2期。
② 张虹：《老满文改革的初始时间》，《满语研究》2006年第2期。
③ 张莉：《简论满文的创制与改进》，《满语研究》1998年第1期。
④ 季永海：《试论满文的创制和改进》，《中央民族学院学报》1981年第3期。

无圈点满文

（juwan juwe uju dade tongkin fuqa aqu: dergi fejergi hergen ilɢan aqu: ta da te de ja je ya ye faqcan aqu gemu emu adali ofi: bai gisun hese bithe oχode mudan ici be tuwame utχai ulhimbi ja: niyalma i gebu: ba na i gebu oχode tašarame ojoraqu ofi: aisin gūrun i sure χan i ningguci aniya niyengniyeri uju biya de χan i hese i daχai baqsi tongkin fuqan sindame temgetulehe da uju be inu utχai fe kemuni uju de araχabi: amaga mergese tuwafi ilɢaχangge tumen de emu niyececun bici wajiχa: murisχun waqa oci fe uju getuken bi: 《十二字头》原无圈点，上下字无别，塔达、特德、扎哲、雅叶不分，皆为一体。若是寻常语句，视其韵律，即刻晓得，容易也。若是人名、地名，则导致错误，不可也。遂于金国天聪六年孟春月，奉汗之旨，巴克什达海加圈点标示矣。将原字头亦仍旧先写矣。后贤视之，所区分者，若有补于万一则已，若怪诞不经，则旧字头昭然犹在）。①

该档册第 140 页又有一句曰： （tere inenggi juwan juwe uju arafi wasimbuχa. 是日，缮写《十二字头》颁布矣）。②

此件告示乃刻印作品，其行文及内容必定经过主事者认真、仔细的审校，因而是准确无误的。那么，所谓"金国天聪六年孟春月，奉汗之旨，巴克什达海加圈点标示矣"之言，当可采信。在此句中，（temgetulehe）是动词 （temgetulembi，旌表、标示）

---

① 《满文原档》第 5 册，台北"故宫博物院"2005 年影印本，第 139 页。
② 《满文原档》第 5 册，台北"故宫博物院"2005 年影印本，第 140 页。

第三章 无圈点满文的改革

的一般过去时形式，表示动作行为已经进行完毕。该词的完成体形式亦如此，表示动作行为已完成。显然，"天聪六年孟春月"，巴克什达海奉清太宗皇太极之命，在过渡期满文的基础上，于满文某些元音字母或音节字的右边施加圈点，以区分形同音异之字，完成了改革满文的使命。

至于"缮写《十二字头》颁布矣"的"是日"是哪一天，因《洪字档》乃集合清太祖、太宗两朝档册散页而成，多无日期，且首尾残缺，故难确定。另据《满附二》天聪六年（1632）三月初七日记事，收录此告示，且有增删涂抹，见图 3-2。其文曰：

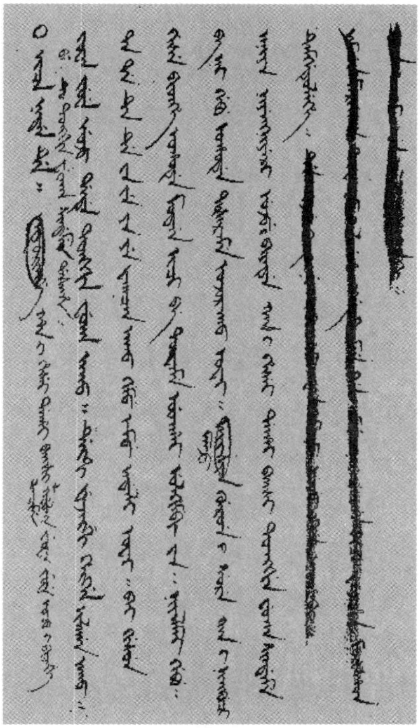

图 3-2 《满附二》天聪六年三月初七日记事

　　　　　　　初　　七　　于　神圣的　　汗 的 谕旨以　达海　　巴克什
　　　　　　[ice nadan de: [enduringge] {χan i hesei daχai baqsi
　　学习的　　读的　　十　　二　头 的 文书 将　点　圈　放
{tacime} χulara juwan juwe uju i bithe be tongkin fuqa sindame

121

无圈点满文

dasaχa:} juwan juwe uju dade tongkin fuqa aqu: dergi fejergi hergen ilɢan aqu: ta da te de ja je ya ye faqcan aqu gemu emu adali ofi: bai gisun hese bithe oχode mudan ici be tuwame utχai ulhimbi ja: niyalmai gebu: ba nai gebu oχode tašarame ojoraqu ofi: (aisin) {manju} gūrun i sure χan i ningɢūci aniya niyengniyeri uju {i} biyade χan i hesei daχai baqsi tonggin fuqa sindame temketulehe: (da uju be inu utχai fe kemuni uju de araχabi: amaɢa mergese tuwafi ilɢaχangge tumen de emu niyececun fici wajiχa: murisχun waqa oci: fe uju getuken bi:)][①]

将此一删改前的文字与上述刻印告示之文相比，除开头的 ᠊᠊᠊᠊ ᠊᠊᠊（ice nadan de）之外，其余都一样，只是连写、分写形式有差异。如刻印告示原文分写作 ᠊᠊᠊᠊᠊ ᠊（niyalma i，人之）、᠊᠊ ᠊（na i，地之）、᠊᠊᠊᠊ ᠊（hese i，以旨），此件均连写为 ᠊᠊᠊᠊᠊（niyalmai，人之）、᠊᠊᠊（nai，地之）、᠊᠊᠊᠊（hesei，以旨）。据此，开头之"初七日"或亦可信。

在《大清太宗实录》中，这段内容置于天聪六年三月初一日记事后，行文亦略有差异。其文曰："……"（tere inenggi χan，daχai baqsi de hese wasimbuχangge，musei gurun i juwan juwe uju bithe，dade tongki fuqa aqū，dergi fejergi hergen ilɢabun aqū ofi，asiχata tacire de，bithede araχa an i gisun oχode，mudan ici be tuwame utχai ulhimbi，ja，niyalmai gebu，ba na i gebu oχode tašarabumbi，si kimcifi tongki fuqa sindame dasa，gūnin mudan getuken i ilɢabuχa manggi，bithe hergen de ele tusa ombi sehe."是日，上谕巴克什达海曰：国书《十二字头》向无圈点，上下字雷同无别。幼学习之，遇书中

---

① 《满文原档》第 8 册，台北"故宫博物院"2005 年影印本，第 383 页。

第三章 无圈点满文的改革

寻常语言，视其文义，易于通晓。若至人名地名，必致错误。尔可酌加圈点以分析之，则音义明晓，于字学更有裨益矣。")。① 按《实录》编纂之体例，记载同日发生数事，只在首件事前书写具体日期，其余皆承前书写为"是日"。据此，本文之"是日"当指初一日。此日期较《满附二》之"初七日"相差一周。更改之由，尚待查考。

综上所述，新满文《十二字头》，达海于天聪六年正月完成施加圈点之改革，同年三月初缮写完毕，予以颁布。

何谓《十二字头》？《十二字头》有多少字？从改革告成到缮写颁布，何以费时一个多月？简言之，所谓《十二字头》，是满文元音字母和音节字体系。正如《清文补汇》 ᠵᡠᠸᠠᠨ ᠵᡠᠸᡝ ᡠᠵᡠ ᠪᡳᡨᡥᡝ（juwan juwe uju bithe）条所言："十二字头。是书乃清字字母也。"② 其中，第一字头包括元音字母以及辅音字母词首形式与元音字母词尾形式构成的音节字，如 ᠠ（a）、ᠨᠠ（na）、ᡴᠠ（qa）等等。第二至第十二字头依次是：第一字头元音字母、音节字词首形式同元音字母词尾形式ᡳ（i）、辅音字母词尾形式ᡵ（r）、ᠨ（n）、ᠩ（ng）、ᡴ（q/k）、ᠰ（s）、ᡨ（t）、ᠪ（b）、元音字母词尾形式ᠣ（o）、辅音字母词尾形式ᠯ（l）、ᠮ（m）构成的复合音节字，如 ᠠᡳ（ai）、ᠨᠠᡳ（nai）、ᡴᠠᡳ（qai）等等。合计《十二字头》元音字母、音节字，共有1548字。若在新《十二字头》之前，将"原字头"也照旧缮写，则新旧字头相加，共有3096字。缮写这些字、最终予以颁布，可能经过了缮写、校对、呈览、修改等过程，故而耗时一个多月。虽然效率不高，但也在可接受范围之内。据此，可以确信，天聪六年（1632）三月初颁布新满文《十二字头》。

总之，以颁布新满文《十二字头》为标志，可认为新满文的推行始于天聪六年三月。

---

① 鄂尔泰等纂修：满文《大清太宗实录》卷11，乾隆二年（1737）内府写本，第23页；《大清太宗实录》卷11，中华书局1985年影印本，第156页。
② 宜兴编：《清文补汇》卷7，嘉庆七年（1802）刻本，第13页。

第二节　无圈点满文改革的内容

关于天聪六年达海改革满文的具体内容，人言籍籍。根据最新研究，达海在过渡期满文的基础上改进满文，主要做了如下四件事：

第一，减少元音字母和相应音节字的数量。在过渡期满文中，仍有七个元音字母（独立式），即：ᠠ（a）、ᡝ（e）、ᡳ（i）、ᠣ（o）、ᡠ（u）、ᠣ̄（ō）、ᡡ（ū）。达海删除了元音字母ᠣ̄（ō）和ᡡ（ū），只保留了ᠠ（a）、ᡝ（e）、ᡳ（i）、ᠣ（o）、ᡠ（u）五个元音字母，其独立、词首、词中和词尾形式，与过渡期满文一致，详见表3-1。

表3-1　　达海改革满文后的元音字母书写形式

独立形式	词首形式	词中形式	词尾形式	拉丁字母转写
ᠠ	ᠠ	ᠠ	ᠠ　ᠠ	a
ᡝ	ᡝ	ᡝ	ᡝ　ᡝ	e
ᡳ	ᡳ	ᡳ	ᡳ	i
ᠣ	ᠣ	ᠣ	ᠣ　ᠣ	o
ᡠ	ᡠ	ᡠ	ᡠ　ᡠ	u

换言之，元音[ɔ]和[u]的文字形式不再分为阳性形体和阴性形体，统一写作ᠣ（o）和ᡠ（u）。与此同时，也减少了辅音字母词首形式与元音字母词尾形式ᠣ̄（ō）、ᡡ（ū）构成的大量音节字。这种改变既符合满语的实际情况，又使满文形体更趋简洁，便于书写，尤其得以避免阴阳混用、"五花八门"的书写形式。

删除阴性元音字母ᠣ̄（ō）与ᡡ（ū），使阳性元音字母ᠣ（o）、ᡠ（u）成为中性元音字母，可与阳性或阴性字母构成音节字和单词。

删除阴性元音字母ᠣ̄（ō）以及相应的音节字，而保留阳性元音字母ᠣ（o）以及相应的音节字，原因何在？概言之，这取决于满语自身的特点，即源自蒙文的阴性元音字母ᠣ̄（ō）不适于满语。

第三章 无圈点满文的改革

不可否认，作为阿尔泰语系语言，满语和蒙语有诸多相似乃至相同之处。然而，这两种语言毕竟分属不同语族，彼此之间也有许多差异，特别是元音[ɔ]在这两种语言中的差异较大。在蒙语中，唇元音 o、ö 在中古蒙古语中已成为音位①，构词时分别出现在阳性词和阴性词里，其语法变化也分别遵从阳性或阴性词的变化规则。而在满文中，元音字母 ᠣ（o）和 ᠥ（ō）只是从回鹘蒙古文借用而来的阳性和阴性形体，可以同阳性或阴性元音字母构成词语，似乎还没有分化为两个音位。特别是，满语唇形和谐构成的词语在语法上具有很强的独立性，元音[o]同阳性元音[a]、阴性元音[e]往往并驾齐驱，形成"三足鼎立"之势。种种表现形式如下：

1.名词的复数形式。 满语和蒙语的名词都有单数和复数形式，但有所差异。"蒙语名词的数，主要用附加成分表示。名词的词干形式就是单数形式，单数形式上接加各种复数附加成分，就可以得出一系列复数形式。"各种附加成分中，使用"广泛""可以满足名词数的变化的一般要求"的附加成分，实际上也只有一种，即"加在以元音结尾或以辅音ᠨn结尾的表示人和事物的名词后边"的 ᠨᠤᠭᠤᠳnuγud、ᠨᠦᠭᠦᠳnügüd 和"加在以辅音（除ᠨn）结尾的表示人和事物的名词后边"的 ᠤᠳud、üd。"这两个附加成分（指 ᠨᠤᠭᠤᠳnuγud、ᠨᠦᠭᠦᠳnügüd 和 ᠤᠳ ud、üd——引者），实际上是一种"，"在口语中一般只用[ʊːd], [uːd]的形式。在以长元音、复元音结尾的词后则变为[gʊːd], [guːd]"②。从词性角度而言，ᠨᠤᠭᠤᠳnuγud、ᠤᠳud 接在阳性名词后边，ᠨᠦᠭᠦᠳnügüd、üd 接在阴性名词后边。

满语的复数形式与之相似，其中使用广泛、可以满足名词一般变化要求的附加成分包括 ᠰᠠ（sa）、ᠰᡝ（se）、ᠰᠣ（so）三个。其中，ᠰᠠ（sa）用于阳性词后面，ᠰᡝ（se）用于阴性词后面，ᠰᠣ（so）用于唇形和谐词后面，例如：ᠠᠮᠪᠠᠨ（amban，大臣）→ ᠠᠮᠪᠠᠰᠠ（ambasa，大臣们）、ᠪᡝᡳᠯᡝ（beile，贝勒）→ ᠪᡝᡳᠰᡝ（beise，贝勒们）或 ᠪᡝᡳᠯᡝᠰᡝ（beilese，

---

① 嘎日迪：《中古蒙古语研究》，辽宁民族出版社2006年版，第109页。
② 清格尔泰：《蒙古语语法》，内蒙古人民出版社1991年版，第140—142页。

125

贝勒们)、🔣(gioro,觉罗)→🔣(gioroso,觉罗们)。

2.动词的一般过去时形式。 满语和蒙语动词的一般过去时,在表现形式上亦有差异。在蒙语中,🔣ǰi/či/🔣ǰai/ǰei/čai/čei 表示一般过去时,而"🔣 是句末结束形式,🔣 是下边接加别的语气词或连接动词的形式(旧书面语上只用🔣ǰuqui 🔣ǰüküi 🔣čuqui 🔣čüküi 这几个形式)"[①]。显然,从词性角度来看,蒙语动词的一般过去时只分阳性和阴性附加成分,🔣(ǰuqui)、🔣(čuqui)以及🔣(ǰai)、🔣(čai)是阳性附加成分,🔣(ǰüküi)、🔣(čüküi)以及🔣(ǰei)、🔣(čei)是阴性附加成分,分别接加在阳性、阴性词汇后边。

满语动词的一般过去时形式附加成分,有🔣(χa)、🔣(he)、🔣(χo)或🔣(qa)、🔣(ke)、🔣(qo)各三个。其中,🔣(χa)、🔣(qa)用于阳性词后面,🔣(he)、🔣(ke)用于阴性词后面,🔣(χo)、🔣(qo)用于唇形和谐词后面,例如:🔣(afambi,战)→🔣(afaχa,战了)、🔣(etembi,胜)→🔣(etehe,胜了)、🔣(obombi,洗)→🔣(oboχo,洗了)、🔣(χafumbi,透)→🔣(χafuqa,透了)、🔣(jembi,吃)→🔣(jeke,吃了)、🔣(fosombi,照耀)→🔣(fosoko,照耀了)。

在满语中,这种"三足鼎立"之势,在其他方面也多有表现,例如:

——黏附在名词词根后构成动词的附加成分,有🔣(la)、🔣(le)、🔣(lo)三个。其中,🔣(la)用于阳性词词干后面,🔣(le)用于阴性词词干后面,🔣(lo)用于唇形和谐词词干后面,例如:🔣(aχūn,兄)→🔣(aχūlambi,居长)、🔣(sebjen,乐)→🔣(sebjelembi,快乐)、🔣(songqo,踪迹)→🔣(songqolombi,遵照)。

——黏附在名词词根后构成形容词的附加成分,有🔣(ngGa)、🔣(ngge)、🔣(ngGo)三个。其中,🔣(ngGa)用于阳性词词干

[①] 清格尔泰:《蒙古语语法》,内蒙古人民出版社1991年版,第260页。

第三章　无圈点满文的改革

后面，⟨ngge⟩用于阴性词词干后面，⟨ngɢo⟩用于唇形和谐词词干后面，例如：⟨aχūn，兄⟩→⟨aχūnɢga，年长的⟩、⟨dere，脸面⟩→⟨derengge，体面的⟩、⟨doro，礼⟩→⟨端庄的⟩。

——分配数词附加成分，有⟨ta⟩、⟨te⟩、⟨to⟩三个。其中，⟨ta⟩用于阳性词后面，⟨te⟩用于阴性词后面，⟨to⟩用于唇形和谐词后面，如：⟨ilan，三⟩→⟨ilata，每三、各三⟩、⟨emke，一个⟩→⟨emte，每一个、各一个⟩、⟨tofoχon，十五⟩→⟨tofoχoto，每十五、各十五⟩。

——动词的完成体附加成分，有⟨χa⟩、⟨he⟩、⟨χo⟩三个，未完成体附加成分，有⟨ra⟩、⟨re⟩、⟨ro⟩三个。其中，⟨χa⟩、⟨ra⟩用于阳性词后面，⟨he⟩、⟨re⟩用于阴性词后面，⟨χo⟩、⟨ro⟩用于唇形和谐词后面，例如：⟨χadambi，钉⟩→⟨χadaχa，已钉的⟩→⟨χadara，要钉的⟩、⟨tembi，坐⟩→⟨tehe，已坐的⟩→⟨tere，要坐的⟩、⟨bodombi，算⟩→⟨bodoχo，已算的⟩→⟨bodoro，要算的⟩。

——动词共同态或多次体附加成分，有⟨ca⟩、⟨ce⟩、⟨co⟩三个。其中，⟨ca⟩用于阳性词词干后面，⟨ce⟩用于阴性词词干后面，⟨co⟩用于唇形和谐词词干后面，例如：⟨ilimbi，站立⟩→⟨ilicambi，一同站立⟩、⟨adarambi，喧闹⟩→⟨adaracambi，常常喧闹⟩、⟨efimbi，玩耍⟩→⟨eficembi，一同玩耍⟩、⟨šurgembi，打颤⟩→⟨šurgecembi，常常打颤⟩、⟨songɢombi，哭⟩→⟨songɢocombi，一同哭⟩、⟨qorsombi，愧恨⟩→⟨qorsocombi，常常愧恨⟩。

——动词延续副动形式附加成分，有⟨χai⟩、⟨hei⟩、⟨χoi⟩三个。其中，⟨χai⟩用于阳性词词干后面，⟨hei⟩用于阴性词词干后面，⟨χoi⟩用于唇形和谐词词干后面，例如：⟨χadambi，

127

无圈点满文

钉）→ ᠬᠠᡩᠠᡥᠠᡳ（χadaχai，盯着、注目）、ᡨᡝᠮᠪᡳ（tembi，坐）→ ᡨᡝᡥᡝᡳ（tehei，坐着）、ᠪᠣᡩᠣᠮᠪᡳ（bodombi，算）→ ᠪᠣᡩᠣᡥᠣᡳ（bodoχoi，算着）。

——动词完成体动名形式附加成分，有 ᡥᠠᠩᡤᠠ（χangɢa）、ᡥᡝᠩᡤᡝ（hengge）、ᡥᠣᠩᡤᠣ（χongɢo），未完成体动名形式附加成分，有 ᠷᠠᠩᡤᠠ（rangɢa）、ᡵᡝᠩᡤᡝ（rengge）、ᡵᠣᠩᡤᠣ（ronɢo）。其中，ᡥᠠᠩᡤᠠ（χangɢa）、ᡵᠠᠩᡤᠠ（rangɢa）用于阳性词词干后面，ᡥᡝᠩᡤᡝ（hengge）、ᡵᡝᠩᡤᡝ（rengge）用于阴性词词干后面，ᡥᠣᠩᡤᠣ（χongɢo）、ᡵᠣᠩᡤᠣ（ronɢo）用于唇形和谐词词干后面，例如：ᡥᡠᠯᠠᠮᠪᡳ（χulambi，读）→ ᡥᡠᠯᠠᡥᠠᠩᡤᠠ（χulaχangɢa，已读的）→ ᡥᡠᠯᠠᡵᠠᠩᡤᠠ（χularangɢa，要读的）、ᡤᡳᠰᡠᡵᡝᠮᠪᡳ（gisurembi，说）→ ᡤᡳᠰᡠᡵᡝᡥᡝᠩᡤᡝ（gisurehengge，已说的）→ ᡤᡳᠰᡠᡵᡝᡵᡝᠩᡤᡝ（gisurerengge，要说的）、ᠪᠣᡩᠣᠮᠪᡳ（bodombi，算）→ ᠪᠣᡩᠣᡥᠣᠩᡤᠣ（bodoχongɢo，已算的）→ ᠪᠣᡩᠣᡵᠣᠩᡤᠣ（bodorongɢo，要算的）。

——附着在动词词干后构成先行副动形式的附加成分，有 ᠩᡤᠠᠯᠠ（ngɢala）、ᠩᡤᡝᠯᡝ（nggele）、ᠩᡤᠣᠯᠣ（ngɢolo）三个。其中，ᠩᡤᠠᠯᠠ（ngɢala）用于阳性词汇，ᠩᡤᡝᠯᡝ（nggele）用于阴性词汇，ᠩᡤᠣᠯᠣ（ngɢolo）用于唇形和谐词汇，例如：ᠠᡶᠠᠮᠪᡳ（afambi，战）→ ᠠᡶᠠᠩᡤᠠᠯᠠ（afangɢala，战前、未见怎么样）、ᡤᡝᡵᡝᠮᠪᡳ（gerembi，天亮）→ ᡤᡝᡵᡝᠩᡤᡝᠯᡝ（gerenggele，天亮前）、ᠣᠮᠪᡳ（ombi，成为）→ ᠣᠩᡤᠣᠯᠣ（ongɢolo，未来、以前）。

由上可知，尽管满语也有元音和谐律，但与蒙古语不完全相同，有其独特之处。因此，从回鹘蒙古文中"拿来"的元音字母 ᠣ（o）与 ᠥ（ō），虽然和回鹘蒙古文一样也分别属于阳性形体和阴性形体，但与满语的实际情况不甚相符，因而在实际应用中导致了一些混乱。随着时间的推移，阴性形体 ᠥ（ō）最终被剔除，只保留阳性形体 ᠣ（o），并使之成为中性元音字母。

从实际使用情况来看，新满文删除元音字母 ᠥ（ō）以及相应的音节字，有利无弊。其利有三：一是从根本上消除了一词多形的弊病。元音字母 ᠥ（ō）以及相应的音节字被删除后，元音字母 ᠣ（o）变成中性元音字母，无论是阳性和谐、阴性和谐还是唇形和谐的词

第三章　无圈点满文的改革

汇，一律使用元音字母ᢡ（o）一种形式，从而彻底消除了同一个词用阳性形体或阴性形体书写的弊病。二是更能体现满语固有的语法特点。在满语表示语法意义的附加成分中，包含阳性元音[a]、阴性元音[e]和中性元音[o]的附加成分往往并驾齐驱，形成"三足鼎立"之势。三是简化了唇形和谐词汇书写形式。由于唇形和谐词汇不再分为阳性形体和阴性形体，只用ᢡ（o）一种书写形式，客观上降低了学习和书写的难度。

删除阴性元音字母ᢡ（ū）以及相应的音节字、只保留阳性元音字母ᢡ（u），并使之成为中性元音字母。究其原因，与上述元音字母ᢡ（ō）、ᢡ（o）的情况相似，只是相对简单而已。

第二，吸收过渡期满文增加圈点等改革成果，并规范音节字的书写形式，使上下字的形体不再雷同，便于使用。兹按音素文字归纳其辅音字母词首、词中、词尾形式，详见表3-2。

表3-2　　　　达海改革满文后的辅音字母书写形式

拉丁转写	词首形式	词中形式	词尾形式
n			
q			
G			-
χ			-
b			
p			-
s			
š			
t			
d			-
l			
m			
c			-

129

无圈点满文

续表

拉丁转写	词首形式	词中形式	词尾形式
j	ר	ד	-
y	ע	ע	-
k	○	○	⌐
g	ȯ	ȯ	-
h	ȣ	ȣ	-
r	ד	ד	ר
f	⁀	⁀	-
w	ר	ר	-
ng	-	⌒	⌐

注：

1. 辅音字母词中形式 ⟨(n) 一般用于音节首，⟨(n) 一般用于音节末。词尾形式 ⟨(n) 和 ⟨(n) 的使用没有严格规定，一般用 ⟨(n)，一些特殊的词用 ⟨(n)，例如：乾隆年间，清高宗规范满文时，规定尊称如"汗"书写为 ⟨⟨(χan，汗)，一般如姓字"韩"书写为 ⟨⟨(χan，韩)。但并未严格实行，例如：《御制五体清文鉴》的"君"，满文仍作 ⟨⟨(χan)[①]，其词尾 ⟨(n) 的左边没有一点。

2. 辅音字母词中形式 ⟨(q) 用于音节首，⟨(q) 用于音节末。

3. 辅音字母词首形式 ⟨(t) 用于阳性元音字母词中形式 ⟨(a)、⟨(i)、⟨(o) 和词尾形式 ⟨(a)、⟨(i)、⟨(o) 之前；⟨(t) 用于阴性元音字母词中形式 ⟨(e)、⟨(u) 和词尾形式 ⟨(e)、⟨(u) 之前。其词中形式 ⟨(t)、⟨(t) 按上述元音和谐律用于音节首，⟨(t) 用于音节末。

4. 辅音字母词首形式 ⟨(d) 用于阳性元音字母词中形式 ⟨(a)、⟨(i)、⟨(o) 和词尾形式 ⟨(a)、⟨(i)、⟨(o) 之前；⟨(d) 用于阴性元音字母词中形式 ⟨(e)、⟨(u) 和词尾形式 ⟨(e)、⟨(u) 之前。词中形式 ⟨(d)、⟨(d) 按上述元音和谐律用于音节首。

5. 辅音字母词首形式 ⟨(f) 用于元音字母词中形式 ⟨(a)、⟨(e) 和词尾形式 ⟨(a)、⟨(e) 之前，⟨(f) 用于元音字母词中形式 ⟨(i)、⟨(o)、⟨(u) 和词尾形式 ⟨(i)、⟨(o)、⟨(u) 之前。

第三，统一、规范了部分音节字的书写形式。在过渡期满文中，许多音节字新旧混用，某些音节字有多种书写形式，形体类同的音节

[①] 《御制五体清文鉴》卷3《君部·君类1》，民族出版社1957年影印本，第252页。

第三章 无圈点满文的改革

字彼此相混，难以分辨。新满文删繁就简，使满文的书写形式趋于统一，便于书写。

1. 规范 ᠊ᠰ᠊（s）、᠊ᠱ᠊（š）与元音字母构成的音节字的形体。在无圈点满文中，这两组音节字形体雷同，均作 ᠊ᠰᠠ（sa）、ᠰᡝ（se）、ᠰᡳ（si）、ᠰᠣ（so）ᠰᡠ（su）等。在过渡期满文中，᠊ᠰ᠊（s）、᠊ᠱ᠊（š）与元音字母构成的音节字往往混用。在新满文中，᠊ᠰ᠊（s）组音节字保持原形，而᠊ᠱ᠊（š）组音节字统一作 ᠊ᠱᠠ（ša）、ᠱᡝ（še）、ᠱᡳ（ši）、ᠱᠣ（šo）、ᠱᡠ（šu），即在左边加一撇，遂将两组音节字区别开来。例如："动弹"一词，无圈点满文为 ᠊ᠠᠰᠰᠠ᠊（assa-），新满文为 ᠊ᠠᠱᠱᠠ᠊（ašša-）；十三山（辽西地名）之名，无圈点满文为 ᠰᡳᠰᠠᠨ ᠰᠠᠨ（sisan san）或 ᠰᡳᠰᠠᠨᠰᠠᠨ（sisansan），新满文为 ᠱᡳᠰᠠᠨ ᠱᠠᠨ（šisan šan）。

2. 规范 ᠊ᡶ᠊（f）、᠊ᠸ᠊（w）与元音字母构成的音节字的形体。在无圈点满文中，音节字 ᡶᠠ（fa）、ᡶᡝ（fe）、ᠸᠠ（wa）、ᠸᡝ（we）的词中形式和词尾形式没有区别，词中形式都作 ᠊᠊（-fa-、-fe-或 -wa-、-we-），词尾形式都作 ᠊（-fa-、-fe-或-wa-、-we-）。在过渡期满文中，虽略有区分，但依然混用。在新满文中，除加点以区分音节字 ᡶᠠ（fa）与 ᡶᡝ（fe）、ᠸᠠ（wa）与 ᠸᡝ（we）之外，在音节字 ᡶᠠ（fa）、ᡶᡝ（fe）的词中形式和词尾形式的右边，添加了一个短撇，即词中形式分别作 ᠊（-fa-）、᠊（-fe-），词尾形式分别作 ᠊（-fa）、᠊（-fe），以区别于音节字 ᠸᠠ（wa）、ᠸᡝ（we）的词中形式 ᠊（-wa-）、᠊（-we-）和词尾形式 ᠊（-wa）、᠊（-we）。如按音素分析，则无圈点满文辅音字母[f]和[w]出现在词中时，均作 -ᠸ- （-f-或-w-），形体相同。而在新满文中，当辅音字母[w]出现在词中，或辅音字母[f]出现在词中且后面有元音字母[i][o][u]时，仍均作 ᠸ（-w-或-f-）；当辅音字母[f]出现在词中且后面有元音字母[a][e]时，均作 ᡶ（-f-），即在其右边增添了一个短撇，以区别于 ᠸ（-w-）。

3. 在音节字 ᠊ᡕᡡ（qū）、ᡤᡡ（Gū）、ᡣᡡ（χū）、ᡴᡡ（kū）、ᡤᡡ（gū）、ᡥᡡ（hū）中，继续保留了无圈点满文阴性元音字母词尾形式 ᡡ（ū）。前三者借以区别于 ᠊ᡕᠣ（qo）、ᡤᠣ（Go）、ᡣᠣ（χo）三个音节字，后三者

131

无圈点满文

起初在新满文里沿用如故，例如：前述天聪六年（1632）三月颁布新满文《十二字头》的刻印告示内，就有 ᡤᡠᡵᡠᠨ（gūrun，国）一词。再如：天聪十年（1636）正月十六日记载的朝鲜国来文中，出现"国"字 45 次，满文均作 ᡤᡠᡵᡠᠨ（gūrun，国）。① 又如：崇德元年（1636）十二月记事内，出现 ᡳᠨᡝᡴᡡ（inekū，本）、ᡤᡠᠯᡠ（gūlu，正）、ᡤᡡᠸᠠᠨ（gūwan，官）、ᠸᡝᡳᡥᡡᠨ（weihūn，活的）、ᡤᡠᡵᡠᠨ（gūrun，国）、ᠨᡳᠩᡤᡡᠨ（ninggūn，六）等词。② 经过一段时间，大约到了崇德中后期，其阴性元音字母词尾形式ᡡ（ū）为阳性元音字母词尾形式ᡠ（u）所取代，使这三个音节字变为 ᡴᡠ（ku）、ᡤᡠ（gu）、ᡥᡠ（hu）。不过，带有无圈点满文痕迹的 ᠨᡝᡥᡡ（nehū，使婢）、ᠨᡝᡥᡡᠵᡳ（nehūji，老婢）等词在新满文中一直保留。

音节字 ᡥᡡ（qū）、ᡤᡡ（Gū）、ᡥᡡ（χū）和 ᡴᡠ（ku）、ᡤᡠ（gu）、ᡥᡠ（hu）的形体变化虽然破坏了如下规则，即：辅音字母词首形式ᡥ（q）、ᡤ（G）、ᡥ（χ）只与阳性元音词尾形式构成音节字，辅音字母词首形式ᡴ（k）、ᡤ（g）、ᡥ（h）只与阴性元音词尾形式构成音节字，但为了区分形体雷同的音节字，也只能如此了。

4. 规范音节字 ᠶᠠ（ja）、ᠶᡝ（je）、ᠶᠠ（ya）、ᠶᡝ（ye）的书写形式。 在无圈点满文中，这四个音节字的形体相同，独立形式作ᠶ，词首形式作ᠶ，词中形式作ᠶ，词尾形式作ᠶ。在过渡期满文中，音节字ᠶᠠ（ya）、ᠶᡝ（ye）已产生，但往往与ᠶᠠ（ya）、ᠶᡝ（ye）混用。新满文吸收了过渡期满文的成果，将四者彻底区分开来，即：

（1）ᠶᠠ（ja）保持不变；

（2）ᠶᡝ（je）的右边增添一点；

（3）ᠶᠠ（ya）的形体被改变，即第一笔画末端向上弯曲；

（4）ᠶᡝ（ye）的形体被改变，即第一笔画末端向上弯曲，且右边增添一点。

若按音素分析，则辅音字母（词首形式）ᠵ（j）、ᠶ（y）的区别

---

① 《满文原档》第 10 册，台北"故宫博物院"2005 年影印本，第 10—14 页。
② 《满文原档》第 10 册，台北"故宫博物院"2005 年影印本，第 710 页。

第三章　无圈点满文的改革

是：前者仍保持原形，而后者改变了书写形式，第一笔画末端向上弯曲。

第四，创制特定音节字，以准确拼写外来词，主要是汉语借词。 达海改进满文时，创制了多少特定音节字？既往研究认为，达海改进文字时，创制了24个音节字，即：ᡣ（ka）、ᡤ（ga）、ᡥ（ha）、ᡪ（ko）、ᡬ（go）、ᡭ（ho）、ᡮ（tsa）、ᡮ（tse）、ᡮ（tsi）、ᡮ（tso）、ᡮ（tsu）、ᡯ（dza）、ᡯ（dze）、ᡯ（dzi）、ᡯ（dzo）、ᡯ（dzu）、ᡰ（ža）、ᡰ（že）、ᡰ（ži）、ᡰ（žo）、ᡰ（žu）、ᡱ（cy）、ᡲ（jy）、ᡳ（sy）。实际上，从上述"新增的音节字"一节可知，在这些音节字中，前21个在过渡期满文中已经产生，只是书写形式不尽统一。因此，达海改进满文时，应该是进一步规范了书写形式。他真正创制的特定音节字只有三个，即ᡱ（cy）、ᡲ（jy）、ᡳ（sy）。从音素分析，这些音节字的辅音、元音在无圈点满文中均已存在，只是音节字的书写形式不同而已。下面分别叙述。

四十一　特定字 ᡱ（cy）

特定字 ᡱ（cy），若按音素分析，则是由辅音字母词首形式 ᡱ（c）和元音字母词尾形式 ᡳ（i）构成的音节字。按语言学理论分析，则辅音 ᡱ（c）与前述辅音 ᡱ（c）一样，乃舌尖后、送气、清塞擦音，读音为[tʂʰ]。发音时，舌尖抵住硬腭，造成阻塞，然后打开阻塞部位，使气流冲破阻塞，摩擦而出。在这个音节字中，元音字母（词尾形式）ᡳ（i）的读音和前述音节字 ᡳ（ši）中的元音字母（词尾形式）ᡳ（i）一样，乃展唇、舌尖、后高元音，读音为[ɿ]。发音时，舌尖略向上翘，接近上颚前部。

该特定字可独立使用，亦可出现在词首、词中和词尾，详见表3-3。

表 3-3　　　　　　特定字 ᡱ(cy) 书写形式

拉丁字母转写	独立形式	词首形式	词中形式	词尾形式
cy	ᡱ	ᡱ	ᡱ	ᡱ

133

无圈点满文

其词首形式为ᡮ(c)，例如：ᡮ ᡢᠩ ᡬᡡᠩ(cy cing gūng，迟清功)。此姓名见于《满附三》天聪九年（1635）七月二十九日记事①，见图 3-3。在《无圈点档》中，此音节字仅出现一次。

图 3-3

四十二 特定字ᡕ(jy)

特定字ᡕ(jy)，按音素分析，则是由辅音字母词首形式ᡮ(j)和元音字母词尾形式ᡳ(i)构成的音节字。按语言学理论分析，辅音ᡮ(j)与前述辅音ᡮ(j)一样，是舌尖后、不送气、清塞擦音，读音为[tʃ]。发音时，舌尖抵住硬腭，造成阻塞，然后打开阻塞部位，使气流冲破阻塞，摩擦而出。这个音节字中，元音字母（词尾形式）ᡳ(i)的读音和前述音节字ᡅ(ši)中的元音字母（词尾形式）ᡳ(i)一样，读音为[ɿ]，乃展唇、舌尖、后高元音。发音时，舌尖略向上翘，接近上颚前部。

该音节字可独立使用，亦有词首、词中和词尾形式，详见表 3-4。

表 3-4 特定字ᡕ(jy)书写形式

拉丁字母转写	独立形式	词首形式	词中形式	词尾形式
jy	ᡕ	ᡕ	ᡕ	ᡕ

其独立形式为ᡕ(jy)，例如：ᠯᡳ ᡤᡳᠣ ᡕ(li geo jy)，见图 3-4。该姓名见于《地字档》天聪六年（1632）正月二十二日记事，其文曰："ᡳᠣᡤᡳ ᠯᡳ ᡤᡳᠣ ᡕ ᡦᠣᠣ ᡴᠠᡩᠠᠯᠠᠮᡝ ᠶᠠᠪᡠᡥᠠ"（iogi li geo jy poo qadalame yabuxa，游击李高智管理炮行走了）。②与后来的新满文相比，该音节字右边的圈，位置稍低。

再如：ᡕ ᡤᠠᠣ ᡯᡳ ᠪᠣᠣ(jy gao zi boo，制造之宝)，见图 3-5。该词见于《满附三》天聪九年（1635）八月二十六日记事，其文曰：

---

① 《满文原档》第 9 册，台北"故宫博物院" 2005 年影印本，第 304 页。
② 《满文原档》第 8 册，台北"故宫博物院" 2005 年影印本，第 94 页。乾隆抄本《加圈点字档》中，将ᡕ(jy，智)录为ᡥᡳ(hi，喜)。

第三章 无圈点满文的改革

" (tuwaci jy gao dzi boo sere duin hergen i niqan bithe araχa bi. 看得，书写"制诰之宝"四个汉字）。① 此句中，音节字 ᡷ (jy) 右边圈的位置也偏下。

此外，《满附三》天聪九年（1635）九月初六日记事中，将 ᡷ（jy）写作 ᡷ（ji），见图3-6。其文曰： ᡷ ᡷ ᡷ（dzi ji χūi，支指挥）。②这应是 ᡷ（jy）字创制之前的书写形式，例如：《月字档》之 ᡷ ᡷ（jang jisiyan，张知县）、 ᡷ ᡷ（jang jifu，张知府）、 ᡷ ᡷ（ji jeo，知州）。③ 有时亦作 ᡱ（ci），例如：《盈字档》天命八年（1623）七月记事中，有如下一句： ᡱ ᡱ ᡱ ᡱ ᡱ ᡱ ᡱ ᡱ ᡱ ᡱ"（moolin ūi ciχui se yamun i ciχui camse hergen obuχa bihe. 曾授毛怜卫指挥使衙门指挥佥事衔）。④

图 3-4　　　　图 3-5　　　　图 3-6

四十三　特定字 ᠰᡟ（sy）

特定字 ᠰᡟ（sy），按音素分析，则是由辅音字母词首形式 ᠰ（s）和元音字母词尾形式 ᡟ（i）构成的音节字。按语言学理论分析，辅音 ᠰ（s）与前述辅音 ᠰ（s）一样，是舌尖前、清擦音。发音时，牙齿轻闭，舌尖靠近上齿龈，构成缝隙，使气流平缓通过。元音字母词尾形式 ᡟ（y）为 ᡟ（i）的变体，读音为[ɿ]，乃舌尖前展唇元音，发音时，

---

① 《满文原档》第9册，台北"故宫博物院"2005年影印本，第333页。
② 《满文原档》第9册，台北"故宫博物院"2005年影印本，第356页。
③ 《满文原档》第7册，台北"故宫博物院"2005年影印本，第10、13、16页。
④ 《满文原档》第4册，台北"故宫博物院"2005年影印本，第95页。

135

无圈点满文

舌尖略向上翘，接近上颚前部。

该特定字有独立书写形式，亦可出现在词首、词中和词尾，详见表 3-5。

表 3-5　　　　　　　　特定字 ᠰᠶ（sy）书写形式

拉丁字母转写	独立形式	词首形式	词中形式	词尾形式
sy	ᠰᠶ	ᠰᠶ	ᠰᠶ	ᠰᠶ

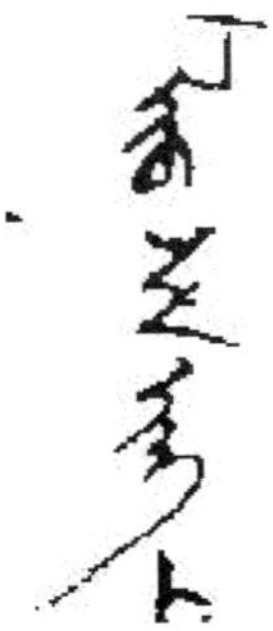

其独立形式为 ᠰᠶ（sy），例如 ᠯᡳᠣ ᠰᠶ ᠢᠩ（刘世英），见图 3-7。此姓名见于《地字档》天聪六年（1632）正月十九日记事内①，乾隆抄本将此 ᠰᠶ（sy）字改为 ᠰᡳ（ši）。

再如：《满附三》天聪九年（1635）二月十八日记事内，ᠰᠶ（sy）字出现了三次。其文曰：

图 3-7

（中书府衙门建立后 中书 平章 左
dzung šu fu yamun ilibufi: dzung šu ping jang χasχū
右边 丞相 参知 政事 等 大臣 共
ici ergi cenghiyang tsan jy jeng sy jergi amban be
放后 中间于 一 御史官 作为后 纲 将 相 共②
sindafi ……dulimbade emu ioi sy χafan obufi hešen be uheleme
令使献 东面 西面 于 二 御史 作为后 事 将 分后 令交给③
afabu dergi wergi de juwe ioi sy obufi weile be dendefi afabu:）

又如：《日字档》天聪十年（1636）正月十五日记事内，ᠰᠶ（sy）字也出现了三次。其文曰：

（甲喇的 章京 刘 四 宁 的 与
jalan i janggin lio sy ning ni emgi
钱 玩耍了 将 刘 四 宁 的 家的 人 出首了 刘 四 宁 的
jiχa efihe be lio sy ning ni booi niyalma gercilehe:……lio sy ning ni

---

① 《满文原档》第 8 册，台北"故宫博物院"2005 年影印本，第 94—96 页。
② 该 uheleme（-mbi，相共）一词，疑为 uhereme（总共）之误。
③ 《满文原档》第 9 册，台北"故宫博物院"2005 年影印本，第 87 页。

第三章　无圈点满文的改革

aiqa jaqa be gemu Gaifi irgen obufi sing① yang pu de tebume
（一 应 物件 将 都 取后 民 作为后 尚   阳 堡 于 使居住
unggihe:）②
差 遣 了

此句中"四宁"之名，汉文《大清太宗实录》均作"士英"。

第三节　改革遗留的问题

删除满文《十二字头》中的元音字母 ᠣ̄（ō）、ᡡ（ū）以及相应的音节字，只留五个元音字母，即 ᠠ（a）、ᠡ（e）、ᡳ（i）、ᠣ（o）、ᡠ（u），使辅音字母词首形式与元音字母词尾形式构成的音节字数量大为减少，这是达海的一大功劳。

清初，满文《十二字头》的演变仍在继续。顺治年间（1644—1661）的满文《十二字头》迄今未见。③康熙时期（1662—1722）的满文《十二字头》大体分为两种：一种是由 ᠠ（a）、ᠡ（e）、ᡳ（i）、ᠣ（o）、ᡠ（u）五个元音字母及相应音节字如 ᠨᠠ（na）、ᠨᡝ（ne）、ᠨᡳ（ni）、ᠨᠣ（no）、ᠨᡠ（nu）等组成的《十二字头》。例如：康熙七年（1668）正月十四日，巡抚甘宁都御史、前国史院学士刘斗书跋石刻本《汉字注音满文十二字头》，就只有"ᠠ（阿）、ᠡ（厄）、ᡳ（衣）、ᠣ（倭）、ᡠ（五）"五个元音字母及相应的音节字，如"ᠨᠠ（纳）、ᠨᡝ（□④）、ᠨᡳ（你）、ᠨᠣ（诺）、ᠨᡠ（奴）"等，并且 ᠣ（倭）与 ᡠ（五）以及相应音节字，如 ᠨᠣ（诺）与 ᠨᡠ（奴）之间均空一字位置⑤，这应与读音密切关系，即表示 ᠣ（倭）、ᠨᠣ（诺）等字读音拉长，占两个字读音的长度。再如：康熙二十二年（1683）京师宛羽斋刻本、沈启亮所辑《大清全书》，是清代第一部私人纂修的大型满汉文对照词书，该书所录词语

---

① 此 sing（尚）之言，乾隆抄本《加圈点字档》改为 šang（尚）。
②《满文原档》第 10 册，台北"故宫博物院"2005 年影印本，第 61 页。
③ 2020 年 10 月 30 日文化和旅游部公布的《第六批国家珍贵古籍名录》中，列入内蒙古自治区巴彦淖尔市图书馆所藏满文《十二字头》，被称为"清顺治刻本"。承蒙内蒙古大学玉海副教授联系，由该图书馆提供照片，笔者得窥全豹，特此致谢！唯该书未具编纂日期，其形成时间尚待考证，故本书暂时从略。
④ 该注音汉字已漫漶不清。
⑤《汉字注音满文十二字头》，中国国家图书馆藏拓片。

137

无圈点满文

按满文《十二字头》顺序排列，凡 14 卷，各卷目录所列满文元音字母及相应音节字，也只有元音字母 (a)、(e)、(i)、(o)、(u) 及相应的音节字，而没有元音字母 (ō)、(ū) 及相应的音节字。① 又如：康熙四十七年（1708）武英殿刻本《御制清文鉴》是清代第一部官修满语分类辞书，其《总纲》是按满文《十二字头》顺序排列的检字表。在该检字表中，只列有元音字母 (a)、(e)、(i)、(o)、(u) 及相应的音节字，没有元音字母 (ō)、(ū) 及相应的音节字。② 由此可见，在康熙时期满文《十二字头》中，只有 (a)、(e)、(i)、(o)、(u) 五个元音字母以及相应的音节字，而没有元音字母 (ō)、(ū) 以及相应的音节字。

另一种是由 (a)、(e)、(i)、(o)、(u)、(ō/ū) 六个元音字母及相应音节字，如 (na)、(ne)、(ni)、(no)、(nu)、(nō/nū) 等组成的《十二字头》，例如：康熙九年（1670）十月初一日，正黄旗教习廖纶玑撰"十二字头引"的刻本《十二字头》，有"(阿)、(厄)、(衣)、(敖)、(屋)、(物)"六个元音字母及相应的音节字，如"(纳)、(讷)、(你)、(诺)、(奴)、(怒)"等。再如：康熙二十五年（1686）沈启亮编写的《十二字头集注》中，也有六个元音字母及相应的音节字，但他在该书的"读法"中特别指出："十二字头之句读，始作之者，其 o u û 等句，原止有 o u 二字；后因句读太促，故添一û字在下，以衬贴口韵耳；并非添一他字之说。今有读者，或以三字而读三音。此甚非始作贴韵之本意也。余今音释汉字在傍，如下一字与上一字同者，即以上一字之音音之，高明者勿以我为误释焉。"③ 显然，所谓第六元音字母 (物)，并非满文中实有其字，只因编者廖纶玑等汉人读满文五个元音字母 (a)、(e)、(i)、(o)、(u) 及相应的音节字时，按同一时长读出，不会拉长 (o) 及相应音节字的音，使 (o)

---

① 沈启亮辑：《大清全书·总目》，辽宁民族出版社 2008 年影印本，第 8 页。
② 康熙朝《御制清文鉴·总纲》第一、第二，康熙四十七年（1708）刻本。
③ 引自 Mårten Söderblom Saarela, "Shier Zitou jizhu (Collected notes on the twelve heads): A Pecenthy Discovered work by Shen Qiliang", *Saksaha*, Vol.12, 2014。

第三章 无圈点满文的改革

与(u)及相应两个音节字占用了三个字的时长,听起来就难免"句读太促"了。为了"衬贴口韵",才添加了元音字母(ū)以及相应的音节字,如(怒),等等。又如:康熙三十八年(1699)八月《新刻清书全集》听松楼藏本,也列出六个元音字母,与上述《十二字头集注》一致。但该书《清书对音》部分只列出(a)、(e)、(i)、(o)、(u)五个元音字母和相应音节字,如(na)、(ne)、(ni)、(no)、(nu)等字及其相应的汉字。[①]毫无疑问,在这个时期的满文中,实际上不存在第六元音字母(ū)。

不过,有些用无圈点满文书写的词汇,在新满文里有所遗留,满文辞书也有所收录,但对其读音的认识不尽相同。例如:《御制清文鉴》在词首为元音字母(u)的词汇部分中,列出了三个词首为元音字母的词组和单词,即 、、。[②]根据其词语排列顺序推测,元音字母的读音应与(u)相同,即读[u]音。《御制增订清文鉴》也收录了这三个词语,并且与 对应的汉文作"上坟烧衣帽",其中的汉字注音为"谔呼额恩";与对应的汉文作"像",汉字注音亦为"谔呼额恩";与对应的汉文作"房舍",汉字注音也为"谔勒额恩"[③]。可见在这三个词语中,的读音为"谔"。另据该辞书所录满文《十二字头》及其对应汉字,(o)与"鄂"、(u)与"乌"、与"谔"分别形成对应关系;辅音字母与组成的音节字及其汉字注音,如与"懦谔"、与"播谔"、与"泼谔"、与"索谔"、与"朔谔"、与"洛谔"、与"幕谔"、与"辍谔"、与"镯谔"、与"约谔"、与"拂谔"[④]等,多包含"o"音。由此可见,的读音"谔"与(u)"乌"不同,而与(o)"鄂"一致。此外,《大清全书》未收录,而收录了(oren)一词,汉文解释中有"尸位。神主"[⑤]之意。在清代的翻译作品,如《三国演义》

[①] 汪鹤孙:《新刻清书全集》第二册,康熙三十八年(1699)刻本。
[②] 康熙朝《御制清文鉴·总纲》第一,康熙四十七年(1708)刻本,第30页。
[③] 乾隆朝《御制增订清文鉴》卷6,《钦定四库全书》本,第59页;卷19,《钦定四库全书》本,第5页;卷21,《钦定四库全书》本,第4页。
[④] 乾隆朝《御制增订清文鉴》卷1,"十二字头",《钦定四库全书》本,第1—2页。
[⑤] 沈启亮辑:《大清全书》卷2,辽宁民族出版社2008年影印本,第52页。

无圈点满文

中，将"神位"也译为 ᠣᡵᡝᠨ（oren）。[①] 显然，在以上例句中，元音字母 ᠣ 即无圈点满文、过渡期满文元音字母 ᠣ（ō）在新满文里的遗存，故其读音与 ᠣ（o）相同。

再如：《御制清文鉴·总纲》在词首为音节字 ᡩᡠ（du）的部分中，收录了 ᡩᡠ、ᡩᡠᠮᠪᡳ、ᡩᡠᠯᡝ 三个词[②]，正文内则有 ᡩᡠ、ᡩᡠᠮᠪᡳ、ᡩᡠᠯᡝ、ᡩᡠᡴᡠ 四个词。[③]《御制增订清文鉴》也收录了这四个词，并且与 ᡩᡠ 对应的汉文作"打"，汉字注音为"都乌"。与 ᡩᡠᠮᠪᡳ 对应的汉文作"打"，汉字注音为"都乌穆毕伊"；又，汉文作"打场"，汉字注音亦为"都乌穆毕伊"。与 ᡩᡠᠯᡝ 对应的汉文作"使打场"，汉字注音为"都乌补乌穆毕伊"。与 ᡩᡠᡴᡠ 对应的汉文作"连枷"，汉字注音为"都乌枯乌"；又，汉文作"木郎（榔）头"，汉字注音亦为"都乌枯乌"[④]。显然，在以上例句中，元音字母 ᡠ 即无圈点满文元音字母 ᡠ（ū）在新满文里的遗存，故其读音与 ᡠ（u）相同。

也许因为新满文里存在一些用无圈点满文书写的单词，此外还有大量包含音节字 ᡴᡡ（qū）、ᡤᡡ（Gū）、ᡥᡡ（χū）的词语，到了雍正年间（1723—1735），便在满文《十二字头》里增加了元音字母 ᠣ 及其与辅音字母组成的音节字。例如：舞格著述、雍正八年（1730）成书的《满汉字清文启蒙》，首列"满汉十二字头单字、联字指南"，其中便有元音字母 ᠣ 以及相应的音节字。该书为元音字母 ᠣ（o）注音的汉字为"窝"，举"ᠣᡴᡝ（oke）婶子"为例，并解释："此 ᠣ 字在联字内俱念傲，单用仍念窝。"为元音字母 ᠣ 注音的汉字也是"窝"，举"ᠣᡵᡝᠨ（ōren）塑像"为例，并解释："此 ᠣ 字在联字内俱念傲，单用仍念窝。"又，为音节字 ᡩᡠ、ᡩᡠ 注音的汉字为"都"，在 ᡩᡠ 的右边还注曰"同上字"，然后举"ᡩᡠᡴᡠ（dūku）打糕的榔头。又连楷（枷）"[⑤]等词为例。其

[①] 罗贯中：满文《三国演义》，祁充格等译，新疆人民出版社 1985 年版，第 85 页。
[②] 康熙朝《御制清文鉴·总纲》第 2，康熙四十七年（1708）刻本，第 20、21 页。
[③] 康熙朝《御制清文鉴》卷 13，康熙四十七年（1708）刻本，第 34、37 页。
[④] 乾隆朝《御制增订清文鉴》卷 21，《钦定四库全书》本，第 41 页；卷 5，《钦定四库全书》本，第 72 页；卷 21，《钦定四库全书》本，第 41 页；卷 21，《钦定四库全书》本，第 41 页；卷 21，《钦定四库全书》本，第 44 页；卷 25，《钦定四库全书》本，第 22 页。
[⑤] 舞格：《满汉字清文启蒙》卷 1，三槐堂刻本，第 1、6 页。

第三章　无圈点满文的改革

音节字及汉字注音者共有十三个，即：󰀀挪奴窝切、󰀀拨、󰀀坡、󰀀梭、󰀀说、󰀀都、󰀀啰龙窝切、󰀀摸、󰀀绰冲窝切、󰀀拙、󰀀哟雍窝切、󰀀啰龙窝切（滚舌念）、󰀀佛风窝切。①在此，元音字母只有在音节字"󰀀都"里读[u]音，在其他音节字里都读[ɔ]音。此外，该书"第十字头"中，为音节字󰀀注音的汉字作"傲"，为󰀀注音的汉字作"窝幽切"，并解释曰："此󰀀字，在联字、单字内俱念傲"②。由此可见，元音字母󰀀只有两个读音，一是[ɔ]，二是[u]，而没有"傲"或类似读音，"傲"的满语音应该是󰀀（ao）或󰀀（oo）。

雍正以降，满文《十二字头》均有六个元音字母以及相应的音节字，其注音汉字也不尽一致，如前述乾隆《御制增订清文鉴》为元音字母󰀀（o）注音的汉字作"鄂"，为󰀀注音的汉字作"谔"。此等情况或表明了各个时期满语读音的变化，或体现了不同时期人们对满语认识的差异。尤其是元音字母󰀀，多年以来被研究满语文者称为"第六元音"，对其读音作了种种考释，迄今异说纷呈。其实，纵观其历史演变过程，它的读音不难确定。

第四节　无圈点满文遗留的旧词

值得注意的是，从《满文原档》中的记载来看，新满文取代过渡期满文是一个渐进的过程，并非天聪六年（1632）三月颁布新满文《十二字头》后，就完全使用新满文了。新满文《十二字头》颁布后，在《满文原档》里偶尔也出现无圈点满文书写形式和元音字母󰀀（ō）的形体。崇德末年（1643）以前的大约十多年时间里，新旧文字仍然混用。例如：《地字档》天聪六年（1632）二月十二日记事内，出现了󰀀（yōngkiyaki, -mbi，全备）一词；同月二十日记事内，出现了󰀀（fōnde，于……时）一词。③《日字档》记载天聪十年（1636）正月至崇德元年

---

① 舞格：《满汉字清文启蒙》卷1，三槐堂刻本，第2—10页。
② 舞格：《满汉字清文启蒙》卷1，三槐堂刻本，第27页。
③《满文原档》第8册，台北"故宫博物院"2005年影印本，第104、112页。

141

无圈点满文

（1636）八月政事，《字字档》记载崇德元年九月至同年十二月政事，有人认为这两册档案的书写文字"完全新满文"①，其实新满文中夹杂的无圈点满文为数亦多。现仅将《日字档》首末页、《字字档》首页包含无圈点满文书写形式的词、词组开列如下（重复出现者亦列出）：

《日字档》首页：〇〇〇（juwan nemuci，第十一）、〇〇〇（kūbuhe lamun，镶蓝）、〇〇（juwan，十）、〇〇（gūlu，正）、〇〇（janggin，章京）、〇〇（juwan，十）、〇〇（monggoi，蒙古的）、〇〇（monggoi，蒙古的）、〇〇（daχambi，归服）、〇〇（bithe，文书）、〇〇（juwan ninggūci，第十六）、〇〇（saχaliyan ula，黑龙江）、〇〇（ejete，众额真）、〇〇（gūng，宫）。

《日字档》末页：〇〇（weihūn，活的）、〇〇（uyun de，于九日）、〇〇（mafuta，马福塔，人名）、〇〇（doore，-mbi，渡过）。

《字字档》首页：〇〇（ninggūn，六）、〇〇（gūrun，国）、〇〇（inekū，本）、〇〇（ninggūn，六）、〇〇（cuhur，楚虎尔，人名）、〇〇（inekū，本）、〇〇（ninggūn，六）、〇〇（gūrun，国）、〇〇（gūwan，关）、〇〇（beisei，诸贝勒的）、〇〇（juwan，十）。

《字字档》末页：此页文字不多，无无圈点满文。②

尤其是，用无圈点满文书写的词汇在新满文中有所遗留，且一直存在，这在康熙《御制清文鉴》和乾隆《御制增订清文鉴》等辞书中均有收录。例如：〇〇（ōlet，额鲁特）一词，应为早期从蒙语〇〇（ögeled[o:ld]，额鲁特）③中音译而来的借词。在《御制增订清文鉴》中，〇〇（ōlet）之汉字注音为"谔勒额特"，对应的汉语作"厄鲁特"④。另据《御制增订清文鉴·十二字头》的汉字注音可知，与元音字母〇（o）对应的汉字作"鄂"，与〇（u）对应的汉字作"乌"，

---

① 广禄、李学智：《清太祖朝〈老满文原档〉与〈满文老档〉之比较研究》，《中国东亚学术研究计划委员会年报》1965年第4期，第17页。
②《满文原档》第10册，台北"故宫博物院"2005年影印本，第402、728页。
③ 内蒙古大学蒙古学研究院蒙古语文研究所编：《蒙汉词典（增订本）》，内蒙古大学出版社1999年版，第276页。
④ 乾隆朝《御制增订清文鉴》卷3，第38、41页。

第三章 无圈点满文的改革

与 ᠣ̄（ō）对应的汉字作"谔"①。显然，鄂、谔同音。当时，满洲人名首音 ᠣ（o）亦以汉字"鄂"音译，例如：雍正八年（1730）至十二年（1734）青州将军鄂弥达之名，满文即为（omida）。②再如：雍正十三年（1735）至乾隆十年（1745）保和殿大学士、军机领袖鄂尔泰之名，满文即为（ortai）。③由此可见，ᠣ̄（ō）的读音与 ᠣ（o）相同，均读 [ɔ]音，额、厄亦同音。如满语（ōlet）的读音应为[ɔlet]，汉语作额鲁特，又作厄鲁特。再如：满语（ōren tuibumbi），汉字注音作"谔呼额恩 图乌衣补乌穆毕伊"，对应汉语作"上坟烧衣帽"④。单词（ōren），汉字注音作"谔呼额恩"，对应汉语作"像"⑤。单词（ōlen），汉字注音作"谔勒额恩"，对应汉语作"房舍"⑥。词语（ōn cecike），汉字注音作"谔恩 车额綾伊珂额"，对应汉语作"灰儿"。词语（yacin ōn cecike），汉字注音作"鸦阿綾伊因 谔恩 车额綾伊珂额"，对应汉语作"皂儿"⑦。以上数例内，元音字母 ᠣ̄（ō）的读音均为[ɔ]音，今人所编满语辞书均标为[ū]音，实不可取。

当然，清代官修满文辞书中收录的旧词数量有限，详见表3-6。

表3-6　　　　　清代官修满文辞书中收录旧词

序号	满文	拉丁文转写	汉义
1		biyoo ūlen enduri	蚕室
2		carki dūmbi	打扎板
3		dū	打
4		dūbumbi	使打场、使锤打
5		dūku	连枷、木郎头
6		dūmbi	打、打场、锤打

① 乾隆朝《御制增订清文鉴》卷1，第1页。
② 鄂尔泰等纂修：满文《八旗通志初集》卷122，乾隆四年（1739）内府刻本，第40—48页。
③ 鄂尔泰等纂修：满文《八旗通志初集》卷117，乾隆四年（1739）内府刻本，第41页。
④ 乾隆朝《御制增订清文鉴》卷6，《钦定四库全书》本，第58页。
⑤ 乾隆朝《御制增订清文鉴》卷19，《钦定四库全书》本，第5页。
⑥ 乾隆朝《御制增订清文鉴》卷21，《钦定四库全书》本，第4页。
⑦ 乾隆朝《御制增订清文鉴》卷30，《钦定四库全书》本，第33页。

无圈点满文

续表

序号	满文	拉丁文转写	汉义
7		dūme efen	打糕
8		ɢūlχa sūsen	靴溜根
9		mūnggu	燕窝
10		nehū	使婢
11		nehūji	老婢
12		sūna	牵狗皮条
13		šūrgeku	缚车
14		ūlen	房舍
15		ūlet	厄鲁特
16		ūn cecike	灰儿
17		ūren	像
18		yacin ūn cecike	皂儿

第四章　读音特殊的音节字

在满语中，有语音连读的现象。表现在文字上便是，有些音节字组合时要连读为一个音节，类似汉语的切韵现象，称为"切韵清字"。此外还有"满洲外单字"和"满洲外联字"，也属于读音特殊的音节字。本章分别简述。

第一节　切韵字

（manju acan mudan i hergen），即"切韵清字"[1]，简称切韵字。所谓切韵，在满语中，是指两个以上音节连续发音，使之成为一个音节。按其构成，切韵字可分为两个音节连读的切韵字、三个音节连读的切韵字和四个音节连读的切韵字。

四十四　两个音节连读的切韵字

两个音节连续发音，使之成为一个音节，是满语中出现较多的语言现象。据《清文启蒙》所举，共有 57 个，详见表 4-1。

---

[1] 舞格：《满汉字清文启蒙》卷 1，三槐堂刻本，第 33 页。

表 4-1　　　　　　　　　两个音节连读的切韵字

切韵清字	拉丁转写	对应汉字	说明
	qūwa	夸	
	gūwa	瓜	
	χūwa	花	
	kuwa	夸	
	guwa	瓜	
	huwa	花	
	cuwa	出窪切	
	muwa	妈	
	ruwa	如窪切	
	piya	批呀切	
	piye	撇	
	tiye	贴	
	diye	跌	
	miya	嘧呀切	
	miye	嘧噎切	
	niya	呢呀切	
	niye	捏	
	niyo	呢哟切	
	biya	逼呀切	
	biye	鳖	
	biyo	逼哟切	
	suwa	苏窪切	
	suwe	梭	
	šuwa	刷	
	šuwe	说	
	tuwa	秃窪切	
	duwa	都窪切	
	tuwe	托	

第四章 读音特殊的音节字

续表

切韵清字	拉丁转写	对应汉字	说明
	liya	哩呀切	
	liye	哩喠切	
	liyo	哩哟切	
	juwa	抓	
	juwe	桌	
	ciya	掐	
	ciye	切	
	ciyo	七哟切	
	kiya	掐	
	kiye	切	
	kiyo	欺哟切	此句咬字念
	jiya	夹	
	jiye	接	
	jiyo	饥哟切	
	giya	加	
	giye	接	
	giyo	鸡哟切	此句咬字念
	siya	瞎	
	siye	些	
	siyo	西哟切	
	hiya	瞎	
	hiye	歇	
	hiyo	稀哟切	此句咬字念
	kuwe	颗	
	guwe	郭	
	huwe	豁	
	fiya	非呀切	
	fiye	非喠切	
	fiyo	非哟切	

147

四十五 三个音节连读的切韵字

三个音节连续发音，使之成为一个音节，是满语中出现最多的语言现象。据《清文启蒙》所举，共有98个，详见表4-2。

表 4-2　　　　　　　　　　三个音节连读的切韵字

切韵清字	拉丁转写	对应汉字	说明
	niowa	妞窝切	
	niowe	妞窝切	
	qūwai	枯歪切	
	Gūwai	乖	
	χūwai	呼歪切	
	kuwai	枯歪切	
	guwai	乖	
	huwai	呼歪切	
	biyai	逼呀衣切	
	suwai	摔	
	cuwai	揣	
	juwai	朱歪切	
	jiyai	街	
	siyai	獬	
	giyai	街	
	hiyai	獬	此句咬字念
	yuwei	曰	
	jiyei	姐	
	niyan	呢烟切	
	nuwan	暖	
	Gūwan	官	
	χūwan	欢	
	biyan	鞭	
	piyan	偏	
	suwan	酸	
	šuwan	拴	

第四章 读音特殊的音节字

续表

切韵清字	拉丁转写	对应汉字	说明
	tiyan	天	
	diyan	颠	
	tuwan	秃湾切	
	duwan	端	
	liyan	哩烟切	
	miyan	绵	
	cuwan	川	
	yuwan	渊	
	tsuwan	蹿	
	dzuwan	钻	
	žuwan	软	
	iowan	渊	
	ciyan	千	
	jiyan	尖	
	siyan	仙	
	kiyan	铅	
	giyan	坚	
	hiyan	掀	此句咬字念
	luwan	鸾	
	luwen	伦	
	juwan	专	
	juwen	谆	
	kiyen	钦	
	giyen	金	此句咬字念
	fiyan	非烟切	
	fiyen	非阴切	
	kuwan	宽	
	guwan	官	
	guwen	孤温切	
	ciyūn	群	
	jiyūn	军	

149

续表

切韵清字	拉丁转写	对应汉字	说明
	siyūn	巡	
	kiyūn	群	
	giyūn	军	
	hiyūn	勋	此句咬字念
	qūwang	匡	
	ɢūwang	光	
	χūwang	慌	
	kuwang	匡	
	guwang	光	
	huwang	慌	
	niyeng	呢英切	
	niyang	呢央切	
	biyang	逼央切	
	piyang	批央切	
	suwang	苏汪切	
	šuwang	双	
	liyang	哩央切	
	miyang	密央切	
	cuwang	窗	
	juwang	庄	
	ciyang	枪	
	jiyang	姜	
	siyang	襄	
	kiyang	枪	
	giyang	江	
	hiyang	香	此句咬字念
	fiyang	非央切	
	biyoo	标	
	piyoo	飘	
	tiyoo	挑	
	diyoo	刁	

续表

切韵清字	拉丁转写	对应汉字	说明
	liyoo	哩么切	
	miyoo	嘧么切	
	niyoo	呢么切	
	fiyoo	非么切	
	ciyoo	跷	
	jiyoo	焦	
	siyoo	萧	
	kiyoo	跷	
	giyoo	焦	
	hiyoo	萧	此句咬字念

四十六 四个音节连读的切韵字

四个音节连续发音，使之成为一个音节，是满语中出现较少的语言现象。据《清文启蒙》所举，共有23个，详见表4-3。

表 4-3　　　　　　　　　四个音节连读的切韵字

切韵清字	拉丁转写	对音汉字	说明
	ciowei	阙	
	jiowei	厥	
	siowei	薛	
	kiowei	缺	
	giowei	绝	
	hiowei	靴	此句咬字念
	iowei	曰	
	liowei	蹓窝切	
	ciowan	泉	
	jiowan	捐	
	siowan	宣	
	kiowan	圈	
	giowan	捐	

续表

切韵清字	拉丁转写	对音汉字	说明
	hiowan	宣	此句咬字念
	ciowen	群	
	jiowen	军	
	siowen	巡	
	kiowen	群	
	giowan	军	
	hiowen	勋	此句咬字念
	liowan	蹓湾切	
	liowen	蹓温切	
	niowang	妞汪切	

四十七　切韵字总结

语音连读，应该是阿尔泰语系诸语言中普遍存在的现象，满语亦不例外。表现在文字上，即在无圈点满文创制、使用之初，便有切韵现象。例如：人称代词 ᠰᡠᠸᡝ（suwe，你们），读音不是"su-we"，而是将这两个音节字连读为"梭"音。再如：职官名称 ᠪᡝᡳᡤᡠᠸᠠᠨ（beiguwan，备御），读音不是"be-i-gu-wa-n"，而是将其连读为两个音节，即 bei-guan。"侍卫"满语读音为[hia]，无圈点满文或以音节字 ᡥᡳ（hi）和 ᡳᠶᠠ（ya）连写切成，作 ᡥᡳᠶᠠ（hiya），或以音节字 ᡥᡳ（hi）、元音字母 ᡳ（i）和 ᠠ（a）切成，作 ᡥᡳᠠ（hiia），其读音均为[hia]音，即两字、三字连读，不能分开读成"hi-ya""hi-ia"或"hi-i-a"。又如：动词一般过去时"使看守了"满语读音为[tua-kia-bu-χa]，无圈点满文以音节字 ᡨᡠ（tu）、ᠸᠠ（wa）、ᡴᡳ（ki）、ᠶᠠ（ya）、ᠪᡠ（bu）、ᡮᠠ（χa）连写切成，作 ᡨᡠᠸᠠᡴᡳᠶᠠᠪᡠᡮᠠ（tuwaqiyabuχa），但其读音为[tua-kia-bu-χa]，即其中 ᡨᡠ（tu）和 ᠸᠠ（wa）、ᡴᡳ（ki）和 ᠶᠠ（ya）都连读，不能逐一分开，读成"tu-wa-ki-ya-bu-χa"。此类切韵现象在《无圈点档》中俯拾皆是，充分说明这种切韵方法在额尔德尼等人创制无圈点满文时，就已广泛采用。长期以来，人们将此切韵字的创制，归功于达海，如《国朝耆献类征》引《国史馆本传·达海》云："又以国书与汉字对音未全者，

第四章　读音特殊的音节字

于《十二字头》正字之外增添外字，犹有不能尽协者，则以两字连写切成。其切音较汉字更为精当。"又引《国史贤良小传·达海》云："又满文与汉字对音未全者，于正字外增造外字，犹有不能尽协者，则以两字切成一字。切韵之巧，较汉文更为精审。"① 迄今有些研究者仍坚持这一观点，实不可取。当然，达海作为改革满文的大儒，可能发挥了完善、规范之功。

满语中普遍存在的语音连读现象，有什么特点呢？

1. 两个音节连读的切韵字有两大特点：

（1）含有元音字母词中形式ᠣ/ᠣ（u）、ᠣ（ū）的音节字，后面连接音节字ᠸ（wa）、ᠸ（we）时，要连读。

（2）含有元音字母词中形式ᡳ（i）的音节字，后面连接音节字ᠶ（ya）、ᠶ（ye）、ᠶ（yo）、ᠶ（yu）时，要连读。

2. 三个音节连读的切韵字也有两大特点：

（1）复合音节字词中形式ᠨᡳᠣ（nio）后面连接音节字ᠸ（wa）、ᠸ（we）时，要连读。

（2）其余都是在两个音节连读切韵字后，连接元音字母词尾形式ᡳ（i）、ᠣ（o）或辅音字母词尾形式ᠨ（n）、ᠩ（ng）构成的。

3. 四个音节连读的切韵字都是在末尾有音节字ᠸ（wa）、ᠸ（we）的三个音节连读切韵字后，连接元音字母词尾形式ᡳ（i）、辅音字母词尾形式ᠨ（n）、ᠩ（ng）构成的。

满语切韵字主要用于哪些地方？从《无圈点档》文字来看，切韵字主要用于两个方面：

1. 满语固有词汇，主要包括：

（1）表示时间和事物的名词。例如：谓"年"为[ania]，无圈点满文或以元音字母ᠠ（a）、音节字ᠨᡳ（ni）和ᠶ（ya）连写切成，作ᠠᠨᡳᠶᠠ（aniya），或以元音字母ᠠ（a）、音节字ᠨᡳ（ni）、元音字母ᡳ（i）和ᠠ（a）切成，作ᠠᠨᡳᠶᠠ（aniia），均读为[a-nia]。再如：谓"月"为[bia]，无圈点满文以音节字ᠪᡳ（bi）和ᠶᠠ（ya）连写切成，作ᠪᡳᠶᠠ（biya），或

---

① 李桓辑：《国朝耆献类征》卷1，光绪十六年（1890）刻本，第15、16页。

153

无圈点满文

以音节字 (bi)、元音字母 (i) 和 (a) 切成，作 (biia)，俱读为[bia]。

（2）数词。例如：谓"十"为[juan]，无圈点满文以音节字 (ju)、(wa) 和辅音字母 (n) 连写切成，作 (juwan)，读为[juan]。再如：谓"二"为[jue]，无圈点满文或以音节字 (jū) 和 (we) 连写切成，作 (jūwe)，或以音节字 (ju) 和 (we) 连写切成，作 (juwe)，均读为[jue]。

（3）表示颜色和天干的词。例如：谓"绿、甲或乙"为[nioanggian]，无圈点满文以音节字 (ni)、元音字母 (o)、音节字 (wa)、辅音字母 (ng)、音节字 (gi)、(ya) 和辅音字母 (n) 连写切成，作 (niowanggiyan)，读为[nioang-gian]。再如：谓"红、丙或丁"为[fulgian]，无圈点满文以音节字 (fu)、辅音字母 (l)、音节字 (gi)、(ya) 和辅音字母 (n) 连写切成，作 (fulgiyan)，读为[ful-gian]。其余 (suwayan，黄、戊或己)、(šanyan，白、庚或辛)、(saχaliyan，黑、壬或癸) 等词，亦皆类此。

（4）表示家禽、家畜的词。例如：谓"鹅"为[nioangniaχa]，无圈点满文以音节字 (ni)、元音字母 (o)、辅音字母 (ng)、音节字 (ni)、(ya) 和 (χa) 连写切成，作 (niongniyaχa)，读为[niong-nia-χa]。再如：谓"猪"为[ulgian]，无圈点满文或以元音字母 (ū)、辅音字母 (l)、音节字 (gi)、(ya) 和辅音字母 (n) 连写切成，作 (ūlgiyan)；或以元音字母 (u)、辅音字母 (l)、音节字 (gi)、(ya) 和辅音字母 (n) 连写切成，作 (ulgiyan)，均读为[ul-gian]。

2. 外来语尤其是汉语音译借词，主要包括：

（1）人名。例如： (χūwang lioi dzūng，黄履中)。(χūwang) 由音节字 (χū)、(wa)、辅音字母 (ng) 连读而成。(lioi) 由音节字 (li)、元音字母 (o) 和 (i) 连读而成。(dzūng) 由音节字 (dzū)、辅音字母 (ng) 连读而成。再如： (moo ūwen lung，毛文龙)。(moo) 由音节

154

字 ᠮᠣ（mo）、元音字母 ᠣ（o）连读而成。ᡡᘉᠨ（ūwen）由元音字母（ū）、音节字 ᠸᡝ（we）、辅音字母 ᠨ（n）连写切成。ᠯᡠᠩ（lung）由音节字 ᠯᡠ（lu）、辅音字母 ᠩ（ng）连读而成。

（2）地名。例如：ᡤᡠᠸᠠᠩᠨᡳᠩ（guwangning，广宁），由 ᡤᡠᠸᠠᠩ（guwang）和 ᠨᡳᠩ（ning）两个音节构成，其中 ᡤᡠᠸᠠᠩ（guwang）由音节字 ᡤᡠ（gu）、ᠸᠠ（wa）、辅音字母 ᠩ（ng）连读而成，ᠨᡳᠩ（ning）由音节字 ᠨᡳ（ni）、辅音字母 ᠩ（ng）连读而成。

（3）其他专有名词。例如：ᠰᡡᠮᡳᠩᡤᡠᠸᠠᠨ（sūmingguwan，总兵官）由 ᠰᡡ（sū）、ᠮᡳᠩ（ming）、ᡤᡠᠸᠠᠨ（guwan）三个音节构成，其中 ᠮᡳᠩ（ming）由音节字 ᠮᡳ（mi）和辅音字母 ᠩ（ng）连读而成，ᡤᡠᠸᠠᠨ（guwan）由音节字 ᡤᡠ（gu）、ᠸᠠ（wa）、辅音字母 ᠨ（n）连读而成。再如：ᠴᠠᠨᠰᡠᠨ（cansun，千总）由 ᠴᠠᠨ（can）和 ᠰᡠᠨ（sun）两个音节构成，其中 ᠴᠠᠨ（can）由音节字 ᠴᠠ（ca）和辅音字母 ᠨ（n）连读而成，ᠰᡠᠨ（sun）由音节字 ᠰᡠ（su）和辅音字母 ᠨ（n）连读而成。

第二节　外单字

在满文书写系统中，除《十二字头》内的元音字母和音节字外，还有一些专门用于拼写外来语、主要是汉语借词的音节字，称为 ᠮᠠᠨᠵᡠ ᡨᡠᠯᡝᡵᡤᡳ ᡝᠮᡨᡝᠯᡳ ᡥᡝᡵᡤᡝᠨ（manju tulergi emteli hergen），即"满洲外单字"[①]，简称外单字，共有 17 个，详见表 4-4。

表 4-4　　　　　　　　　　外单字

满文外单字	拉丁转写	对音汉字	说明
ᡳᠣᡳ	ioi	淤	
ᠨᡳᠣᡳ	nioi	女	
ᠯᡳᠣᡳ	lioi	驴	

① 舞格：《满汉字清文启蒙》卷1，三槐堂刻本，第35页。

无圈点满文

续表

满文外单字	拉丁转写	对音汉字	说明
	cioi	曲	
	jioi	居	
	sioi	虚	
	kioi	邱衣切	
	gioi	楸衣切	
	hioi	羞衣切	此句咬字念
	niong	妞英切	
	liong	蹓英切	
	ciong	穷	
	jiong	絅	
	siong	凶	
	kiong	邱英切	
	giong	楸英切	
	hiong	羞英切	此句咬字念

这些外单字，以往认为都是达海奉命改革满文时创制的。实际上，从《无圈点档》文字来看，许多外单字在太祖时期业已产生。下面逐一探讨。

1. （ioi）字。在《无圈点档》太祖朝诸册内，（ioi）字所见最多，据不完全统计，至少出现 47 次。其中，最早者见于《荒字档》卯年（1615）四月记事内，其文曰：（ioi χuwang i mio，玉皇庙）[1]，见图 4-1。不过，这个名称出现在补写的文句中，有可能是后来补写的。自天命六年（1621）起，该字在诸档册记事中经常出现。例如：（san yang ioi，山（散）羊峪）[2]，见图 4-2。该词见于《张字档》天命六年闰二月记事，其中（ioi）字原本如此，后来似乎改为（iyu），后觉不适，又涂抹，并在其左边补书（ioi）。再如：（san yang ioi，山（散）羊

---

[1] 《满文原档》第 1 册，台北"故宫博物院"2005 年影印本，第 47 页。
[2] 《满文原档》第 2 册，台北"故宫博物院"2005 年影印本，第 13 页。

156

第四章　读音特殊的音节字

峪）①，见图 4-3。该词见于《张字档》天命六年十一月记事内，无涂改痕迹。

图 4-1　　　　　图 4-2　　　　　图 4-3

现将其余 ᡞᠣᡞ（ioi）字，按在《无圈点档》中出现的页码、日期开列于下，详见表 4-5。

表 4-5　　　　　　《无圈点档》中所见 ᡞᠣᡞ（ioi）字

满文词语	拉丁转写	汉文词语	出处
②	yang ioi ui	杨于渭	《张字档》第 98 页天命 6.5.16
③	ioi giya siotun gašan	于嘉秀*屯	《张字档》第 107 页天命 6.5.25
④	cingtai ioi	青苔（台）峪	《张字档》第 258 页天命 6.11.21
⑤	cingtai ioi	青苔（台）峪	《来字档》第 101 页天命 6.11.22
⑥	šan yang ioi	山（散）羊峪	《张字档》第 262 页天命 6.11.23
	ioi iogi	于*游击	《张字档》第 334 页天命 6.12.18

① 《满文原档》第 2 册，台北"故宫博物院"2005 年影印本，第 262 页。
② 此姓名，乾隆抄本《加圈点字档》作 ᡞᠣᡞ（辽宁民族出版社本，第 980 页）。
③ 此地名，乾隆抄本《加圈点字档》作 ᡞᠣᡞ（辽宁民族出版社本，第 998 页）。
④ 此地名，乾隆抄本《加圈点字档》作 ᡞᠣᡞ（辽宁民族出版社本，第 1279 页）。
⑤ 此地名，乾隆抄本《加圈点字档》作 ᡞᠣᡞ（辽宁民族出版社本，第 1279 页）。
⑥ 此地名，乾隆抄本《加圈点字档》作 ᡞᠣᡞ（辽宁民族出版社本，第 1285 页）。

157

无圈点满文

续表

满文词语	拉丁转写	汉文词语	出处
①	šui jiyang ioi gašan	水长峪村*	《张字档》第531页1 天命7.3.26
②	šayang ioi	山（散）羊峪	《张字档》第557页 天命7.4.17
③	χupi ioi	虎皮驿	《张字档》第558页 天命7.4.17
④	cingtai ioi	青苔（台）峪	《张字档》第558页 天命7.4.17
⑤	suicang ioi:	水长峪*	《张字档》第558页 天命7.4.17
⑥	cing tai ioi	青苔（台）峪	《宙字档》第88页 天命7.5.21
⑦	ioi tun ui	右屯卫	《列字档》第199页 天命8.2.2
⑧	uwen ioi sere nimaχa	文鱼	《列字档》第206页 天命8.2.5
⑨	cingta ioi	青苔（台）峪	《列字档》第241页 天命8.2.23
⑩	cingtai ioi	青苔（台）峪	《列字档》第253页 天命8.2.29
⑪	cingtai ioi	青苔（台）峪	《列字档》第283页 天命8.3.23

① 此地名，乾隆抄本《加圈点字档》作 （辽宁民族出版社本，第1804页）。
② 此地名，乾隆抄本《加圈点字档》作 （辽宁民族出版社本，第1850页）。
③ 此地名，乾隆抄本《加圈点字档》作 （辽宁民族出版社本，第1851页）。
④ 此地名，乾隆抄本《加圈点字档》作 （辽宁民族出版社本，第1852页）。
⑤ 此地名，乾隆抄本《加圈点字档》作 （辽宁民族出版社本，第1852页）。
⑥ 此地名，乾隆抄本《加圈点字档》作 （辽宁民族出版社本，第2692页）。
⑦ 此卫名，乾隆抄本《加圈点字档》作 （辽宁民族出版社本，第1974页）。
⑧ 此鱼名，乾隆抄本《加圈点字档》作 （辽宁民族出版社本，第1987页）。
⑨ 此地名，乾隆抄本《加圈点字档》作 （辽宁民族出版社本，第2057页）。
⑩ 此地名，乾隆抄本《加圈点字档》作 （辽宁民族出版社本，第2077页）。
⑪ 此地名，乾隆抄本《加圈点字档》作 （辽宁民族出版社本，第2145—2146页）。

第四章 读音特殊的音节字

续表

满文词语	拉丁转写	汉文词语	出处
①	cingtai ioi	青苔（台）峪	《列字档》第 284 页天命 8.3.23
②	cingtai ioi	青苔（台）峪	《列字档》第 284 页天命 8.3.23
③	jangde ioi	青苔（台）峪	《列字档》第 285 页天命 8.3.24
④	ioiding	余丁	《列字档》第 292 页天命 8.3.25
⑤	cingtai ioi	青苔（台）峪	《列字档》第 301 页天命 8.4.5
⑥	sansan ioi	山（散）羊峪	《列字档》第 302 页天命 8.4.5
⑦	sooso ioi	刭草峪	《列字档》第 340 页天命 8.4.30
⑧	mušu ioi Gašan	木薯峪*村	《盈字档》第 17 页天命 8.5.11
⑨	ioidai ceng	俞大成*	《盈字档》第 60 页天命 8.7.2
	liyang tiyan ioi	梁天玉*	《盈字档》第 61 页天命 8.7.2
	ioi jan	于战*	《盈字档》第 61 页天命 8.7.2

① 此地名，乾隆抄本《加圈点字档》作 （辽宁民族出版社本，第 2146 页）。
② 此地名，乾隆抄本《加圈点字档》作 （辽宁民族出版社本，第 2147 页）。
③ 此地名，乾隆抄本《加圈点字档》作 （辽宁民族出版社本，第 2152 页）。
④ 此姓名，乾隆抄本《加圈点字档》作 （辽宁民族出版社本，第 2166 页）。
⑤ 此地名，乾隆抄本《加圈点字档》作 （辽宁民族出版社本，第 2185 页）。
⑥ 此地名，乾隆抄本《加圈点字档》作 （辽宁民族出版社本，第 2187 页）。
⑦ 此地名，乾隆抄本《加圈点字档》作 （辽宁民族出版社本，第 2273 页）。
⑧ 此地名，乾隆抄本《加圈点字档》作 （辽宁民族出版社本，第 2449 页）。
⑨ 此姓名，乾隆抄本《加圈点字档》作 （辽宁民族出版社本，第 2544 页）。

无圈点满文

续表

满文词语	拉丁转写	汉文词语	出处
①	wangji ioi	王吉玉*	《盈字档》第 64 页天命 8.7.2
②	tiyan ioi šan	田玉山*	《盈字档》第 64 页天命 8.7.2
③	fungdo ioi	冯铎玉*	《盈字档》第 64 页天命 8.7.2
④	cingtai ioi	青苔（台）峪	《盈字档》第 77 页天命 8.7.7
	yang ioi ūi	杨于渭	《藏字档》第 259 页天命 8.
	liyangsung ioi	梁宗玉*	《藏字档》第 269 页天命 8.
	ū ioi	吴玉*	《藏字档》第 271 页天命 8.
	wang ioi ki	王遇奇*	《藏字档》第 282 页天命 8.
	ioi cang gung	于成功*	《藏字档》第 292 页天命 8.

注：汉文名称音译者，后面加*号。

2.（lioi）字。在《无圈点档》太祖朝诸册内出现三次，首次所见者，乃《张字档》天命六年十二月十五日（1622 年 1 月 26 日）记事内之（lioi iogi，吕游击）⑤，见图 4-4。吕游击，名曰世举。该档册天命七年（1622）四月十七日记事内，出现了（lioi siun keo，旅顺口）。⑥此（siun）字，乾隆抄本改为

---

① 此姓名，乾隆抄本《加圈点字档》作（辽宁民族出版社本，第 2553 页）。
② 此姓名，乾隆抄本《加圈点字档》作（辽宁民族出版社本，第 2553 页）。
③ 此姓名，乾隆抄本《加圈点字档》作（辽宁民族出版社本，第 2553 页）。
④ 此地名，乾隆抄本《加圈点字档》作（辽宁民族出版社本，第 2591 页）。
⑤《满文原档》第 2 册，台北"故宫博物院"2005 年影印本，第 305 页。
⑥《满文原档》第 2 册，台北"故宫博物院"2005 年影印本，第 558 页。

第四章 读音特殊的音节字

（šūn）字。①

又，《收字档》天命十年（1625）二月初一日记事内见 ༒༒（lioisiongkeo，旅顺口）之名②，乾隆抄本分作 ༒ ༒ ༒（lioi šūn keo，旅顺口）。③同日《宙字档》记事内，亦见 ༒༒（lioisiokeo，旅顺口）。④该档册天命十一年（1626）三月十九日记事内，亦有 ༒༒（lioisiongkuo，旅顺口）一词⑤，乾隆抄本亦分作 ༒ ༒ ༒（lioi šūn keo，旅顺口）。⑥是年五月二十日记事内，作 ༒༒（lioisiongkeo，旅顺口）⑦，乾隆抄本亦分作 ༒ ༒ ༒（lioi šūn keo，旅顺口）。⑧以上《无圈点档》书写"旅顺口"之名虽不统一，但 ༒（lioi）字始终一致，只是连写、分写不同。

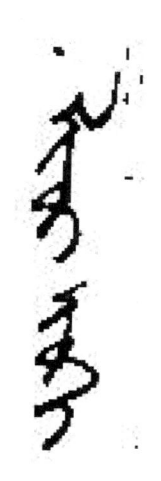

图 4-4

此外，该字在《无圈点档》太宗朝诸册中所见较多。例如：前述《天字档》天聪元年（1627）三月记事内出现的姓名 ༒ ༒ ༒（χūwang lioi dzūng，黄履中）中的 ༒（lioi，履），即是一例。

3. ༒（sioi）字。在《无圈点档》中，该词仅见二次。一为《盈字档》天命八年（1623）六月二十八日记事内所见 ༒ ༒ ༒（tiyan sioi san，甜水站）之名⑨，乾隆抄本作 ༒ ༒ ༒（tiyan šui san，甜水站）。⑩在此，༒（sioi）或为无圈点满文中 ༒（šui）的

---

① 中国第一历史档案馆整理编译：《内阁藏本满文老档》第5函第41册，辽宁民族出版社2009年影印本，第1852页。
② 《满文原档》第4册，台北"故宫博物院"2005年影印本，第262页。
③ 中国第一历史档案馆整理编译：《内阁藏本满文老档》太祖朝第8函第64册，辽宁民族出版社2009年影印本，第2949页。
④ 《满文原档》第5册，台北"故宫博物院"2005年影印本，第32页。
⑤ 《满文原档》第5册，台北"故宫博物院"2005年影印本，第37页。
⑥ 中国第一历史档案馆整理编译：《内阁藏本满文老档》太祖朝第9函第71册，辽宁民族出版社2009年影印本，第3286页。
⑦ 《满文原档》第5册，台北"故宫博物院"2005年影印本，第40页。
⑧ 中国第一历史档案馆整理编译：《内阁藏本满文老档》太祖朝第9函第71册，辽宁民族出版社2009年影印本，第3296页。
⑨ 《满文原档》第4册，台北"故宫博物院"2005年影印本，第56页。
⑩ 中国第一历史档案馆整理编译：《内阁藏本满文老档》太祖朝第7函第56册，辽宁民族出版社2009年影印本，第2536页。

161

无圈点满文

拼写方式。二为《藏字档》天命八年记事内有汉官姓名（sioi uwen）①，乾隆抄本作（sioi wen）。②此外，《藏字档》封面有文曰：（niqan χafasadʒe ejehe būhe dangse ere inu: saχaliyan ulgiyan aniyai dangse: erebe χalame sūre χan i jai aniya sūwayan mūdʒuri aniya sunja biyai ice sunja de ice ejehe būhe: ere dangse waliyabuχa. 是颁给众汉官敕书的档子也。癸亥年档子。将此替换，天聪二年戊辰五月初五日颁给新敕书，此档子丢失矣）。③

在《无圈点档》天聪初年的记录中，也有（sioi）字。例如：《天字档》天聪元年（1627）九月初二日记事内，有（sioi sanjan，徐*参将）之言。④再如：《秋字档》天聪三年（1629）十一月初七日记事内，有姓名（sioi pi，徐罴*）⑤，乾隆抄本亦作（sioi pi）。⑥又如：《月字档》天聪四年（1630）正月十四日记事中，姓名（sioi gūi，徐贵*）出现两次，⑦乾隆抄本均作（sioi gui）。⑧

4. （kioi）字。见于《来字档》天命六年十一月二十一日（1622年1月2日）记事，其文曰：（jai jaqun beisei booi sin jekui nirui ejen beiguwan de cansun i jergi de juwanta yan menggun šangnaχa:

---

① 《满文原档》第 5 册，台北"故宫博物院"2005 年影印本，第 279 页。
② 中国第一历史档案馆整理编译：《内阁藏本满文老档》太宗朝第 2 函第 15 册，辽宁民族出版社 2009 年影印本，第 4415 页。
③ 《满文原档》第 5 册，台北"故宫博物院"2005 年影印本，第 244 页。
④ 《满文原档》第 6 册，台北"故宫博物院"2005 年影印本，第 145 页。
⑤ 《满文原档》第 6 册，台北"故宫博物院"2005 年影印本，第 342 页。
⑥ 中国第一历史档案馆整理编译：《内阁藏本满文老档》太宗朝第 3 函第 18 册，辽宁民族出版社 2009 年影印本，第 4560 页。
⑦ 《满文原档》第 7 册，台北"故宫博物院"2005 年影印本，第 19、20 页。
⑧ 中国第一历史档案馆整理编译：《内阁藏本满文老档》太宗朝第 4 函第 21 册，辽宁民族出版社 2009 年影印本，第 4689 页。

第四章 读音特殊的音节字

cansun de kioi mafari jergide ilata yan menggun šangnaχa：再，于八贝勒家辛者库牛录之主备御，按千总品级，各赐银十两。于千总，按 kioi mafari 品级，各赐银三两）。① 《张字档》遗漏其中 ᡮᠠᠨᠰᡠᠨ ᡩᡝ ᡴᡳᠣᡳ（cansun de kioi）之言，其余文字亦略有差异。其文曰：" ᠵᠠᡴᡡᠨ ᠪᡝᡳᠰᡝᡳ ᠪᠣᠣᡳ ᠰᡳᠨ ᡳ ᠵᡝᡴᡠᡳ ᠨᡳᡵᡠᡳ ᡝᠵᡝᠨ ᠪᡝᡳᡤᡠᠸᠠᠨ ᡩᡝ ᡮᠠᠨᠰᡠᠨ ᡳ ᠵᡝᡵᡤᡳᡩᡝ ᠵᡠᠸᠠᠨ ᡨᠠ ᠶᠠᠨ ᠮᡝᠩᡤᡠᠨ ᠪᡡᡥᡝ： ᠮᠠᡶᠠᡵᡳ ᠵᡝᡵᡤᡳᡩᡝ ᡳᠯᠠᡨᠠ ᠶᠠᠨ ᠮᡝᠩᡤᡠᠨ ᠪᡡᡥᡝ："（jaqun beisei booi sin i jekui nirui ejen beiguwan de cansun i jergide juwan ta yan menggun būhe: mafari jergide ilata yan menggun būhe：）② 乾隆抄本照《张字档》抄录，故亦缺少 ᡮᠠᠨᠰᡠᠨ ᡩᡝ ᡴᡳᠣᡳ（cansun de kioi）之言，且因句子不通，在页眉贴签注曰："ᡤᡳᠩᡤᡠᠯᡝᠮᡝ ᡴᡳᠮᠴᡳᠴᡳ, ᠮᠠᡶᠠᡵᡳ ᠵᡝᡵᡤᡳ ᠰᡝᡵᡝ ᡤᡳᠰᡠᠨ, ᠠᡳᠨᠴᡳ ᡩᡠᡴᠠ ᠶᠠᠮᡠᠨ ᡨᡠᠸᠠᡴᡳᠶᠠᡵᠠ ᠰᠠᡴᡩᠠᠰᠠ ᠰᡝᡵᡝ ᡤᡡᠨᡳᠨ ᡩᡝᡵᡝ."（gingguleme kimcici, mafari jergi sere gisun, ainci duqa yamun tuwakiyara saqdasa sere gūnin dere. 谨案，所谓 mafari jergi 之言，想必看守院门、衙门之众老者之意耳）。③

案，《张字档》为初次抄录本，《来字档》为其誊清本，但二者之间应有其他誊清本。④ 诚如是，则《张字档》抄录时遗漏 ᡮᠠᠨᠰᡠᠨ ᡩᡝ ᡴᡳᠣᡳ（cansun de kioi）之言，修改本补之，故《来字档》有之。乾隆时重抄，此部分照《张字档》抄录，故缺少 ᡮᠠᠨᠰᡠᠨ ᡩᡝ ᡴᡳᠣᡳ（cansun de kioi）之言，未见誊清本已补之也。

按《来字档》之文，此处之 ᡮᠠᠨᠰᡠᠨ（cansun，千总）乃八贝勒家低级官员，ᡴᡳᠣᡳ ᠮᠠᡶᠠᡵᡳ（kioi mafari）也是内务府或王公府第品级较低的人员。乾隆抄本签注所言，意思有所可取。有清一代，内务府及王宫贵族府第均有各色工役，其中，满语称为 ᠮᠠᡶᠠ（mafa）者，汉语音译

---

① 《满文原档》第 3 册，台北"故宫博物院"2005 年影印本，第 98 页。是日，赏赐各级官员金银，其文汉译为："二十一日，赏赐都堂、总兵官银各五十两、金各三两，赐副将银各四十两、金各二两，赐参将、游击银各三十两、金各一两，赐备御银各二十两、金各五钱，以打造帽顶而戴。再，赐千总银各十两，赐屯拨什库、守堡银各五两。再，按千总品级，赐八贝勒家辛者库牛录之主备御银各十两。按 kioi mafari 品级，赐千总银各三两。"

② 《满文原档》第 2 册，台北"故宫博物院"2005 年影印本，第 254—255 页。

③ 中国第一历史档案馆整理编译：《内阁藏本满文老档》第 4 函第 29 册，辽宁民族出版社 2009 年影印本，第 1274 页。

④ 详见赵志强《〈无圈点档〉诸册性质研究——〈张字档〉与〈来字档〉》，载常越男主编《满学论丛》第 9 辑，辽宁民族出版社 2020 年版。

163

无圈点满文

为"玛法",例如:康熙"二十一年定,骆驼俱在京厂、张家湾厂二处分喂,凡牧养骆驼人役,旧例于八旗内取玛法二名,同太仆寺人看喂二厂骆驼。康熙十五年,裁去玛法……"[①]满语之 ᠮᠠᡶᠠ(mafa),汉译为"祖""老翁"[②],ᠮᠠᡶᠠᡵᡳ(mafari)乃其复数形式,汉译为"众祖"[③],当然应该也有"众老翁"之意。此外,满语亦尊称技艺高超之人为 ᠮᠠᡶᠠ(mafa),例如:ᠪᠠᠨᡩᠠ ᠮᠠᡶᠠ(banda mafa),汉译为"猎神"[④]。另据查阅,康熙初年(1662)成书的《大清全书》中收录 ᡴᡳᠣᡳ ᡳ ᡩᠠ(kioi i da)一词,意为"区总。区长"[⑤]。翻检清代其他满汉辞书及文献,未见其踪影。至于清末之区长,乃民国以降区长之前身,但《大清全书》所录之"区总。区长"与此似无关联。

案,汉文"区"字,有"住宅,居住处"之义。据此,《大清全书》所录之"区总。区长",当为内务府或王公府第工役头目,类似管家。诚如是,则《来字档》之 ᡴᡳᠣᡳ(kioi),即为《大清全书》之 ᡴᡳᠣᡳ(kioi),亦即汉语"区"之音译借词。ᡴᡳᠣᡳ ᡳ ᡩᠠ(kioi i da,区总、区长),或以年长者担任,故又尊称为 ᡴᡳᠣᡳ ᡳ ᠮᠠᡶᠠᡵᡳ(kioi i mafari),直译为"住宅的众老翁",省称 ᡴᡳᠣᡳ ᠮᠠᡶᠠᡵᡳ(kioi mafari),即尊为宅神也。

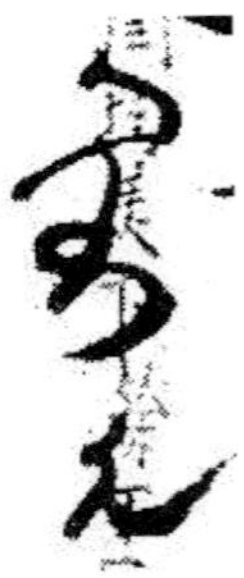

此外,《辰字档》天命七年(1622)六月二十一日记事,有姓名 ᡴᡳᠣᡳ ᡝᠯ(kioi el)[⑥],见图4-5,乾隆抄本误作 ᡴᡳᠣᡳ ᡳᠯ(kioi il)[⑦]。ᡴᡳᠣᡳ(kioi)字则书写一致,作为汉姓的音译,或为"曲",或为"屈"。当然,也不能排除 ᡴᡳᠣᡳ(kioi)当为 ᡥᡳᠣᡳ(hioi)字,汉姓"徐"或"许"之音译也。

图4-5

5. ᡥᡳᠣᡳ(hioi)字。在《无圈点档》太祖朝档册中, ᡥᡳᠣᡳ

---

① 伊桑阿等纂修:《大清会典》卷159,康熙二十九年(1690)内府刻本,第6页。
② 《御制五体清文鉴》卷10,民族出版社1957年影印本,第1189、1235页。
③ 《御制五体清文鉴》卷10,民族出版社1957年影印本,第1189页。
④ 《御制五体清文鉴》卷10,民族出版社1957年影印本,第2657页。
⑤ 沈启亮辑:《大清全书》卷13,辽宁民族出版社2008年影印本,第327页。
⑥ 《满文原档》第3册,台北"故宫博物院"2005年影印本,第155页。
⑦ 中国第一历史档案馆整理编译:《内阁藏本满文老档》第5函第42册,辽宁民族出版社2009年影印本,第1898页。

第四章　读音特殊的音节字

（hioi）字至少出现六次。例如：《张字档》天命六年（1621）九月十四日记事内，有〜〜〜（hioi siobei，徐*守备）之言①，乾隆抄本作〜〜〜（hioi siobei）。②同年十二月二十二日（1622年2月2日）记事内，出现明初名臣徐达的姓名，音译为〜〜〜（hioida）③，乾隆抄本改为〜〜〜（sioi da）。④团音改为尖音，连写改为分写，本质上是一样的。再如：《列字档》天命八年（1623）四月二十五日记事内，有姓名〜〜〜（hioidašeng⑤，乾隆抄本分作 hioi da šeng）。⑥该档册删划部分的是年五月初九日记事内，有〜〜〜（hioi beiguwan，徐*备御）之言。⑦

其余〜〜〜（nioi）、〜〜〜（cioi）、〜〜〜（jioi）、〜〜〜（gioi）四字未见于《无圈点档》太祖朝和太宗朝早年的档册。此或由于当时尚未创制，或创制而未用，俱未可知。太宗天聪朝后期及崇德朝档册内，可见〜〜〜（jioi）、〜〜〜（nioi）二字，亦未见〜〜〜（cioi）、〜〜〜（gioi）二字，是为创制而未用也。

此外，〜〜〜（niong，妞英切）等八个字，应属于切韵字。

第三节　外联字

〜〜〜〜〜〜〜〜〜〜〜〜（manju tulergi holboho hergen），即"满洲外联字"⑧，简称外联字。所谓外联字，实际上是读音较为特殊的满语词汇，计有33个，兹按《清文启蒙》所载，列为表4-6。

---

① 《满文原档》第2册，台北"故宫博物院"2005年影印本，第199页。
② 中国第一历史档案馆整理编译：《内阁藏本满文老档》第4函第26册，辽宁民族出版社2009年影印本，第1169页。
③ 《满文原档》第2册，台北"故宫博物院"2005年影印本，第320页。
④ 中国第一历史档案馆整理编译：《内阁藏本满文老档》第4函第31册，辽宁民族出版社2009年影印本，第1383页。
⑤ 《满文原档》第3册，台北"故宫博物院"2005年影印本，第327页。
⑥ 中国第一历史档案馆整理编译：《内阁藏本满文老档》第6函第49册，辽宁民族出版社2009年影印本，第2246页。
⑦ 《满文原档》第3册，台北"故宫博物院"2005年影印本，第361页。
⑧ 舞格：《满汉字清文启蒙》卷1，三槐堂刻本，第36页。

无圈点满文

表 4-6 外联字

外联字	拉丁转写	对音汉字	汉语意思
	sain	萨衣切音	吉、善、好
	dain	歹音	干戈刀兵
	duin	堆音	四
	ainci	安七	想是
	ɢaindumbi	该音都嘛	相取相要
	niongniyaχa	妞翁切 呢呀切哈	鹅
	niongɢajambi	妞汪切啊渣嘛	磕伤皮肉
	niongnio	妞英切妞	品高出众。又翅大翎
	ya baingge	呀掰英哦	哪地方的
	gūwaingge	瓜英哦	别人的
	suingga	虽英啊	遭孽的。又孽障冤家。
	jaingge	斋英哦	第二个的
	feingge	佛英哦	旧的
	weingge	威英哦	谁的
	aššambi	阿诗沙嘛	活动
	χoššombi	豁诗说嘛	诓哄
	ɢūwaššambi	瓜诗沙嘛	肉跳。又片肉
	dūmbi	都嘛	拍打。又捶打
	neimbi	诺衣切嘛	开开
	ɢaimbi	该嘛	领取、讨要
	baimbi	掰嘛	乞求。又找寻
	saimbi	萨衣切嘛	口咬
	suimbi	虽嘛	和泥、和面。又研墨
	ɢoimbi	乖嘛	中。又著
	taimpa	胎模叭	小海螺
	neombi	诺幽切嘛	流落、漂流
	niombi	妞嘛	冰凉渣骨
	toombi	托嘛	骂
	doombi	多嘛	摆渡过河
	leombi	勒幽切嘛	舞耍

166

第四章 读音特殊的音节字

续表

外联字	拉丁转写	对音汉字	汉语意思
	nioqso	呢哟切坷梭	水内青苔绒
	niolhumbi	妞勒呼嘁	跃马。纵开马
	niolmun beye	妞勒们拨噎	赤身裸体

第五章　同形字辨识方法

　　无圈点满文中有许多同形字。其中，有些形体雷同的元音字母或音节字以及由此构成的词语，在当时可能不存在难以辨识的问题，至少对于熟悉本地风土人情、山川地理的时人来说，辨识的难度不大。随着金国势力的强盛，统治地域逐渐扩展，周边被征服或主动归服者日益增多，尤其随着满汉交往日益频繁，外来语特别是汉语词汇如人名、地名等大量进入满语。这时，由于满汉语言的差异，用无圈点满文书写的汉语词汇在遇到形体雷同的元音字母或音节字时，就难以正确辨认了。各种误读或误解实难避免，遂有文字改革之举，使无圈点满文成为加圈点满文。

　　今天，我们利用无圈点满文史料从事科研工作，首要问题就是要正确辨认无圈点满文中的同形字，以便正确解读、利用史料。如何正确辨认呢？概言之，其法有二：根据满语的特点辨识同形词；利用清代编纂的图书辨识同形词。

第一节　根据满语特点辨识同形词

　　与其他语言一样，满语有自身独有的特点，表现在语音、词汇、语法诸方面。因此，我们可以根据这方面的特点、辨识无圈点满文中的同形词。

第五章 同形字辨识方法

四十八 利用语音和谐律辨识词音词义

在阅读无圈点满文史料时，利用满语的语音和谐规律，区分同形词，较为便利。尽管满语元音和谐律不是特别严谨，紧性元音和松性元音可以在同一个词里出现，但这类情况并不普遍。多数情况下，元音和谐律在词语构成方面还是有其重要作用，借此可以辨认一些同形字。

（一）阳性元音和谐的词

1. 元音 ᠠ（a）和谐的词。一个词，如果词首为阳性元音字母（词首形式）ᠠ（a）或包含（词中形式）ᠠ（a）的音节字，则词干后续音节多为包含阳性元音字母（词中形式）ᠠ（a）、ᠣ（u）或中性元音字母（词中形式）ᠢ（i）的音节字。如果是动词，则有些词缀也使用包含元音字母（词尾形式）ᠠ（a）的音节字或包含（词中形式）ᠠ（a）的复合音节字。例如：ᠠᠮᠠᠯᠠ（amala，后）一词中词首为ᠠ（a），所以后续音节字应为ᠮᠠ（ma）、ᠯᠠ（la）而不应该是ᠮᡝ（me）、ᠯᡝ（le）。再如ᠠᡩᠠᠨᠠᠮᠪᡳ（adanambi，参加）一词，因词首为ᠠ（a），所以词中ᡩᠠ可读为 ta 或 da，而不可读为 te 或 de、ᠨᠠ读为 na 而不读 ne。因满语没有 ᠠᡨᠠᠨᠠᠮᠪᡳ（atanambi）一词，所以只能读为ᠠᡩᠠᠨᠠᠮᠪᡳ（adanambi）。其完成体、一般过去时附加成分均为ᡥᠠ（χa），作ᠠᡩᠠᠨᠠᡥᠠ（adanaχa，参加的、参加了）。结句附加成分为ᡥᠠᠪᡳ（χabi），作ᠠᡩᠠᠨᠠᡥᠠᠪᡳ（adanaχabi，参加了）。又如：ᠠᡩᡠᠯᠠᠮᠪᡳ（adulambi，牧放）一词，因词首为ᠠ（a），所以词中ᡩᡠ一般可读为 tu 或 du，而不读为 to 或 do、ᠨᠠ读为 na 而不读 ne。又因满语没有 ᠠᡨᡠᠯᠠᠮᠪᡳ（atulambi）一词，所以只能读为ᠠᡩᡠᠯᠠᠮᠪᡳ（adulambi）。其完成体、一般过去时附加成分均为ᡥᠠ（χa），作ᠠᡩᡠᠯᠠᡥᠠ（adulaχa，牧放的、牧放了）。结句附加成分为ᡥᠠᠪᡳ（χabi），作ᠠᡩᡠᠯᠠᡥᠠᠪᡳ（adanaχabi，牧放了）。

2. 元音 ᠣ（o）和谐的词。一个词，如果词首音节为阳性元音字母（词首形式）ᠣ（o）或包含（词中形式）ᠣ（o）的音节字，则词干后续音节多为包含元音字母（词中形式）ᠣ（o）、ᠠ（a）、ᠢ（i）的音节字。如果是动词，则有些词缀也用包含元音字母（词尾形式）ᠣ（o）、ᠠ（a）

169

的音节字，或包含（词中形式）ᠣ（o）的复合音节字。例如：ᠣᠮᠣᠯᠣ（omolo，孙）一词，因词首为ᠣ（o），加之满语唇形和谐的特殊性，后续音节字ᠮ一般读为 mo 而不读为 mu，ᠯ一般读为 lo 而不读为 lu。再如：ᠣᠨᠴᠣᠳᠣᠮᠪᠢ（oncodombi，宽宥）一词，词首音节字ᠣᠨ可读为 on 或 un，词干后续音节字ᠴ可读为 co 或 cu、ᠳ读为 to 或 do 而不读为 tu 或 du。因满语没有ᠤᠨᠴᠤᠳᠤᠮᠪᠢ（uncudumbi）、ᠤᠨᠴᠤᠳᠣᠮᠪᠢ（uncudombi）、ᠣᠨᠴᠣᠳᠤᠮᠪᠢ（oncodumbi）、ᠣᠨᠴᠤᠳᠣᠮᠪᠢ（oncudombi）等词，所以只能读为ᠣᠨᠴᠣᠳᠣᠮᠪᠢ（oncodombi）。其完成体、一般过去时附加成分均为ᡥᠣ（χo），作ᠣᠨᠴᠣᠳᠣᡥᠣ（oncodoχo，宽宥的、宽宥了）。结句附加成分为ᡥᠣᠪᠢ（χobi），作ᠣᠨᠴᠣᠳᠣᡥᠣᠪᠢ（oncodoχobi，宽宥了）。又如：ᠰᠣᠰᠠᠮᠪᠢ（sosambi，抢掳）一词，词首ᠰ可读为 so 或 su，词干音节字ᠰ可读为 sa 或 se。因满语没有ᠰᠣᠰᠧᠮᠪᠢ（sosembi）、ᠰᡠᠰᠠᠮᠪᠢ（susambi）、ᠰᡠᠰᠧᠮᠪᠢ（susembi）等词，所以可读为ᠰᠣᠰᠠᠮᠪᠢ（sosambi）。其完成体、一般过去时附加成分为ᠠ（qa/χa），作ᠰᠣᠰᠠᠠ（sosaqa/sosaχa，抢掳的、抢掳了）。其结句附加成分为（qabi/χabi），作ᠰᠣᠰᠠᠠᠪᠢ（sosaqabi/sosaχabi，抢掳了）。又如：ᠳᠣᠰᠢᠮᠪᠢ（dosimbi，进）一词，词首ᠳ可读为 to/do/tu/du，后续音节字为ᠰᡳ（si）。因满语没有ᡨᠣᠰᠢᠮᠪᠢ（tosimbi）、ᡨᡠᠰᠢᠮᠪᠢ（tusimbi）、ᡩᡠᠰᠢᠮᠪᠢ（dusimbi）等词，所以只能读为：ᠳᠣᠰᠢᠮᠪᠢ（dosimbi）。其完成体、一般过去时附加成分为ᠠ（qa/χa），作ᠳᠣᠰᠢᠠ（dosiqa/dosiχa，进的、进了）。结句附加成分为ᠪᠢ（qabi/χabi），作ᠳᠣᠰᠠᠠᠪᠢ（dosaqabi/dosaχabi，进了）。

3. 元音ᡠ（u）和谐的词。一个词，如果词首音节为阳性元音字母（词首形式）ᡠ（u）或包含（词中形式）ᡠ（u）的音节字，则词干后续音节多为包含元音字母（词中形式）ᡠ（u）、ᠠ（a）、ᡳ（i）的音节字。如果是动词，则词缀用包含元音字母（词尾形式）ᠠ（a）的音节字，或用包含元音字母（词中形式）ᠠ（a）或ᠧ（e）的复合音节字。例如：ᡠᠵᡠ（uju，头、第一）一词，词首ᡠ可读为 u 或 o，ᠵᡠ可读为 jo 或 ju。因满语没有ᠣᠵᠣ（ojo）、ᠣᠵᡠ（oju）、ᡠᠵᠣ（ujo）等词，所以只能读为ᡠᠵᡠ（uju）。再如：ᠰᡠᠴᡠᠮᠪᠢ（sucumbi，冲阵）一词，词首ᠰ可读为 so

或 su，词干音节字ᡠ可读为 co 或 cu。因满语没有ᡠᡠᡳᠮᠪᡳ（socombi）、ᡠᡠᠮᠪᡳ（socumbi）、ᡠᡠᡳᠮᠪᡳ（sucombi）等词，所以只能读为ᡠᡠᠮᠪᡳ（sucumbi）。其完成体、一般过去时附加成分为ᡥᠠ（qa/χa），作ᡠᡠᡥᠠ（sucuqa/sucuχa，冲阵的、冲阵了）。结句附加成分为ᡥᠠᠪᡳ（χabi），作ᡠᡠᡥᠠᠪᡳ（sucuχabi，冲阵了）。又如：ᡠᡩᠠᠮᠪᡳ（udambi，买）一词，词首ᡠ可读为 o 或 u，后续音节字ᡩᠠ可读为 ta/te/da/de。因满语没有ᡠᡨᠠᠮᠪᡳ（otambi）、ᡠᡨᡝᠮᠪᡳ（otembi）、ᡠᡩᡝᠮᠪᡳ（odembi）、ᡠᡨᠠᠮᠪᡳ（utambi）、ᡠᡩᡝᠮᠪᡳ（udembi）等词，所以只能读为ᡠᡩᠠᠮᠪᡳ（udambi）。其完成体、一般过去时附加成分为ᡥᠠ（qa/χa），作ᡠᠯᠠᡥᠠ（ulaqa/ulaχa，买的、买了）。结局附加成分为ᡥᠠᠪᡳ（qabi/χabi），作ᡠᠯᠠᡥᠠᠪᡳ（ulaχabi/ulaχabi，买了）。又如：ᡶᡠᠰᡳᠮᠪᡳ（fusimbi，剐），词首ᡶ可读为 fo 或 fu，词干后续音节字为ᠰᡳ（si）。因满语没有ᡶᠣᠰᡳᠮᠪᡳ（fosimbi）一词，所以只能读为ᡶᡠᠰᡳᠮᠪᡳ（fusimbi）。其完成体、一般过去时附加成分为ᡥᠠ（qa/χa），作ᡶᡠᠰᡳᡥᠠ（fusiqa/fusiχa，剐的、剐了）。结句附加成分为ᡥᠠᠪᡳ（qabi/χabi），作ᡶᡠᠰᡳᡥᠠᠪᡳ（fusiqabi/fusiχabi，剐了）。

（二）阴性元音和谐的词

1. 元音ᡝ（e）和谐的词。 一个词，如果词首音节为阴性元音字母（词首形式）ᡝ（e）或包含（词中形式）ᡝ（e）的音节字，则词干后续音节多为包含元音字母（词中形式）ᡝ（e）、ᡠ（u）或中性元音字母（词中形式）ᡳ（i）的音节字。如果是动词，则有些词缀也用包含元音字母（词尾形式）ᡝ（e）的音节字或包含（词中形式）ᡝ（e）的复合音节字。例如：ᡝᠯᡝ（ele，所有、益发）一词，因词首为ᡝ（e），所以后面音节字ᠯᡝ读为 le 而不读为 la。再如：ᡝᡩᡝᠯᡝᠮᠪᡳ（edelembi，亏欠）一词，因词首为ᡝ（e），所以后续音节字ᡩᡝ可读为 te 或 de 而不可读为 ta 或 da，ᠯᡝ读为 le 而不读为 la。又因满语没有ᡝᡨᡝᠯᡝᠮᠪᡳ（etelembi）一词，所以只能读为ᡝᡩᡝᠯᡝᠮᠪᡳ（edelembi）。其完成体、一般过去时附加成分均为ᡥᡝ（he），作ᡝᡩᡝᠯᡝᡥᡝ（edelehe，亏欠的、亏欠了）。结句附加成分是ᡥᡝᠪᡳ（hebi），作ᡝᡩᡝᠯᡝᡥᡝᠪᡳ（edelehebi，亏欠了）。又如：ᡝᡨᡠᠮᠪᡳ（etumbi，穿）一词，因词首为ᡝ（e），所以后面ᡨᡠ一般读为 tu 或 du 而不读为 to

或 do。又因满语没有 ⟨edumbi⟩ 一词，所以只能读为 ⟨etumbi⟩。其完成体、一般过去时附加成分均为 ⟨he⟩，作 ⟨etuhe, 穿的、穿了⟩。结句附加成分为 ⟨hebi⟩，作 ⟨etuhebi, 穿了⟩。又如：⟨erimbi, 扫除⟩ 一词，词首为 ⟨e⟩，后续音节字为 ⟨ri⟩。其完成体、一般过去时附加成分均为 ⟨he⟩，作 ⟨erihe, 扫除的、扫除了⟩。结句附加成分为 ⟨hebi⟩，作 ⟨erihebi, 扫除了⟩。

2. 元音 ⟨ō⟩ 和谐的词。 一个词，如果词首为阴性元音字母（词首形式）⟨ō⟩ 或包含（词中形式）⟨o⟩ 的音节字，则词干后续音节多为包含元音字母词中形式 ⟨o⟩、⟨e⟩、⟨i⟩ 或词尾形式 ⟨o⟩、⟨e⟩ 的音节字。如果是动词，则词缀使用阴性形式。例如：⟨ōren, 牌位⟩、⟨ōlen, 房舍⟩、⟨ōlet, 额鲁特⟩、⟨dōro, 道、礼⟩、⟨ōke⟩。值得注意的是，在无圈点满文中，元音字母 ⟨o⟩、⟨ō⟩ 以及相应音节字的使用往往相混，阴阳混用者时而可见。而在加圈点满文中，由于取消了阴性元音字母 ⟨ō⟩ 及相应的音节字，⟨o⟩ 便成为中性元音字母了。

3. 元音 ⟨ū⟩ 和谐的词。 一个词，如果词首音节为阴性元音字母（词首形式）⟨ū⟩ 或包含（词中形式）⟨ū⟩ 的音节字，则词干后续音节多为包含元音字母词中形式 ⟨u⟩、⟨e⟩、⟨i⟩ 或词尾形式 ⟨u⟩、⟨e⟩ 的音节字。如果是动词，则词缀使用阴性形式。例如：⟨ūru, 是非之是⟩、⟨ūju, 头、第一⟩、⟨ūme, 勿⟩、⟨tūmen, 万⟩、⟨būleku, 镜子⟩、⟨kūndulen, 恭敬⟩、⟨būhe, 给的、给了⟩、⟨jūse, 众子⟩、⟨ūsin, 田⟩。值得注意的是，在无圈点满文中，元音字母 ⟨u⟩、⟨ū⟩ 以及相应音节字的使用往往相混，阴阳混用者时而可见。而在加圈点满文中，由于取消了阴性元音字母 ⟨ū⟩ 及相应的音节字，⟨u⟩ 便成为中性元音字母了。

（三）中性元音和谐的词

一个词，如果词首音节为中性元音字母（词首形式）⟨i⟩ 或包含（词中形式）ᡳ（i）的音节字，则词干后续音节多为包含元音字母（词中形式）ᠠ（a）、ᠠ（e）、ᡳ（i）、ᡠ（u）的音节字。如果是动词，则词缀用包含元音字母（词尾形式）ᠠ（a）或ᠠ（e）的音节字，或用包含元音字母（词中形式）ᠠ（a）或ᠠ（e）的复合音节字。例如：ᡳᠯᠠᠨ（ilan，三）一词，因词首为ᡳ（i），后续音节字ᠯᠠᠨ可读为 lan 或 len。又因满语没有ᡳᠯᡝᠨ（ilen）一词，所以只能读为ᡳᠯᠠᠨ（ilan）。再如：ᡳᡨᡝᠨ（iten，二岁牛）一词，词首为ᡳ（i），后续音节字ᡨᡝᠨ可读为 ten/den/tan/dan。因满语没有ᡳᡩᡝᠨ（iden）、ᡳᡨᠠᠨ（itan）、ᡳᡩᠠᠨ（idan）等词，所以只能读为ᡳᡨᡝᠨ（iten）。又如：ᡳᠯᡳᠮᠪᡳ（ilimbi，站立、歇止）一词，词首为ᡳ（i），后续音节字为ᠯᡳ（li）。其完成体、一般过去时附加成分均为ᡥᠠ（χa），作ᡳᠯᡳᡥᠠ（iliχa，站立的、歇止的、站立了、歇止了）。其结句附加成分为ᡥᠠᠪᡳ（χabi），作ᡳᠯᡳᡥᠠᠪᡳ（iliχabi，站立了、歇止了）。又如：ᡳᡩᡠᠮᠪᡳ（idumbi，拧箭翎），词首为ᡳ（i），后续音节字ᡩᡠ一般读为 tu 或 du 而不读为 to 或 do。又因满语没有ᡳᡨᡠᠮᠪᡳ（itumbi）一词，所以只能读为ᡳᡩᡠᠮᠪᡳ（idumbi）。其完成体、一般过去时附加成分均为ᡥᡝ（he），作ᡳᡩᡠᡥᡝ（ituhe，拧箭翎的、拧箭翎了）。其结句附加成分为ᡥᡝᠪᡳ（hebi），作ᡳᡩᡠᡥᡝᠪᡳ（iduhebi，拧箭翎了）。

（四）辅音与元音和谐的词

在满语中，小舌辅音 q、G、χ 与舌根辅音 k、g、h 在语音和谐方面是对立的，前三者只与阳性元音构成音节，后三者只与阴性元音构成音节。表现在无圈点满文中，辅音字母（词首形式）ᡴ（q）、ᡴ（G）、ᡴ（χ）与阳性元音字母构成音节字和词语，ᡴ（k）、ᡴ（g）、ᡴ（h）与阴性元音字母构成音节字和词语，由此也可以辨识形体雷同词语的音义。

1. 辅音（词首形式）ᡴ（q）、ᡴ（G）、ᡴ（χ）与阳性元音和谐的词。 如前所述，在无圈点满文中，辅音字母（词首形式）ᡴ（q）、ᡴ（G）、ᡴ（χ）只与阳性元音字母（词尾形式）ᠠ（a）、ᠣ（o）、ᡠ（u）构成音节字。因此，一般来说，包含辅音字母词首形式ᡴ（q）、ᡴ（G）、ᡴ（χ）、词中形式ᡴ（q）、ᡴ（G）、ᡴ（χ）或词尾形式ᡴ（q）的单词

无圈点满文

是阳性词语，词中其余音节一般是包含阳性或中性元音字母的音节字。例如：〄〄〄（qadalambi，管辖）一词，因词首〄可读为 qa/Ga/χa，所以后续音节字〄读为 ta 或 da 而不可读为 te 或 de，〄读为 la 而不读为 le，又因满语没有〄〄〄（qatalambi）、〄〄〄（Gatalambi）、〄〄〄（Gadalambi）、〄〄〄（χatalambi）、〄〄〄（χadalambi）等词，所以只能读为〄〄〄（qadalambi）。再如：〄〄〄（taqurambi，派遣）一词，因词干有音节字〄（qo/Go/χo/qu/Gu/χu），所以〄可读为 ta 或 da 而不可读为 te 或 de，〄读为 ra 而不读为 re，又因满语没有〄〄〄（taqorambi）、〄〄〄（taGorambi）、〄〄〄（taχorambi）、〄〄〄（taGurambi）、〄〄〄（taχurambi）、〄〄〄（daqurambi）、〄〄〄（daGurambi）、〄〄〄（daχurambi）等词，所以只能读为〄〄〄（taqurambi）。又如：〄〄（baq，巴克）之名，尾音为辅音字母〄（q），故其词首音节字必读为 ba 而不读为 be。又如：〄〄〄（Gabtambi，射箭）一词，因词首有〄〄（qab/Gab/χab），所以后续音节字〄读为 ta 或 da 而不读为 te 或 de，又因满语没有〄〄〄（qabtambi）、〄〄〄（qabdambi）、〄〄〄（Gabdambi）、〄〄〄（χabtambi）、〄〄〄（χabdambi）等词，所以只能读为〄〄〄（Gabtambi）。又如：〄〄〄（farGambi，追赶）一词，因词干有音节字〄（qa/Ga/χa），所以词首〄读为 far 而不读为 fer，又因满语没有〄〄〄（farqambi）、〄〄〄（farχambi）二词，所以只能读为〄〄〄（farGambi）。又如：〄〄〄（saχambi，砌）一词，因词干有〄（qa/Ga/χa），所以词首〄应读为 sa 而不应读为 se，又因满语没有〄〄〄（saqambi）、〄〄〄（saGambi）二词，所以只能读为〄〄〄（saχambi）。

2. 辅音（词首形式）〄（k）、〄（g）、〄（h）与阴性元音和谐的词。 如前所述，在无圈点满文中，辅音字母（词首形式）〄（k）、〄（g）、〄（h）只与阴性元音字母（词尾形式）〄（e）、〄（ō）、〄（ū）和中性元音字母（词尾形式）〄（i）构成音节字。因此，一般来说，包含辅音字母词首形式〄（k）、〄（g）、〄（h）、词中形式〄（k）、〄（g）、〄（h）或词尾形式〄（k）的单词是阴性词语，词中其余音节一般是包含阴性

174

第五章 同形字辨识方法

或中性元音字母的音节字。例如：ᠺᡝᠮᠨᡝᠮᠪᡳ（kemnembi，节用、度量）一词，因词首有ᠺᡝ（kem/gem/hem），所以后续音节字应读为 ne 而不应读为 na。又因满语没有ᡤᡝᠮᠨᡝᠮᠪᡳ（gemnembi）、ᡥᡝᠮᠨᡝᠮᠪᡳ（hemnembi）二词，所以只能读为ᠺᡝᠮᠨᡝᠮᠪᡳ（kemnembi）。ᡤᡝᠯᡝᠮᠪᡳ（gelembi，怕）一词，因词首有ᡤᡝ（ke/ge/he），所以后续音节字应读为 le 而不应读为 la。又因满语没有ᡴᡝᠯᡝᠮᠪᡳ（kelembi）、ᡥᡝᠯᡝᠮᠪᡳ（helembi）二词，所以只能读为ᡤᡝᠯᡝᠮᠪᡳ（gelembi）。又如：ᡥᡝᠯᠮᡝᠨ（helmen，影）一词，因词首有ᡥᡝᠯ（kel/gel/hel），所以后续音节字应读为 men 而不应读为 man。又因满语没有ᡴᡝᠯᠮᡝᠨ（kelmen）、ᡤᡝᠯᠮᡝᠨ（gelmen）二词，所以只能读为ᡥᡝᠯᠮᡝᠨ（helmen）。又如：ᡩᡝᡥᡝᠮᡝ（deheme，姨母）一词，因词中有ᡥᡝ（ke/ge/he），所以其前面的ᡩᡝ应读为 te 或 de 而不应读为 ta 或 da，后面的ᠮᡝ应读为 me 而不应读为 ma。又因满语没有ᡩᡝᡴᡝᠮᡝ（dekeme）、ᡩᡝᡤᡝᠮᡝ（degeme）、ᡨᡝᡥᡝᠮᡝ（teheme）、ᡨᡝᡤᡝᠮᡝ（tegeme）等词，所以只能读为ᡩᡝᡥᡝᠮᡝ（deheme）。

四十九　根据满语词汇系统辨识词音词义

在任何语言中，所有词语都有词语意义或语法意义。因此，在阅读无圈点满文史料时，若遇到形体雷同的词语，可以根据满语的词汇系统辨识具体某个词的音义，并决定取舍。如果某个辨认的词，在满语词汇中不存在，就说明辨认有误，需要重新辨认。例如：ᠪᡝᠶᡝ一词，既可读为 baya，亦可读为 beye。然而，读为 baya，则无词义；读为 beye，则有"身""自己"之义。因此，应读为ᠪᡝᠶᡝ（beye，身、自己）。再如：ᠰᠣᠮᠣ一词，可读为 somo、somu、sumu、sumo。然而，读为 somu、sumu、sumo，则均无词义；读为 somo，则有"还应神杆"之义。因此，应读为ᠰᠣᠮᠣ（somo，还应神杆）。又如：ᡠᡩᡠ一词，可读为 oto、otu、odo、odu、uto、udu 等。然而，读为 oto、otu、odo、odu、uto，则均无词义；读为 udu，则有"几个""虽"之义。因此，应读为ᡠᡩᡠ（udu，几个、虽）。又如：ᡩᠠᡶᠠᠮᠪᡳ一词，可读为 tafambi、tawambi、dawambi、dafambi、tewembi、tefembi、dewembi、defembi 等。然而，读为 tawambi、dawambi、dafambi、tewembi、tefembi、dewembi、defembi，

175

则均无词义；读为 tafambi，则有"登上"之义。因此，应读为 ᠊᠊᠊（tafambi，登上）。又如：᠊᠊᠊一词，可读为 ᠊᠊᠊（ombi）或 ᠊᠊᠊（umbi）；读为 ᠊᠊᠊（umbi），则满语中没有这样的单词，不表达任何意义；读为 ᠊᠊᠊（ombi），则满语中有这样的动词，表示"可以""去得"等意义。因此，᠊᠊᠊应读为 ombi。又如：᠊᠊᠊一词，可读为 ᠊᠊᠊（ōke）或 ᠊᠊᠊（ūke）。然而，在满语中，没有 ᠊᠊᠊（ūke）这样的单词，不表达任何意义，却有 ᠊᠊᠊（ōke）这个单词，新满文为 ᠊᠊᠊（oke），意为"婶母"。因此，᠊᠊᠊应读为 ōke。

五十　根据文义辨识词音词义

在特定语句中，每个词都有一个确定的意义。因此，在阅读无圈点满文史料时，若遇到形体雷同的词语，可以根据文义之当否，确定句中每个词的音义。

在无圈点满文中，非但某些元音字母和音节字的形体雷同，而且某些词语的形体也彼此雷同，且都有词义。遇到这种情况，就要根据整句所要表达的意思来判断。因为在特定语句中，每个单词只有一个词义。因此，根据整句的意义，可以确定其中每个词的音义。例如：᠊᠊᠊一词，可读为 ᠊᠊᠊（aGa），意为"雨"；可读为 ᠊᠊᠊（aχa），意为"奴仆"；可读为 ᠊᠊᠊（aqa，令伤心），乃动词 ᠊᠊᠊（aqambi，伤心）的命令形式。再如：᠊᠊᠊一词，可读为 ᠊᠊᠊（qaqa），即喀喀，人名；可读为 ᠊᠊᠊（qaχa，围困的、围困了），乃动词 ᠊᠊᠊（qambi，围困）的完成体或一般过去时形式；可读为 ᠊᠊᠊（Gaχa），意为"乌鸦"；可读为 ᠊᠊᠊（χaGa），意为"鱼刺"；可读为 ᠊᠊᠊（χaχa），意为"男人"。又如：᠊᠊᠊一词，可读为 ᠊᠊᠊（qoro），意为"伤痛"；可读为 ᠊᠊᠊（Goro），意为"远"；可读为 ᠊᠊᠊（χoro），意为"黑鱼"；可读为 ᠊᠊᠊（qūru），意为"奶饼子"；可读为 ᠊᠊᠊（χūru），意为"竹口琴"。又如：᠊᠊᠊一词，可读为 ᠊᠊᠊（ubu），意为"份"；可读为 ᠊᠊᠊（obu），乃动词 ᠊᠊᠊（obumbi，作为）的命令式，表示"令作为"之义；可读为 ᠊᠊᠊（obo），乃动词 ᠊᠊᠊（obombi，洗）的命令式，表示"令洗"之义。遇到这种情况，需要审视整句的语法结构及其所要表达的意思，以确定此类单词的读音及其意义。在特定的语言环境中，每个单词的意义都具有唯一性，由此能够确定每个字母或音节字在单词里的正确读音，正确理解该单词的正确含义。

第二节　利用清代图书辨识同形词

查阅无圈点满文史料，用以学术研究时，难免遇到难以辨识的同形词。这时候，除第一节所述方法外，还可以借助前人编纂的满语文工具书，解决难题。

有清一代，编纂图书，成就斐然，其中涉及无圈点满文者，除学人熟悉的康熙朝《御制清文鉴》、乾隆朝《御制增订清文鉴》以及《皇朝通志》等书外，鲜为人知的《无圈点字书》《实录内摘出旧清语》二书极为珍贵，特别值得重视。兹分别详细阐述，以便大家全面了解，更好地利用。

五十一　《无圈点字书》

（tongki fuqa aqū hergen i bithe）即《无圈点字书》乃大学士鄂尔泰、尚书衔徐元梦奉清高宗之命编纂的工具书。该书从《无圈点档》中，选取难解之词，加以注释，弥足珍贵。

1.《无圈点字书》产生的历史背景。 清人将包括金国时期记录各项活动的档册，称为（tongki fuqa aqū dangse），即《无圈点档》。这种档册的数量，今已无从稽考。清朝入关时，将其运至北京，庋藏于内阁大库，以备查核。① 然而，随着时间的推移，有的人已不通晓无圈点满文，甚至有人直接按加圈点满文的方式来释读无圈点满文，《起居注》康熙五十四年（1715）九月二十五日记载中就有这样的事例：

---

① 关于《无圈点档》，详见赵志强《论满文〈无圈点档〉》，《清史研究》2019 年第 2 期。

无圈点满文

[满文文本]

（cooxai jurɢan ci, icihiyara χafan
兵的 部 自 办理的 官
bihe bursai sei ishunde niru temšeme χabšaχa, geli sula uqsun fuge
曾经 布尔赛 等的 互相 牛录 争 控告的 又 闲散 宗室 佛格
se, mampi, χori, bursai se daci songɢotu de ertufi, membe gidašaχai
等 满丕 和理 布尔赛 等 原先 索额图 于 倚仗后 我们将 一直 欺侮
来了 官 户 兵 三 部 的 档子 将 毁坏 使躲避的
jihe, χafan, boiɢon, cooχa ilan jurɢan i dangse be efuleme jailabuχa,
内 衙 门 的 档子的 字 将 勾抹了 添注了 说 控告的
dorgi yamun i dangsei hergen be qūwaraχa, asχabuχa seme χabšaχa
事 将 查得 点 圈 无 档子 于 卓科塔 说 写了
baita be baicaci, tongki fuqa aqū dangse de joqota seme araχabi,
并 朱胡达 说 将 名 无 布尔赛 等 朱胡达 说 将 他们的 曾 祖
umai juχūda sere gebu aqū. bursai se juχūda be ceni unggu mafa
说了 而 口 合 口 供 取 的 于 又 我们的 伯父 曾
sehe bime, angɢa acabume jabun ɢaire de, geli meni amji unggu
祖 说 者 应当 不 布尔赛 等将 各一 年 俸禄 罚
mafa sehengge, acaχaqūbi. bursai sebe emte aniyai funglu faitame,
佛格 等 的 满丕 和理 等 原先 索额图 于 倚仗后 我们 将 一直 欺侮
fuge sei, mampi, χori se daci songɢotu de ertufi, membe gidašaχai

① 中国第一历史档案馆藏：满文《起居注》02-5（三）。

178

第五章 同形字辨识方法

jihe sere jergi ba, giyan i nergin de χabšaci acambihe, nergin de χabšaχaqū, te inenggi biya ɢoidafi siden temgetu aqū be daχame, gisurere ba aqū seme gisurefi wesimbuhe baita, χori i wesimbuhe jedzi be suwaliyame dacilame wesimbuhede, dele hendume: dzung žin fu yamun, jurgan ci gemu χaršame gisurehebi. kingqan serengge, utχai hingɢan. suifun, hingɢan utχai emu ba. tongki fuqa aqū bithede, joqota seme araχabi, joqota utχai juχai inu. ere utχai dzun χūwa be sunaχa, dzung bing guwan be, su ming gung sehe adali, emu dabala, juwe χacin aqū. te juse omosi mini ama mafa daci su ming gung bihe sehede, dzung bing guwan waqa seci ombio: te bicibe jurɢan yamun i wesimbuhe baitai dorgide tongki fuqa melebuhengge umesi labdu, bi fulgiyan fi i dasaχa ba inu bi. erebe gemu waqa de obuci ombio:）

其汉文曰："又覆请兵部覆原任郎中布尔赛等互争佐领控告。又闲散宗室佛格等控告满丕、和理、布尔赛等，原倚仗索额图欺侮我等，将吏、户、兵三部档案毁匿，将内阁档案之字涂注一案。查无圈点档案所写系卓科塔，并无朱胡达之名。布尔赛等称，朱胡达为伊曾祖，取供时又称系伊伯曾祖，不合。应将布尔赛等各罚俸一年。佛格等所称满丕、和理等，原倚仗索额图欺侮伊等之处，当时即应控告，乃当时不曾控告，今岁月已久，证据俱无，应无庸议一疏。并以和理所奏原折覆请。上曰：'宗人府衙门及该部所议，俱偏向矣。卿安即兴安，隋分、兴安是一处。无圈点档案写卓科塔，卓科塔即是朱胡达。此即与称遵化为苏那哈、总兵官为苏明公等，是一而已，无有二也。今子孙称伊祖父为苏明公，谓非总兵官，可乎？称苏那哈效力，谓非遵化，可乎？即今各部奏疏内，遗漏圈点者甚多，朕亦有硃笔改正之处。俱意为非，可乎？'"[①]

由此可见，时至康熙末年，宗人府、兵部在事官员已不知无圈点

---

① 中国第一历史档案馆整理：《康熙起居注》第三册，中华书局1984年版，第2198—2199页。

179

无圈点满文

满文地名 〰（kingqan，卿安）、人名 〰（joqota，卓科塔）可分别读为加圈点满文 〰（hingɢan，兴安）、〰（juχūda，朱胡达），犹如无圈点满文 〰（su ming gung，苏明公）、〰（sunaχa，苏那哈）可分别读为加圈点满文 〰（dzung bing guwan，总兵官）、〰（dzun χūwa，遵化）。

2. 编纂《无圈点字书》的目的及其方法。乾隆六年（1741）七月二十一日，清高宗命大学士鄂尔泰、尚书衔徐元梦阅览《无圈点档》，编纂一部字书，是为 〰（tongki fuqa aqū hergen i bithe）即《无圈点字书》。该书之首，有鄂尔泰等奏折及所奉谕旨，详细阐述了编纂缘起、目的、方法以及《无圈点档》托裱装订事项。其文曰：

180

第五章 同形字辨识方法

"①（dorgi yamun i
内 衙门 的
承当的 文书的 头目 太保 第三 等级 伯 大臣 鄂尔泰 等的 恭敬
aliχa bithei da, taiboo, ilaci jergi be, amban ortai sei gingguleme
具 奏 旨 将 恭 敬 遵 从 的 为 天 的 扶助 也
wesimburengge, hese be gingguleme daχara jalin. abqai wehiyehe
第 六 年 七 月的 二十 一 于 旨 降 下 者
ningguci aniya nadan biyai orin emu de hese wasimbuχangge,
点 圈 无 文字 原先 满洲 书的 根本 今 如果 一 部
tongki fuqa aqū hergen, daci manju bithei fulehe, te aiqa emu yohi
书 编 写后 使 收藏 不 为 若 后 湮 没 后
bithe banjibume arafi asaraburaqū oci, amaɢa inrnggi burubufi,
人 皆 满洲 书 原先 点 圈 无 文字 自
niyalma gemu manju bithe daci tongki fuqa aqū hergen ci
开 始 者 将 知道 不 成为 鄂尔泰 徐 元 梦 于 交付 后
deribuhengge be sarqū ombi, ortai, sioi yuwan meng de afabufi,
点 圈 无 文字 的 档子 将 看 或 如 何 一 十 二 头
tongki fuqa aqū hergen i dangse be tuwame, eici juwan juwe uju
将 依照 一 部 书 编 写后 或 如何 一 部
be daχame emu yohi bithe banjibume arafi, eici adarame emu yohi
书 写后 宗室 觉罗的 学校 国 子 监 衙门 的 众
bithe arafi, uqsun, gioroi taciqū, guwe dzi giyan yamun i geren
学校 于 各一 抄录后 使收藏准 后 将 恭敬
taciqū de emte yohi sarkiyafi asarabukini sehe be gingguleme
遵循后 大臣 我们 内 衙 门 的 库 于 皮藏的 点 圈 无
daχafi, amban be dorgi yamun i ku de asaraχa tongki fuqa aqū
文字 的 档子 将 详细 看了 今 虽然 这个 文字 将
hergen i dangse be kimcime tuwaχa, te udu ere hergen be
用 不 虽然 满洲 文字 实在 的 这自 开 始 者 再
baitalaraqū bicibe, manju hergen, yargiyan i ereci deribuhengge, jai

① 鄂尔泰等奉敕编纂：《无圈点字书》，乾隆内府写本。

181

无圈点满文

jaqūn gūsai nirui sekiyen, sirara χafan buhe turgun yooni ere
dangsede ejehebi, ere dangse i hergen, tongki fuqa aqū teile aqū,
geli teodenjeme baitalaχangge bi, dergi fejergi hergen de acabume
gūnin gaime kimcime tuwaraqū oci, ja i taqaraqū, te ejen hese
wasimbufi, bithe banjibume arafi asaraburengge, yargiyan i manju
hergen i da sekiyen be enteheme buruburaqū obure ferguwecuke
gūnin, amban be ejen i hese be gingguleme daχafi, ere dangse i
dorgi tongki fuqa sindame χūlaci, utχai taqaci ojoro hergen ci
tulgiyen, te i hergen ci encu, taqara de mangga hergen be yooni
tukiyefi, te i hergen qamcibufi, juwan juwe uju be daχame, emu
yohi bithe banjibume arafi, dele tuwabume wesimbuhe, ejen jorime
tacibuχa manggi, dorgi yamun de emu yohi asaraburaci tulgiyen,
uqsun, gioroi taciqū, guwe dzi giyan yamun i geren taciqū de
emte yohi sarkiyame gamabufi asarabufi, amaga urse be, manju
bithe daci ere hergen ci deribuhengge be sakini. geli baicaci, ere
dangse aniya goidara jaqade, umesi manaχabi, ere enteheme
goidame asarara dangse be daχame, afaχa tome χoošan jibsime
biyoolafi dasame kiyalafi asarabuki sembi, erei jalin gingguleme
wesimbuhe. hese be baimbi seme abqai wehiyehe ningguci aniya
omšon biyai juwan emu de aliχa bithei da taiboo ilaci jergi be
ortai, aliχa amban i jergi taidzi šooboo sioi yuwan meng
wesimbuhede, ineku inenggi hese wasimbuχangge jedzi be bithei
juleri ara erei songkoi ilan dobton arafi dolo benju gūwa be
gisurehe songkoi obu sehe.)

该折汉译为："内阁大学士太保三等伯臣鄂尔泰等谨奏：为钦奉谕旨事。乾隆六年七月二十一日奉旨：无圈点字原系满洲书之本，今若不编书一部收贮，则日后湮没，人皆不知满洲书之肇始于无圈点字也。著交付鄂尔泰、徐元梦，阅览《无圈点档》，或依照《十二字头》编书一部，或如何修书一部，于宗室、觉罗学，国子监各学，各钞录

182

一部，使之收贮可也。钦此，钦遵，臣等已将内阁库存之《无圈点字档》详细阅览，此字今虽不用，然满洲字实肇始于此。再，八旗牛录之渊源、给予世职之缘由，俱记载于此档。此档之字，不仅无圈点，复有假借者，若不详细查阅，结合上下字理解，则识之不易。今皇上降旨，编书收贮者，诚满洲字之根源永不湮没之至意。臣等钦遵上旨，将此档内，除施加圈点读之，即可认识之字外，将异于今字、难于辨认之字，全行摘出，兼写今字，依照《十二字头》，编书一部，恭呈御览。俟皇上指教后，除令内阁收贮一部外，令宗室、觉罗学，国子监各学，各钞去一部收贮，使后人知满洲书原始于此字可也。又查得，因年代久远，此档颇为糟朽。此乃永久贮藏之档，相应逐页托裱，重订以藏。为此谨奏。请旨。乾隆六年十一月十一日，大学士太保三等伯鄂尔泰、尚书衔太子少保徐元梦奏，本日奉旨：著将折子录于书前。照此缮录三函送内。余依议。钦此。"

《无圈点字书》一函 4 卷，每卷 1 册。卷首有乾隆六年十一月十一日大学士鄂尔泰、尚书徐元梦的奏折及所奉谕旨。每卷之内，各字头开始处，列有满文书名。所录者皆为《无圈点档》内"异于今字，难于辨认之字"，凡 3700 余，并按《十二字头》顺序排列，卷 1 为 ᠠ（a）、ᠠ（e）、ᠠ（i）字头，卷 2 为 ᠠ（ai）、ᠠ（ei）、ᠠ（ii）字头，ᠠ（ar）、ᠠ（er）、ᠠ（ir）字头，ᠠ（an）、ᠠ（en）、ᠠ（in）字头，卷 3 为 ᠠ（ang）、ᠠ（eng）、ᠠ（ing）字头，ᠠ（aq）、ᠠ（ek）、ᠠ（iq）字头，ᠠ（as）、ᠠ（es）、ᠠ（is）字头，ᠠ（at）、ᠠ（et）、ᠠ（it）字头，卷 4 为 ᠠ（ab）、ᠠ（eb）、ᠠ（ib）字头，ᠠ（ao）、ᠠ（eo）、ᠠ（io）字头，ᠠ（al）、ᠠ（el）、ᠠ（il）字头，ᠠ（am）、ᠠ（em）、ᠠ（im）字头。

该书所录词语，无论书写，抑或编排，讹误极少，绝大多数均可采信，详见本书附录。

五十二 《实录内摘出旧清语》

（yargiyan

qooli ci tukiyeme tucibuhe fe manju gisun i bithe）即《实录内摘出旧清语》，乃大学士傅恒、舒赫德、于敏中、阿桂等先后奉清高宗之命编纂的工具书。该书从清太祖、太宗、世祖《实录》和《无圈点档》中选取"旧清语"，以乾隆时通行的满语进行解释，弥足珍贵。其所录者虽为"旧清语"，但对无圈点满文的释读也具有重要价值。

1.《实录内摘出旧清语》的性质及编纂原则。 清乾隆年间，清高宗先后命臣工浏览满文清太祖、太宗、世祖《实录》和《加圈点字档》，摘录其中的"旧清语"，用当时通行的满语书面语加以解释，勒为一书，赐名 ᠶᠠᠷᡤᡳᠶᠠᠨ ᡴᠣᠣᠯᡳ ᠴᡳ ᡨᡠᡴᡳᠶᡝᠮᡝ ᡨᡠᠴᡳᠪᡠᡥᡝ ᡶᡝ ᠮᠠᠨᠵᡠ ᡤᡳᠰᡠᠨ ᡳ ᠪᡳᡨᡥᡝ（yargiyan qooli ci tukiyeme tucibuhe fe manju gisun i bithe），即《实录内摘出旧清语》（以下简称《旧清语》），凡 1 函 14 卷，每卷 1 册，纵 28cm，横 17.7cm。每册薄厚不一，厚者有 36 页，薄者仅 12 页。每半页 6 行，书写工整。各卷封面及第一页第一行均列书名与卷数，中缝有书名、卷数和页数。除此之外，别无序跋、凡例与目录，编纂者姓名亦阙如。

根据清代档案记载及文献比较情况，可知《旧清语》乃从清太祖、太宗、世祖满文《实录》及《加圈点字档》中摘录满洲人曾经普遍操用而随着时间的推移、到乾隆中期已难以理解的满语口语，共 807 个词、词组和句子。因此，该书是以新满语解释"旧清语"的辞书。

该书的编纂原则，大致有三。(1) 所录词语，均摘自清太祖、太宗、世祖《实录》雍乾校订本及乾隆年间抄录的《加圈点字档》。(2) 同一词语若前后重复出现，仅录其首次出现者。但也有例外，或为失误。(3) 所录词语按其在三朝《实录》和《加圈点字档》中出现的先后次序，依次编排。但从实际情况来看，也存在一些前后颠倒、次序混乱的现象，尤以第 13 卷为最。这种现象，有些显然是《旧清语》编纂者的失误所致，有些或许另当别论，即《旧清语》所录词语的排列顺序，可能比现在三朝《实录》和《加圈点字档》的顺序更符合史实。(4) 所录词语，均依当时通行的书面语予以解释。现将该书所录词语出处列表如下。

第五章　同形字辨识方法

表 5-4　　　　　《实录内摘出旧清语》所录词语出处表

卷	条	出处	备注
1	100	《大清太祖高皇帝实录》	1—72 条为建元前，73—100 条为天命朝
2	71	《大清太祖高皇帝实录》	均为天命朝
3	66	《大清太宗文皇帝实录》	均为天聪朝
4	60	《大清太宗文皇帝实录》	均为天聪朝
5	58	《大清太宗文皇帝实录》	均为天聪朝
6	56	《大清太宗文皇帝实录》	1—32 条为天聪朝，33—56 条为崇德朝
7	57	《大清太宗文皇帝实录》	均为崇德朝
8	48	《大清太宗文皇帝实录》	均为崇德朝
9	62	《大清世祖章皇帝实录》	
10	70	《大清世祖章皇帝实录》	
11	30	《大清太祖高皇帝实录》《大清太宗文皇帝实录》	1—6 条为建元前，7—18 条为天命朝，19—30 条为天聪朝
12	22	《大清太宗文皇帝实录》	1—10 条为天聪朝，11—22 条为崇德朝
13	52	《加圈点字档》	1—2 条为建元前，3—52 条为天命朝
14	55	《加圈点字档》	1—18 条为天命朝，19—51 条为天聪朝，52—55 条为崇德朝

2.《旧清语》的编纂者、编纂时间及刊印情况。关于该书的编纂时间，清人宜兴谓"乃乾隆年御制"①，过于笼统。日本学者今西春秋推测，可能是 Fuchs 氏从雍正十二年（1734）至乾隆五年（1740）校订三朝《实录》时期，或者还有可能是新旧满语的交替时期，即乾隆二十五年（1760）左右。又称，根据它的字体，也可以推测此书大概成于乾隆年间，因为本书辑录的是从三朝《实录》里选出的旧清语，所以推测为校订三朝《实录》时期的书。②以上推测有些模棱两可，尽管 "乾隆二十五年左右"的推测已接近实际。由上表可知，该书分三次陆续编纂而成。第一次编纂第 1 卷至第 10 卷，第二次编纂第 11、12 卷，第三次编纂第 13、14 卷。

---

① 宜兴编：《清文补汇》卷 7，嘉庆七年（1802）年刻本，第 20 页。
② 今西春秋：《旧清语訳解》，《東方学纪要》3，1969 年 11 月。

3. 清太祖、太宗、世祖《实录》与《旧清语》第 1—12 卷。清人于天聪年间始修太祖实录,至崇德元年(1636 年)《大清太祖武皇帝实录》告成,凡 4 卷。顺治年间,以多尔衮摄政时曾令修改太祖实录,特命重修,于顺治十二年(1655)成书。康熙二十一年(1682)命重修,至二十五年(1686)书成,改名为《大清太祖高皇帝实录》,凡十卷。《大清太宗文皇帝实录》初修于顺治初年多尔衮摄政时,九年(1652)命重修,康熙十二年(1673)再命重修,至二十一年(1682)告成,凡 65 卷。《大清世祖章皇帝实录》初修于康熙六年(1667),十一年(1672)告成,凡 144 卷。雍正十二年(1734)命校订三朝《实录》,至乾隆四年(1739)十二月完成,是为定本,有满、蒙、汉文体各若干部。《旧清语》前 12 卷所录词语,经与三朝《实录》满文体核对,得知皆出自三朝《实录》雍乾校订本。

(1)《旧清语》前 10 卷始修时间及主要编纂者。乾隆三十一年(1766)四月初七日,大学士、领侍卫内大臣、忠勇公傅恒等奏称:恭查,《大清世祖章皇帝实录》共 144 卷,将理应摘出之旧清语,敬谨摘出,陆续具片呈览一半外,其余一半 70 余卷内,仍有旧语,然多与先摘出之语重复者,故所得之语甚少。渐次后者,寥寥无几。是以,谨将此 70 余卷内摘出之旧语,具片呈览。汇总陆续摘出之语,足成一帙,相应将现在进呈之语,御览发出后,请合诸先摘出之语,谨编为卷帙呈览。俟御览发出后,请交武英殿敬刻,传宣晓谕。为此谨奏。①由此可知:第一,《旧清语》前 10 卷之编纂,非一人之功,而大学士傅恒负责其事,是其主要编纂者。傅恒,字春和,富察氏,满洲镶黄旗人,孝贤纯皇后之弟。在军机处行走二十三年,勤慎有加,日侍乾隆帝左右,深得器重。乾隆三十四(1769)年七月病逝,清高宗亲临其第酹酒,命丧葬视宗室镇国公,谥文忠。第二,《旧清语》前 10 卷之编纂,至乾隆三十一年四月初已完成从三朝《实录》中查找词语及解释之事,准备进入编辑阶段。第三,三朝《实录》校订本总共 219 卷,《旧清语》前 10 卷从中摘录词语 648 条,并作了简要的

---

① 中国第一历史档案馆藏:军机处满文《议覆档》875(二)。

第五章 同形字辨识方法

解释。显然，编纂工作并不艰巨，以两三人之力，不费一年功夫。故可断定其编纂之事，始于乾隆三十年（1765），当无可疑。

（2）《旧清语》前 10 卷的编辑与命名。 乾隆三十一年（1766）四月二十二日，大学士、领侍卫内大臣、忠勇公傅恒等奏称：顷具奏，将陆续摘出之旧清语，请汇总为卷，呈览发刻等因。全部合计得，所摘出之语，足为十卷。今谨缮一卷，作为式样呈览。俟御览训示发出后，其余九卷，俱照此敬缮呈览外，查得，凡书皆有命名，即清文鉴，亦命名《御制清文鉴》而题之。是以效此，今将呈览之旧清语，谨拟名两种一并奏览。俟御改指出一个发出后，写入卷首以成之。为此谨奏。等因，本日奏，硃笔圈出 ᠶᠠᠷᡤᡳᠶᠠᠨ ᠴᠣᠣᠯᡳ ᠴᡳ ᡨᡠᡴᡳᠶᡝᠮᡝ ᡨᡠᠴᡳᠪᡠᡥᡝ ᡶᡝ ᠮᠠᠨᠵᡠ ᡤᡳᠰᡠᠨ ᡳ ᠪᡳᡨᡥᡝ （yargiyan qooli ci tukiyeme tucibuhe fe manju gisun i bithe，无圈点字书）之名。① 由此可知：第一，自乾隆三十一年四月初七日傅恒等奏请编为卷帙后，决定编为 10 卷，并约用 15 天的时间，基本完成编辑事宜。第二，缮写样书一卷，于乾隆三十一年四月二十二日恭呈御览。第三，呈进样书的同时，傅恒等拟进书名。同一天，即乾隆三十一年四月二十二日，乾隆帝硃笔圈出，正式命名。

（3）《旧清语》前 10 卷的写本及刊印决定。 乾隆三十一年（1766）六月初六日，大学士、领侍卫内大臣、忠勇公傅恒等奏称：将《实录内摘出旧清语》，顷照奏共为 10 卷，敬谨写成，装套奏览。今将 10 卷书全已写成，相应请将此呈览之两函 10 卷书，敬谨交内，以备御览外，需刻之本，请另照底本缮写，交武英殿刻版。俟版刻成后，请由该殿照印刷其他各种书之例，合计纸、墨、工钱，酌情定价，行文各部院衙门、八旗，有情愿印刷者，准其缴价印刷。为此谨奏。等因，于乾隆三十一年六月初六日奏，奉硃批：知道了。钦此。② 由此可知：第一，《旧清语》前 10 卷之写本，为两函 10 卷。第二，乾隆三十一年六月初六日，大学士傅恒等呈进该写本，供乾隆帝御览。因此，可确定此时间为《旧清语》的最初成书时间。第三，呈进写本之日，决

---

① 中国第一历史档案馆藏：军机处满文《议覆档》875（一）。
② 中国第一历史档案馆藏：军机处满文《议覆档》875（二）。

定另照底本缮写，交武英殿刻版，酌定书价，并由武英殿行文各部院衙门、八旗，听其按价印刷。各部院衙门、八旗是否按价印刷，未见档案记载，待考。

（4）《旧清语》前 12 卷之殿本与赏赐。乾隆三十三年（1768）六月二十三日，大学士、领侍卫内大臣、忠勇公傅恒等奏称：将刻成《旧清语》八十部，臣等按该书之数，查得应赏之王、公、满洲大臣，共七十七人。是以，将王公大臣等职名，谨缮具清单奏览，俟御览发出后分赏外，其余三部，请分赏盛京、黑龙江、吉林乌拉三处，交该将军等存于公所，永远交代以备查。为此谨奏。等因，于乾隆三十三年六月二十三日奏，奉硃批：知道了。钦此。①又，乾隆三十四年（1769）二月初三日，福州将军、调任绥远城将军常在为奏闻叩谢天恩事奏折内称：本年二月初三日，引见后补放正红旗佐领之哈朗阿返回时，敬捧圣主赏给奴才常在之《旧清语》一部，共十二卷，来到福州城。奴才敬谨跪迎，陈香案于衙署，望阙叩谢天恩，而后接收。依次展卷敬读，既摘出在《实录》之旧清语，又缮列释文，诚为圣主期望满洲奴仆不忘根本，弈世万年共知旧俗、共晓旧语之至圣至仁之意也。除将赏给奴才常在之《旧清语》敬存于公所，永久交代外，奴才常在接收所赐之书，恭谢天恩之处，理应谨具奏闻。为此谨奏。②由此可知：第一，自乾隆三十一年六月初六日奏准刊印，至乾隆三十三年六月二十三日，历时两年，武英殿完成《旧清语》的刻版之事，并印刷 80 部。唯傅恒等奏请刊印时，《旧清语》仅有 10 卷，而福州将军调任绥远城将军常在接到《旧清语》之后，于乾隆三十四年二月初三日具奏的谢恩折内却称"一部共十二卷"，这是否有误？上引常在的奏折系其原件，因此，几乎不会出错。那么，是否将《旧清语》前 10 卷交武英殿刊印后，傅恒等重新翻阅清太祖、太宗《实录》，又编为两册？若是如此，从时间上看，他们应该通知武英殿暂停刊印。因此，这种可能性也微乎其微。从《旧清语》第 11、12 卷所录词语来看，时间

---

① 中国第一历史档案馆藏：军机处满文《录副奏折》，第 03-183-2271-038 号。
② 中国第一历史档案馆藏：军机处满文《录副奏折》，第 03-183-2310-024 号。

上与第 1 卷至第 8 卷重合，而其数量不多，两卷只有 52 条。因此，较为合理的推测是：傅恒等编辑时本未打算收录这些词语，后来又决定收录，于是编为两卷，交武英殿刊印，而这时刻版工作早已开始（可能清太祖、太宗两朝部分业已刻完），因此只好单独为卷，附于其后。当然，这种推测也有问题，如这两卷词语不多，为何不合为一卷，而分为两卷？诸如此类问题，留待将来考察。无论如何，此次刊印的 80 部《旧清语》，应该是该书的前 12 卷，这一点是可以肯定的。第二，所印之书，赏给王、公、满洲大臣及盛京、黑龙江、吉林乌拉三处将军，存公备用。

3.《加圈点字档》与《旧清语》第 13—14 卷。清太祖、太宗时，用满文记载了当时满族的社会组织状况、八旗制度的建立及演变、法律规章的制定及执行情况，以及宫廷生活、天文地理、风土人情等，并编订成册，成为编纂清太祖、太宗《实录》的主要资料。清代人习称为《无圈点档》，之后命名不尽一致，有《老满文原档》《旧满洲档》《满文老档》等名。①

（1）乾隆时抄录《无圈点档》的原因与时间。乾隆年间，音写、照写《无圈点档》共 7 部，分藏 3 处，即音写底本（草写本）和正本、照写底本和正本各 1 部，藏于内阁大库；音写和照写正本（或谓副本）各 1 部，藏于盛京（今沈阳）崇谟阁；音写正本 1 部，藏于上书房。

关于各处藏本的抄录原因和时间，档案中都有比较详细的记载。乾隆四十年（1775）二月，大学士舒赫德等奏称："该臣等查得，内阁库存无圈点老档共三十七册，因该档之纸年久糟损，且所写之字异于今字，难以辨识，故于乾隆六年命鄂尔泰、徐元梦照无圈点档，兼书今字，依十二字头编书一部，将老档逐页托裱，重订存库。臣等伏思，太祖、太宗时开国之功绩、八旗佐领之根由、给与世职之原因，俱书于老档，关系重要。今比照十二字头之书，可识老档之字，然而，遇事辄查，未免逐卷翻阅。况且，无圈点老档仅此一部，虽经托裱，但档册之纸究属糟旧，年年查阅，以至档册之字擦损，亦未可料。请

---

① 详见赵志强、江桥《〈无圈点档〉及乾隆朝钞本补絮》，《历史档案》1996 年第 3 期。

无圈点满文

照今字另办一份，敬缮呈览，俟钦定后，置于内阁之库以备查，将老档恭藏。如蒙俞允，臣等酌派国史馆纂修等官赶紧以今字抄录一份，臣等逐卷校阅，陆续呈览。"①这是舒赫德等关于音写《无圈点档》的第一件奏折，将为什么要音写的原因讲得很清楚。《高宗实录》将此折作为"军机大臣等奏"概括叙入（按，舒赫德时为军机大臣）。另据满文《大纪事》记载，该折于乾隆四十年（1775）二月十二日具奏，系满汉合璧折，清高宗以汉文批曰："是，应如此办理。"奉旨之后，抄录工作随即开始。在事人员先据原档草写底本二部，即音写、照写各一部，并在底本上标明分页、分段、分行、抬格等记号，而后据"底本"钞为正本。至乾隆四十三年闰六月，内阁藏本的誊录工作大功告成。此外，自乾隆四十一年（1776）六月二十三日起办理上书房藏本的抄录工作，与内阁藏本同时完成。自乾隆四十三年（1778）九月十九日起办理盛京藏本的抄录工作，约在乾隆四十四年（1779）十二月告竣，乾隆四十五年（1780）二月初四日运抵盛京。

（2）**各处藏本的承办人员及议叙情况**。在当时的条件下，数年之内迅速赶办，将三十七本《无圈点档》音写、照写七部，不是一件很容易的事情，也不是少数几个人所能完成的。在乾隆四十四年（1779）十二月满文《议覆档》里，有这样一件汉文奏片："遵旨拟赏恭缮无圈点老档之提调三员，每人大缎一疋；纂修九员，每人八丝缎一疋；誊录十员，每人五丝缎一疋。谨奏。"②又据国史馆汉文呈堂稿内称："本馆前经奉旨办理无圈点老档，因在馆人员不敷缮写，即于四十年二月内奏明，于八旗后补选中书笔帖式以及生监人员内，拣选额外帮办，缮写书篇。"③除此之外，还有国史馆的总裁、副总裁和供事等人。总之，《无圈点档》的七部抄本是集众人之力、数易寒暑而取得的成果。

由于七部抄本分两次办理，而前后两次的难易程度不同，工作量

---

① 中国第一历史档案馆藏：内阁满文《清折档》，乾隆四十年春季。大学士阿桂等后来奏称"臣等于乾隆四十年二月十三日奉旨办理无圈点档"。据此可知，舒赫德等奏折或当日奉旨，翌日发出，或十三日批示并发出。
② 中国第一历史档案馆藏：军机处满文《议覆档》第922号。
③ 中国第一历史档案馆藏：《国史馆·人事》第742号，国史馆为移送议叙帮办誊录离馆事。

第五章 同形字辨识方法

大小有别，又因数年之间人员有升遣调补等事，故此，承办人员虽然没有大的调整，但前后多少有所变动。譬如国史馆的承办官员，据档案记载："臣等遵查办理无圈点老档各官员，有连办三次者，有祇办过第一次者，有续行派出帮办一次者。"①这就是说，有些人自始至终参加了内阁藏本、上书房藏本和盛京藏本的转录工作，有些人则只参加了其中的某一次。

主管《无圈点档》抄录事务并"逐卷校阅，陆续呈览"者，先是国史馆大总裁武英殿大学士舒赫德、文化殿大学士于敏中，后为阿桂、于敏中。按，舒赫德于乾隆四十二年（1777）四月二十二日死，同年六月初三日，以协办大学士阿桂补其缺。而具体承办音写、照写以及誊录、校对等繁杂事务且为数众多的人，则是国史馆的"纂修、提调、收掌、翻译、誊录等官并额外帮办誊录及供事等"。这些人有：

第一是内阁、上书房藏本的主要承办人员。内阁、上书房藏本的誊录工作结束之后，在事诸人多蒙议叙。据"国史馆为咨送办理老档舆图官员议叙事"的呈堂稿内称："今将应行议叙之纂修、提调等官十六员并额外帮办誊录三十七员、供事二十名，造具等第履历清册，移送吏部查照办理可也。理合呈明总裁大人，伏候批示遵行。"此稿所附清单载："列为一等提调官觉罗图思义、庆玉二员；列为一等满纂修官觉罗麟喜、汉纂修官彭绍观二员；列为二等满纂修官明善一员；列为一等校对官六员：临保、兴宁、达敏、三官保、官亮、爱星阿；列为二等校对官五员：窝星额、瑚里布、隆兴、景明、仲福。额外帮办誊录三十七名，拟一等十六名：景昌、继善、同福、台伦、德成、麟祥、福宁、乌尔衮、景凯、崇安、恩麟、沃克精额、王兆麟、恒泰、查朗阿、善明；拟二等二十一名：克蒙额、噶尔炳阿、得禄、塔尔秉阿、塔克慎、阿克东阿、苏明阿、贵保、隆泰、永恰布、塔宁阿、服松、海宁、商安、增福、岱明阿、喜敬、余庆、宝德、观澜、衍福。供事二十名，拟一等八名：王耀、朱涵、张简、刘开玉、车书、王凤诏、董玫、叶永青；拟二等十二名：杜鸿纬、马思贤、吕明义、杜文

---

① 中国第一历史档案馆藏：军机处满文《议覆档》第922号。

191

无圈点满文

涛、孙世恒、林邦干、潘光耀、时和、吴浩、程立端、丁凤梧、张凌云。以上额外帮办誊录及供事共五十七名"①。

上引清单所列，共有73人，而这还不是参加内阁本和上书房本抄录工作的全部人数。因为，有些人虽然参加了此项工作，但没有被议叙。如在"国史馆为移送议叙帮办誊录离馆事"的呈堂稿中称："所有已行议叙之额外帮办满誊录景昌等三十五员及未入议叙之满誊录广闻一员俱已离馆。"②又如：国史馆致大理寺的"移会"内称："照得，本馆满协修官芳泰奉舒、于中堂谕，派办天命、天聪年间无圈点老档，赶紧办理，进呈御览，相应即传该员赴馆任事可也。"③而在上引清单内，未见满协修官芳泰其人。显然，实际参加内阁本和上书房本抄录工作的人多于73之数。

第二是盛京崇谟阁本的主要承办人员。崇谟阁本的承办人员，和办理内阁本、上书房本一样，有国史馆纂修等官、帮办誊录和供事。并且这些人员，大多数是从前次办理人员中选派的。如纂修等官，乾隆四十三年十月"奉阿、于中堂谕，现在遵旨再办老档一分，恭送盛京。仍派前次办理之内阁中书兴宁、继善、三官保、达敏、贵保、湖里布、官亮、隆兴等八员，上紧赶办……"④其中，"湖里布"应即前次办理之"瑚里布"，"湖"与"瑚"属同音异字。再如帮办誊录，"国史馆为帮办誊录咨部由事"呈堂稿内称："今酌于帮办满誊录内拣选得，德成、噶尔炳阿、查郎阿、乌尔衮、得禄、塔尔炳阿、永恰布、隆泰、沃克精额、王兆麟等十员在馆，仍令自备资斧，上紧缮写完竣，以便恭送盛京尊藏，相应知照吏部并值年旗，转行知照各该旗，饬令该誊录等赴馆缮写可也。"⑤其中，"塔尔炳阿"应即前次办理之"塔

---

① 中国第一历史档案馆藏：《国史馆·人事》第742号，国史馆为移送议叙帮办誊录离馆事。
② 中国第一历史国史馆档案馆藏：《行移档》，乾隆四十年二月二十四日。
③ 中国第一历史国史馆档案馆藏：《国史馆·人事》第742号，国史馆为咨送办理老档舆图官员议叙事。
④ 内阁满本堂《堂谕》。引自陈捷先《〈旧满洲档〉述略》，《旧满洲档》（一），台北"故宫博物院"1969年影印本。
⑤ 中国第一历史档案馆藏：《国史馆·人事》第742号，国史馆为帮办誊录咨部由事。按《盛京、吉林、黑龙江舆图》即《盛京、吉林、黑龙江标注战迹舆图》，乾隆四十年十一月初九日绘制。

192

尔秉阿","炳"与"秉"亦属同音异写。又如供事,"国史馆为移会事"呈堂稿内称:"本馆现在遵奉谕旨,再写老档一分,送往盛京尊藏,钦遵在案。所有此次议叙年满之供事内,有王耀、朱涵、刘开玉、王凤诏、董玫等,俱前经遵照原奏酌留熟手之例留馆办事在案。今仍令其自备资斧在馆效力当差,留馆候选,俟得缺之日,仍照例将文凭封送本馆给发。"①

此次派办人员内,由于得缺升迁,有的半途离馆,有的办理伊始即赴新任。如提调官图思义,于乾隆四十四年(1779)六月二十八日自京起程,同年九月初十日行抵辟展接办事大臣之任。②又如,乾隆四十三年(1778)十一月,"国史馆为给发文凭缴照事"呈堂稿内称:"准吏部封送本馆供事官王凤诏铨选湖北黄州府麻城县巡检、朱涵铨选直隶遵化州丰润县典史、董玫铨选江苏徐州府睢宁县典史、刘开玉铨选浙江温州府瑞安县典史文凭四张到馆前来,除将送到文凭当即验明给发该员王凤诏等收执赴任外,所有各该员等呈缴执照共计十一张,应移送吏部查销可也。"③不过,纂修等官似乎没有这样的变动。

(3)《加圈点字档》的签注与《旧清语》第 13—14 卷。此次办理《无圈点档》,凡音写者均题名 ᠊᠊᠊᠊᠊᠊᠊᠊᠊᠊᠊᠊᠊᠊᠊᠊（tongki fuqa sindaχa hergen i dangse）,意为《加圈点字档》。由于《无圈点档》"所写之字异于今字,难以辨识",故音写为《加圈点字档》时,在事人员多有考证。君臣之间为某词之意,也往来探讨。例如:乾隆四十年(1775)六月二十六日,领侍卫内大臣、大学士、忠勇公字寄大学士,内称:乾隆四十年六月二十六日奉上谕:顷将 ᠊᠊᠊᠊᠊᠊᠊᠊（midandume marambi）、᠊᠊᠊᠊᠊᠊᠊᠊᠊᠊（midaci acambi）二语,寄信舒赫德查之。兹查阅《旧清语》,有 ᠊᠊᠊᠊᠊᠊᠊᠊᠊᠊（mitame tafulambi）之语,谅即前此命查之 ᠊᠊᠊᠊᠊（midaci）之语,重新抄写时多加一点,亦未可料。将此再寄信舒赫德,此二语或抄录时多加一点耶?或另为

---

① 中国第一历史档案馆藏:《国史馆·人事》第 742 号,国史馆为咨部注册事。
② 中国第一历史档案馆藏:军机处满文《录副奏折》,图思义为恭报到任日期事奏折。
③ 中国第一历史档案馆藏:《国史馆·人事》第 742 号,国史馆为给发文凭缴照事。

无圈点满文

一语耶？究属何言，著查明具奏。① 乾隆四十年（1775）九月，舒赫德奏：顷接准福隆安字寄，奉上谕：满语 durgembi 一词，朕曾见于《实录》或《旧清语》。将此，著寄信舒赫德，查明此满语究系何意，顺便具奏。等因，寄信前来。奴才恭查，天命六年《实录》有 ᠣᡵᡤᡝᠨ ᡩᡠᡵᡤᡝᡶᡳ ᠵᡝᠩ ᡤᡳᠶᠠᠩ ᠪᡝ ᡩᠣᠣᠮᡝ ᡤᡝᠨᡝᡥᡝᠩᡤᡝ（irgen durgefi jeng giyang be doome genehengge）一语。同年《无圈点字档》有 ᡩᠠᡳᠨ ᠰᡝᠮᡝ ᠪᠠᠯᠠᡳ ᡩᡠᡵᠪᡝᠨᡩᡝᡵᠠᡥᡡ（dain seme balai durbenderaχū）一语。按此二句之义，再三斟酌，想必与 ᡩᡠᡵᡤᡝᠮᠪᡳ（durgembi）之言同。奴才谨录《实录》《无圈点字档》所写二条事宜奏览。② 乾隆四十一年（1776）七月十五日，进呈《加圈点字档》时，奉旨：彼等进呈之天命八年四月档内，于所谓 ᡧᡳ ᡶᠠᠩ ᠰᡟ ᠵᡠᠯᡝᡵᡤᡳ ᠨᡳᠣ ᡩᡝ ᡩᡝᡩᡠᡥᡝ（ši fang sy julergi nio de deduhe）之句，贴签书曰：《旧清语》《清文鉴》均无 ᠨᡳᠣ（nio）词。朕查《清文鉴》，有一 ᠨᡳᠶᠣ（niyo）词，地性潮湿而多水长草之处曰 ᠨᡳᠶᠣ（niyo）。此 ᠨᡳᠣ ᡩᡝ ᡩᡝᡩᡠᡥᡝ（nio de deduhe）之言，即 ᠨᡳᠶᠣ ᡩᡝ ᡩᡝᡩᡠᡥᡝ（niyo de deduhe）之言也，显然《无圈点档》内误书为 ᠨᡳᠣ（nio），舒赫德想必未念及此。将此，著福隆安顺便寄信询问舒赫德。③

在满文档案中，尚有类此的记载，恕不逐一罗列。此等考证文字，多成为《加圈点字档》页眉上签注的内容。而在考证《无圈点档》的文字，撰写《加圈点字档》的签注时，除利用《清文鉴》之外，也利用了《旧清语》，包括第 13—14 卷。

（4）《旧清语》第 13—14 卷的编纂时间与编纂者。 从《旧清语》第 13-14 卷所录词语推断，该两卷是大学士舒赫德等抄录《无圈点档》时编纂的。只是具体编纂时间，要比一般人推断的更早一些。据清代汉文档案记载，乾隆三十九年（1774）十一月，国史馆为移取原旧清语看本事呈堂稿称："国史馆为移取事。照得，本馆清文列传及档务事件内有需查原旧清语之处，应行文武英殿，移取原旧清语看本壹套，以便校查。理合呈明总裁大人，伏候批示遵行。乾隆三十九年十一月

---

① 中国第一历史档案馆藏：军机处满文《寄信档》134（三）。
② 中国第一历史档案馆藏：军机处满文《月折档》，乾隆四十年九月。
③ 中国第一历史档案馆藏：军机处满文《寄信档》134（四）。

第五章 同形字辨识方法

□日。"大总裁舒赫德等批准日期为十一月二十九日。[①]由此可知：第一，《旧清语》第 13—14 卷由国史馆上述提调、修纂等编纂，而由大学士舒赫德负责其事。舒赫德，字伯容，舒穆鲁氏，满洲正白旗人，乾隆初年奉命编纂《无圈点字书》的徐元梦之孙。乾隆四十二年（1777）四月去世，赠太保，谥文襄，祀贤良祠。第二，从"原"字来看，《旧清语》第 13—14 卷编纂之事，在乾隆三十九年（1774）十一月底已决定续编《旧清语》，甚至摘录、解释其中难解词语的工作已经开始。

至乾隆四十一年（1776）十月，《旧清语》第 13—14 卷编纂之事告成。据清代汉文档案记载，乾隆四十一年十月，国史馆为移送老清语刊刻事呈堂稿称："国史馆为移送事。照得，本馆遵旨于老档内择出老清语一百七句，定为二本。前经本馆奏明刊刻叙入从前钦定老清语内等因，奉旨：知道了。钦此。钦遵在案。所有择出老清语二本，俱已缮写完竣，除将大内原定写本，由本馆请出，缮写叙入装潢外，其应行刊刻老清语二本，相应移送武英殿照例办理可也。理合呈明中堂批示遵行。计粘原奏二纸。乾隆四十一年十月□日"该呈堂稿上，大总裁舒赫德于十月二十日批示：ᠶᠠᠪᡠᠪᡠ（yabubu，意为：令咨行）。由此可知：第一，《旧清语》第 13—14 卷所录词语均出自《加圈点字档》，恰为 107 条，与"老档内择出老清语一百七句，定为二本"之言相符，故其编成时间为乾隆四十一年（1776）十月。第二，这个时间，比《加圈点字档》内阁藏本的抄成时间早一年有半，故其编纂之事早于具体抄录工作。第三，《加圈点字档》内阁藏本页眉签注内，凡有 ᠵᠠᡴᠠᠨ ᡨᠣᡴᡨᠣᠪᡠᡥᠠ ᡶᡝ ᠮᠠᠨᠵᡠ ᡤᡳᠰᡠᠨ ᡳ ᠪᡳᡨᡥᡝ（jaqan toqtobuχa fe manju gisun i bithe，意为：刚刚定的《旧清语》）字样者，均指《旧清语》第 13—14 卷。

（5）《旧清语》第 13—14 卷的刊印与赏赐。《旧清语》第 13—14 卷移送武英殿之后，历时一年有余，刊印成书。乾隆四十二年（1777）十二月二十五日，大学士、领侍卫内大臣、诚谋英勇公阿桂等为遵旨事奏称：今刊成八十部续摘《旧清语》分赏之处，查得，乾隆三十三年六月刊成八十部《旧清语》，赏给王、公、满洲大臣共七十七部外，

[①] 中国第一历史档案馆藏：《国史馆·编纂类》第 524 卷。

195

无圈点满文

仍剩余三部，分赏盛京、黑龙江、吉林乌拉三处，俾存于公所。此次刊成之八十部《旧清语》，理应照前次赏赐。是以，臣等按该书之数，将应赏之王公满洲大臣亦派七十七人，谨将职名缮具清单呈览。俟御览发出后分赏外，仍剩余三部，请亦照前次，分赏盛京、黑龙江、吉林乌拉三处，交该将军等存于公所，永远交代，以备查核。为此谨奏。乾隆四十二年十二月二十五日奏，奉硃批：知道了。钦此。①据其清单，此次荷蒙赏赐的王公有康亲王等39人，满洲大臣有大学士阿桂等38人，即（有疑问者，标注"音"字）：康亲王、显亲王、庄亲王、怡亲王、简亲王、裕亲王、诚亲王、质郡王、信郡王、平郡王、顺承郡王、理郡王、恒郡王、和郡王、成郡王、定郡王、贝勒绵惠、贝勒永福、贝勒永谦、贝勒永鋆、贝勒弘眬、贝勒弘昈、贝勒弘闰、贝勒永硕、贝勒明韶、公允祁、公允善（音）、公绵德、公弘皫（音）、公嵩椿、公永璟、公永玮、公兴肇、公博尔庄武、公盛昌、公斌宁（音）、公崇尚、公朔宁（音）、公恒宁（音）。大学士阿桂、高晋、协办大学士事务尚书英廉，领侍卫内大臣福隆安、扎拉丰阿、拉旺多尔济、努三、特成额、阿克栋阿、尚书永贵、富勒浑、德福、绰克托、迈拉逊、奎林、都统吉福、和隆武、德保、海兰察、呼什泰、总督勒尔谨、文绶、钟音、三宝、萨载、鄂宝、省城将军弘晌、福康安、傅玉、伍弥泰、三全、富椿、永德、明亮、雅朗阿、伊勒图、都统常青、索诺木策凌。

王公大臣等荷蒙赏赐后，专折奏谢皇恩。如：乾隆四十三年（1778）六月十三日，索诺木策凌奏为叩谢天恩事一折内称：本年五月，由奴才之弟索宁阿处恭送皇上恩赐奴才索诺木策凌之《实录内摘出旧清语》两卷后，奴才叩谢天恩，恭敬接收。奴才除令满洲营皆恭敬抄录、一律学习外，将奴才叩谢天恩之处，谨具奏闻。）该折于乾隆四十三年闰六月初五日奉硃批：知道了。又如：乾隆四十三年正月十一日，福康安奏为叩谢天恩事一折内称：自军机处所送皇上赏赐吉林将军衙门庋藏之《旧清语》一部，又从奴才家所寄皇上恩赐奴才福康安之《旧

---

① 中国第一历史档案馆藏：军机处满文《议覆档》915（一）。

第五章 同形字辨识方法

清语》一部，奴才福康安皆已恭敬接收。除将应存公之一部妥善恭藏外，伏思，奴才福康安颇年少，见识至浅。今蒙圣主洪恩，另赐奴才福康安《旧清语》一部，奴才公余之暇得以不时学习、披阅，亦将大有裨益。奴才福康安诚不胜感激，欣悦之至。是以，谨具奏折，叩谢天恩。）该折于乾隆四十三年二月十三日奉硃批：知道了。[①]

从上可知：第一，《旧清语》第 13—14 卷刊印工作，于乾隆四十二年（1777）十二月结束。至此，今所见 14 卷本《旧清语》最终告成。第二，该书第 13—14 卷，仍由武英殿印刷 80 份，并照前次赏赐之例，赏给部分王公及满洲大臣。第三，该书编纂时，参与人员众多，且通晓满语、熟悉无圈点满文，故书中所言，多可信从。[②]

[①] 中国第一历史档案馆藏：军机处满文《录副奏折》，第 03-188-2744-032 号。
[②] 其具体词语以及解释情况，可参阅赵志强著《〈旧清语〉研究》（北京燕山出版社 2002 年版）与本书附录。

第六章　文献阅读

文献阅读部分仅选取无圈点满文文献和过渡期满文文献各一段，首先截取原文图片，其次附以拉丁字母转写及对译，再次附以参考译文，仅供学习参考。

第一节　无圈点满文文献

原文

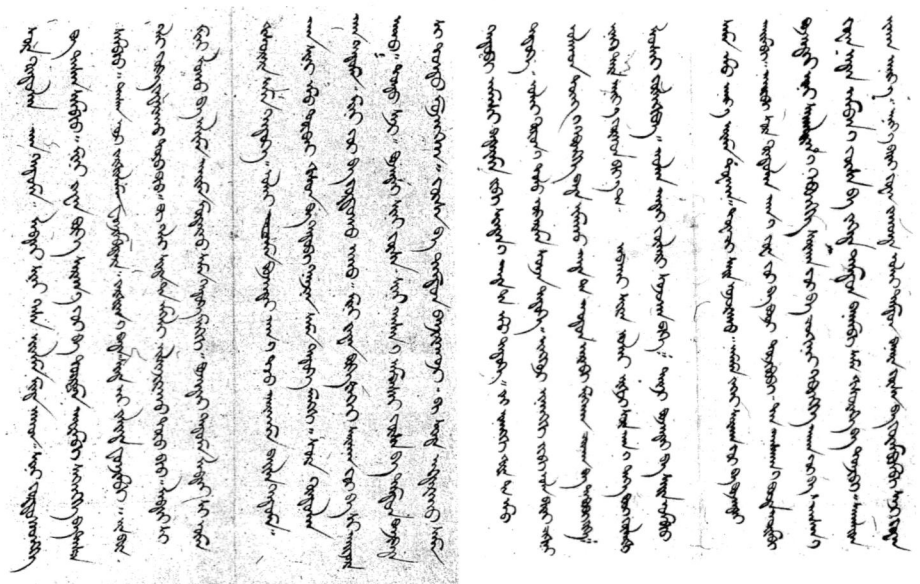

第六章 文献阅读

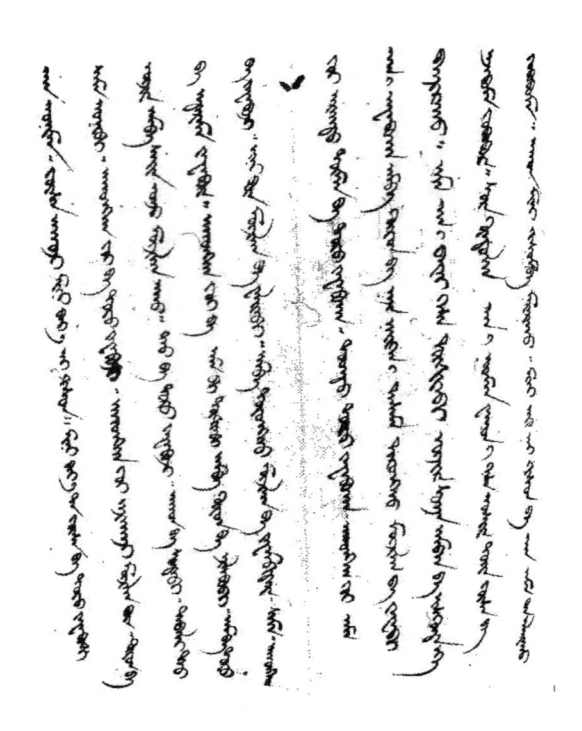

拉丁字母转写及对译

聪睿　恭敬　汗　　日　　　拉布太 你的　相同　人　于我
sure kūndulen χan hendume: labtai sini gese niyalma minde
无么 你的 用响箭射者　把　虚　说吗 我的聘礼给的女 儿
aqun: sini yordoχongge be tašan sembio: mini jafan būhe sarɢa-a jui
把　夺取后说 者　把 虚 说吗 虚 若是 核 实
be dūrime ɢaimbi sehengge be tašan sembio: tašan oci yargiyalame
想必 询 问　真　实 的 于处 于你 何 于 为 询 问 这 河
fonjimbidere: yargiyan i bade: sinde ai jalinde fonjimbi: ere bira
又 冰 不 结 道理 有吗 我 又 于 你 再一 又 不 来 道理
geli jūhe jafaraqu doro bio: bi geli sinde: te-emgeli ilinjiraqu doro
有吗 拉布太 你 我的 腰刀 把 承接 受取 能 吗 说 说 了
bio:: labtai si mini loχo be alime ɢaime mūtereo seme heduhe
后　布占泰 日　拉布太 你 ūme 说 说 了 乌喇
manggi: bujantai hedume labtai si ūme gisurere seme henduhe: ulai
喀尔喀玛　 布 占 泰　汗 的 弟 喀尔喀玛 贝勒 日　 汗 你的
(qarqama) bujantai χan i deo qarqama beile hendume: χan sini
一 最终的 言语 把 说 后 去吧 说 说 了 后 聪睿
emu dūbei gisun be hendufi genecina seme henduhe manggi: sure
恭敬 汗 日 我的 子 把 用响箭射了 无 我的 聘礼 给的
kūndulen χan hendume: mini jui be yordoχo aqu: mini jafan būhe
叶赫的　女　儿 把 你 娶说 无 公正 若说 布占泰 你的 诸子
yehei sarɢan jui be si ɢaijara aqu: tondo seci: bujantai sini jūse

200

第六章 文献阅读

sini ɢašan i ambasai jūse be datun benjihede si tondo mujangɢa: jūse be datun benjiraquci: bi sinde akdaraqu seme hendufi amasi bedereme jifi sinden i χada de emu deduhe: jai inenggi girin de emu deduhe: ulai gūrun i dolo ūhereme sunja deduhe: ningguci inenggi jifi ula birai cikini olχon tūng i gebungge bade imaχu χada de χoton arafi minggan cooχa be tebufi jihe::

ineku tere anii-a jorɢon bii-a de:# abqai siren ulai ergici sure χan i tehe booi jūlergi leosei jūlegibe: χulan χadai jūleri sucuχa bihe:: tereci bujantai be sain ombio seme emu anii-a arame tuwaχa: tuwaci sain ojoraqu: nememe yehei sarɢan jui be bujantai ɢaimbi: ɢaifi sure kūndulen χan i juwe jui be booci tūcibufi: den χasχan i boode χorimbi bujantai ini saχaliyan i gebungge sarɢan jui be cokinai gebungge χaχa jui be: ɢašan i juwan nadan amban i jūse be yehede damtun benembi seme gisurehe be donjifi: saχaliyan iχan anii-a anii-a biyai juwan jaqunde ulai damtun benere jūse be jurambumbi seci: juwan nadan de: sure kūndulen χan i susai sunja se de ilan tūmen cooχa genefi ulai sunjata gebungge χoton be qafi afame ɢaifi tereci casi genefi: (omoi) [ɢodoi] gebungge χoton be geli ɢaiχa: tereci casi genefi omoi [gebungge] χoton be qafi tere χoton-de deduhe: jai inenggi ulai bujantai [χan] ini ilan tūmen cooχa be ɢaifi fulχai gebungge χoton be dūleme [okdome] jihe manggi: sure kūndulen χan i cooχai beise ambasa hedume ulai cooχa χotonci tūcifi: okdome jihebi: afaki yabu seci: sure kūndulen χan hendume: muwa moo be sūhei sacime huwesi geyeme[①] ajabufi bilaci bijambidere: iliχa gulhun moo be utχai bukdame bilaci bijambio: emgeli juwenggeli jihede: amba gūrun i dain be utχai wacihiyaki seci wajimbio: tūlergi gūrunbe gemu ɢaiki: tūlergi χoton be gemu efuleki: tūlergi jeku be gemu manabuki: tūlergi gūrunbe

---

① 按原档之书写，该词应转写为 geyeme。《清太祖朝老满文原档》第21页转写为 giyame，欠妥。

201

无圈点满文

gemu hirχame wacihiyafi amba hecen i teile fūncehe manggi: adarame banjimbi gūrun eitereci wajimbiqai: seme henduci: sure χan i jui guyeng batur amin taiji: χan i tūkiyehe sunja amban: geren cooχai beise gemu hendume: bujantai cooχa be hecen ci adarame baχafi tūcibure sehedere: ere tala de tūcihe cooχa be saciraqu afaraqu oχo manggi: jai booci inu tūciraqu: moorin inu tarχuburaqu: ūksin saca: enggemu χadala: beri sirdan gida jangqu be inu dasaraqu: ere inenggi afaraqu ofi: bujantai yehei sarɢan jui be ɢaime jabduχa manggi jai dailaχa seme: afaχa seme ainambi: tere gicuke be uwe tuwambi seme henduhe tere gisun de sure kūndulen χan hendume: juwe amba dain acafi (afaci) [afarade]: cooχai niyalma jūleri ɢaifi afaraqu qai: mini bei-e: mini ūjihe (juwe jui) [juse]: mini tūkiyehe sunja amban: mūsei bei-e jūleri ɢaifi afambiqai: afaci: mūse (i) ere (jaqun niyalmai bei-e) [ujulaχa beise ambasai beyeci]① sacime dosifi: ulai bujantai χan i ilan tūmen cooχa be gidafi tūmen niyalma waχa: tereci fūncehe cooχa hecen de dosime jabduraχu seme: sonjoχo mangɢa cooχa be jūleri ūnggifi hecen de dosifi duqa be jafafi: sure χan i bei-e amala genefi: tere hecen i leosei dele tafafi tehe: tere ilan tūmen dain be gidafi: tūmen niyalma waχa: nadan minɢɢan ūksin ɢaiχa: ulai gūrun de ūdu ūdu jalan χalame χan seme banjiχa doro be efulefi: amba hecen be baχa: gūbci gūrun be gemu baχafi: juwan dedume amba hecen-de ing χadafi olji dendehe: tūmen boiɢon arafi ɢajiχa: tere juwe jergi abqai siren ɢociχangge ulai gūrun be ɢajire juɢun biheni:::::

ineku tere iχan anii-a jorɢon biyade sure kūndulen χan ini jūse: tūkiyehe geren ambasai baru hendume: gūrun i banjire doro de: ai akdun seci: hebe akdun fafun šajin cira sain qai: akdun hebe be efulere: araχa beki šajin fafun be sula obure niyalma: tere doro de

---

① 第54、55页内容不能衔接，原档有缺文。

第六章 文献阅读

baitaqu: gūrun de hūtu qai: mini bei-e ci aname hendurengge ere inu: mini gisurehe gisun gemu ūru ombio: aiqa waqa gisun oχode mimbe dere (ūme banjire) [ūme banire]:emu niyalmai Guniχa anggala: suweni geren i Guniχangge [inu] ūru bidere: geren i baχanaχa ūru ba be: jūse ambasa suwe χafulame hendu: seme henduhe::

ineku tere anii-a gūrun de jekui alban Gaici: gūrun jobombi seme: emu nirui juwan χaχa duin iχan be tūcibufi: sula bade: ūsin tarime deribuhe: tereci gūrun de alban Gaijaraqu ofi: gūrun inu joboraqu oχo: jeku inu elgin oχo: (kū gidaχa) [tereci jekui kū gidaχa: terei onggolo: jekui kū aqu bihe]::

tere anii-a ninggun bii-a de duin tanggu cooχa be eidu baturu gebungge amban de adabufi ūnggifi: yehei nūktere mongGoi emu tanggu morin: sunja tanggu χonin Gajiχa::

abqai kesi de sure kūndulen χan amba gūrun be isabufi: aisin doro be jafafi banjire de: sure kūndulen χan Gunime: jūse aquci mini bei-e ai gisun: mini bei-e te jūse be doro jafabuki seme Gunifi: aχungGa jui be doro jafabuci: aχungGa jui ajiganci mūjilen buya: gūrun be ūjire amba sain onco mūjilen aqu: deo be doro jafabuci: aχun be sindafi: dabali deo be adarame jafabure: aχungGa jui be ama bi tūkiyefi amba gūrun be ejilebufi: amba doro be jafabuci: ini buya mūjilen be waliyafi: amba doronggo mūjilen be jafambidere: seme: aχungGa jui arGatu tūmen be doro jafabuχa: tuttu doro jafabuχa: aχungGa jui ama χan i afabuχa amba gūrun be necin neigen i dasame doronggo mūjilen be jafafi banjiraqu: ama χan i beyei gese tūkiyefi ūjire sunja amban be ishunde ehe acabume jobobure:

sure kūndulen χan i niyaman faχun i gese Gosire duin jūse be jobobure: aχun mini gisun be mararaqu: mini ai ai gisun be χan ama de alaraqu seci: deote suwe GasχU seme: dobori usiχa de

203

无圈点满文

<small>使 发誓的 再 弟 于 你们 汗 父 好 财物 好 马 给 了</small>
gasχubure: jai deo suwende χan ama sain ūlin: sain morin būhebi:
<small>汗 父 无 若是 于 你们 给的 财物 马 把 不 办理</small>
χan ama aqu oci: suwende būhe ūlin morin be icihiyaraqu
<small>罢休吗 再 于 我 恶 众 弟 于 我 恶 大臣们 把 我 汗 坐了</small>
naqambio: jai minde ehe deote: minde ehe ambasa be: bi χan tehe
<small>后 杀 说 如此 使忧苦 的 这个 使忧苦 的 把</small>
manggi wambi seme hendume uttu joboboχa: ere (joboboure be)
<small>四 弟 五 大臣 的 那样 忧苦 的 把 聪睿恭敬 汗 不知道</small>
duin deo sunja amban i tuttu joboro be: sure kūndulen χan sarqu
<small>来者 后 四 弟 五 大臣 如此 忧苦 的 把</small>
bihe: duin deo sunja amban hebdeme: mūsei uttu joboro be: χan
<small>不知道 汗 于 若告诉 政权 执掌的 阿尔哈图土 图 门 于 害怕的 政权的 主</small>
sarqu: χan de alaci: doro jafaχa arGatu tūmen de gelere: doroi ejen
<small>说 若害怕 咱们的 生活的 头绪 在哪里有 汗 无 成为了 后</small>
seme geleci: mūsei banjire dūbe abide bi: χan aqu oχo manggi
<small>咱们的 把 不 养啊 不成为 忧苦的 把 汗 于 告诉后</small>
mūse be ūjiraqu qai: mūsei banjici ojoraqu joboro be: χan de alafi
<small>死吧 说 四 弟 五 大臣 商议后 汗 于 告诉了 汗</small>
būceki seme: duin deo sunja amban: hebdefi: χan de alaχa: χan
<small>你们的 这 言语 把 以口 若告诉 我 哪个 把 记住的 书</small>
hendume suweni ere gisun be anGGai alaci: bi ya be ejere: bithe
<small>缮写后 令拿来 说 说 后</small>
arafi Gaji① seme henduhe manggi:

参考译文

  聪睿恭敬汗曰："拉布太！似汝之人，我无有耶？将汝射以鸣镝者，谓之虚乎？将我已纳聘礼之女，言夺娶者，谓之虚乎？虚则勘问耳，既实矣，何问汝为？此河岂有不复结冰之理？吾岂有不再临汝之理？拉布太！汝能当吾腰刀乎？"布占泰乃曰："拉布太，汝毋语。"乌喇汗布占泰之弟喀尔喀玛贝勒曰："汗其决一言而去乎！"聪睿恭敬汗遂曰："布占泰！汝若言未射吾子以鸣镝，不娶吾已纳聘礼之叶赫之女，为人忠直，则送汝诸子及汝村诸臣之子为质。如此，汝果然忠直。若不送诸子为质，吾于汝弗信。"言毕，还驻新登哈达一宿。翌日，驻吉林一宿。在乌喇国内，共驻五宿。第六日旋师，于乌喇河岸俄尔红童地方，筑城于邑麻虎山，驻兵一千而来。

  同年十二月，天之气自乌喇一方，经聪睿汗住宅南楼之南，直抵虎拦哈达前。自是，期望布占泰和好，延及新年。观之，不和好，且闻：布占泰将娶叶赫之女，而后将聪睿恭敬汗二子从家中移出，囚于高栅栏之屋；布占泰将以其女萨哈帘、子绰启鼐及村中十七大臣之

---

  ① 此Gaji 一词，《清太祖朝老满文原档》第 26 页转写为"qai"，误。

204

第六章　文献阅读

子，送至叶赫为质。乌喇送质诸子，定于癸亥年正月十八日起程。十七日，聪睿恭敬汗五十五岁时，发兵三万，围乌喇之孙扎泰城，克之。由彼前往，又取郭多城。由彼前往，取俄漠城，而驻彼城。翌日，乌喇汗布占泰引兵三万，越伏尔哈城来迎。聪睿恭敬汗之领兵诸贝勒、大臣曰："乌喇之兵，出城来迎矣。请进击！"聪睿恭敬汗曰："木之粗者，斧砍刀削，划而折之，则断耳。完整挺立之木，遽折之，岂断乎？征讨大国，临之一再，即欲灭之，岂亡乎？请尽取在外之人，尽破在外之城，尽毁在外之粮。迨外人尽剪而大城独存，何以生为？国将亡也。"聪睿汗之子古英巴图鲁、阿敏台吉、汗所举之五大臣及领兵诸贝勒皆曰："初所虑者，焉得使布占泰之兵出城耳。将此在野之兵，不攻不斩，则门亦不复出矣，马亦不复秣矣，盔甲、鞍辔、弓箭、刀枪亦不复缮矣。今日不战，迨布占泰娶叶赫之女，征之攻之，夫复何为？谁忍其辱？"聪睿恭敬汗曰："两敌大战，非兵卒率先攻战也，乃吾与吾所生诸子、吾所举五大臣，我等率先攻战也。战则我等为首诸贝勒、大臣……杀入，败乌喇汗布占泰三万兵，斩首万级。恐其余兵卒得间入城，先遣精兵入城把门，聪睿汗后至，登彼城楼而坐。是役也，破敌三万，斩首一万，缴甲七千。毁累世称汗于乌喇国之基业，得其大城矣。尽得其国，于大城驻营十宿，以分俘虏；编户一万，引之而归。彼天之气，二度见者，乃引来乌喇人之途欤？

彼癸丑年十二月，聪睿恭敬汗谓其诸子、所举诸臣曰："若谓国之生计，何以为贵，则谋贵乎密，法令贵乎严也。彼泄密谋而弛严法者，无益于政，国之祟也。推及吾身，亦不能外。吾所言之语，皆为是欤？若为不是之言，毋顾我颜面。一人之虑几何，尔众人之所虑，谅亦有是也。众人有所见识，尔诸子、诸大臣其详陈之。"

本年，拨每牛录之丁十名、牛四头，始屯田于旷土，以征粮赋于国人则国人苦之也。自是，因不征赋于国人，国人亦不苦矣，粮亦丰裕矣。自是，盖建粮库矣。在此之前，未曾有粮库。

其年六月，遣大臣额亦都巴图鲁，引兵四百，取叶赫所属游牧蒙古之马一百、羊五百而来。

荷蒙天恩，聪睿恭敬汗聚大国、秉金政为生时，聪睿恭敬汗自忖：

"若无诸子，夫复何言？吾今使诸子执政也。"且以为："若使长子执政，则长子自幼小气，无宽大善良之心，以养国人。若使其弟执政，则如何放弃兄长，使弟越分执掌？若为父举长子主大国、秉大政，想必弃其鄙俗之心，怀正大之志也。"遂使长子阿尔哈图土门执政。

长子既执政，不怀端庄之志，以平治父汗托付之大国；虐父汗举养若己之五大臣，使之彼此交恶；虐聪睿恭敬汗爱如心肝之四子，曰："若谓不拒为兄之言，不以我种种言语告于父汗，则尔弟辈发誓。"夜使诸弟对星发誓。又曰："父汗赐尔弟辈美财良马矣，若父汗谢世，所赐货财马匹，岂不料理而罢休乎？再，诸弟与我恶者，诸大臣与我恶者，俟我做汗，悉诛之。"虐之若此。四弟、五大臣被虐若彼，聪睿恭敬汗未之尝知。四弟、五大臣曰："我等被虐如此，汗弗知也。欲告于汗，则惧执政之阿尔哈图土门。因政主而惧之，吾等焉有活头？迨汗谢世，不吾养也。我等苦不堪生，其告于汗而后死乎！"四弟、五大臣议而告于汗。汗曰："尔等此言，述之以口，吾将焉记？着具书以进。"

第二节　过渡期满文文献

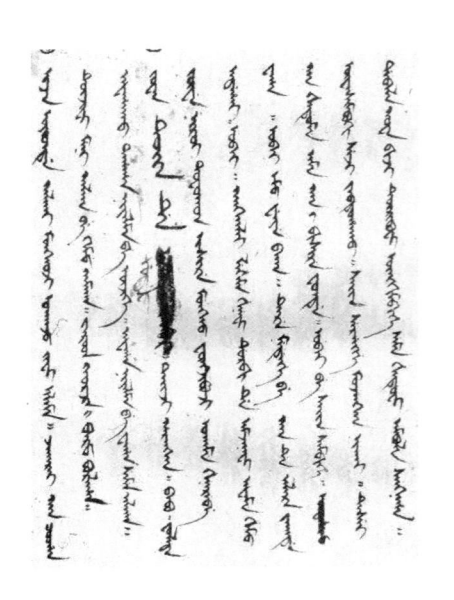

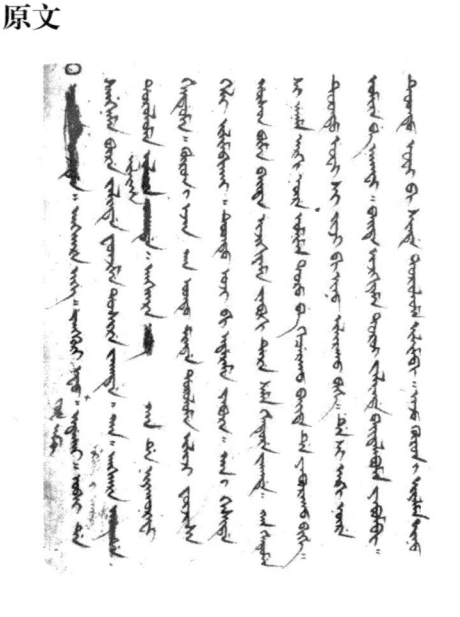

原文

第六章 文献阅读

无圈点满文

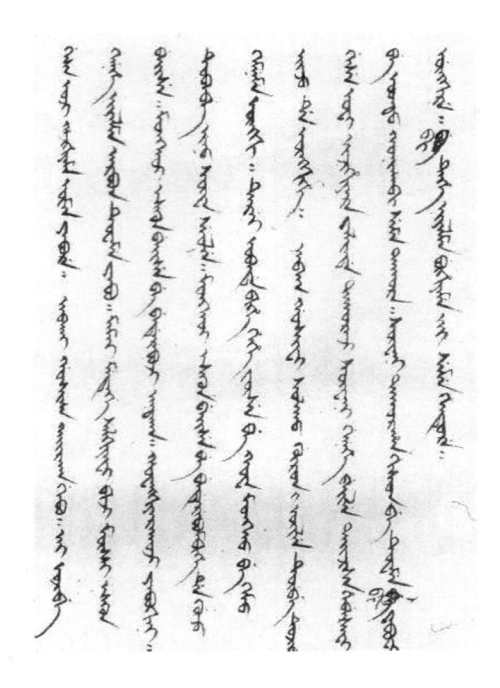

拉丁字母转写及对译

　　　　　初　　　九　于　喀尔喀的　　蒙古　从　逃　人　来后　告诉　察哈喇的① 汗
　　ice uyunde qalqai monggoci uqanju jifi alame: caχarai χan
　　　　兵　　出后　我们的　喀尔喀　将　都　拿去了　扎鲁特 科尔沁 的　向
　　cooχa tūcifi meni qalqa be gemu Gamaχa: jarut qorcin i baru
　　　败走了②　　战　未　投降的　　人　　将　养了　战的　　人　　将　杀了
　　burlaχa: afaχaqu daχaχa niyalma be ūjihe: afaχa niyalma be waχa
　　　说　告诉了
　　seme alaχa:
　　　　　　十　　四　于　额尔克楚虎尔　多铎　台吉　所属的　巴卜　富喇塔
　　juwan duin de (erke cuhur) {dodo} taiji χaranggGa: babu: fulata
　　　二　牛录的　十　五　将近　蒙古　奉集堡　往　逃　去　将　阿达海
　　jūwe nirui tofoχon isire monggo fūngjipuci uqame generebe adaχai:
　　　吴拜　康喀赖　追索　去后　都　尔鼻于　追到后　战　都　杀了
　　ubai: qangqalai leheme genefi durbi de amcanafi afame gemu waχa:
　　　吴拜　一　伤　受了　　那个　消息　将　汗　于　告诉　由于　汗
　　ubai emu feye baχa: tere medege be χan de alara jaqade χan
　　　讲说　父　汗　的　在的　时候于　吴拜　将　好　说曾经　提拔欲
　　hendume ama χan i bisire fonde: ubai be sain sembihe: ūwesibuki
　　　-若　来得及没　好　说者　属实的　　呀　他们的　罢了　别人
　　seci jabduχaqu: sain serengge mujangGa niqai: tesei dabala Guwa

① 此 caχarai（察哈喇的）之言，乾隆抄本《加圈点字档》作 caχar（察哈尔）。
② 书面语为 burulaχa（-mbi，败走）。

208

第六章 文献阅读

有若 使逃逸后 遗致 即将 说 讲说后 大 赏赐 了
bici tūribufi ūnggimbihe seme hendufi ambula šangnaχa:
　　　　十　五　于　昂阿喇 阿格 扬古礼 额驸　二　大臣 阿达海
　　　　(juwan sunjade) angɢara age: yangguri efu {jūwe amban}: adaχai:
吴拜 于 赏 赐 给 为 于 问 进 由于 汗 宗室 的
ubai de šangname būre jalinde fonjime dosire jaqade: χan: {uksun i
兄 昂阿喇 阿格 于 行礼 由于 行了 昂阿喇
aχun} angɢara (age de) {de} dorolome (ilire jaqade) {iliχa}: angɢara
　　　　阿格　汗　于　跪下后　　讲说　　国　的主　汗 如此 我 怎么 行走
(age) χan de niyaqurafi hendume: gūrun i ejen χan uttu minde
行礼 站立若 福晋们 又 站立啊 那样 为若 我 怎么 行走
dorolome ilici fūjisa geli ilimbiqai: tuttu oci bi adarame yabure:
汗 的 恩 于 给 事情 办理 行走请 必 说 讲说
χan i keside χusun būme baita icihiyame yabuki dere seme hendure
由于 汗 讲说 你 先 烧酒 黄酒 喝 道 将 不 勤
jaqade: χan hendume si neneme arki nūre omime doro be kiceraqu
事情 于 不行走 曾经 那样 为后 你 来若 我 也 不 站立 曾经 今① 你
baita de yaburaqu bihe: tuttu ofi si jici bi inu iliraqu bihe: te① si
烧酒 黄酒 喝 罢退后 事情 将 办理 道 为了
arki nūre omire be naqafi: baita icihiyame doroi jalinde
被 用 行走 那样 为后 我 你 行礼 站立 异
baitalabume yabumbi: tuttu ofi bi sinde dorolome ilimbi: encu
国 的 人 也 道的 为了 奋勉啊 你们 宗室的
gūrun i niyalma inu doroi jalinde faššambiqai: sūwe ūksun i
哥哥们 弟弟们② 道 的 为 好好 勤勉 不行走 再 是
aχuta deote②: doroi jalinde saiqan kiceme yaburaqu jai ūwe③
勤勉④ 说 讲说了 昂阿喇 阿格 汗 的 宗室的 哥哥们
kicembi④ seme henduhe: (angɢara age χan i ūksun i aχun:)
　　　　十 六 于 兵 去 的 贝勒们 高丽 的 义州⑤ 城 将
　　　　juwan ninggun de cooχa genehe beise solχoi eiju⑤ hecen be
取了 说 消息 来告诉了 兵 去 的 贝勒们 沈阳 的 城 从
ɢaiχa seme mejige alanjiχa: cooχa genehe beise: simiyan i hecen ci
起行的 第 六 日 十 三 于 楞额礼 总兵官⑥
juraqa ningguci inenggi juwan ilan de: lenggeri sūmingguwan⑥:
雅苏 备御 叶(j){c}en 备御 孟安 这个 四 大臣 于
yasun beiguwan: ye(j){c}en beiguwan: munɢan ere duin amban de
八 固山 一 固山 八 固山 人 将 陪同
(jaqun ɢusai emu ɢusai juwanta) {jaqūnju} niyalma be adabufi:
前方 哨所 劫营 差遣后 汉人 的 沿途 哨所 将 劫营后 全
jūleri qarun gidame ūnggifi niqan i (ūnduri qarun be gidafi yooni
得到后 那 从 沿途 驻的 哨所 将 得到后 一人 还
baχafi tere ci) ūnduri tehe qarun be gemu baχafi emu niyalma χono
出后 消息 信息 没去告诉 义州⑦ 城 的人
tūcifi (mejige) {medege} alanaχaqu ofi eiju⑦ hecen i niyalma
消息 没听到 那 从前方 出的 大臣们 八 十 人 即刻
(mejige) donjiχaqu: tereci jūleri tūcihe ambasa jaqunju niyalma utχai

① 此 te（今）词，原档作 de（于），即多一点，疑为笔误，据乾隆抄本《加圈点字档》改。
② 此 deote（弟弟们）之言，原档作 deode（于弟弟），即多一点，疑为笔误，据乾隆抄本《加圈点字档》改。
③ 书面语作 we（谁）。
④ 此 kicembi（勤、用功）之言，原档作 gicembi，点的位置高了，疑为笔误，据乾隆抄本《加圈点字档》改。
⑤ 乾隆抄本《加圈点字档》分作 yi（义） jeo（州）。
⑥ 乾隆抄本《加圈点字档》分作 dzung（总） bing（兵） guwan（官）。
⑦ 乾隆抄本分作 yi（义） jeo（州）。

209

无圈点满文

去后　　夜　　进后　　偷偷地　梯子　放后　城　将　登后　那 从
genefi dobori dosifi χulχame wan sindafi hecen be tafafi: tereci
咱们的　众　　兵　将　拿来　　使登后①　取了　汉人　兵　一
mūsei geren cooχa be Ganjifi tafumbufi Gaiχa: niqan cooχa emu
万　　高丽的　兵　　二　万　　曾有　令投降　说若　不　可　为后　都
tūmen: solχoi cooχa jūwe tūmen bihe: daχa seci ojoraqu ofi gemu
杀了　说　　消息（mejige）来告诉了：
waχa seme (mejige) alanjiχa:
　　　　　十　八　于　兵　去　的　贝勒们　郭　山②　的　城　将
　　　　juwan jaqun de cooχa genehe beise: Guwangsan i χoton be
取了　林　畔　宜　川　定州　城　将　招降了　说
Gaiχa: lin pan: hiowan cuwan: dingju χoton be daχabuχa seme
消息　信息　来告诉　我们的　汉人　二十　二　于　来到了
(mejige) {medege} alanjime taquraχa niyalma orin jūwe de isinjiχa:
那于　贵送的　书的　言语　义州③　从　二　百　里的　末尾　于　跑后
tede ūnggihe bithei gisun: eiju ci jūwe tangGu bai dūbede feksifi
小　铁山　将　取了　咱们的　汉人　逃人　汉人　兵　将大大地
ajige tiyešan be Gaiχa: mūsei niqan uqanju: niqan cooχa be ambula
得到后　杀了　一　参将　　一　游击　三　都司　将　拿获了　毛
baχafi waχa: emu sanjan: emu iogi: ilan duse be jafaχa: moo
文　龙　身弥岛　于　去了　大　铁山　的　高丽　将　都
ūwenlung semi doo de genehebi: amba tiyešan i solχo be gemu
得了　林　畔　宜　川　定州　都　投降了　郭山　的
baχa: lin pan: hiowan cuwan: dingju gemu daχaχa: Guwangsan i
山　的　城　于　兵　到达后　令坚固　为后达到　令投降　说若　不　想
alin i χoton de cooχa isinafi χoton beki ofi daχa seci ojoraqu ofi
攻战　取了　那个　城　将　攻战　于　天　的　恩　于　咱们的　一
afame Gaiχa: tere χoton be afara de abqai keside mūseingge emu
人　还　伤　受了　无　一　道员　一　参将　　三　游击　将
niyalma χono qoro baχa aqu: emu dooli: emu sanjan: ilan iogi be
拿获了　于　向久　高丽　的　旧住的　平　壤　于　去　地方　远
jafaχa: dosi solχo χan i fe tehe: ping hiyang de genembi: ba Goro
使臣　得以　不派遣　使臣　迟　久　说　不想　天的　恩　于
elcin baχafi taquraraqu: elcin Goidambi seme Goniraχu: abqai keside
我们的　为了　不必　担忧　我们　平　壤　于　马　饲养　驻后
meni jalinde ūme joboro: be ping hiyang de morin ūlebume tefi
往那边 地方④　去　看　相似　高丽　汗　于　使臣　派遣　看　之内
casi ba tuwanara gese solχo χan de elcin taqurame tuwambi: dorgi
信息　适合的⑤　相似　为若　王　京⑥　于　去之　义州⑦　于　八
medege icingGa gese oci wang jing de genembi: eiju de jaqun
大臣　一　千　兵　留　郭　山　的　城　于　四
amban: emu minggan cooχa ūwerihebi: Guwangsan i χoton de duin
大臣　五　百　兵　留　城　萨尔浒比　大　坚固
amban sunja tangGu cooχa ūwerihebi: χoton sarχuci amban: beki:
游牧的　蒙古　六　游荡⑧　的　蒙古　将　义州⑨　于　差遣后
nūktere mongGo: (ninggun) {hergi i} mongGo be eiju de ūnggifi:

① 书面语为《加圈点字档》tafambufi（-mbi，使上高）。
② 乾隆抄本《加圈点字档》作 go šan，《大清太宗实录》汉文本作"郭山"，盖同名异文。
③ 乾隆抄本《加圈点字档》分作 yi（义） jeo（州）。
④ 此 ba（地方）词，乾隆抄本《加圈点字档》作 be（将），误。
⑤ 此 icingGa（适合）之言，乾隆抄本《加圈点字档》作 icangGa（顺适），误。
⑥ 此 jing（京）之言，乾隆抄本《加圈点字档》作 ging（京），异文同音。
⑦ 乾隆抄本《加圈点字档》分作 yi（义） jeo（州）。
⑧ 此 hergi（游荡）之言，乾隆抄本《加圈点字档》作 hergen（字、爵），待考。
⑨ 乾隆抄本《加圈点字档》分作 yi（义） jeo（州）。

第六章　文献阅读

我们的　兵　将　往那边　拿去若　何如　这个　将　汗　思考吧　蒙古　将
meni cooχa be casi Gamaci antaqa: erebe χan seolekini: mongo be
　得　以　差遣即　将　于　一　胜任的　大　主　将　委任后　冰
baχafi ūnggimbihe de emu etere amba(n) ejen be sindafi: jūhe
落的　前　快　差遣　义州的①　粮　将　户　的　人　将
tūhere onggolo χudun ūnggi: eijui① jeku be boiGon i niyalma be
　恐怕侵害招降的　地方的　民　头　剃了　那里从
nūngneraχu: daχabuχa bai irgen be gemu ūju fusiχa: tubaci
　设若　差遣若　生　大臣　将　不必　差遣　天花　出之
aiqa-bade ūnggici eshun ambasa be ūme ūnggire mama tūcimbi:
　汗的　诏书　颁　降　讲说　兵　去的　贝勒们
χan (i) {joo} bithe {wasimbume hendume} cooχa genehe beise
于你们的　天的　恩　于　你们的行走的　信息　听见
(de ūnggihe) {suwe}: abqai keside: sūweni yabuχa medege be donjifi:
我们　这里于　欢喜　向南　行走将　你们　思虑　行走　可以
be ubade ūrgunjembi: jūlesi yaburebe sūwe seoleme yabu: ojoro
相似为若　向南行走　咱们　广 宁　将　取后　山海关于　没进入
gese oci jūlesi yabu: mūse guwangning be Gaifi šanaχa de dosiχaqu
将　后悔的　相似　恐怕行走　不可　相似　不　勉强　形势
be aliyara gese aliyacun ojoraχu: ojiraqu gese oci χacihiyame ūme
　行走　天的　仁爱的　可惜②　名　什么为无论　去的　人　形势
yabure: abqai Gosiχa χairaqa② gebu: ai ocibe genehe niyalma arbun
　看着　行走　天花的　信息　宣布后　有若　咱们的　生　贝勒们
tuwame yabu: mamai medege selgiyefi bici mūsei eshun beise:
　蒙古的　生　贝勒们　　使返回若　你们　思考　不妨若　生
monggoi eshun beise be bederebuci antaqa: χuwanggiyaraquci
　行走吧　彼处将　也　你们　思考　蒙古的　生　贝勒们　将
yabukini: tubabe inu sūwe seole: monggoi eshun beise be
　使返回将　的：朋友　节　用　派遣　那个的　这里于　在的　女人
bederebumbihe de: gūcu kemneme ūnggi: terei ubade bihe hehe
孩子们　将　别人　蒙古　将　都　义州③　于差遣了　天　仁爱后
jūse be: Guwa monggo be gemu eiju③ de ūnggihe: abqa Gosifi
　高丽国　的　事情④　尖端出的　相似　为后　办理的　为于　派遣若
solχo gūrun i uile④ dūbe tucire gese ofi icihiyara jalinde taquraci
　你们的　去的　贝勒们　台吉们　商议后　我们　如此　想了　说　派遣
sūweni genehe beile taijisa hebešefi be uttu Guniχabi seme taqura:
你们的　派遣的　言语　将　看　我们　回答后　赍送　我们　将
sūweni taquraχa gisun be tuwame (be) {bi} jabufi ūnggire: (be) {bi}
　坐的　人　猜测　何说　讲说
tehe niyalma būhiyeme ai seme hendure:

参考译文

初九日，自喀尔喀逃来蒙古禀告曰：察哈尔汗出兵，尽掳我喀尔喀，扎鲁特逃向科尔沁，未战而降者养之，战者杀之云。

十四日，多铎⑤台吉所属巴卜、富喇塔二牛录蒙古约十五人，自

① 乾隆抄本《加圈点字档》分作 yi（义）jeo（州）i（的）。
② 书面语为 χairaqan（很可惜）。
③ 乾隆抄本《加圈点字档》分作 yi（义）jeo（州）。
④ 书面语为 weile（事情）。
⑤ 此多铎之名，《大清太宗实录》作"杜度"，疑误。按 erke（额尔克）、cuhur（楚虎尔）为

211

无圈点满文

奉集堡逃去。阿达海、吴拜、康喀赖前往追索，追至都尔鼻，战而尽杀之。吴拜受伤一处。将此消息禀告于汗，汗遂曰：父汗在时，常言吴拜好，欲提拔而未及。所谓好者，属实也。唯彼等耳，如有他人，当派遣矣。言毕，大赏之。

（十五日）昂阿喇阿格、扬古礼额驸二大臣为赏给阿达海、吴拜事入问，汗遂起身，向宗室兄昂阿喇阿格行礼。昂阿喇阿格跪于汗，曰：国君汗如此起身，向我行礼，则诸福晋亦起身也。若如此，我如何往来？蒙汗之恩，愿办事效力耳。汗遂曰：尔先前饮酒、不勤政、不办事，故尔若来，朕亦不起身。今尔戒酒、办事勤政，为朕所用，故朕起身，向尔行礼。异国之人，亦为国奋勉也。尔等乃宗室诸兄弟，不为国勤勉，何人勤勉耶？（原注：昂阿喇阿格乃汗之宗兄。）

十六日，出征诸贝勒以克高丽义州城来报信。言出征诸贝勒自沈阳城启程之六日，即十三日，遣楞额礼总兵官、雅荪备御、叶臣备御、孟安此四大臣率八十人前行，袭击哨所，尽得汉人沿途所设哨所，无一人出而报信，故义州之人未之闻也。于是，前出诸大臣八十人即前往，夜间潜入，竖梯登城，而后调来我大军，俾登城克之。曾有汉兵一万，高丽兵二万，令其投降，不从，尽杀之云。

十八日，出征诸贝勒以克郭山城、招降林畔、宣川、定州城派来报信之人于二十二日到来，所赍之文曰：自义州驰骋二百里许，克小铁山，将我汉逃人、汉兵大获而杀之，擒参将一员、游击一员、都司三员。毛文龙已前往身弥岛，尽得大铁山之高丽，林畔、宣川、定州皆已投降。兵至郭山城，因城池坚固，令投降则不从，遂攻克之。攻其城时，蒙天之恩，我一人亦未受伤，擒道一员、参将一员、游击三员。将向内前往高丽汗旧居平壤，地方窎远，不得以遣使，恐以为使臣迟久，荷天之恩，勿为我等忧虑。我等驻平壤喂马，佯装往彼巡察，试遣使于高丽汗。若内情顺遂，则赴王京。已留大臣八员、兵一千名于义州，留大臣四员、兵五百名于郭山城。城大于萨尔浒，坚固。若派游牧蒙古、游荡蒙古于义州，将我等之兵带往彼处，如何？将此，

多铎之号，此处先写其号，后涂之，书其名，故应以多铎为是。

第六章　文献阅读

请汗思之。得蒙古而差遣时，委授胜任大员一人为主，于冰解前速派遣。恐编户之人侵害义州之禾，尽令招降地方之民剃发矣。自彼处若差遣，勿差遣生身诸大臣，将出痘子。

汗之诏书，咨行出征诸贝勒①：荷蒙天恩，闻尔等所行之信，我等在此欢忻。南行之处，尔等且思且行，如若可行，则南行，恐成吾克广宁后未入山海关之悔。如若不可，勉强勿行。天眷珍名，无论如何，前往之人顺势而行。若有痘子信息传布，则遣还我生身诸贝勒、蒙古生身诸贝勒，如何？若不妨碍，准其行走。此等之事，亦尔等思之。遣还蒙古生身诸贝勒时，量派僚友。其在彼处之妻孥及其余蒙古人，尽派往义州矣。蒙天眷佑，高丽国之事若出端倪，派员办理，则尔等前往诸贝勒、诸台吉商议后，遣员告以我等如此思之。视尔等所赍之言，朕答复。朕燕居之人，何以揣测耶？

---

① 此句按修改前之文翻译，修改之后，其文为"汗降诏书曰：尔等出征诸贝勒"，与后文不合。

参考文献

一 档案文献

《满文原档》，台北"故宫博物院"2005年影印本。

中国第一历史档案馆整理编译：《内阁藏本满文老档》，辽宁民族出版社2009年影印本。

中国第一历史档案馆藏：满文《起居注》。

中国第一历史档案馆藏：军机处满文《议覆档》。

中国第一历史档案馆藏：军机处满文《录副奏折》。

中国第一历史档案馆藏：《国史馆档》。

中国第一历史档案馆藏：军机处满文《寄信档》。

中国第一历史档案馆藏：军机处满文《月折档》。

鄂尔泰等奉敕编纂：《无圈点字书》，乾隆内府写本。

广禄、李学智译注：《清太祖朝老满文原档》，台湾中华书局1970年版。

《重译满文老档》，辽宁大学历史系1978年刊印本。

中国第一历史档案馆、中国社会科学院历史研究所译注：《满文老档》，中华书局1990年版。

中国第一历史档案馆整理：《康熙起居注》，中华书局1984年版。

康熙朝《御制清文鉴》，康熙四十七年（1708）刻本。

乾隆朝《御制增订清文鉴》，《钦定四库全书》本。

乾隆朝《御制五体清文鉴》，民族出版社1957年影印本。

阿桂等奉敕撰：《御制满洲蒙古汉字三合切音清文鉴》，《钦定四库全书》本。

汪鹤孙：《新刻清书全集》，康熙三十八年（1699）听松楼刻本。

满文《大清太祖武皇帝实录》，中国第一历史档案馆藏本。

《大清太祖高皇帝实录》，中华书局1986年影印本。

满蒙汉文《满洲实录》，中华书局1986年影印本。

图海等纂修、鄂尔泰等校对：满文《大清太宗实录》，乾隆四年（1739）内府马本。

《大清太宗实录》，中华书局1985年影印本。

满文《八旗通志初集》，中国第一历史档案馆藏本。

嵇璜等奉敕撰：《皇朝通志》，王云五主编《清朝通志》，商务印书馆1935年影印本。

沈启亮辑：《大清全书》，辽宁民族出版社2008年影印本。

宜兴编：《清文补汇》，嘉庆七年（1802）刻本。

《清汉对音字式》，光绪十六年（1890）聚珍堂刻本。

舞格：《满汉字清文启蒙》，三槐堂刻本。

《汉字注音满文十二字头》，中国国家图书馆藏拓片。

伊桑阿等纂修：《大清会典》，康熙二十九年（1690）内府刻本。

罗贯中：满文《三国演义》（ilan gurun bithe），祁充格等译，新疆人民出版社1985年版。

[日]末松保和编：《李朝实录》，学习院东洋文化研究所1953—1967年版。

二　研究著作

李德启编译：《阿济格略明事件之满文木牌》，国立北平故宫博物文献馆1935年版。

金启孮编：《女真文辞典》，文物出版社1984年版。

清格尔泰：《蒙古语语法》，内蒙古人民出版社1991年版。

嘎日迪：《中古蒙古语研究》，辽宁民族出版社2006年版。

三　学术论文

广禄、李学智：《清太祖朝〈老满文原档〉与〈满文老档〉之比较研究》，《中国东亚学术研究计划委员会年报》1965年第4期。

无圈点满文

陈捷先：《〈旧满洲档〉述略》，《旧满洲档》（一），台北"故宫博物院"1969 年影印本。

关孝廉：《论〈满文老档〉》，《满族研究》1988 年第 1 期。

季永海：《试论满文的创制和改进》，《中央民族学院学报》1981 年第 3 期。

季永海：《〈清语易言〉语音探析——读书笔记之二》，《满语研究》1992 年第 1 期。

季永海：《〈清文启蒙〉语音研究——读书笔记之三》，《满语研究》1994 年第 2 期。

沈原、赵志强：《满语元音简论》，《满语研究》1995 年第 1 期。

关克笑：《老满文改革时间考》，《满语研究》1997 年第 2 期。

关孝廉：《〈满文老档〉特点及其史料价值》，载阎崇年主编《满学研究》第 4 辑，民族出版社 1998 年版。

张莉：《简论满文的创制与改进》，《满语研究》1998 年第 1 期。

张虹：《老满文改革的初始时间》，《满语研究》2006 年第 2 期。

关辛秋：《关于满文辅音字母读音的探讨》（上），《满语研究》2007 年第 2 期。

今西春秋：《旧清語訳解》，《東方学紀要》3，1969 年 11 月。

赵志强、江桥：《〈无圈点档〉及乾隆朝钞本补絮》，《历史档案》1996 年第 3 期。

赵志强：《〈无圈点档〉诸册性质研究——〈张字档〉与〈来字档〉》，载常越男主编《满学论丛》第 9 辑，辽宁民族出版社 2020 年版。

赵志强：《满文圆唇后高窄元音字母形体之演变——基于〈满文原档〉的考察》，《满语研究》2021 年第 1 期。

Mårten Söderblom Saarela, "Shier Zitou jizhu（Collected notes on the twelve heads）: A Pecenthy Discovered work by Shen Qiliang", *Saksaha*, Vol.12, 2014.

附录　无圈点、加圈点满文词语对照表

　　本表据《无圈点字书》所录无圈点满文、加圈点满文词语制作。现将有关情况简要说明如下。

　　1.《无圈点字书》共 4 册（卷），收录无圈点满文词语近 4000 条，并按满文《十二字头》排序。第 1 册收录第一字头词语，计 55 页，分正反两面。本表以阿拉伯数字、连字符号和拉丁字母标示，如：1-1a、1-1b。连字符前面的数字代表卷数，后面的数字代表页码，a 代表正面，b 代表背面。第 2 册收录第 2（ai、ei 等音节字）、3（ar、er 等音节字）、4（an、en 等音节字）字头词语，第三卷收录第 5（ang、eng 等音节字）、6（aq、ek 等音节字）、7（as、es 等音节字）、8（at、et 等音节字）字头词语，第四卷收录第 9（ab、eb 等音节字）、10（ao、eo 等音节字）、11（al、el 等音节字）、12（am、em 等音节字）字头词语，且按字头重编页码，本表以阿拉伯数字、连字符号和拉丁字母标示，如：2i-1a、3ng-1b、4b-1a。连字符前面的数字和字母 i、ng、b 分别代表卷数和字头，连字符后面的数字和字母 a、b 分别代表页码及其正反面，a 代表正面，b 代表背面。

　　2．表中词语，按加圈点满文词语升序排列，以便检索。

　　3．汉译词语，因篇幅受限，仅列其常用词语之义。

　　4．无圈点满文词语之转写，依本书转写法，照其字形转写，以便与加圈点满文词语对照。不能按加圈点满文转写的字符，均特殊处理，主要有如下几种：

无圈点满文

（1）a¹：表示元音字母 a 的词尾形式为玉玺体。
（2）ḃ：表示辅音字母 b 的右侧偏下有一圈。
（3）c¹：表示辅音字母 c 的首笔较平滑，类似辅音字母 j 的词中形式。
（4）f¹：表示辅音字母 f 的右边向外突。
（5）f²：表示辅音字母 f 的右边向外突出，且下方有一圈。
（6）f³：表示辅音字母 f 在元音字母 i、o、u 前首笔出头，犹如锡伯文。
（7）j¹：表示辅音字母 j 在词首书写形式犹如 c¹。
（8）q¹：表示辅音字母 q 的左边无两点。
（9）ŋ：表示音节首辅音字母 n 的左边无一点。
（10）n¹：表示音节末辅音字母 n 的左边有一点。
（11）n²：表示音节末辅音字母 n 的左边有两点。
（12）n³：表示辅音字母 n 的词尾形式为玉玺体。
（13）t¹：表示辅音字母 t 在元音字母 ū 前首笔未出头。
（14）ū¹：表示元音字母 ū 的右边有一点。
（15）y¹：表示辅音字母 y 的首笔末端无向上挑起的小钩。

其余极少数特殊书写形式，分别加注释说明。

出处	无圈点满文词语	加圈点新满文词语	汉译词语
1-1b	abalaḃi	abalafi(-mbi)	狩猎
1-1b	abalaqa	abalaχa	狩猎了
1-2b	ac¹aboma	acabume(-mbi)	使合
1-2b	ac¹aboqaqo	acabuχaqū	未使合
1-2b	ac¹abi	acafi(-mbi)	合
1-2b	ac¹ambi	acambi	会、合
1-2b	ac¹in、aca	acan	会、合
1-2b	ac¹anama	acaname(-mbi)	去合

附录 无圈点、加圈点满文词语对照表

续表

出处	无圈点满文词语	加圈点新满文词语	汉译词语
1-2b	acʹanjima	acanjime(-mbi)	来会
1-2b	acʹiqa、acʹaqa	acaχa	合了
1-2b	acʹingkiyʹama	acinggiyame(-mbi)	摇动
1-2b	acʹingkiyʹaqaqo	acinggiyaχaqū	未摇动
1-2b	acʹiqai	aciχai	驮着
1-2b	acʹokiyʹan、acʹokiyʹa~a	acuhiyan	谗
1-2a	atabobi	adabufi(-mbi)	使接
1-2a	atali	adali	相同
1-2a	atama	adame(-mbi)	接
1-2a	atarama	adarame	如何
1-2a	atocʹi	aduci	放牧人
1-2a	aton	adun	牧群
1-3a	afasambio	afa sembio	令战乎
1-3a	awabo	afabu	令交给
1-3a	awaboqa	afabuχa	交给了
1-3a	awacʹi	afaci	若战
1-3a	awabi	afafi(-mbi)	战
1-3a	afama	afame(-mbi)	战
1-3a	afanjibi	afanjifi(-mbi)	来战
1-3a	afanjiqa	afanjiχa	来战了
1-3a	awaqa	afaχa	张、叶
1-3a	abiyʹa	afiya	连角豆秸
1-1a	aqa	aɢa	雨
1-1b	aqora	aɢūra	器械
1-1b	aqoraba	aɢūra be	将器械
2i-1a	ai kemon	ai kemun	无常、没准儿
2i-1a	abata	aibide	何处

219

无圈点满文

续表

出处	无圈点满文词语	加圈点新满文词语	汉译词语
2i-1a	aitaqan	aidaɢan	公野猪
2i-1a	aita	aide	何处、因什么
2i-1a	aiƀini、afini	aifini	早已
2i-1a	aifoc¹i	aifuci	若食言
2i-1b	aifobi、aifoƀi	aifufi(-mbi)	食言
2i-1b	aifokini	aifukini	准其食言
2i-1a	aifoqangke	aifuχangge	食言者
2i-1a	ainambaqabi	ainambaχafi(-mbi)	怎能得
2i-1a	ainaqai	ainaχai	未必、怎么
2i-1b	ainc¹i	ainci	想是
2i-1a	aino	ainu	为何
2i-1a	aiq~a	aiqa	若是
2i-1a	aiqa bata	aiqabade	设若
2i-1a	aisa	aise	或是
2i-1a	aisama	aiseme	怎么说来
2i-1a	aisilaborangke	aisilaburengge	帮助者
2i-1a	aisilaqa	aisilaχa	帮助了、帮助的
2i-1a	aitobi	aitufi(-mbi)	复活
1-3a	ajiqanta	ajiɢan de	在幼时
1-3a	ajike	ajige	小
1-2a	alata	ala de	于平矮山
1-2a	alabof¹i	alabufi(-mbi)	使告诉
1-2a	alaboqaqo	alabuχaqū	未使告诉
1-2a	alambitara	alambi dere	想必告诉
1-2a	alama	alame(-mbi)	告诉
1-2a	alanjif²i	alanjifi(-mbi)	来告诉
1-2a	alanjiqa	alanjiχa	来告诉了

附录 无圈点、加圈点满文词语对照表

续表

出处	无圈点满文词语	加圈点新满文词语	汉译词语
1-2a	alanjio	alanju	令来告诉
1-2a	alaqa	alaχa	告诉了
4l-1a	albaŋi	alban i	官方的、公家的
4l-1a	altangqacʼi	aldangɢaci	自远（处）
4l-1a	altasi	aldasi	半途
4l-1a	altongqa	aldungɢa	奇怪
4l-1a	alkimbima	algimbume(-mbi)	使张扬、使宣扬
4l-1a	alkin	algin	声名、公水獭
4l-1a	alkisama	algišame(-mbi)	张扬
1-2a	aliƀi	alifi(-mbi)	接
1-2b	alimbaqaraqo	alimbaχaraqū	不胜
1-2a	alima	alime(-mbi)	接
1-2b	alincʼi	alin ci	自山
1-2a	aliqo	aliqū	盘子
1-2b	aliyʼabi	aliyafi(-mbi)	等待
1-2b	aliyʼaqa	aliyaχa	等待了
4l-1a	aljacʼiba	aljacibe	虽离开、虽应许
4l-1a	alqa	alχa	花（的）、闪缎
4l-1a	alqotambi	alχūdambi	效法
4l-1a	alqota-ma	alχūdame(-mbi)	效法
1-2b	amangqa	amaɢangɢa	后来的
1-2b	amarki	amargi	北面
4m-1a	ambakilama	ambakilame(-mbi)	自大
4m-1a	amcʼacʼi	amcaci	若追、若及
4m-1a	amcʼatacʼi	amcadaci	若迎合
4m-1a	amcʼabi	amcafi(-mbi)	追
4m-1a	amcʼama	amcame(-mbi)	追

无圈点满文

续表

出处	无圈点满文词语	加圈点新满文词语	汉译词语
4m-1a	amtolaqa	amdulaχa	鳔粘了、鳔粘的
4m-1a	amqaqo	amqaqū 即 ambuχaqū	未追获
1-2b	amoran	amuran	好
4m-1a	amqa	amχa	丈人
4m-1a	amqaqo	amχaqū	未追获
2n-1a	an¹ nan¹ kuron	an nan gurun	安南国
2n-1a	an¹fo	an¹fu	戍守
1-1a	anac¹i	anaci	若推
1-1a	anaqan	anaɢan	借端
1-1a	anatama	anatame(-mbi)	推诿
1-1a	anaqūnjama	anaχūnjame(-mbi)	谦让
2n-1a	anc¹on	ancun	耳坠
2n-1a	antan ta	andande	瞬间、顷刻间
3ng-1a	angqa	angɢa	口
3ng-1a	angqala	angɢala	人口
3ng-1a	angqalaba	angɢala be	将人口
3ng-1a	angqara	angɢara	缸
3ng-1a	angqasi	angɢasi	寡妇
1-1a	aniy¹a	aniya	年
1-1a	aniy¹a c¹i	aniya ci	自年、比年
2n-1a	an¹ja	anja	犁杖
2n-1a	anjo	anju	荤
2n-1a	an¹taqa	antaχa	宾客
3k-1a	aktac¹i	aqdaci	若信、若靠
3k-1a	aktabi	aqdafi(-mbi)	信、靠
3k-1a	aktalarako	aqdalaraqū	不骗
3k-1a	aktambio	aqdambio	信吗、靠吗

附录 无圈点、加圈点满文词语对照表

续表

出处	无圈点满文词语	加圈点新满文词语	汉译词语
3k-1a	aktama	aqdame(-mbi)	信、靠
3k-1a	aqʼtarako	aqdaraqū	不信、不靠
3k-1a	aqʼtarakongke	aqdaraqūngge	不信者、不靠者
3k-1a	aktaqa	aqdaχa	靠了、信了等
3k-1a	aktolama	aqdulame(-mbi)	保、保护等
3k-1a	akton	aqdun	结实
3k-1a	aktala	aqtala	令骗、令跨
3k-1a	aktalafi	aqtalafi(-mbi)	骗、跨
1-1a	aqo	aqū	无
1-1a	aqota	aqū de	于无
1-1a	aqo tara	aqū dere	想必无
1-1a	aqocʼi	aqūci	若无
1-1b	aqombocʼi	aqūmbuci	若尽
1-1b	aqomboki	aqūmbuki	请尽
1-1b	aqombombio	aqūmbumbio	尽乎
1-1b	aqomboraba	aqūmbure be	将竭尽
1-1a	aqomboqa aqo	aqūmbuχaqū	未尽
1-1a	aqon	aqūn	无乎
1-1a	aqoqa	aqūχa	没有了
1-3a	arabi	arafi(-mbi)	做、写
2r-1a	arbon	arbun	象、形相
2r-1a	arbosama	arbušame(-mbi)	动作
2r-1a	arqa	arɢa	计、计策
2r-1a	arqaba	arɢa be	将计策
2r-1a	arqataqabi	arɢadaχabi	用计了
1-1b	asaraqa	asaraχa	收贮了
1-1b	asaχan	asiχan	年少

无圈点满文

续表

出处	无圈点满文词语	加圈点新满文词语	汉译词语
1-1b	asiqaqan	asiχaqan	略年少
1-1b	ašaqasa	asiχasa	众少年
1-1b	assafi	aššafi(-mbi)	动
1-2a	asabi	aššafi(-mbi)	动
1-1b	ac¹isaraqo	aššaraqū	不动
1-1b	asisaqa	aššaχa	动了
1-1b	aso	asu	网
1-1b	asoro	asuru	甚
3s-1a	asqabo	asχabu	令使佩戴
3s-1a	asqan	asχan	侧翼
3s-1a	asqanta	asχande	于侧翼
3s-1a	asqaqa	asχaχa	佩带了、佩带的
1-2a	atangki	atanggi	几时
1-2a	atangkibic¹iba	atanggi bicibe	无论何时
1-3a	ay¹an	ayan	蜡
1-3a	ay¹o	ayoo	恐怕
1-1a	aqa	aχa	奴仆
1-1a	aqa ta	aχa de	于奴仆
1-1a	aqa i	aχa i	奴仆的
1-1b	aqon	aχūn	兄
1-1b	aqonc¹i	aχūn ci	自兄
1-1b	aqongqa jōi	aχūngga jui	长子
1-1b	aqota	aχūta	众兄
1-16b	babata	ba bade	于各处
1-16b	baba、baiba	babe	把地方
1-17a	bac¹i	baci	自地方
1-16b	batarabi	badarafi(-mbi)	开广

224

附录　无圈点、加圈点满文词语对照表

续表

出处	无圈点满文词语	加圈点新满文词语	汉译词语
1-16b	batarambobi	badarambufi(-mbi)	使开广
1-16b	bata	bade	于地方
1-17a	bason、basong	badzung	把总
2i-3b	babi	baibi	白白的、只是
2i-3b	baicʼa	baica	令查
2i-3b	baicʼacʼi	baicaci	若查
2i-4a	baicʼambi	baicambi	查
2i-4a	baicʼambitara	baicambi dere	想必查
2i-3b	baicʼama	baicame(-mbi)	查
2i-3b	baicʼarata	baicara de	查时
2i-3b	bailiba	baili be	将恩情
2i-3b	baima	baime(-mbi)	求、寻找
2i-3b	bairaqo	bairaqū	不求、不寻找
2i-3b	baitaba	baita be	将事情
2i-3b	baitangqa	baitangɢa	执事人、有用的
1-17a	baliyʼa	baliya	罢了
2n-3a	bantaraqo	bandaraqū	不倦
2n-3a	banti	bandi	徒弟、沙弥
1-16b	baṇiqa	baniχa	谢了、生受了
2n-3a	banjibombi	banjibumbi	使生、编
2n-3a	banjibora	banjibure	使生的
2n-3a	banjicʼina	banjicina	生吧
2n-3a	banjikisama	banjiki seme	欲生
2n-3a	banjimbitara	banjimbi dere	想必生
2n-3a	baniraqo	banjiraqū	不生、不活
2n-3a	banjiqa	banjiχa	生了、生的
1-16b	banoqosacʼi	banuχušaci	若懒惰

225

无圈点满文

续表

出处	无圈点满文词语	加圈点新满文词语	汉译词语
3k-3a	bakc¹ilaɓi	baqcilafi(-mbi)	作对
3k-3a	baq¹c¹ilama、bakc¹ilama	baqcilame(-mbi)	作对
3k-3a	bakc¹ini	baqcin i	对手的
3k-3a	baksan	baqsan	把子、僎
3k-3a	baq¹si	baqsi	儒、学者
3k-3a	baq¹sisa	baqsisa	诸儒、学者们
3k-3a	baktantaraqo	baqtandaraqū	容不下
3k-3a	baktaraba	baqtara be	将容得的
2r-3a	bartengkilarangke	bardanggilarangge	矜夸者
2r-3a	barkiy¹af¹i	bargiyafi(-mbi)	收
2r-3a	barkiy¹ama	bargiyame(-mbi)	收
2r-3a	barkiy¹ara lac¹i	bargiyaralaci	若收拾、若约束
2r-3a	barkiy¹aqa	bargiyaχa	收了
2r-3a	barkiy¹aqaqo	bargiyaχaqū	未收
1-17a	baro	baru	向
1-16b	basama	bašame(-mbi)	赶、驱逐
1-16b	batata	bata de	于敌人
1-17a	batori	baturu	勇
1-17a	batorilaqa	baturulaχa	勇往
1-17a	bay¹an	bayan	富
1-17a	bay¹ara	bayara	巴雅喇、护军
1-16b	baqa	baχa	得到了、得到的
1-16b	baqata	baχa de	得到时
1-16b	baqabo	baχabu	令得给
1-16b	baqac¹i	baχaci	若得到
1-16b	baqabi、baqaɓi	baχafi(-mbi)	得到
1-16b	baqambio	baχambio	得到吗

附录 无圈点、加圈点满文词语对照表

续表

出处	无圈点满文词语	加圈点新满文词语	汉译词语
1-16b	baqanaraqon	baχanaraqūn	不会吗
1-16b	baqangkec¹i	baχangge ci	比得到的
1-17b	bac¹abi	becefi(-mbi)	斥责
1-17b	bac¹ake	becehe	斥责了、斥责的
1-17b	bac¹oŋobi	becunufi(-mbi)	互相斗殴
1-17b	bac¹aŋoma	becunume(-mbi)	互相斗殴
1-17a	batarabo	bederebu	令退回、令驳回
1-17a	batarabobi	bederebufi(-mbi)	退回、驳回
1-17a	batarake	bederehe	退回了
1-17a	batararata	bederere de	退回时
1-17b	ba jing、bajing	beging	北京
1-17b	ba jing、bajing	beging	北京
2i-4a	baita	beide	令审
2i-4a	baitac¹ina	beidecina	审吧
2i-4a	baitabi	beidefi(-mbi)	审
2i-4a	baitake	beidehe	审了
2i-4a	baitakebike	beidehe bihe	曾审
2i-4a	baitaraqo	beideraqū	不审
2i-4a	baitara	beidere	审的
2i-4a	baitasi	beidesi	审事人
2i-4a	baikuwan	beiguwan	备御
2i-4a	baikuwanc¹i、baikuwac¹i	beiguwan ci	自备御、比备御
2i-4a	bailata	beile de	于贝勒
2i-4a	bailai	beilei	贝勒的
2i-4a	bailaningke	beileningge	贝勒的
2i-4a	baisa	beise	诸贝勒、贝子
2i-4a	baisai	beisei	诸贝勒的等

227

无圈点满文

续表

出处	无圈点满文词语	加圈点新满文词语	汉译词语
1-17b	bajang	bejang	百长
3k-3b	bokton	bekdun	债
3k-3b	baktonta	bekdun de	于债
3k-3b	baktongke	bekdungge	有债的
1-17b	bakilake	bekilehe	加固了、加固的
1-17b	bakilama	bekileme(-mbi)	加固
1-17a	bala	bele	米
1-17b	balac¹i	beleci	若诬害
1-17b	balakebi	belehebi	诬害了
1-17b	balara	belere	诬害的
4l-3b	balkembi	belhembi	预备
1-17b	baliy¹an	beliyen	呆
1-17a	banabo	benebu	令使送
1-17a	banake	benehe	送了
1-17a	banambi	benembi	送
1-17a	banama	beneme(-mbi)	送
1-17a	banarangke	benerengge	送者
3ng-2b	bangsan	bengsen	本事
2n-3a	banjikeba	benjihe be	将送来的
2n-3a	banjiketa	benjihe de	送来时
2n-3a	banjimbike	benjimbihe	送来来着
2n-3a	banjima	benjime(-mbi)	送来
2n-3a	banjo、banjio	benju	令送来
1-17b	bari	beri	弓
1-17b	bariba	beri be	将弓
1-17a	bašombike	bešembihe	浸透来着
3t-2b	batke	bethe	腿、足

228

附录 无圈点、加圈点满文词语对照表

续表

出处	无圈点满文词语	加圈点新满文词语	汉译词语
3t-2b	batkei ūwanjan ņimaku	bethei wenjen nimeku	足热症
1-17b	bayʼa	beye	身、自己
1-17b	bayʼaba	beyebe	将身、将自己
1-17b	bayʼacʼi	beyeci	向自己、比自己
1-17b	bayʼata	beyede	于身、于自己
1-17b	bayʼai	beyei	身体的、自己的
1-18a	bibombi	bibumbi	存留
1-18a	bicʼaqa	bicʼaχa	折了
1-18a	bicʼi	bici	若有
1-18a	bicʼiba	bicibe	虽有
1-18a	bicʼina	bicina	在着吧
1-18a	bitara	bidere	想必有
1-18b	bibi	bifi(-mbi)	有、在
1-18a	biqan	biɢan	野
1-18a	biqanta	biɢan de	于野
1-18b	bike	bihe	在的、来着
1-18b	bikebicʼi	bihe bici	若曾经在
1-18b	bikengkeba	bihengge be	将所有者
1-18b	bikeo	biheo	曾有吗
1-18b	bikeqai	biheqai	曾在啊、来着啊
1-18b	bikeqo	biheqū	未曾在
1-18a	bijacʼi	bijaci	若折
1-18a	bilama	bilame(-mbi)	折、定限
1-18a	bilari	bileri	唢呐
1-18a	birora	bilure	抚养的
3ng-3a	bingbo	bingbu	兵部
1-18b	biraba	bira be	将河

229

无圈点满文

续表

出处	无圈点满文词语	加圈点新满文词语	汉译词语
1-18b	birata	bira de	于河
1-18b	birama	bireme	一概
1-18a	bisirangke	bisirengge	所有者
1-18a	biso	bisu	令留
1-18a	bisioma	bišume(-mbi)	摩
1-18a	bitala	bitele	正在间
3t-2b	bitke	bithe	书
3t-2b	bitkei	bithei	书的
1-18a	bitoma	bitume(-mbi)	缘边
1-18a	bii~a	biya	月
1-18b	bic¹ac¹i	biyaci	自月
1-18a	biy¹a tari	biyadari	每月
1-18a	biy¹ata	biyade	于月
1-18a	biy¹aloc¹iba	biyalucibe	虽溜边败走
1-18b	biy¹ata	biye de	于身、于自己
1-18b	bio i	biyoo i	蚕的
1-18b	biolan boso	biyoolan boso	茧兰布
1-19a	boc¹o	boco	颜色
1-19a	boto	bodo	令算、令筹划
1-19a	botobi	bodofi(-mbi)	算、筹划
1-19a	botoma	bodome(-mbi)	算、筹划
2i-4b	boiɢoc¹ilabi	boiɢocilafi(-mbi)	做主人
2i-4b	boiɢon	boiɢon	户
4l-3b	bolqo	bolɢo	洁净
1-19a	boliqo	boliqū	幌子、谎皮
4l-3b	boljobi、boljoři	boljofi(-mbi)	约会
4l-3b	boljoqo	boljoχo	约会了、约会的

附录 无圈点、加圈点满文词语对照表

续表

出处	无圈点满文词语	加圈点新满文词语	汉译词语
4l-4a	boljoqon	boljoχon	约
4l-4a	boljoqongke	boljoχongge	约会者
1-19a	bailori	bolori	秋
4o-3a	boo mio	boo miyoo	家庙
4o-3a	booc¹i	booci	自家
4o-2b	bota、boo-te	boode	于家
4o-2b	boi	booi	家的
4o-2b	biosa	boose	包子、包
1-19a	bosiobi	bošofi(-mbi)	驱逐
1-18b	bosioki	bošoki	请驱逐
1-19a	bosiombi	bošombi	驱逐
1-18b	bosioma、bosiy¹oma	bošome(-mbi)	驱逐
1-18b	bosioqo	bošoqū	拨什库、领催
1-18b	bosioraqo	bošoraqū	不驱逐
1-18b	bosioro	bošoro	驱逐的
1-19a	bosorongke	bošorongge	驱逐者
1-18b	bosoqo	bošoχo	驱逐了、驱逐的
1-18b	bosioqobi	bošoχobi	驱逐了、
1-19b	boc¹ac¹i、būc¹ac¹i	buceci	若死
1-19b	boc¹ake、būc¹ake	bucehe	死了
1-19b	būc¹akeqo	bucehequ	未死
1-19b	boc¹aki、būc¹aki	buceki	请死
1-19b	boc¹ambio	bucembio	死吗
1-19b	būc¹ambiqai	bucembiqai	死啊
1-19b	boc¹ama	buceme(-mbi)	死
1-19b	boc¹araba、būc¹araba	bucere be	把死的
1-19b	boc¹arac¹i	bucereci	比死

231

无圈点满文

续表

出处	无圈点满文词语	加圈点新满文词语	汉译词语
1-19b	boc¹i、būc¹i	buci	若给
1-19a	bota	buda	饭
1-19a	botalara	budalara	吃饭的
1-19a	būtara	budere	死的、煞的
1-19a	būton	budun	庸懦
1-20b	būbi	bufi(-mbi)	给
1-20a	būoke、būke、booke	buhe	给了
1-20a	būkebike	buhe bihe	曾经给了
1-20a	bokebi	buhebi	给了
1-20a	būkebitara	buhebidere	想必给了
1-20a	būkebiqai	buhebiqai	给了啊
1-20a	būketa	buhede	给了时
1-20a	būkengke	buhengge	所给者
1-20a	bokeqongke、būkeqūngke	buheqūngge	未给者
1-20a	boki、būki	buhi	膝
1-20a	būkiba	buhi be	将膝
1-19b	bojanta	bujan de	于森林
1-19b	bojobi	bujufi(-mbi)	煮
1-20a	būku	buku	撂跤人
1-19b	bolaq¹	bulaq	泉
4l-4a	bolc¹ama	bulcame(-mbi)	脱滑
4l-4a	bolc¹aqo	bulcaqū	脱滑者
1-19b	būlaku	buleku	镜子
4m-3a	būmbi	bumbi	给
1-19b	būma	bume(-mbi)	给
3ng-3a	bongkima	bunggime(-mbi)	送往
3k-3b	boksibi	buqsifi(-mbi)	埋伏

附录 无圈点、加圈点满文词语对照表

续表

出处	无圈点满文词语	加圈点新满文词语	汉译词语
3k-3b	būksima	buqsime(-mbi)	埋伏
1-20a	boraqoc¹i	buraqūci	若不给
2r-3b	borteketa	burdehede	吹海螺时
2r-3b	bortama	burdeme(-mbi)	吹海螺
1-20a	bora、būra	bure	给的
1-20a	boran、būran	buren	画角
1-20a	būrangke	burengge	将给者
2r-3b	borqa	burɢa	柳条
2r-3b	būrkibofi	burgibufi(-mbi)	使惊慌
2r-3b	būrkiboma	burgibume(-mbi)	使惊慌
2r-3b	būrikin、borikin	burgin	时会
1-20a	boribi	burifi(-mbi)	吊面、鞔
1-20a	boriki	buriki	请吊面、请鞔
1-20b	borolabi	burulafi(-mbi)	败走
1-20b	borolama	burulame(-mbi)	败走
1-20a	borlaqa	burulaχa	败走了、败走的
1-20b	borlaqabi	burulaχabi	败走了
1-19a	bosalaqabi	busalaχabi	扎瞎了
1-19a	botab̌i	butafi(-mbi)	打牲、渔猎
1-19a	botama	butame(-mbi)	打牲、渔猎
1-19a	botaqangke	butaqangge	猎获者
1-19a	botaqa	butaχa	打牲的、猎获的
1-19a	botaqai	butaχai	一直打牲
1-19a	boto	butu	暗昧
1-19a	botolama	butuleme(-mbi)	堵塞
3t-2b	botaqai	butχai	打牲的
1-19b	boy¹a	buya	卑微

233

无圈点满文

续表

出处	无圈点满文词语	加圈点新满文词语	汉译词语
1-19b	boyʲarama	buyarame	零碎、小、杂
1-20a	boyʲaboma	buyebume(-mbi)	使爱
1-19b	boyʲake、būyʲake	buyehe	爱了、爱的
1-20a	boyʲambi	buyembi	爱
1-20a	boyʲama	buyeme(-mbi)	爱
1-20a	boyʲaraqo	buyeraqū	不爱
1-19a	boqa	buχa	野牛、公羊
3t-2b	boqai	buχai	野牛的、公羊的
1-19a	boqo	buχū	鹿
4b-6a	cabtara	cabdara	银鬃马、葱聋
1-38a	cʲacʲari	cacari	布凉棚
1-37b	caƀi	cafi(-mbi)	支起
2i-8a	cai omiboqa	cai omibuχa	使喝茶了
2i-8a	cai omiqa	cai omiχa	喝茶了
2i-8a	caiqa	caiχa	柴河
1-38a	cʲalama	calame(-mbi)	差错
3ng-6b	cang	can	金
1-37b	canangki	cananggi	前日
3ng-6b	cangjo	cang jeo	常州
3ng-6b	cʲangki	canggi	纯是
3ng-6b	cʲangkita	canggi de	于纯是
3ng-6b	cʲangsioi	cangsui	长随
2n-7a	canjorabi	canjurafi(-mbi)	作揖
1-38a	caraniyʲa	cara aniya	前年
2r-7a	carki	cargi	那边
2r-7a	carkicʲi	cargici	自那边
1-38a	cʲasi	casi	往那边

234

附录 无圈点、加圈点满文词语对照表

续表

出处	无圈点满文词语	加圈点新满文词语	汉译词语
3s-5b	casqon	casχūn	背、相反
1-37b	caqa	caχa	支起了、支起的
1-38a	c¹aqan	caχan	奶渣面子
1-38a	c¹aqar	caχar	察哈尔
1-38a	c¹aqarac¹i	caχar ci	自察哈尔
1-38a	c¹aqarai	caχar i	察哈尔的
1-38a	c¹aqara	caχara	椰瓢
1-38a	c¹akemo	ce gemu	他们都
1-38a	cakemo	cekemu	倭缎
4m-6a	c¹amba	cembe	将他们
2n-7a	c¹anta	cende	于他们
2n-7a	c¹antama	cendeme(-mbi)	试
3ng-6b	c¹anghiy¹ang	cengsiyang	丞相
1-38a	cani	ceni	他们的
1-38a	c¹i sintama	ci sindame(-mbi)	点点儿、排队
1-38b	c¹ifalaƀi	cifelefi(-mbi)	吐吐沫
1-38b	c¹iwalake	cifelehe	吐吐沫了
1-38b	c¹iwalambi	cifelembi	吐吐沫
1-38b	c¹iwalama	cifeleme(-mbi)	吐吐沫
1-38b	c¹ifon	cifun	税
1-38b	ci¹fomba	cifun be	将税
1-38b	c¹iku	cigu	旗鼓
1-38b	c¹ikinta	cikin de	于河崖
4l-7a	colbori	cilburi	偏缰
1-38b	c¹ilima	cilime(-mbi)	喳住
1-38b	c¹imari	cimari	明日、晌
1-38b	c¹imaric¹i	cimari ci	自明日

235

无圈点满文

续表

出处	无圈点满文词语	加圈点新满文词语	汉译词语
1-38a	c¹onoqon	cinuχūn	银朱
2r-7a	c¹irkebi	cirgefi(-mbi)	打夯、卸弓
2r-7a	c¹irku、ciraku	cirku	枕头
1-38b	c¹isoi、c¹osoi	cisui	私的
1-38b	ciy¹an an	ciyan an	迁安
1-38b	c¹iy¹ansan	ciyan šan	千山
1-38b	c¹anson、ciy¹anjang	ciyandzung	千总
1-38b	c¹iliy¹an	ciyanliyang	钱粮
1-38a	c¹iqa	ciχa	任凭
1-38a	ciqatara	ciχa dere	听其所愿耳
1-38a	c¹iqai	ciχai	任意
1-38a	c¹iqalac¹i	ciχalaci	若愿意、若嗜好
1-38a	c¹iqalafi	ciχalafi(-mbi)	愿意、嗜好
1-38a	c¹iqalama	ciχalame(-mbi)	愿意、嗜好
1-38a	c¹iqatara	ciχalara	愿意的、嗜好的
1-38b	c¹iqangqa	ciχangɢa	情愿
1-38b	c¹iqangqai	ciχangɢai	情愿的
1-38b	c¹iqao	ciχao	随意吗
1-38a	ciqaqo	ciχaqū	不愿意、不爽快
1-39a	c¹oc¹arama	cocarame(-mbi)	捣乱等
1-39a	cooman	coman	大酒杯
4m-6b	c¹omboli	combuli	胁下软处
4o-6b	cokiwan、c¹ookiwan	coohiyan	朝鲜
4o-6b	coqa、c¹ooqa、cooqa	cooχa	兵
4o-6b	cooqaba	cooχa be	将兵
4o-6b	cooqai、c¹ooqai、cooqa~a、cooqa i	cooχai	兵的

附录 无圈点、加圈点满文词语对照表

续表

出处	无圈点满文词语	加圈点新满文词语	汉译词语
4o-6b	cʰooqalacʰi	cooχalaci	若行兵
4o-6b	cooqalaqa	cooχalaχa	行兵了、行兵的
1-38b	cʰoqo	coqo	鸡
3k-7b	cʰokto、coqʰto	coqto	骄
3k-7b	coktoloma	coqtolome(-mbi)	骄傲
1-38b	coqoma、cʰooqoma	coχome	特意
1-39a	cʰokumbi	cukumbi	疲敝
4l-7a	cʰolqan	culɢan	盟
4l-7a	coolqara	culɢara	大阅的
4l-7a	colqarata	culɢara de	大阅时
3ng-7a	congqosama	cungɢūšame(-mbi)	撞头
3k-7b	coq rcʰorara	cuqcurere	耸起的
1-39a	cʰūsa	cuse	竹
1-39a	cʰowan	cuwan	船
1-39a	cʰowangnama	cuwangname(-mbi)	抢掠
1-39a	cʰowangnara	cuwangnara	抢掠的
1-39a	cʰowangnaraqo	cuwangnaraqū	不抢掠
1-27b	tabaƀi、tababi	dabafi(-mbi)	越过
1-27b	tabaqan	dabaɢan	岭
1-27b	tabala	dabala	罢了
1-27b	tabama	dabame(-mbi)	越过
1-27b	tabasara	dabašara	僭越的
4b-4b	tabson	dabsun	盐
1-27b	taboma	dabume(-mbi)	算入、点火
1-27b	taboqaqobi	dabuχaqūbi	未算入、未点火
1-28a	tacʰi	daci	原先、从来
1-28a	tacʰilama	dacilame(-mbi)	请示

续表

出处	无圈点满文词语	加圈点新满文词语	汉译词语
1-28a	tacʰilara	dacilara	请示的
1-28a	tacʰon	dacun	快、锋利
1-27b	tata	dade	起根
1-28b	tabi	dafi(-mbi)	刮、着、救援
1-28a	takila、takilan	dagila	令预备
1-28a	takilabobi	dagilabufi(-mbi)	使预备
1-28a	takilabi、takirabi	dagilafi(-mbi)	预备
1-28a	takirambi	dagilambi	预备
1-28a	takilaqa	dagilaχa	预备了
1-28a	taki	dahi	令再摆跤
1-28a	takima	dahime	再摆跤
2i-6b	tailio	dai liyoo	大辽
2i-6b	tai iowan	dai yuwan	大元
2i-6b	taifo	daifu	大夫
2i-6a	taila	daila	令征讨
2i-6a	tailacʰi	dailaci	若征讨
2i-6a	tailambi	dailambi	征讨
2i-6a	tailama	dailame(-mbi)	征讨
2i-6b	tailantobi	dailandufi(-mbi)	一齐征讨
2i-6a	tailara	dailara	征讨的
2i-6a	tailaqa	dailaχa	征讨了、征讨的
2i-6a	tailaqai	dailaχai	一直征讨
2i-6a	tailaqangke	dailaχangge	征讨者
2i-6a	tailaqaqo	dailaχaqū	未征讨
2i-6b	taiming	daiming	大明
2i-6b	tainta	dain de	于阵
2i-6a	taisa	daise	代事、代子

附录 无圈点、加圈点满文词语对照表

续表

出处	无圈点满文词语	加圈点新满文词语	汉译词语
2i-6a	taitong	daitung	大同
4l-5b	taltata	dalda de	于隐蔽处
1-27b	talifi	dalifi(-mbi)	赶、遮蔽
1-28a	talima	dalime(-mbi)	赶、遮蔽
1-27b	talin	dalin	岸
1-27b	talimba	dalin be	将岸
1-27b	talincʰi	dalin ci	自岸
1-27b	talinta	dalin de	于岸
1-27b	talini	dalin i	岸的
1-28a	talingqo、taling qoo、talingqo	dalingχo	大凌河
4l-5b	taljaqo	daljaqū	无涉
4l-5b	talji	dalji	干涉
4m-4b	tambakui	dambaku i	烟的
1-28a	tama	dame(-mbi)	刮（风）、救援
4m-4b	tamtolafi	damtulafi(-mbi)	典当
4m-4b	tamto、tamton	damtun	当头
1-28a	tamo	damu	但、只
2n-5b	tancʰalama	dancalame(-mbi)	回娘家、归宁
2n-5b	tancʰan	dancan	娘家
2n-5b	tanjo[①]	dandzi	单子
3ng-5a	tangsan	dangšan	草芥、线头
3ng-4b	tangsa	dangse	档子
3k-5a	taqʰsa	daqsa	过错、罪过
1-27a	taqūlai	daqūla i	肚囊的
1-28b	taraqo	daraqū	不刮、不救援等
2r-5a	tarqan	darɢan	首领

① 该词词首辅音字母 t 为词中形式。

239

无圈点满文

续表

出处	无圈点满文词语	加圈点新满文词语	汉译词语
1-28b	tari	dari	每
2r-5a	tarqowan	darχūwan	杆子
1-27b	tasa	dasa	令治、令改
1-27b	tasaborata	dasabure de	使治时等
1-27b	tasafi	dasafi(-mbi)	治、整、改
1-27b	tasama	dasame(-mbi)	治、整、改
1-27b	tasan	dasan	政
1-27b	tasaqaqūngke	dasaχaqūngge	未治者、未改者
1-27b	tasioraqa	dašuraχa	祸害了
3s-4a	tasqowan	dasχūwan	左、弓靫
1-28a	tay¹abo	dayabu	令正法
1-28a	tay¹anac¹i	dayanaci	若去依附
1-28a	tay¹anjio	dayanju	令来依附
1-28a	tay¹ano	dayanu	令去依附
1-27a	taqa	daχa	令降、刮风了等
1-27a	taqabobi	daχabufi(-mbi)	使投降、使跟随
1-27a	taqabora	daχabure	使投降的等
1-27a	taqac¹i	daχaci	若投降、若跟随
1-27a	taqac¹ina	daχacina	投降吧、跟随吧
1-27a	taqafi	daχafi(-mbi)	投降、跟随
1-27a	taqaki	daχaki	请投降、请跟随
1-27a	taqambi	daχambi	投降、跟随
1-27a	taqambike qai	daχambihe qai	投降来着啊
1-27a	taqama	daχame(-mbi)	投降、跟随
1-27a	taqantoqai	daχanduχai	随即
1-27a	taqara	daχara	投降的、跟随的
1-27a	taqaso	daχasu	和顺

附录 无圈点、加圈点满文词语对照表

续表

出处	无圈点满文词语	加圈点新满文词语	汉译词语
1-27a	taqaqa	daχaχa	投降了、跟随了
1-27a	taqaqaqo	daχaχaqū	未投降、未跟随
1-27a	taqo	daχū	皮端罩
1-27a	taqombi	daχūmbi	重复、再撂跤等
1-27a	taqoma	daχūme(-mbi)	重复、再撂跤等
1-27a	taqon	daχūn	再三
1-29b	tesing man	de šeng men	德胜门
1-29b	tabaran	deberen	崽子
1-29b	tato	dedu	令卧
1-29b	tatoc'i	deduci	若卧
1-29b	tatobi	dedufi(-mbi)	卧
1-29b	tatoke、tetoke	deduhe	卧了
1-29b	tatoma	dedume(-mbi)	卧
1-29b	tatonc'i	dedun ci	自宿处
1-29b	tatotala	dedutele	直至卧
1-30a	tawai	defe i	布帛幅子的
1-30a	tawalingku	defelinggu	整疋
1-29b	takelama	deheleme(-mbi)	用钩钩
1-29b	takema	deheme	姨母
1-29b	taki	dehi	四十
1-29b	takita	dehite	各四十
2i-6b	tajike	deijihe	烧了、烧的
2i-6b	tajima	deijime(-mbi)	烧
2i-6b	tajira、teijira	deijire	烧的
1-29b	taji	deji	上份
3k-5a	taktaboke	dekdebuhe	使飞起了等
3k-5a	taktabi	dekdefi(-mbi)	飞起、漂浮

241

无圈点满文

续表

出处	无圈点满文词语	加圈点新满文词语	汉译词语
3k-5a	taktake	dekdehe	飞起了、漂浮了
3k-5a	taktama	dekdeme(-mbi)	飞起、漂浮
3k-5a	taktan	dekden	流行
3k-5a	taktani	dekdeni	流行的
3k-5a	taktara	dekdere	飞起的、漂浮的
1-29b	tala	dele	上
4l-5b	talkebokeqo	delhebuheqū	未使分开
4l-5b	talkebi	delhefi(-mbi)	分开
4l-5b	talken-toma	delhendume(-mbi)	彼此分开、诀别
4m-4b	tambai	dembei	着实
2n-5b	tan alin	den alin	高山
2n-5b	ta~a fangqalan	den fangqalan	高低
2n-5b	tantabi	dendefi(-mbi)	分
2n-5b	tantake、tentake	dendehe	分了
2n-5b	tantama	dendeme(-mbi)	分
3ng-5a	tangjan	dengjan	灯
4o-4b	tao	deo	弟
4o-4b	taoi	deo i	弟的
4o-4b	teoc¹ilara	deocilere	行弟道的
4o-4b	taota	deote	众弟
1-29b	tara	dere	桌、脸面、方等
2r-5a	tarki	dergi	上面、东面
2r-5a	tarki kiy¹ang	dergi giyang	东江
2r-5a	tarkic¹i	dergici	自上面、自东面
2r-5b	tarki saktabi	derhi sektefi(-mbi)	铺席
1-30a	taribo	deribu	令开始
1-30a	tariboc¹i	deribuci	若开始

242

附录　无圈点、加圈点满文词语对照表

续表

出处	无圈点满文词语	加圈点新满文词语	汉译词语
1-30a	terbobi	deribufi(-mbi)	开始
1-30a	tariboke	deribuhe	开始了、开始的
1-30a	taribokengke	deribuhengge	开始者
1-30a	tariboraqo	deriburaqū	不开始
3s-4b	tatke	dethe	翅翎
1-29b	tay¹ama	deyeme(-mbi)	飞
3ng-5a	tingjo	ding jeo	定州
1-30a	tiyan	diyan	殿
1-30a	tiy¹ansi	diyanši	典史
1-30b	tobiki	dobihi	狐皮
1-30b	tobori	dobori	夜
1-31a	toto	dodo	胎
1-30b	toqon	doɢon	渡口
1-30b	toqomba	doɢon be	将渡口
2i-7a	toiqon	doiɢon	预先
2i-6b	toiχonta	doiɢonde	于预先
1-31a	tolo	dolo	内
1-31a	tōlo	dolo	内
2n-6a	tonjiboc¹i	donjibuci	若使听见
2n-6a	tonjiboqaqobi	donjibuχaqūbi	未使听见
2n-6a	tonjic¹i	donjici	若听见
2n-6a	tōnjibi	donjifi(-mbi)	听
2n-6a	tōnjimbi	donjimbi	听
2n-6a	tōnjiraqo	donjiraqū	不听
2n-6a	tonjira	donjire	听的
2n-6a	tonjiqa	donjiχa	听见了、听见的
2n-6a	tonjiqatara	donjiχa dere	想必听见了

无圈点满文

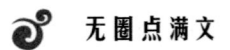

续表

出处	无圈点满文词语	加圈点新满文词语	汉译词语
4o-5a	toboqa	doobuχa	使渡了、使渡的
4o-5a	tooƀi	doofi(-mbi)	渡
4o-5a	toolama	doolame(-mbi)	倒、誊写
4o-5a	tooli	dooli	道
4o-5a	tooma	doome(-mbi)	渡
4o-5a	toorama	doorame(-mbi)	宗照
4o-5a	tosataraqo	doosidaraqū	不贪
1-30b	toqomiqa	doqomiχa	吊里子了等
2r-5b	torki	dorgi	里面、内
2r-5b	torkic¹i	dorgici	自里面、自内
2r-5b	torkitari	dorgideri	由里面、由内
2r-5b	torqon	dorɢon	貛
1-31a	toro	doro	礼
1-31b	toroba	doro be	将礼
1-31b	torota	doro de	于礼
1-31a	toroqai	doro qai	礼啊
1-31b	toro y¹oso	doro yoso	道
1-31a	toroi	doroi	礼的
1-31b	torolombitara	dorolombidere	想必行礼
1-31b	toroloma	dorolome(-mbi)	行礼
1-31b	torolorongke	dorolorongge	行礼者
1-31b	toron	doron	印
1-30b	tosi	dosi	令进、向内
1-31a	tosibi	dosifi(-mbi)	进
1-31a	tosimbo	dosimbu	令请进
1-31a	tosimbic¹i	dosimbuci	若请进
1-31a	tosimbobi	dosimbufi(-mbi)	请进

244

附录　无圈点、加圈点满文词语对照表

续表

出处	无圈点满文词语	加圈点新满文词语	汉译词语
1-31a	tosimbora	dosimbure	请进的
1-31a	tosima	dosime(-mbi)	进
1-31a	tosinabi	dosinafi(-mbi)	进去
1-31a	tosino	dosinu	令进去
1-31a	tosiqa	dosiqa	进了、进的
1-31a	tosiqabio	dosiqabio	进了吗
1-31a	tosira	dosire	进的
1-31a	tosiraba	dosire be	将进
1-31a	tosirata	dosire de	进时
3s-4b	tosqon	dosχon	宠
1-30b	toqo	doχo	石灰
1-30b	toqolon	doχolon	瘸子
1-34a	toba、tūba	dube	末、尖
1-34a	t¹ūba ta	dube da	头绪、结果
1-34a	t¹ūbata、tūbate	dubede	于末、于尖
1-34a	tobai、tūbai	dubei	末的、尖的
1-34a	tubimbi	dubimbi	习惯、驯化
1-34a	tūto	dudu	斑雀、都督
1-34a	tutui	dudu i	斑雀的、都督的
1-34b	t¹ūfatara	dufedere	贪淫的
1-35a	t¹ūbi	dūfi(-mbi)	打
2i-7a	toic¹i	duici	第四
2i-7a	toila	duile	令勘断
2i-7a	toilake	duilehe	勘断了、勘断的
2i-7a	toilakeqū	duileheqū	未勘断
2i-7a	tūilambi	duilembi	勘断
2i-7a	toilara	duilere	勘断的

无圈点满文

续表

出处	无圈点满文词语	加圈点新满文词语	汉译词语
2i-7a	toilasi	duilesi	勘断人
2i-7a	toin	duin	四
2i-7a	tūita	duite	各四
4l-6a	tolbatabi[①]、tulbatabi	dulbadafi(-mbi)	犯憷懂
4l-6a	tolbatambio	dulbadambio	犯憷懂吗
1-34a	t¹ūlabi、tolabi	dulefi(-mbi)	过去，烧着
1-34b	tolake、tūlake、t¹ūlake	duleke	过去了、烧着了
1-34a	t¹ūlambo	dulembu	令使过去等
1-34b	tūlamboke	dulembuhe	使过去了等
1-34b	t¹ūlamboraqo	dulemburaqū	不使过去等
1-34a	tūlama、t¹ūlama	duleme(-mbi)	过去，烧着
1-34a	tūlatala	duletele	直至过去等
4l-6a	t¹ūlqa	dulɢa	一半、盛的浅
4l-6a	tolqaba	dulɢa be	将一半
1-34b	tūlibi	dulifi(-mbi)	连夜
1-34b	t¹ūlimba ba	dulimbabe	将中间
1-34b	tolimbata	dulimbade	于中间
1-34b	tūlimbai、tolimbai	dulimbai	中间的
1-34b	tolima	dulime(-mbi)	连夜
1-34b	t¹ūlin	dulin	一半
1-34b	tolirata	dulire de	于连夜
1-34b	t¹ūma	dūme(-mbi)	打
1-34b	t¹ūma	dūme(-mbi)	打
3ng-5b	tongjing、tongking	dung ging	东京
1-34a	toqa¹、toqa	duqa	门
1-34a	toqata	duqa de	于门

① 该词原书置于 tul 字头下，并注解为 tulfadafi，均误。

246

附录 无圈点、加圈点满文词语对照表

续表

出处	无圈点满文词语	加圈点新满文词语	汉译词语
1-34a	toqatari	duqa deri	由门
1-34a	toqai	duqai	门的
2r-6a	torbajingke	durbejengge	有棱的
1-34b	toriboketa	duribuhe de	使抢夺时等
1-34b	toric¹i	durici	若抢夺等
1-34b	toribi	durifi(-mbi)	抢夺、上摇车
1-34b	t¹ūrikeqo	duriheqū	未抢夺等
1-34b	torima、t¹ūrima	durime(-mbi)	抢夺、上摇车
1-34b	tūrira	durire	抢夺的等
2r-6a	torsokilama	dursukileme(-mbi)	仿效
2r-6a	tūrson	dursun	体
1-34b	t¹ūron	durun	样子
3s-5a	t¹ūskuke	dushuhe	顿了、顿的等
3s-5a	t¹ūskuma	dushume(-mbi)	顿、起平花
1-35a	tūsa	dusy	都司
1-34a	totan³、totan、tūtan	dutang	都堂
1-34a	tūto	dutu	聋子
1-34b	towali	duwali	同类
2n-11b	sūn qowa te	dzun χūwa de	于遵化
3ng-11a	sūmingkuwan、songbingkuwan	dzung bing guwan	总兵官
4b-1a	ebtaraku	ebdereku	戕贼
1-3a	ebala	ebele	这边
1-3a	ebarama boo	ebereme bu	令少给
1-3a	ebarki	ebergi	这边
4b-1a	epsiy¹ama	ebšeme(-mbi)	忙
4b-1a	ebsike	ebsihe	尽着

247

无圈点满文

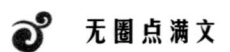

续表

出处	无圈点满文词语	加圈点新满文词语	汉译词语
1-3b	ebo	ebu	令下来
1-3b	ebobokeqo	ebubuheqū	未使下来
1-3b	eboƃi、ebofʼi、ebobi	ebufi(-mbi)	下来
1-3b	eboku	ebuhu	急忙
1-3b	eta	ede	于此
1-3b	etan	eden	短缺
1-3b	etari	ederi	由此
1-4a	eton	edun	风
1-4a	eton taqaba	edun daχa be	将刮风
1-4a	eton-ta	edun de	于风
1-4a	etomiyʼabi	edunggiyefi(-mbi)	扬场
1-5a	ewan	efen	饼
1-5a	ebiboma、eƃiboma	efibume(-mbi)	使玩耍
1-5a	ebicʼiba	eficibe	虽玩耍
1-5a	eƃike、ebike	efihe	玩耍了
1-5a	eibiyʼama	efime(-mbi)	玩耍
1-5a	eifiyʼan、eƃiyʼan、ebiyʼan	efin	玩艺
1-5a	efoi	efu i	额驸的
1-5b	efojabi	efujefi(-mb i)	败坏
1-5a	efojake	efujehe	败坏了、败坏的
1-5b	efojakecʼi	efujehe ci	自败坏
1-5b	ewajambi	efujembi	败坏
1-5a	efojama	efujeme(-mb i)	败坏
1-5b	efojara	efujere	败坏的
1-5a	efolacʼi	efuleci	若毁坏
1-5a	efolama	efuleme(-mb i)	毁坏、革
1-5a	efolaraqo	efuleraqū	不毁坏

附录 无圈点、加圈点满文词语对照表

续表

出处	无圈点满文词语	加圈点新满文词语	汉译词语
1-5a	efota	efute	众额驸
1-4b	eke	ehe	恶
1-4b	ekeba	ehe be	将恶
1-4b	eketa	ehe de	于恶
1-4b	ekeqai	ehe qai	恶啊
1-4b	ekecʼoma	ehecume(-mbi)	毁谤
1-4b	ekeliyʼangku	ehelinggu	庸劣
1-4b	ekerakei	eherehei	一直变脸
2i-1b	eifo	eifu	坟
2i-1b	eiken	eigen	丈夫
2i-1b	eiketaba	eigete be	将丈夫们
2i-1b	eiken	eihen	驴
2i-1b	eimabombi	eimebumbi	惹人厌
2i-1b	eimata	eimede	讨厌人、讨人嫌
2i-1b	eitan	eiten	一切
2i-1b	eitanba	eiten be	将一切
2i-1b	eitaracʼi	eitereci	若欺诈
2i-1b	eitaracʼiba	eiterecibe	总之
2i-1b	eitarama	eitereme(-mbi)	尽着、欺诈
2i-1b	eitarara	eiterere	欺诈的
2i-1b	eitaršara	eiteršere	暗中欺诈的
1-4b	ejaboke	ejebuhe	使记了
1-4a	ejaboma	ejebume(-mbi)	使记
1-4b	ejabi	ejefi(-mbi)	记
1-4b	ejike	ejehe	记了、敕书等
1-4b	ejakeba	ejehe be	将敕书
1-4a	ejila	ejele	令占

249

无圈点满文

续表

出处	无圈点满文词语	加圈点新满文词语	汉译词语
1-4b	ejilake	ejelehe	占了、占的
1-4b	ejama、ecam~a	ejeme(-mbi)	记
1-4b	ejan、ecan	ejen	主
1-4b	ejamba	ejen be	将主
1-4b	ejanta、ejan-ta	ejen de	于主
1-4a	ejata	ejete	主们
1-4b	ekikun	ekiyehun	缺少
1-4b	ekiy¹atara、ekintara、ekiy¹antara	ekiyendere	持续损失的
1-4b	ekimiy¹abi	ekiyeniyefi(-mbi)	损减
3k-1a	eksiy¹ama	ekšeme(-mbi)	急忙
4l-1a	elbikei	elbihei	一直招安
4l-1b	elc¹in	elcin	使臣
4l-1a	eltama	eldeme(-mbi)	照耀、诞生
4l-1a	eltan	elden	光
1-4a	elabi	elefi(-mbi)	满足
1-4a	elakei	elekei	几乎
1-4a	elamangqa	elemangɢa	反倒
1-4a	elambi	elembi	满足
1-4a	elama	eleme(-mbi)	足、够
1-4a	elaraqo	eleraqū	不满足
1-4a	elatala	eletele	直至够
4l-1b	elkian	elgiyen	宽裕、丰
4l-1b	elke	elhe	安、缓
4l-1b	elkei	elhei	缓慢地
4l-1b	elkeken	elheken	略安、略缓
4l-1b	eljara	eljere	抗拒的
4m-1a	embic¹i	embici	或者

附录 无圈点、加圈点满文词语对照表

续表

出处	无圈点满文词语	加圈点新满文词语	汉译词语
4m-1a	emtobai、emo tobai、emo tūmbai	emdubei	只管、一味地
1-4a	emamo	ememu	或
4m-1a	emkeli	emgeri	一次、已经
4m-1b	amki	emgi	共
4m-1b	emke	emhe	丈母
4m-1b	emkūn、emkun	emhun	独、孤
4m-1a	emkeba	emke be	将一个
4m-1a	emkec¹i	emke ci	自一个、比一个
4m-1a	emta	emte	各一
1-4a	namo、emo	emu	一
1-4a	emota	emu de	于一
2n-1b	enc¹o、en²c¹o、en¹coo	encu	另、异
2n-1b	en¹c¹olake	enculehe	另行了、另行的
2n-1b	en¹c¹olama	enculeme(-mbi)	另行
2n-1a	en¹tabora	endebure	使失误的等
2n-1a	en¹tambio	endembio	失误吗、去世吗
2n-1a	en¹tama	endeme(-mbi)	失误、去世
2n-1a	entaraqo	enderaqū	不失误、不去世
2n-1a	en¹tori	enduri	神
2n-1a	entoringke	enduringge	神圣的
1-3a	enan	enen	子嗣
3ng-1a	engkelc¹a	enggelce	令越分
3ng-1a	engkelc¹ima	enggelceme(-mbi)	越分
3ng-1a	engkemo	enggemu	鞍
3ng-1a	engkic¹a、engkic¹i	enggici	背后
1-3a	eniy¹a	eniye	母

251

无圈点满文

续表

出处	无圈点满文词语	加圈点新满文词语	汉译词语
2n-1a	en¹takema	enteheme	长远、永久
2n-1a	en¹take	enteke	这样
2n-1a	entakeba	enteke be	将这样
2r-1a	ertamo	erdemu	德
2r-1a	ertamoba	erdemu be	将德
2r-1a	ertamongke	erdemungge	有德者
1-5a	era ba	erebe	将此
1-5a	erac¹i、era c¹i	ereci	由此
i1-5a	erakei	erehei	一直指望
1-5a	erai	erei	以此、这个的
1-5a	earama	ereme(-mbi)	指望
2r-1a	erkeke	ergeke	安歇了、安歇的
2r-1a	erkelac¹i	ergeleci	若压派
2r-1a	erkelabi	ergelefi(-mbi)	压派
2r-1a	erkemboma	ergembume(-mbi)	使安歇
2r-1a	erkemboraqo	ergemburaqū	不使安歇
2r-1a	erki	ergi	边
2r-1b	erkiba	ergi be	将边
2r-1b	erkita	ergi de	于边
2r-1b	erkuwan	erguwen	纪、口面
1-5a	erinta	erinde	于时
1-5a	erolara	erulere	用刑的
1-3b	esai	eše i	小叔的
1-3b	esata	esede	于这些人
1-3b	esai	esei	这些人的
3s-1a	esketa	eshete	众叔父
3s-1a	eskun	eshun	生、生疏

附录 无圈点、加圈点满文词语对照表

续表

出处	无圈点满文词语	加圈点新满文词语	汉译词语
1-3b	etacʼiba	etecibe	虽胜
1-3b	etake	etehe	胜了、胜的
1-3b	etakeqo	eteheqū	未胜
1-3b	etambi	etembi	胜
1-3b	etama	eteme(-mbi)	胜
1-4a	etongke	etengge	胜者
1-3b	etangki	etenggi	强盛
1-3b	etobobi	etubufi(-mbi)	使穿
1-3b	etoke	etuhe	穿了
1-4a	etokulabi	etuhulefi(-mbi)	逞强
1-4a	etokulara	etuhulere	逞强的
1-4a	etokun	etuhun	强壮
1-3b	etoku	etuqu	衣
1-3b	etokuba	etuqu be	将衣
1-3b	etokuta	etuqu de	于衣
1-4b	eyʼa watake	eye fetehe	挖窖了、挖窖的
1-4b	eyʼaboke	eyebuhe	放水了
1-4b	eyote、eyota	eyute	众姐姐
1-50a	facʼabobi	facabufi(-mbi)	使散开、使散乱
1-50a	facʼacʼiba	facacibe	虽散开、虽散乱
1-50a	facʼambi	facambi	散开、散乱
1-50b	wacʼikiyʼašabi	facihiyašafi(-mbi)	着急、勤奋
1-50b	facʼisaki	facihiyašaki	请着急、请勤奋
1-50a	wacʼoqon、wacʼokun、waciqon	facuχūn	乱
1-50a	wacʼoqorabi、facʼoqorafi	facuχūrafi(-mbi)	作乱、迷乱
1-50a	watama	fadame(-mbi)	使法术
1-50a	watu	fadu	荷包

无圈点满文

续表

出处	无圈点满文词语	加圈点新满文词语	汉译词语
1-50b	wafolaki	fafulaki	请禁止、请传令
1-50b	fafolama	fafulame(-mbi)	禁止、传令
1-50b	wafolaraqo	fafularaqū	不禁止、不传令
1-50b	wafolaqa	fafulaχa	禁止了、传令了
1-50b	wafon	fafun	法度、法令
1-50b	wafomba	fafun be	将法
1-50b	wafoni	fafun i	法的、以法
2i-11a	wai qoosan	fai χoošan	窗纸
2i-11a	faita	faita	令割、令罚
2i-11a	waitaboqa	faitabuχa	使割了、被割的
2i-11a	waitac¹i	faitaci	若割、若罚
2i-11a	waitabi、faitabi	faitafi(-mbi)	割、罚
2i-11a	waitama、faitama	faitame(-mbi)	割、罚
2i-11a	waiterama	faitarame(-mbi)	碎割
2i-11a	waitaqa	faitaχa	割了、罚了等
2i-11a	waitaqai	faitaχai	一直割、一直罚
1-50a	wanjirantari	fajiran deri	自檐墙
1-50a	falante	falan de	于屋内地等
1-50a	walangqo	falangɢū	手掌
1-50a	wamaqa	famaχa	走迷了
4m-9a	fambof¹i	fambufi(-mbi)	迷路
1-50a	fanaqa	fanaχa	范河
2n-10b	wanc¹af¹i	fancafi(-mbi)	生气
2n-10b	wanc¹ama	fancame(-mbi)	生气
3ng-9b/10a	wang san kiy¹an、fangsan kiy¹an	fang šan hiyan	房山县
3ng-9b	wangqala	fangɢala	低、矮
3ng-9b	wangsa	fangse	幡

附录 无圈点、加圈点满文词语对照表

续表

出处	无圈点满文词语	加圈点新满文词语	汉译词语
3k-10a/10b	waqᶜ¹abi、wakcᶜ¹abi、waqᶜ¹aƀi	faqcafi(-mbi)	离开
3k-10a	faqᶜ¹ara	faqcara	离开的
3k-10a	wakcᶜ¹arata	faqcara de	将离开时
3k-10a	fakcᶜ¹iraqo	faqcaraqū	不离开
3k-10a	wakcᶜ¹araqocᶜ¹i	faqcaraqūci	若不离开
3k-10a	wakcᶜ¹aqa	faqcaχa	离开了、离开的
3k-10a	wakcᶜ¹aqata	faqcaχa de	离开时
3k-10a	wakcᶜ¹aqaqo	faqcaχaqū	未离开
3k-10a	waksalabi	faqsalafi(-mbi)	分开
3k-10a	faksalara、waksalara	faqsalara	分开的
3k-10a	waksalaraqo	faqsalaraqū	不分开
3k-10a	faksi	faqsi	匠人、巧
3k-10a	waksiba	faqsi be	将匠人
3k-10a	faksitama	faqsidame(-mbi)	弄巧、巧辩
3k-10a	waksitara	faqsidara	弄巧的、巧辩的
3k-10a	waksiqan	faqsiqan	略巧
1-50a	faqori	faqūri	裤
2r-10a	warqa	farɢa	令追赶
2r-10a	farqotama	farχūdame(-mbi)	行事昏暗
2r-10a	warqon	farχūn	昏暗
1-50a	fasima	fasime(-mbi)	上吊、自缢
1-50a	wasisambi	faššambi	奋勉
1-50a	fasisama、wasisama	faššame(-mbi)	奋勉
1-50a	wasisaraqo	faššaraqū	不奋勉
1-50a	wasisaraqon	faššaraqūn	不奋勉吗
1-50a	fassaqaba	faššaχa be	将奋勉的
1-50b	fayᶜ¹aqabio	fayaχabio	耗费了吗

255

无圈点满文

续表

出处	无圈点满文词语	加圈点新满文词语	汉译词语
1-50a	faχama	faχame(-mbi)	摔、掷
1-50a	faqara	faχara	摔的、掷的
1-50a	faqaχa	faχaχa	摔了、摔的等
1-50a	faqon	faχūn	肝、车辋
1-50b	wa ani、wa an¹ i	fe an i	照旧、仍旧
1-50b	fa ba	fe ba	故土
1-50b	wa qoli	fe qooli	旧例
1-51a	wakubobi	fehubufi(-mbi)	使踩、被踩
1-51a	fakuma、wakuma	fehume(-mbi)	踩
1-51a	wakutaraqo	fehuteraqū	不一齐踩
1-51a	wakutara	fehutere	一齐踩的
1-51a	fajarki、wajarki	fejergi	下面
1-51a	wacila、fajila、wajila	fejile	下
3k-10b	waksibi	feksifi(-mbi)	跑
3k-10b	faksiki	feksiki	请跑
3k-10b	waksira	feksire(-mbi)	跑的
3k-10b	waksitama	feksiteme(-mbi)	持续跑
3k-10b	waksitara	feksitere	持续跑的
1-51a	wakumbobi	fekumbufi(-mbi)	使跃马
1-51a	falab̌i	felefi(-mbi)	盘发、舍等
1-51a	waliy¹ake	feliyehe	走了、走的等
3ng-10a	wangsa、pasang	fengse	盆
3ng-10a	wangsaku	fengseku	小盆子
1-50b	faniy¹a、fanin	feniyen	群
1-50b	waniy¹an ta	feniyen de	于群
1-50b	waniy¹anakeqo	feniyeneheqū	未结群
1-51a	waraba kec¹ama	fere be hiceme(-mbi)	彻底

附录 无圈点、加圈点满文词语对照表

续表

出处	无圈点满文词语	加圈点新满文词语	汉译词语
1-51a	farac¹i	fere ci	自底
1-51a	warata	fere de	于底
2r-10a	farke	ferge	裤裆、裆缝等
2r-10a	warkec¹oke、farhec¹oke	ferguwecuke	奇
2r-10a	farkuwara	ferguwere	惊奇的
3s-8b	faskelama	fesheleme(-mbi)	踢
1-50b	wasin	fesin	鞭杆、把子
1-50b	wata	fete	令刨、令揭短等
1-51a	watabi	fetefi(-mbi)	刨、揭短等
1-50b	watake	fetehe	刨了、揭短了等
1-50b	fatakengke	fetehengge	刨者、揭短者等
1-50b	wataku	feteku	（耳）挖
1-51a	watambikeo	fetembiheo	曾刨吗等
1-50b	watema、watama	feteme(-mbi)	刨、揭短等
1-50b	watara	fetere	刨的、揭短的等
1-51a	way¹a、wai~a、fai~a	feye	伤、窝
1-51a	way¹ata	feye de	于伤、于窝
1-51a	way¹angke	feyengge	伤者
1-51a	bi qoosan	fi χoošan	纸笔
1-51b	bic¹ama	ficame(-mbi)	吹、品、哨鹿
1-51b	bic¹aqo	ficaqū	箫
1-51a	fitabi	fidefi(-mbi)	调遣
1-51a	fitera、ƃitara	fidere	调遣的
1-51b	bikebobi、ƃihebofi、bikeboƃi	fihebufi(-mbi)	使填
1-51b	bikeboma	fihebume(-mbi)	使填
1-51b	bila	fila	碟
1-51b	ƃili	fili	结实、着实

257

无圈点满文

续表

出处	无圈点满文词语	加圈点新满文词语	汉译词语
2r-10b	b̌irkebi	firgefi(-mbi)	泄露
2r-10b	b̌irkembora、birkembora	firgtembure	至于泄露的
1-51b	biroma	firume(-mbi)	咒、祝赞
1-51a	b̌isa	fisa	背
1-51a	bisata	fisa de	于背
1-51a	bisike	fisihe	小黄米
1-51b	biy¹an	fiyan	颜色、胭脂
1-8a	b̌iy¹anan	fiyana	背物架子
1-51b	biy¹angqo	fiyangɢū	老生子
1-51b	biy¹anjilabi	fiyanjilafi(-mbi)	断后
1-51b	biy¹anjilama	fiyanjilame(-mbi)	断后
1-51b	biy¹asqa	fiyasχa	山墙
1-51b	biy¹asqaba	fiyasχa be	将山墙
1-51b	biy¹afoni	fiyefun i	斐芬（山名）的
1-51b	f¹iy¹antakei	fiyentehei	花瓣的、分管等
1-51b	bio	fiyoo	簸箕
1-51b	biosa	fiyoose	瓢
1-51b	fotoqo	fodoχo	柳
2i-11a	foiχori	foiχori	疏忽
1-51b	folobi	folofi(-mbi)	雕刻
1-51b	foloqo	foloχo	雕刻的
1-51b	fomoc¹i	fomoci	袜
2n-10b	fonta、f³onta	fonde	于时
2n-10b	fonto	fondo	透彻
2n-11a	fontoloma	fondolome(-mbi)	穿透
2n-10b	fontoloqo	fondoloχo	穿透了
2n-11a	fonjic¹i、f³onjici	fonjici	若问

附录 无圈点、加圈点满文词语对照表

续表

出处	无圈点满文词语	加圈点新满文词语	汉译词语
2n-11a	fonjima	fonjime(-mbi)	问
2n-11a	fonjingkima	fonjinggime(-mbi)	使人去问
3k-10b	fogto	foqto	搭链
2r-10b	forqon	forɢon	季
2r-10b	forqosioma	forɢošome(-mbi)	调换、调转
2r-10b	forqosioro	forɢošoro	调换的、调转的
1-51b	foy¹oro	foyoro	李子
1-51b	foqolon	foχolon	短
1-51b	fo[①] i、foi、fuo i、fooi	fu i	堡的、府的
1-52b	fūjoc¹i	fu jeo ci	自复州
1-52b	fūjo i、fūjoi	fu jeo i	复州的
1-52a	foning kiy¹an	fu ning hiyan	抚宁县
1-52b	foc¹iki	fucihi	佛
1-52b	foc¹ikiy¹alaboqa	fucihiyalabuχa	使燎毛了等
1-52b	foc¹ikiy¹alama	fucihiyalame(-mbi)	燎毛
1-52a	fotaraboma	fudarabme(-mbi)	使相反、颠倒
1-52a	fotaraboma	fudarabume(-mbi)	使颠倒、使悖逆
1-52a	fotasiqon	fudasiχūn	悖逆
1-52a	fota	fude	令送行、于堡等
1-52b	fotabi	fudefi(-mbi)	送
1-52b	fūtake	fudehe	送了
1-52a	fotema、fūtama	fudeme(-mbi)	送
1-52b	fotanake	fudenehe	去送了
1-52b	fotara	fudere	送的
2i-11b	foifobo	fuifubu	令使煎熬
2i-11b	foifoma	fuifume(-mbi)	煎熬

① 该词元音字母 o 的书写形式为连字词尾形式。

无圈点满文

续表

出处	无圈点满文词语	加圈点新满文词语	汉译词语
2i-11b	foifora	fuifure	煎熬的
1-52b	fojisa	fujisa	福晋们
1-52b	fojan	fujiyang	副将
1-52b	folarama	fularame(-mbi)	发红
1-52b	folaqon	fulaχūn	淡红、丁
1-52b	folake	fulehe	根
1-52b	fūlakun	fulehun	恩惠
1-52b	fūlangki	fulenggi	灰
4l-10a	folkiy¹an	fulgiyan	红、丙
4l-10a	fūlkiy¹ama	fulgiyeme(-mbi)	吹
4l-10a	folkiy¹ara	fulgiyere	吹的
4l-10a	folmiy¹ama	fulmiyeme(-mbi)	捆
4l-10a	folmiy¹an	fulmiyen	捆子
1-52b	folo、fūlo	fulu	有余、优长
4l-10a	folqo	fulχū	口袋
2n-10b	fonc¹aboraqo	funceburaqū	不使剩余
2n-11a	fūnc¹ake、fonc¹ake	funcehe	剩余了、剩余的
2n-11a	fonc¹akebike	funcehebihe	曾剩余
2n-11a	fonc¹akengke	funcehengge	剩余者
2n-10b/11a	fonc¹ama、fūnc¹ama	funceme(-mbi)	剩余
3ng-10b	fong sion、fong yon	fung šun	丰润
3ng-10a	fongqowang c¹ang	fung χūwang ceng	凤凰城
3ng-10a	fongqalai	fungɢala i	翎的
3ng-10a	fongnabi	fungnefi(-mbi)	封
3ng-10a	fongnake	fungnehe	封了、封的
3ng-10a	fongnama	fungneme(-mbi)	封
3ng-10a	fongnarara	fungnere	封的

260

附录 无圈点、加圈点满文词语对照表

续表

出处	无圈点满文词语	加圈点新满文词语	汉译词语
3ng-10a	fongnaraba	fungnere be	将封的
3ng-10b	fongson	fungšun	臊
3ng-10a	fongqowang	fungχūwang	凤凰
1-52a	fonike、foniy¹ake	funiyehe	头发、毛
1-52a	foniy¹akei	funiyehei	头发的、毛的
1-52a	foniy¹ason	funiyesun	褐子
2n-10b	fūntokulake	funtuhulehe	空缺了、空缺的
3k-10b	fogjin	fuqjin	开首
2r-10b	fortan	furdan	关
2r-10b	forkira	furgire	盐烙患处的
1-52a	fūsarara	fuserere	缘朝衣皮边等
3s-8b	foskeku	fusheku	扇子
1-52a	fūsi	fusi	令剃、抚顺
1-52a	fosiboqa	fusibuχa	使剃了、使剃的
1-52a	fosibĭ、fūsibĭ	fusifi(-mbi)	剃
1-52a	fosimbiketa	fusimbihede	常剃时
1-52a	fūsiqa	fusiχa	剃了、剃的
1-52a	fosiqaqo	fusiχaqū	未剃
1-52a	fosiqolama	fusiχūlame(-mbi)	轻贱
1-52a	fosiqolarangke	fusiχūlarangge	轻贱者
1-52a	fosiqon	fusiχūn	贱、卑下
1-52a	fūta	futa	绳
1-52a	fotaba	futa be	将绳
1-52a	fotala	futala	令绳量
1-52a	fotalabĭ	futalafi(-mbi)	绳量
1-52b	foy¹akeqo	fuyeheqū	未剥皮、未滚
4b-2a	qabsikiy¹an	ɢabsihiyan	前锋、捷健

续表

出处	无圈点满文词语	加圈点新满文词语	汉译词语
4b-2a	qabta	ɢabta	令射
4b-2a	qabtaboki	ɢabtabuki	请使射
4b-2a	qabtac^{1}i	ɢabtaci	若射
4b-2a	qabtasara	ɢabtašara	齐射的
4b-2a	qabtasaqai	ɢabtasaχai	一直齐射
4b-2a	qabtaqa	ɢabtaχa	射了、射的
4b-2a	qabtaqaqo	ɢabtaχaqū	未射
2i-10a	kaijo	gai jeo	盖州
2i-2b	qaibof^{1}i	ɢaibufi(-mbi)	使要、阵亡等
2i-2b	qaiboqa	ɢaibuχa	使要了等
2i-2b	qaic^{1}i	ɢaici	若要
2i-2b	qaif^{3}i、qaif^{1}i、qaibi、qaib^{8}i	ɢaifi(-mbi)	要
2i-2b	qaijara	ɢaijara	要的
2i-2b	qaijaraqo	ɢaijaraqū	不要
2i-2b	qaiki	ɢaiki	请要
2i-3a	qaimbi	ɢaimbi	要
2i-2b	qaima	ɢaime(-mbi)	要
2i-2b	qairarc^{1}i	ɢairaci	比要
2i-2b	qaiso	ɢaisu	令要
2i-2b	qaiqa	ɢaiχa	要了
2i-2b	qaiqata	ɢaiχa de	要时
2i-2b	qaiqaqo	ɢaiχaqū	没要
1-12a	qaji	ɢaji	令拿来
1-12a	qajibi	ɢajifi(-mbi)	拿来
1-12a	qajima	ɢajime(-mbi)	拿来
1-12a	qacira	ɢajire	拿来的
1-12a	qajirata	ɢajire de	拿来时

附录　无圈点、加圈点满文词语对照表

续表

出处	无圈点满文词语	加圈点新满文词语	汉译词语
1-12a	qajiqa	ɢajiχa	拿来了、拿来的
1-12a	qajiqaba	ɢajiχa be	把拿来的
1-12a	qajiqangke	ɢajiχangge	拿来者
1-12a	qajiqaqo	ɢajiχaqū	未拿来
1-12a	qanjio	ɢaju	令拿来
1-11b	qala joolabi	ɢala joolafi(-mbi)	抄手
1-12a	qalai	ɢalai	手的、以手
1-12a	qalantara	ɢalandara	放晴的
1-11b	qalaqa	ɢalaqa	天晴了、天晴的
1-12a	qalakton、qalaqʼton	ɢalaqtun	亮袖
1-12a	qamafʼi、qamabi	ɢamafi(-mbi)	拿去
1-12a	qamambi	ɢamambi	拿去
1-12a	qamama	ɢamame(-mbi)	拿去
2n-9b	kang sala	gan sele	钢铁
1-11b	qana	ɢana	令去取
1-11b	qanacʼi	ɢanaci	若去取
1-11b	qanabi	ɢanafi(-mbi)	去取
1-11b	qanakisama	ɢanaki seme	欲去取
1-11b	qanama	ɢaname(-mbi)	去取
1-11b	qanaqangke	ɢanaχangge	去取者
1-11b	qanio	ɢanio	怪异
2n-2b	qanjoqan	ɢanjuχan	稍绳
4o-8b	keose	gaoši	告示
1-11b	qasa~a、qasan	ɢašan	乡村
1-11b	qasamba	ɢašan be	将乡村
1-11b	qasan i ta	ɢašan i da	里长
1-11b	qasantoqa	ɢasanduχa	一齐抱怨了

263

无圈点满文

续表

出处	无圈点满文词语	加圈点新满文词语	汉译词语
1-11b	qasa rata	ɢasara de	抱怨时
1-11b	qasaqa	ɢasaχa	抱怨了
3s-2a	qasqan	ɢasχan	灾殃
3s-2a	qasqobi	ɢasχūfi(-mbi)	发誓
3s-2a	qasqoqa	ɢasχūχa	发誓了、发誓的
3s-2a	qasqoqac¹i	ɢasχūχaci	自发誓
1-44a	keboba	gebu be	把名
1-44a	kebolabi	gebulefi(-mbi)	叫名
1-44a	kebolaketa	gebulehede	叫名了时
1-44a	kebolarangke	gebulerengge	叫名者
1-44a	kebongke	gebungge	有名的
1-44a	kec¹angkela	gecenggele	冻之前
1-44a	kec¹ikuwari、kec¹okeri	gecuheri	蟒缎
1-44a	ketombio	gedumbio	啃吗
1-44a	keke	gege	格格
1-44b	kekesa	gegese	格格们
1-44a	kejoraboraqo	gejureburaqū	不使需索等
1-44a	kejorara	gejurere	需索的
1-44a	kelama	geleme(-mbi)	怕
1-44a	kelaraqon	geleraqūn	不怕吗
4l-8b	kelkun	gelhun	惧怕
4l-8b	kelkunaqo	gelhun aqū	无惧、敢
1-44a	keli	geli	又
1-44a	keliy¹amo	geli emu	又一
1-44a	kemo	gemu	俱
2n-8b	kenc¹aken	gencehen	刀背
1-43b	kena	gene	令去

264

附录 无圈点、加圈点满文词语对照表

续表

出处	无圈点满文词语	加圈点新满文词语	汉译词语
1-43b	kenac¹i	geneci	若去
1-43b	kenac¹ina	genecina	去吧
1-44a	kenabi、kenaf³i	genefi(-mbi)	去
1-43b	kenake	genehe	去了、去的
1-43b	kenakeba	genehe be	把去的
1-43b	kenakec¹i	genehe ci	自去了
1-43b	kenaketa	genehe de	去了时
1-43b	kenakebi	genehebi	去了
1-43b	kenakengke	genehengge	去者
1-43b	kenakitara	geneki dere	想是请去呢
1-44a	kenambitara	genembi dere	想是去呢
1-44a	kenambikeqai	genembiheqai	曾去了啊
1-43b	kenama	geneme(-mbi)	去
1-43b	kenaraqoc¹i	generaqūci	若不去
1-43b	kenara	genere	去的
1-44a	kenaraba	genere be	把要去的
1-44a	kenarata	genere de	去时
3ng-8a	kengkiy¹an	genggiyen	清、明等
3ng-8a	kengkiy¹ake、kengkiken	genggiyen	略清、略明
4o-7b	keo morin	geo morin	骒马
4o-7b	keotabofi	geodebufi(-mbi)	诓诱
4o-7b	keotaboke	geodebuhe	诓诱了、诓诱的
4o-7b	keotaboma	geodebume(-mbi)	诓诱
2r-8b	kerc¹ite	gerci de	于出首人
2r-8b	kerc¹ilabi	gercilefi(-mbi)	出首
2r-8b	kerc¹ilake	gercilehe	出首了
2r-8b	kerc¹ilaki	gercileki	请出首

265

无圈点满文

续表

出处	无圈点满文词语	加圈点新满文词语	汉译词语
2r-8b	kerc¹ilama	gercileme(-mbi)	出首
1-44b	kerake	gereke	天亮了、太亮的
1-44b	keran	geren	众
1-44b	keramba	geren be	将众
1-44b	keranc¹i	geren ci	自众、比众
1-44b	keranta	geren de	于众
1-44b	kerantara	gerendere	持续天亮的
1-44b	kerangkela	gerenggele	天亮之前
1-44b	keratala	geretele	直至天亮
1-44a	kesa	gese	相似
1-44a	kesaqai	gese qai	相似啊
1-44a	ketaramboke-da	geterembuhe de	除净时
1-44a	ketaramboma	geterembume(-mbi)	除净、使洗净
1-44a	ketoken	getuken	明白
1-44a	key¹abi	geyefi(-mbi)	削刻
1-46a	kijo	gi jeo	蓟州
1-46a	kijoc¹i	gi jeo ci	自蓟州
1-46a	kijoi	gi jeo i	蓟州的
1-46a	kic¹oke	gicuke	可羞
1-45b	kita	gida	枪、令压
1-45b	kitac¹i	gidaci	若压、若劫营
1-45b	kitafi	gidafi(-mbi)	压、劫营
1-45b	kitaqo	gidaqū	镇尺、额箍等
1-45b	kitara	gidara	压的、劫营的
1-45b	kitaraqo	gidaraqū	不压、不劫营
1-45b	kitasambi	gidašambi	欺压、点手招呼
1-45b	kitasama	gidašame(-mbi)	欺压、点手招呼

附录 无圈点、加圈点满文词语对照表

续表

出处	无圈点满文词语	加圈点新满文词语	汉译词语
1-45b	kitaqa	gidaχa	压了、压的等
4l-8b	kiltari	giltari	明亮的、闪亮的
3ng-8b	king	ging	更
3ng-8b	kingkula	ginggule	令敬
3ng-8b	kingkulama	gingguleme(-mbi)	敬
3ng-8b	kingkulara	ginggulere	敬的
3ng-8b	kingnambi	gingnembi	称重、献酒
2n-9a	kinjo	ginjeo	锦州
2n-9a	kinjocʼi	ginjeo ci	自锦州
2n-9a	kinjota	ginjeo de	于锦州
2n-9a	kinjoi	ginjeo i	锦州的
4o-8a	jiowan	giowan	红铜
4o-8a	kioqama	gioχame(-mbi)	乞求
4o-8a	kioqoto	gioχoto	乞丐
1-46b	kiran	giran	尸
1-46b	kirangki	giranggi	骨
2r-9a	kirtan	girdan	幡、飘带等
1-46b	kiribora	girubure	羞辱的
1-46b	kiriboqa	girubuχa	羞辱了、羞辱的
1-46b	kiriboqangke	girubuχangge	羞辱者
1-46b	kiricʼon、kirocʼon	girucun	羞耻
1-46b	kirombi	girumbi	羞
1-46b	kiroma	girume(-mbi)	羞
1-45b	kisomba	gisun be	将言
1-45b	kisoni	gisun i	言的、以言
1-45b	kisora	gisure	令说
1-45b	kisoracʼi	gisureci	若说

无圈点满文

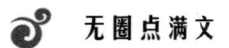

续表

出处	无圈点满文词语	加圈点新满文词语	汉译词语
1-45b	kisorac¹ina	gisurecina	说吧
1-45b	kisorake	gisurehe	说了
1-45b	kisorakengke	gisurehengge	说者
1-45b	kisorama、kisiorama	gisureme(-mbi)	说
1-45b	kisoraraqoc¹i、kisorara aqoc¹i	gisureraqūci	若不说
1-46a	kiy¹abalama	giyabalame(-mbi)	夹
1-46a	kiy¹abi	giyafi(-mbi)	削去
1-46a	kiy¹ai	giyai	街
1-46a	kiy¹ata	giyai de	于街
1-46a	kiy¹ajan	giyajan	（王府）随侍
1-46a	kiy¹ajasa、kiy¹ajisa	giyajasa	众随侍
1-46a	kiy¹alaboraqo	giyalaburaqū	不使隔断
1-46a	kiy¹alabi	giyalafi(-mbi)	隔断
1-46a	kiy¹alama	giyalame(-mbi)	隔断
1-46a	kiy¹alara	giyalara	隔断的
1-46a	kiy¹alaraqo	giyalaraqū	不隔断
1-46a	kiy¹amolama	giyamulame(-mbi)	乘驿
1-46a	kiy¹amon、kiy¹amo	giyamun	驿站
1-46b	kiy¹an i	giyan i	理的、应当
1-46b	kiy¹anc¹oi	giyanceo i	茧绸的
1-46b	kiy¹angna	giyangna	令讲
1-46b	kiy¹angnaf¹i	giyangnafi(-mbi)	讲
1-46b	kiy¹angnaki	giyangnaki	请讲
1-46b	kiy¹angnaraqo	giyangnaraqū	不讲
1-46b	jiy¹ansi	giyansi	奸细
1-46a	kiy¹aqon	giyaχūn	鹰
1-46b	kioc¹an	giyoocan	教场

附录 无圈点、加圈点满文词语对照表

续表

出处	无圈点满文词语	加圈点新满文词语	汉译词语
1-13b	qōcʼibi	ɢocifi(-mbi)	吸、拔、水退
1-13b	qocʼisqon	ɢocisχūn	谦
1-13b	qocʼiqa	ɢociχa	吸了、拔了等
2i-3a	qoibo	ɢoibu	令分派
2i-3a	qoitacʼi	ɢoidaci	若迟久
2i-3a	qoitambi	ɢoidambi	迟久
2i-3a	qoitaqa	ɢoidaχa	迟久了、迟久的
2i-3a	qoitaqabi	ɢoidaχabi	迟久了
2i-3a	qoibi、qoiƃi、qoifʼi	ɢoifi(-mbi)	中、该着
1-13b	qojima	ɢojime	但、只、而
4l-3a	qolmin	ɢolmin	长
1-13b	qolo	ɢolo	河身、路、省
1-13b	qoloboma	ɢolobume(-mbi)	使惊
1-13b	qolocʼon	ɢolocun	恐怖
1-13b	qoloƃi	ɢolofi(-mbi)	惊
1-13b	qoloi	ɢoloi	河身的、路的等
3ng-2b	qongkifi	ɢonggifi(-mbi)	使人去取
3ng-2b	qongkiqa	ɢonggiχa	使人去取了等
3k-2b	qoksi	ɢoqsi	无扇肩朝衣
1-13b	qoroki	ɢoroki	远处
1-13b	qorki qancʼiki	ɢoroki χanciki	远近之处
1-13b	qorki qancʼiki	ɢoroki χanciki	远近
1-14a	qorokicʼi	ɢorokici	自远处
1-13b	qosi	ɢosi	令怜爱
1-13b	qosiboma	ɢosibume(-mbi)	使怜爱、被怜爱
1-13b	qosibi、qosifʼi	ɢosifi(-mbi)	怜爱
1-13b	qosima	ɢosime(-mbi)	怜爱

269

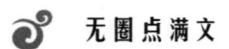

续表

出处	无圈点满文词语	加圈点新满文词语	汉译词语
1-13b	qosin	ɢosin	仁
1-13b	qosiraqocʼi	ɢosiraqūci	若不怜爱
1-13b	qosira	ɢosire	怜爱的
1-13b	qosiqa	ɢosiχa	怜爱了、怜爱的
1-13b	qosiqangke	ɢosiχangge	怜爱者
1-13b	qosiqon	ɢosiχon	苦
1-47b	ku anʼ siyan cʼi	gu an hiyan ci	自固安县
1-47b	kuo i	gu i	玉的
4b-8a	kubcʼi	gubci	普、全
1-47b	kūcʼiki	gucihi	二妻彼此称呼
1-47b	kucikirama	gucihiyereme(-mbi)	攀伴
1-47b	kucʼo、kūcʼo	gucu	朋友
1-47b	kūcʼo araqabi	gucu araχabi	作为朋友了
1-47b	kūcʼoba	gucu be	将朋友
1-47b	kūcʼota	gucude	于朋友
1-47b	kucʼolake	guculehe	交友了
1-47b	kūcʼolakeba	guculehe be	将交友的
1-47b	kucʼosa、kūcʼosa	gucuse	朋友们
1-47b	kūcʼosai	gucusei	朋友们的
1-48a	kūfo	gufu	姑夫
2i-10a	kuijo	gui jeo	贵州
2i-10a	kuilabi	guilefi(-mbi)	会合
2i-10a	kuisa、kūwaisa	guise	卧柜
4l-3a	qolton	ɢūldun	桥洞、城门洞
4l-8b	kulkun、ūlkun	gulhun	整、囫囵
4l-3a	qolmaqon	ɢūlmaχūn	兔、卯
1-47b	kūlo	gulu	正、素

附录 无圈点、加圈点满文词语对照表

续表

出处	无圈点满文词语	加圈点新满文词语	汉译词语
4l-3a	qolqa	Ꮐūlχa	靴
3ng-8b	kung	gung	公、功、宫
3ng-8b	kūngta	gung de	于功、于宫
3ng-8b	kūngse	gung šeng	贡生
3ng-8b	kūngke	gungge	功
3ng-8b	kungjo	gungju	公主
3ng-8b	kungjosa	gungjusa	公主们
3ng-8b	kungnama	gungneme(-mbi)	致恭
1-14b	qoni	Ꮐūni	令思、令想
1-15a	qūṇiboraqocʰi	Ꮐūniburaqūci	若不让思念
1-15a	qūṇicʰi	Ꮐūnici	若思、若想
1-15a	qonicʰina	Ꮐūnicina	想吧
1-15a	qoṇibĭ、qoṇibi	Ꮐūnifi(-mbi)	思、想
1-15a	qonikini	Ꮐūnikini	准想
1-15a	qūnima	Ꮐūnime(-mbi)	思、想
1-15a	qūnin	Ꮐūnin	心意
1-15a	qoṇirao	Ꮐūnireo	想吗、想吧
1-14b	qoniqa	Ꮐūniχa	想了、想的
1-15a	qūniqangke	Ꮐūniχangge	所思者
1-14b	qoniqaqo	Ꮐūniχaqū	不意、没想
2r-9a	kurku、kūrku	gurgu	兽
2r-9a	kūrkuba	gurgu be	将兽
1-47b	kuriboma	guribume(-mbi)	挪移、使迁移
1-48a	kurikengke	gurihengge	迁移者
1-48a	kurima	gurime(-mbi)	迁移
1-48a	kūron	gurun	国、人们
1-48a	kuromba、kūramba	gurun be	将国、将人们

271

无圈点满文

续表

出处	无圈点满文词语	加圈点新满文词语	汉译词语
1-48a	kūronc¹i	gurun ci	自国、比人们等
1-48a	kūroni	gurun i	国的、人们的
1-48a	kurora、kūrora	gurure	采
1-15a	qosa	ɢūsa	固山、（旗）
1-15a	qosata	ɢūsa de	于固山
1-15a	qowa	ɢūwa	别人、其他
1-15a	qowaba	ɢūwa be	将别的、把其他
1-15a	qowac¹i	ɢūwa ci	自别的、比别的
1-15a	qowata	ɢūwa de	于别的、于其他
1-15a	qowai	ɢūwa i	别的、其他的
1-15a	qowabasi	ɢūwabsi	向别处
1-48a	kūwali、kuwaili	guwali	于关厢
1-48a	kuwalita	guwali de	关厢
1-48a	kuwalita	guwali de	于关厢
1-15a	qowaliy¹ac¹i	ɢūwaliyaci	若变
1-15a	qowaliy¹abi	ɢūwaliyafi(-mbi)	变
1-15a	qowaliy¹antara	ɢūwaliyandara	持续变化的
1-48a	kuwan	guwan	官、关、馆
1-48a	kuwanc¹i	guwan ci	自关、自馆
1-48a	kuwantoi	guwan dui	管队
1-48a	kuwangkun	guwanggun	光棍
1-48a	kuwangkusa	guwanggusa	光棍们
1-48a	kuwangkusama	guwanggušame(-mbi)	耍流氓、撒泼
1-48a	kuwangnin、kuwanning	guwangning	广宁
1-48a	kuwangninc¹i	guwangning ci	自广宁
1-48a	kuwangsa	guwangse	脚镣、整木栏
1-48a	kuwaboc¹i	guwebuci	若宽免

附录 无圈点、加圈点满文词语对照表

续表

出处	无圈点满文词语	加圈点新满文词语	汉译词语
1-48b	kūwabocʼina	guwebucina	宽免吧
1-48b	kuwaboǯi	guwebufi(-mbi)	宽免
1-48b	kuwabora	guwebure	宽免的
1-48b	kuwajike nimangki	guwecihe nimenggi	肚油
1-48b	kuwabi	guwefi(-mbi)	脱免、响、鸣
1-48b	kuwajake	guwejihe	胃
1-47b	kuwalama	guweleme(-mbi)	偷情、盯视
1-48b	kuwambi	guwembi	脱免、响、鸣
1-48b	kuwangkeke	guwengke	响了
1-48b	kūwaraqo	guweraqū	不免、不响等
4b-7b	kebta	hebde	令商量
4b-7b	kebatebi、kebtafi	hebdefi(-mbi)	商量
4b-7b	kebtake-te	hebdehe de	商量时
4b-7b	kebtakeqo	hebdeheqū	未商量
4b-7b	kebtaki	hebdeki	请商量
4b-7b	kebtama	hebdeme(-mbi)	商量
1-44b	keba	hebe	议
1-44b	kebasiyʼafi	hebešefi(-mbi)	商议
1-44b	kebasama	hebešeme(-mbi)	商议
1-44b	kebasiyʼara	hebešere	商议的
1-45a	kecʼanba	hecen be	将城
1-45a	kecʼancʼi	hecen ci	自城
1-45a	kefali	hefeli	肚
1-45a	keke	hehe	女人
1-45a	kekesi	hehesi	众女人
1-44b	kelan	helen	活口
4l-8b	kelmaken	helmehen	蜘蛛

273

无圈点满文

续表

出处	无圈点满文词语	加圈点新满文词语	汉译词语
4l-8b	kelmama	helmeme(-mbi)	蜘蛛结网
2n-8b	kento	hendu	令讲说
2n-8b	kentocʼi、hentoncʼi	henduci	若讲说
2n-8b	kentocʼina	henducina	讲说吧
2n-9a	kentobi	hendufi(-mbi)	讲说
2n-8b	kentoke	henduhe	讲说了、讲说的
2n-8b	kentokeqo	henduheqū	未讲说
2n-8b	kentoki	henduki	请讲说
2n-9a	kentombi	hendumbi	讲说
2n-9a	kentombitara	hendumbidere	想必讲说
2n-9a	kentombike	hendumbihe	讲说来着
2n-8b	kentoma、kentom~e	hendume(-mbi)	讲说
2n-8b	kentonoma、kenonama	hendunume(-mbi)	互相讲说
2n-8b	kentoraqo	henduraqū	不讲说
2n-9a	kentora	hendure	讲说的
2n-9a	kentorangke	hendurengge	讲说者
3ng-8a	kengkilabi、kengkilabʼi	hengkilefi(-mbi)	叩头
3ng-8a	kengkilake	hengkilehe	叩头了、叩头的
3ng-8a	kengkilama	hengkileme(-mbi)	叩头
3ng-8a	kengki	hengkin	叩（头）
4o-8a	keolatacʼi	heoledeci	若怠慢
4o-8a	keolatake	heoledehe	怠慢了、怠慢的
4o-8a	keolatama	heoledeme(-mbi)	怠慢
4o-8a	keolatara	heoledere	怠慢的
4o-8a	keolama	heoleme(-mbi)	怠
4o-8a	keolan	heolen	怠
1-45a	keran	heren	马圈

附录 无圈点、加圈点满文词语对照表

续表

出处	无圈点满文词语	加圈点新满文词语	汉译词语
2r-8b	kerken	hergen	字、爵
2r-8b	kerkengke	hergengge	有字者、有爵者
2r-8b	kersaraqo	herseraqū	不理
1-44b	kesa	hese	旨
1-44b	kesiorama	hešureme(-mbi)	搂
3s-7a	ketke	hethe	业
1-44b	keto	hetu	横
1-44b	ketoma	hetume(-mbi)	度（日）
1-44b	ketoracʼi	hetureci	若截、若横插话
1-44b	ketorabi、ketorabi	heturefi(-mbi)	截、横插话
1-44b	ketori	heturi	旁岔
1-47a	sifong keo	hi fung keo	喜峰口
4b-7b	kibso	hibsu	蜜
1-47a	kiwa bala	hife bele	稗子米
3ng-8b	kingsan	hing šan	杏山
2r-9a	kirqama	hirχame(-mbi)	裁减
1-47a	kisalabi	hisalafi(-mbi)	奠酒
1-47a	sisa ebira	hise efire	演戏的
3s-7b	kisqama	hisχame(-mbi)	锡刀、兽贴身过
1-47a	kitaqon	hitaχūn	指甲
1-47a	kiyʼa、kii~a	hiya	侍卫
1-47a	kiyʼabon	hiyaban	夏布
1-47a	kiyʼancʼang	hiyan ceng	县丞
1-47a	kiyʼangkūng	hiyang gung	相公
1-47a	kiyʼasa	hiyase	板斗
1-47a	kiosiolara、hiosiolara	hiyoošulara	孝顺的
1-47a	kioosioyʼon、kiosion	hiyoošun	孝顺

275

无圈点满文

续表

出处	无圈点满文词语	加圈点新满文词语	汉译词语
1-47a	kiosiongɢa、hiošongɢa	hiyoošungɢa	孝顺的
1-47a	kiqalaraqo	hiχalaraqū	不稀罕
1-47a	kiqan	hiχan	稀罕
1-48b	kujo	huju	槽、鞘
3k-9a	kūksa	hukše	令感激、令培苗
3k-9a	kūkšabora	hukšebure	使感激的等
3k-9a	kukšabi	hukšefi(-mbi)	感激、培苗等
3k-9a	kuksiy¹akengke	hukšehengge	感激者、培苗者
3k-9a	kuksambi	hukšembi	感激、培苗等
3k-9a	kūksama	hukšeme(-mbi)	感激、培苗等
3k-9a	kuksara	hukšere	感激的、培苗的
1-49a	kūkun	hukun	粪土、尘垢
1-48b	kūla	hule	仓石
1-48b	hūlai	hule i	仓石的
2n-9b	kūnc¹on	huncun	珲春
1-48b	kūnake	hunehe	浑河
3ng-9a	kungkerake	hungkerehe	铸了、铸的等
3ng-9a	kūngkerama	hungkereme(-mbi)	铸、倾注
3ng-9a	kūngkerara	hungkerere	铸的、倾注的
3t-7b	kutkubi、kutkefi、kutkuf²i、kūtkuběi	huthufi(-mbi)	绑
3t-7b	kutkuke	huthuhe	绑了、绑的
3t-7b	kūtkura	huthure	绑的
1-48b	kuto、kūtu	hutu	鬼
1-48b	kūtoc¹i	hutu ci	自鬼、比鬼
1-48b	kutoqai	hutu qai	鬼啊
1-49a	kūwakiy¹abobi	huwekiyebufi(-mbi)	劝、鼓励

附录　无圈点、加圈点满文词语对照表

续表

出处	无圈点满文词语	加圈点新满文词语	汉译词语
1-49a	kuwakiy¹aboke	huwekiyebuhe	劝了、鼓励了
1-49a	kuwakiy¹abora	huwekiyebure	劝的、鼓励的
1-48b	kuwasi	huwesi	小刀
1-48b	kuwasilake	huwesilehe	用小刀扎
1-5b	ibabo	ibebu	令前进
1-5b	ibabi、ibaƀi	ibefi(-mbi)	前进
1-5b	ibita	ibiyada	讨厌
1-6a	ibiy¹ambi	ibiyambi	厌恶
1-6b	ic¹ingqa	icangɢa	顺适
1-6b	ic¹i aqo	icaqū	不顺眼
1-7a	ic¹a	ice	新
1-7a	ic¹ata	ice de	于初一日
1-7a	ic¹amlama	icemleme(-mbi)	更新
1-7a	ic¹arama	icereme	初
1-7a	ic¹i	ici	右
1-7a	ic¹ikiy¹a	icihiya	令办理
1-7a	ic¹ikiy¹afi	icihiyafi(-mbi)	办理
1-7a	ic¹ikiy¹ama	icihiyame(-mbi)	办理
1-6b	ito	idu	班
1-7a	iƀiqa	ifiχa	缝了
1-7a	ijilabi	ijilafi(-mbi)	合群
1-6b	ilac¹i	ilaci	第三
1-6b	ilangkeri	ilanggeri	三次
1-6b	ilata	ilata	各三
4l-1b	iltonta	ildun de	于顺便
1-6b	ilato	iletu	明显
4l-1b	ilki	ilhi	副、次序

277

无圈点满文

续表

出处	无圈点满文词语	加圈点新满文词语	汉译词语
1-6b	iliboqa	ilibuχa	建立了、建立的
1-6b	ilibi	ilifi(-mbi)	站立
1-6b	ilima	ilime(-mbi)	站立
1-6b	ilinaƀi	ilinafi(-mbi)	去站立
1-6b	iliqa	iliχa	站立了、站立的
1-6b	iliqabi	iliχabi	站立了
1-6b	iliqai	iliχai	站立着
4l-1b	ilmon qan	ilmun χan	阎罗
4l-1b	ilqa	ilχa	花
4l-1b	ilqangqa	ilχangɢa	有花的
1-6b	imila	imiyele	令系带
1-6b	imiy¹ason	imiyesun	腰带
2n-1b	intaqon	indaχūn	狗、戌
2n-1b	inta	inde	于他、令歇程
2n-1b	intakeba	indehe be	将歇程的
2n-1b	intama	indeme(-mbi)	歇程
1-5b	inamana	ine mene	干脆
1-5b	inakū、inaku	ineku	本
1-5b	iṇangki、inangki	inenggi	日
1-5b	inangkic¹i	inenggi ci	自日、比日
3ng-1a	ing kuric¹i	ing gurici	若移营
1-5b	iṇi	ini	他的
1-5b	iṇic¹iqai	ini ciχai	任其
1-5b	ino	inu	也、是
1-5b	inoqai	inu qai	是啊
4o-1a	iolake、yoolake	iolehe	上油漆了等
4o-1a	ioki	ioqi	游击

278

附录　无圈点、加圈点满文词语对照表

续表

出处	无圈点满文词语	加圈点新满文词语	汉译词语
2r-1b	irken	irgen	民
2r-1b	irkeba、irkemba	irgen be	将民
1-6a	isaboƃi、isabobi	isabufi(-mbi)	积聚
1-6a	isaboma	isabume(-mbi)	积聚
1-6a	isabi	isafi(-mbi)	齐集
1-6a	isacʼi	iseci	自椅子
1-6a	isalake、iselake	iselehe	相拒了、相拒的
1-6a	isalaraqo	iseleraqū	不相拒
1-6a	isalara	iselere	相拒的
1-6a	isalarata	iselere de	相拒时
3s-1a	iskun	ishun	迎面
3s-1a	iskun-ta	ishunde	彼此、互相
1-6a	isiboraqo	isiburaqū	不送到
1-6a	isiboqa	isibuχa	送到了
1-6a	isibi	isifi(-mbi)	足、够
1-6a	isiŋaƃi	isinafi(-mbi)	到
1-6a	isinangqala	isinangɢala	到之前
1-6a	isiŋaqa	isinaχa	到了
1-6a	isinaqai①	isinaχai	随到
1-6a	isiŋaqala	isinaχale	所到
1-6b	isinjibi	isinjifi(-mbi)	到来
1-6b	isinjirakucʼi	isinjiraqūci	若不到来
1-6b	isinjira	isinjire	到来的
1-6a	isinjiqa、isinciqa	isinjiχa	到了
1-6a	isinjiqacʼi	isinjiχa ci	自到来
1-6b	isinjiqangke	isinjiχangge	到来者

① 该词辅音字母 q 的书写形式为词首形式。

279

无圈点满文

续表

出处	无圈点满文词语	加圈点新满文词语	汉译词语
1-6b	isinjiqangke	isinjiχangge	到来者
1-6a	isira	isire	足的、够的
1-6a	isitala	isitala	直至
1-10a	isiqa	isiχa	够了、够的等
1-6b	iso	isu	青素缎
1-5b	iqac'i	iχaci	牛皮
1-5b	iqan	iχan	牛
1-5b	iqamba	iχan be	将牛
4b-6b	jabtoc'i	jabduci	若迭当
4b-6b	jabtobi、jabtof'i	jabdufi(-mbi)	迭当
4b-6b	jabtoqa	jabduχa	迭当了、迭当的
4b-6b	jabsinbombi	jabšabumbi	使得便宜
4b-6b	jabsac'i	jabšaci	若得便宜
4b-6b	jabsan	jabšan	幸运、造化
4b-6b	jabsaqa	jabšaχa	得便宜了等
4b-6b	jabsaqangke	jabšaχangge	得便宜者
4b-6b	jabsaqa aqo	jabšaχaqū	未得便宜
1-39a	jaborangke	jaburengge	答应者
1-39a	jaboqa	jabuχa	答应了、答应的
1-39a	jaboqaqo	jabuχaqū	未答应
1-39b	jac'i	jaci	太
1-39b	jac'in	jacin	次（子）
1-39b	jawabobi、jawabob'i	jafabufi(-mbi)	使捉拿等
1-39b	jafapoqa	jafabuχa	使捉拿了等
1-39b	jawac'i	jafaci	若捉拿、若进献
1-39b	jafabi、jawab'i	jafafi(-mbi)	捉拿、进献
1-39b	jafama	jafame(-mbi)	捉拿、进献

附录 无圈点、加圈点满文词语对照表

续表

出处	无圈点满文词语	加圈点新满文词语	汉译词语
1-39b	jawara	jafara	捉拿的、进献的
1-39b	jawaraqo	jafaraqū	不捉拿、不进献
1-39b	jafaqa	jafaχa	捉了、献了等
1-39b	jafo、safo、zafo	jafu	札付
1-39b	jafonobi	jafunufi(-mbi)	对摺跤
2i-8b	jailabiqo	jailabiqū	不使躲避
2i-8b	jailabi	jailafi(-mbi)	躲避
2i-8b	jilaqabi	jailaχabi	躲避了
4l-7b	jaltabi	jaldafi(-mbi)	诓哄
4l-7b	jalqan-te	jalɢan de	于寿命
4l-7b	jalkiyʼaraqocʼi	jalgiyaraqū ci	若不挪补
1-39b	jali	jali	奸计
1-39b	jalita	jali de	于奸计
1-39b	jalitambi	jalidambi	使奸计
1-39b	jalitama	jalidame(-mbi)	使奸计
1-39b	jalitara	jalidara	使奸计的
1-39b	jalinta	jalinde	为、替
1-39b	jalingqa	jalinɢga	奸
1-39b	jalokiyʼa	jalukiya	令满足
1-39b	jalokiyʼama	jalukiyame(-mbi)	满足
1-39b	jaloqa	jaluqa	满了
1-39b	jamararangke	jamararangge	嚷闹者
2n-8a	jan tooma	jan tome	每两
2n-7b	jancʼoqon	jancuχūn	甜
3ng-7a	jang yʼa wan	jang giya wan	张家湾
3ng-7a	jangkin	jangɢin	章京
3ng-7a	jangqo	jangqū	大刀

281

无圈点满文

续表

出处	无圈点满文词语	加圈点新满文词语	汉译词语
3ng-7a	jowangtori、jangtori	jangturi	庄头
3ng-7a	jangtorisa	jangturi se	庄头们
1-39a	jaqaba	jaqa be	将物件
1-39a	jaqata	jaqade	由于、于跟前
3k-7b	jaktan	jaqdan	松树
1-39a	jaqocʰi	jaquci	第八
1-39a	jaqon	jaqūn	八
1-39a	jaqonjo	jaqūnju	八十
2r-7b	jarqocʰi	jargūci	理事官
1-39b	jarot	jarut	扎鲁特
1-39a	jasa	jase	边
1-39a	jasai	jasei	边的
1-39a	jasiqa	jasiχa	寄了
1-40a	jawalan	je falan	场院、打谷场
1-40a	jabala	jebele	撒袋
1-40a	jabalai	jebelei	撒袋的
1-40a	jacʰan	jecen	疆
1-40a	jacʰani	jeceni	疆的
1-40a	jabʰi	jefi(-mbi)	吃
1-40a	jafo	jefu	令吃
1-40a	jakeqobicʰiba	jekeqū bicibe	虽未吃
1-40a	jaku	jeku	粮
1-40a	jakuba	jeku be	将粮
1-40a	jakui	jekui	粮的
4m-6b	jambitara	jembidere	想必吃
4m-6b	jambike	jembihe	吃来着
4m-6b	jambiqai	jembiqai	吃啊

附录 无圈点、加圈点满文词语对照表

续表

出处	无圈点满文词语	加圈点新满文词语	汉译词语
1-40a	jama	jeme(-mbi)	吃
2n-7b	jantaraqo	jenderaqū	不忍
2n-7b	janto	jendu	暗暗的
2n-7b	jantoken	jenduken	略暗暗的
2n-7b	jankiy¹ang	jeng giyang	镇江
3ng-7a	jangke	jengke	忍了
3ng-7a	jangki	jengki 即 jempi	忍心
4o-7a	jaotong qawan	jeo tung χafan	州同
2r-7b	jarta	jerde	红马
2r-7b	jarki	jergi	等、次、品
1-40a	jataraqo	jeteraqū	不吃
1-40a	jatara	jetere	吃的
1-40a	jatarangke	jeterengge	吃者
1-40a	jay¹an	jeyen	刃
4b-6b	jibc¹a、kibc¹a	jibca	皮袄
1-40b	jibakun	jibehun	被子
1-40b	jic¹i	jici	若来
1-40b	jitaraqo	jideraqū	不来
1-40b	jitara	jidere	来的
1-40b	jitaraba	jidere be	把来的
1-40b	jitarata	jidere de	来时
1-40b	jitoji	jiduji	到底
1-40b	jiƀi、jibi、jif¹i	jifi(-mbi)	来
1-40b	jike	jihe	来了、来的
1-40b	jikeba	jihebe	把来的
1-40b	jikebi	jihebi	来了
1-40b	jikec¹i	jiheci	自来了

283

无圈点满文

续表

出处	无圈点满文词语	加圈点新满文词语	汉译词语
1-40b	jiketa	jihede	于来了时
1-40b	jikengke	jihengge	来者
1-40b	jikeqo	jiheqū	没来
1-40b	jilac¹i	jilaci	若慈爱
1-40b	j¹ilama	jilame(-mbi)	慈爱
4l-7b	jilqan	jilɢan	声音
1-40b	jiltama	jilidame(-mbi)	动怒
2n-9a	kin	jin	斤
4o-7a	jio sambiqai	jio sembiqai	说来啊
1-40b	jirmi	jiramin	厚
2r-7b	jirqac¹on	jirɢacun	可安逸
2r-7b	jirqama	jirɢame(-mbi)	安逸
2r-7b	jirqaraba	jirɢara be	将安逸的
1-40b	jiy¹ang jion、jiy¹angjion、jiy¹ang jiy¹uin	jiyanggiyūn	将军
1-40a	jiqa	jiχa	钱
1-40a	jiqai	jiχai	钱的
1-41a	joboboma	jobobume(-mbi)	使忧愁、使劳苦
1-41a	jobobora	jobobure	使忧愁的等
1-41a	joboc¹on	jobocun	忧
1-41a	joborangke	joborongge	忧愁者、劳苦者
1-41a	joboqo	joboχo	忧愁了、忧愁的
1-41a	jotoboma	jodobume(-mbi)	使织
1-41a	jotoro	jodoro	织的
4m-6b	jombobi	jombufi(-mbi)	提醒
4m-6b	jombombitara	jombumbidere	想必提醒
2n-8a	jontoro	jondoro	常提的

附录 无圈点、加圈点满文词语对照表

续表

出处	无圈点满文词语	加圈点新满文词语	汉译词语
3ng-7b	jongqongke	jongqongge	提起者
4o-7a	jootara	joo dere	想必罢了
4o-7a	joo kinsong	joo kin dzung	赵钦宗
4o-7a	jootaiso	joo taidzu	赵太祖
4o-7a	joo qoisong	joo χūi dzung	赵徽宗
4o-7a	joliki	jooliki	请赎
3k-8a	joksi	joqsi	木瓢
1-41a	joori	jori	令指
1-41a	joriqa	joriχa	指了、指的
1-41a/b	jūfaliy¹an、jafaliy¹an	jufeliyen	干粮
1-41a	joqon	juɢūn	路
1-41a	joqoc¹i	juɢūn ci	自路
1-41a	jūketa	juhe de	于冰
2i-9a	joi、jūi	jui	子
2i-9a	joiba	jui be	将子
1-41a	jūlarki	julergi	南面、前面
1-41a	jolakiba	julergi be	将南面、将前面
1-41a	jlasi	julesi	往前、向南
4l-7b	jūlke ba toorama	julge be doorame(-mbi)	仿古
4l-7b	jūlkec¹i	julgeci	自古、比古
4l-7b	jūlkei、jolkei	julgei	古的
4l-7b	jolqo	julχo	扯手
2n-8a	jū¹n wūwake	jun wehe	灶石
3ng-7b	jongkin、jūngkin	jung giyūn	中军
3ng-7b	jūngkin	junggin	锦
3k-8a	jokta	juqte	令祀
3k-8a	jūktambi	juqtembi	祀

285

无圈点满文

续表

出处	无圈点满文词语	加圈点新满文词语	汉译词语
3k-8a	jūktara	juqtere	祀的
1-41a	jorabi、jūrabǐ	jurafi(-mbi)	起行
1-41a	jorambobi	jurambufi(-mbi)	使起行
1-41a	jorantara	jurandara	持续起行的
1-41a	joraq~a	juraqa	起行了、起行的
2r-7b	jorc¹abora	jurcebure	使违的
2r-7b	jorc¹ake	jurcehe	违背了、违背的
2r-7b	jorc¹eke	jurcehe	违了、违的
2r-7b/8a	jorc¹a hengke、jorc¹akengke	jurcehengge	违者
2r-7b	jorc¹ama、jorc¹amin³	jurceme(-mbi)	违
2r-8a	jorc¹araqo、jūrc¹araqo	jurceraqū	不违
2r-8a	jūrc¹ara	jurcere	违的
2r-7b	jorqan	jurɢan	部、院、行
2r-7b	jorqanba	jurɢan be	将部、将院等
1-41a	joro	juru	双、对
1-41a	joron	jurun	鼠洞
1-41a	jūsaba	juse be	将众子
1-41a	jūsan	jušen	女真
1-41a	jūsanba	jušen be	将女真
1-41a	jūsarama	jušereme(-mbi)	说女真话
1-41b	jowan	juwan	十
1-41b	jangtowan	juwangduwan	妆缎
1-41b	jangtowan	juwangduwan	妆缎
1-41b	jūwangkeli、jūwangkeri	juwanggeri、juwenggeri	十次 二次
1-41b	jowaran	juwaran	走马
1-41b	jowari	juwari	夏

286

附录 无圈点、加圈点满文词语对照表

续表

出处	无圈点满文词语	加圈点新满文词语	汉译词语
1-41b	jūwa、jowa	juwe	二
1-41b	jūwai、jowai	juwe i	二的、以二
1-41b	jonafi、jonabi、jowanabi、jūwanofi、jowanofˊi	juwe nofi	二人
1-41b	jowabombi	juwebumbi	使运送
1-41b	jowacˊi	juweci	若运送
1-41b	jūwatama	juwedeme(-mbi)	模棱两可
1-41b	jūwamaˊ、jowama	juweme(-mbi)	运送
1-41b	jon ɢaji	juwen ɢaji	令借来
1-41b	jūwata、jowata	juwete	各二
1-55b	jijo、ji jao	jy jeo	知州
1-55b	jiqoi kerken	jy χūi hergen	指挥衔
1-55b	ji qūi ɢawan	jy χūi χafan	指挥官
1-55b	jifo	jyfu	知府
1-55b	ji siyˊan、jisiyˊan	jyhiyan	知县
2i-10a	kaijoi	kai jeo i	开州的
2i-10a	keiping	kai ping	开平
1-43a	kesejan	ke dzi jiyang	刻字匠
1-43b	ketarakeqo	kedereheqū	未巡逻
1-43b	ketarara	kederere	巡逻的
2i-9b	keifolambi	keifulembi	射透
1-43b	kejana、kejani、kejima	kejine	许多、好一会
4m-7b	kemnabi	kemnefi(-mbi)	量度、节用
1-43b	kemon	kemun	准则
1-43b	kemoni	kemuni	常、仍
1-43a	kenakuncabocˊi	kenehunjebuci	若使怀疑
1-43a	kenakunjambi	kenehunjembi	怀疑

287

无圈点满文

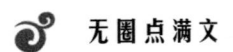

续表

出处	无圈点满文词语	加圈点新满文词语	汉译词语
1-43a	kenakunja ma	kenehunjeme(-mbi)	怀疑
1-43a	kenakunjaraqo、kenokunjaraqo	kenehunjeraqū	不怀疑
1-43a	kenakunjara	kenehunjere	怀疑的
3ng-8a	kengsa	kengse	果断
1-43b	kerama、keramo	keremu	城垛口
2r-8b	kersoi qoton	kersui χoton	克尔素城
1-43a	kesiba	kesi be	将恩
1-43b	kesita	kesi de	于恩
1-43b	key¹an	keyen	开原
1-43b	key¹ani	keyen i	开原的
1-45a	kic¹a	kice	令勤、令用功
1-45a	kic¹aba	kicebe	勤
1-45a	kic¹ama	kiceme(-mbi)	勤、用功
1-45a	kitombike	kidumbihe	想念来着
1-45a	kitoma	kidume(-mbi)	想念
1-45a	kitoqa	kiduχa	想念了、想念的
4m-7b	kimc¹ima	kimcime(-mbi)	详察
4m-7b	kimc¹iqaqo	kimciχaqū	未详察
4m-7b	kimc¹iqaqobi	kimciχaqūbi	未详察
1-45a	kimon	kimun	仇
1-45a	kimongke	kimungge	有仇的
1-45a	kiy¹angto	kiyangdu	强干
1-45a	kio kiy¹araba	kiyoo cara be	将架桥的
1-45a	kioc¹i	kiyoo ci	自轿
1-45a	kiota	kiyoo de	于轿
1-47a	kuba	ku be	将库
1-47a	kūi	ku i	库的

附录　无圈点、加圈点满文词语对照表

续表

出处	无圈点满文词语	加圈点新满文词语	汉译词语
1-47a	kuboke	kubuhe	镶的、镶了
1-47a	kūbo、kubon、kūbon	kubun	棉花
1-47a	kuta	kude	于库
1-47b	kūmon	kumun	乐
2n-9a	kūntolambi	kundulembi	待人恭敬
2n-9a	kuntolama、kūntolama	kunduleme(-mbi)	待人恭敬
2n-9a	kuntolara	kundulere	待人恭敬的
3ng-8b	kūngfodz~e	kungfudzi	孔夫子
1-47b	kūralake	kurelehe	分伍了
1-47b	kuran、kūran	kuren	伍、馆
1-47b	kurmo、kūroma	kurume	褂
1-47a	kusion	kušun	膨闷等
1-47a	kutola、kūtolo	kutule	跟马人
1-47b	kutolac¹i	kutule ci	比跟马人等
1-47b	kutolai	kutule i	跟马人的
1-47b	kuwaisio、qoisio、qowaisio	kuwai šeo	快手
1-47b	kūwalama	kuweleme(-mbi)	剥皮带油
4b-5a	labto	labdu	多
3k-6a	lac¹aqa	lacaχa	断了、断的等
2i-7b	latambi	ladambi	赖
2i-7b	laitac¹i	laidaci	若赖
2i-7b	laitabi	laidafi(-mbi)	赖
1-35a	lakiy¹abi	lakiyafi(-mbi)	悬挂
1-35a	lamon	lamun	蓝
1-35a	lamo	lamun	蓝
2n-6a	lanjao	lan jeo	滦州
2n-6a	lan qoo birata	lan χo bira de	于滦河

289

无圈点满文

续表

出处	无圈点满文词语	加圈点新满文词语	汉译词语
3ng-5b	langjon、langjong	lang jung	郎中
3ng-5b	langtosaraqo	langtušaraqū	不持续敲打
3k-6a	laq sama	laq seme	恰好
3k-6a	laq¹c¹aƃi	laqcafi(-mbi)	断、断绝
3k-6a	lakc¹ama	laqcame(-mbi)	断、断绝
3k-6a	lakc¹iraqo	laqcaraqū	不断、不断绝
3k-6a	lakc¹aqa	laqcaχa	断了、断的等
3k-6a	laq¹c¹aqaba	laqcaχa be	将断绝的
3k-6a	lakc¹aqabi	laqcaχabi	断了、断绝了
3s-5a	lasqalara	lasχalara	决断的
3s-5a	lasqalaraqo	lasχalaraqū	不决断
1-35a	latobobi	latubufi(-mbi)	粘贴、使靠近等
1-35a	latoboqa	latubuχa	粘贴了等
1-35a	latonambi	latunambi	去靠近等
1-35a	latonara	latunara	去侵犯了等
1-35a	latontara	latundara	持续靠近的
1-35a	lafo	lefu	熊
4o-5b	loosa taq¹to	leose taqtu	楼
1-35b	liwaq~a obi	lifaɢan ofi	因为泥泞
1-35a	limo	limu	吏目
3ng-5b	lingsa	lingse	绫子
2i-13b	lioisiongkuo、lioisiokeo、lioi siom keo	lioi šūn keo	旅顺口
2i-13b	liosiy¹on keoi	lioi šūn keo i	旅顺口的
1-35a	liy¹ang siy¹an、liy¹ang šang	liyang hiyang hiyan	良乡
1-35a	liy¹ang hiyan	liyang hiyang hiyan	良（乡）县
1-35a	liy¹aliy¹abobi	liyeliyebufi(-mbi)	使昏迷、被昏迷

附录 无圈点、加圈点满文词语对照表

续表

出处	无圈点满文词语	加圈点新满文词语	汉译词语
1-35a	liyʹaliyʹabi	liyeliyefi(-mbi)	昏迷
1-35b	lio orqo	liyoo orχo	草料
1-35b	lioyang	liyoo yang	辽阳
1-35b	lioyang i kecʹan	liyoo yang ni hecen	辽阳城
1-35a	lioqo	liyoo χo	辽河
1-35b	liootong	liyoodung	辽东
1-35b	liotocʹi	liyoodung ci	自辽东
1-35b	looting kiyʹan	lo ting hiyan	乐亭县
1-35b	loo ūwan ioi	lo wen ioi	罗文峪
4o-5b	looting	loo ting	乐亭
4o-5b	loo-ta	loode	于牢
4o-5b	looi~a	looye	老爷
1-35b	loosa	losa	骡子
1-35b	loqo	loχo	腰刀
1-35b	loku kio	lu geo kiyoo	卢沟桥
1-35b	lokulabobi	luhulebufi(-mbi)	浮伤
1-36a	malan io、malan loⒶ i	ma lan ioi	马兰峪
1-36a	macʹoma	macume(-mbi)	瘦
1-36a	macʹoraqo	macuraχū	不瘦
1-36a	matangqa	madangɢa	宣
1-36a	mawa	mafa	祖
1-36a	mawai	mafai	祖的
1-36a	makentan	magendan	马根单
2i-7b	maisa	maise	麦子
2i-7b	maitosama	maitušame(-mbi)	用棍棒乱打
2i-7b	maitosaraqo	maitušaraχū	不用棍棒乱打

① 该词元音字母 o 为词尾形式。

无圈点满文

续表

出处	无圈点满文词语	加圈点新满文词语	汉译词语
1-36a	majike	majige	略、少许
1-36a	malangqo	malangɢū	芝麻
1-36a	malo	malu	瓶
4l-6b	malqon	malχūn	俭省
4m-5b	mamkiy¹aboraqo	mamgiyaburaqū	不奢费
4m-5b	mamkiy¹ama	mamgiyame(-mbi)	奢费
1-36a	manabobi	manabufi(-mbi)	使敝坏、被敝坏
3ng-6a	mangqa	mangɢa	难
3ng-6a	mangqasaraqo	mangɢašaraqū	不作难
3ng-6a	mangki	manggi	后
3ng-6a	mangkiy¹anara	manggiyanara	淌鼻屎的
3k-6b	maksi	maqsi	令跳舞
3k-6b	maq¹siqaqo	maqsiχaqū	未跳舞
3k-6b	maktama	maqtame(-mbi)	抛、称赞
3k-6b	maq¹tanaki	maqtanaki	去抛吧
3k-6b	maktara	maqtara	抛的、称赞的
3k-6b	maktaraqo	maqtaraqū	不抛、不称赞
3k-6b	maktaqa	maqtaχa	抛了、抛的等
1-36a	maraqa、maraq~a	maraχa	推辞了
1-36a	mariboc¹i	maribuci	若使回
1-36a	maqala	maχala	帽
1-36a	mate	mede	信儿、消息
1-36a	matake	medege	信息
1-36a	matari	mederi	海
1-36a	mataric¹i	mederi ci	自海上、从海上
1-36b	maku	megu	蘑菇
2i-8a	maike	meihe	蛇、巳

附录 无圈点、加圈点满文词语对照表

续表

出处	无圈点满文词语	加圈点新满文词语	汉译词语
2i-8a	maiketo	meihetu	鳝鱼
2i-8a	mairan	meiren	肩
1-36a	majike	mejige	消息
3k-7a	maktanaki	mekteneki	请去打赌
1-36a	malanabi	melenefi(-mbi)	去饮牲口
4m-5b	mamba	membe	将我们
2n-6b	manta	mende	于我们
3ng-6a	mangdz~i、mangdzi	mengdzi	孟子
3ng-6a	mangkun	menggun	银
1-36a	mani mani	meni mini	各自
1-36a	maningke	meningge	我们的
2n-6b	mantokun	mentuhun	愚
2r-6b	marken	mergen	智、善猎人
2r-6b	markesa	mergese	智者、众善猎人
1-36a	mataku	meteku	神主
1-36a	may¹ata	meye de	于妹夫等
1-36a	may¹anta	meyen de	于部伍
1-36b	mi ion	mi yūn	密云
1-36b	mic¹ikiy¹an	micihiyan	浅
4m-6a	mimba	mimbe	将我
2n-7a	minta	minde	于我
3ng-6a	mingqan	minggan	千
1-36b	miningke	miningge	我的
4o-6a	miosiqon、miošaqon、miosiy¹oqon	miosiχon	邪
1-36b	mison	misun	酱
1-36b	miy¹alibi	miyalifi(-mbi)	量
1-36b	miy¹anc¹o	miyanceo	绵绸

293

无圈点满文

续表

出处	无圈点满文词语	加圈点新满文词语	汉译词语
1–36b	mioo	miyoo	庙
1–36b	miota	miyoo de	于庙
1–36b	miocic¹ang、mioc¹an	miyoocan	鸟枪
1–36b	mooc¹in	mocin	佛头青布
1–36b	moto	modo	迟钝
2n–7a	moc¹on	moncon	菊花顶
3ng–6a	mongqo	mongɢo	蒙古
3ng–6a	mongq ota	mongɢo de	于蒙古
3ng–6b	mongqolibuƅi	mongɢolibufi(-mbi)	使项上戴物
3ng–6a	mongqolifi	mongɢolifi(-mbi)	项上戴物
2n–7a	monjibi	monjifi(-mbi)	揉搓
4o–6a	moo sac¹ira	moo sacire	伐木的
4o–6a	moo y¹aqa	moo yaχa	炭
4o–6a	moi kiy¹asa ūkerame	mooi hiyase uhereme	木匣总共
3k–7a	moq¹c¹ofi	moqcofi(-mbi)	断
3k–7a	mokc¹oqo	moqcoχo	断了、断的
3k–7a	moq¹c¹oqongke	moqcoχongge	断者
3k–7a	moq¹so	moqso	截断、断成两截
3k–7a	moq¹solobi	moqsolofi(-mbi)	撅折
1–36b	morinc¹i	morin ci	自马
1–36b	moringqa	moringɢa	骑马的
1–36b	mōro wangsa	moro fengse	碗盆
1–36b	moro bila	moro fila	碗碟
1–36b	moy¹o qaran	moyo χaran	因为水痘
1–36b	moqoro	moχoro	穷乏的
1–37b	moc¹o	mucu	葡萄
1–37a	motan、mūtan	mudan	次、音、弯子

附录 无圈点、加圈点满文词语对照表

续表

出处	无圈点满文词语	加圈点新满文词语	汉译词语
1-37a	mūtanta	mudan de	于次、于音等
1-37b	motari	mudari	当日回来
1-37b	mūtori	muduri	龙
1-37b	mojan	mujan	木匠
1-37b	mojangqa	mujangɢa	果然
1-37b	mojaqo	mujaqū	着实、非常
1-37b	mojilan	mujilen	心
1-37b	mojileni	mujilen i	心的、以心
1-37b	mūke	muke	水
1-37b	mūketa	muke de	于水
1-37b	mokiyʼaboki	mukiyebuki	请灭
1-37b	mūkiyʼake	mukiyehe	灭了、灭的
1-37b	momoku	mumuhu	行头
3ng-6b	mongqan	munggan	陵
3k-7a	moktake	muqdeke	兴起了、兴起的
3k-7a	moqʼsin	muqšan	棍
3k-7a	moqʼsin kita	muqšan gida	棍枪
1-37a	moqon	muqūn	族、行伙、帮
1-37a	moqoni	muqūn i	族的、行伙的等
1-37b	morima	murime(-mbi)	拧、执缪
2r-7a	mortasqon	murtasχūn	悖谬
1-37a	mūsa	muse	咱们
1-37a	mosaba	musebe	将咱们
1-37a	mūsacʼi	museci	自咱们、比咱们
1-37a	mūsai	musei	咱们的
1-37a	mosangke	musengge	咱们的
1-37a	mūtabocʼi	mutebuci	若成就

295

无圈点满文

续表

出处	无圈点满文词语	加圈点新满文词语	汉译词语
1-37b	motaboraqo	muteburaqū	不成就
1-37b	mūtac¹i	muteci	若能
1-37a	mūtake	mutehe	能了、能的
1-37a	motaketa	mutehe de	能时
1-37a	motakeqo	muteheqū	未能
1-37a	mūtaki	muteki	请能
1-37a	mūtambi	mutembi	能
1-37a	mūtaraqo	muteraqū	不能
1-37a	mūtara	mutere	能的
1-37a	mūtaraba	mutere be	将所能
1-37a	motarai	muterei	所能的
1-37b	mūtarao	mutereo	能吗
1-37a	moqaliy¹an	muχaliyan	铅子、珠子、球
1-37a	moqaliy¹aqabi	muχaliyaχabi	堆了
1-37a	moqaliy¹aqangke	muχaliyaχangge	堆者
1-9b	natan、naten	nadan	七
1-9b	natanjo、natenjo	nadanju	七十
4m-1b	namtoloi qoloi	namdului Goloi	那木都鲁地方的
2n-2a	ŋantoqon	nantuχūn	污秽、贪污
2n-2a	nantoqonsai	nantuχūn sai	诸贪污者的
1-9b	naqabobi	naqabufi(-mbi)	革退
1-9b	naqaboqa	naqabuχa	革退了、革退的
1-9b	naqabi	naqafi	退、辞
1-9b	naqaraqoc¹i	naqaraqūci	若不退
3k-2a	naq¹c¹o	naqcu	舅舅
3k-2a	naq¹c¹oi、nakc¹oi	naqcu i	舅舅的
2r-2a	narqon	narχūn	细、细致

296

附录 无圈点、加圈点满文词语对照表

续表

出处	无圈点满文词语	加圈点新满文词语	汉译词语
2r-2a	narqosama、narqon šama	narχūšame(-mbi)	机密、细致
1-10a	nacʹicʹi	necici	若侵犯
1-10a	nacʹikeqo	neciheqū	未侵犯
1-10a	nacʹikema	necihiyeme(-mbi)	平定
1-10a	nacʹimbi	necimbi	侵犯
1-10a	nacʹin	necin	平坦
1-10a	nacʹiraqo	neciraqū	不侵犯
1-10a	nacʹira	necire	侵犯的
2i-2a	naicʹi	neici	若开
2i-2a	naibi、ŋaiƀi、ŋaiƀi	neifi(-mbi)	开
2i-2a	naiken	neigen	匀
2i-2a	naiki	neiki	请开
2i-2a	naimbi	neimbi	开
2i-2a	naima	neime(-mbi)	开
1-10a	nankeliyʹan	nekeliyen	薄
1-10a	namabi	nemefi(-mbi)	增加
4m-1b	namsira	nemšere	争的
2n-2a	nantake	nendehe	超越了、超越的
1-10a	nanake	nenehe	先前
1-10a	nanakecʹi	neneheci	从先前
1-10a	nanama	neneme	先
2r-2a	narhin	nergin	临时
1-10b	ni kitaqa	ni gidaχa	记过失了
1-10a	niocʹoke、ŋiocʹoke	nicuhe	珍珠
1-10a	nijijarama	nijarame(-mbi)	研碎
1-11a	nikebi	nikefi(-mbi)	倚靠
1-10b	nikenafʹi	nikenefi(-mbi)	靠近

无圈点满文

续表

出处	无圈点满文词语	加圈点新满文词语	汉译词语
4l-2a	nilkiy¹an	nilgiyan	光滑
1-10a	nimangkita	nimanggi de	于雪
1-10a	nimake	nimehe	病了
1-10a	nimama	nimeme(-mbi)	患病
2n-2a	ninc¹oqon	nincuχūn	腥
3ng-1b	ningkuc¹i	ningguci	第六
3ng-1b	ningkun	ninggun	六
3ng-1b	ningkūnta	ninggunde	各六
2n-2a	ninjo	ninju	六十
4o-1b	nioke taqo	niohe daχū	狼皮端罩
4o-1b	niokesion	niohušun	赤身、裸体
2i-13b	nioji kuron	nioi jy gurun	女直国、女直人
3ng-11b	niongqajabi	niongɢajafi(-mbi)	蹭伤
4o-1b	niowangkiy¹an	niowanggiyan	绿、甲
4o-1b	niowangkiy¹aqa	niowanggiyaχa	清了、清的
4o-1b	nioqon	nioχon	淡绿、乙
1-11a	niro	niru	披箭、牛录
1-11a	niroi	nirui	牛录的
1-11a	nirora	nirure	绘画的
1-11a	niroqa、nioroqa	niruχa	绘画了
1-10a	nisiqa	nisiχa	小鱼
1-10a	nisiqai	nisiχai	一并
1-10b	niy¹alma	niyalma	人
1-10b	niy¹almaba	niyalma be	将人
1-10b	niy¹almac¹i	niyalma ci	自人
1-10b	ŋiy¹almata	niyalma de	于人
1-10b	ŋiy¹almao	niyalmao	人吗

附录 无圈点、加圈点满文词语对照表

续表

出处	无圈点满文词语	加圈点新满文词语	汉译词语
1-10b	niyʼaman	niyaman	心、亲
1-10b	niyʼamangɢa	niyamangga	亲戚
1-10b	niyʼambio	niyambio	腐烂吗
1-10b	niyʼamn̦iyʼara	niyamniyara	射马箭的
1-10b	niyʼacʼiqa	niyanciχa	青草
1-10b	niyʼaqon	niyaqūn	跪
1-10b	niyʼaqoraboqaqo	niyaqūrabuχaqū	未使跪
1-10b	niyʼaqorama	niyaqūrame(-mbi)	跪
1-10b	niyaqoraq~a	niyaqūraχa	跪了
1-10b	niyʼaraqo	niyaraqū	不腐烂
1-10a	niyʼaqa	niyaχa	腐烂了
1-10b	niyʼacʼan	niyecen	补丁
1-10b	niyʼake	niyehe	鸭
1-10b	niyʼara	niyere	软弱
1-10b	niyʼarama afaqa	niyereme afaχa	赤身战了
1-10a	niyʼarama	niyereme(-mbi)	浮水
1-11a	nobi、nob̌i、nafi	nofi	众人
3ng-2a	nongkimbi	nonggimbi	增添
1-11a	naota	nota	众妹子
2n-2a	naon i jūsa	nun i juse	妹妹的孩子们
3ng-2a	nūngnacʼi	nungneci	若侵害、若惹
3ng-2a	nūngnara	nungnere	侵害的、惹的
3k-2b	nokcʼimbi	nuqcimbi	发怒、激怒
3k-2a	nokcʼima	nuqcime(-mbi)	发怒、激怒
3k-2a	noktama	nuqteme(-mbi)	游牧
3k-2a	noktara	nuqtere	游牧的
1-11a	nūra	nure	烧酒

299

无圈点满文

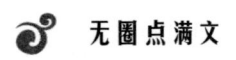

续表

出处	无圈点满文词语	加圈点新满文词语	汉译词语
3s-1b	nūskura	nushure	冲的、冲突的
1-7a	oboc¹i	obuci	若作为
1-7b	obobi、oboḃi	obufi(-mbi)	作为
1-7b	oboraba	obure be	将作为
1-7b	oc¹i	oci	若是、如可
1-7b	of³i、obi、oḃi、of²i	ofi	因为
1-7b	of³oro	oforo	鼻
1-7b	oforotoma	oforodome(-mbi)	划鼻子
2i-1b	oiqori	oiχori	忽略、何等
2i-1b	oiqori lara	oiχorilara	行事忽略的
1-7b	oojin	ojin	捏折女朝裾
1-7b	ojiraqoc¹i	ojoraqūci	若不可
1-7b	ōke	oke	婶母
1-7b	ōketa	okete	众婶母
4l-1b	olboi	olbo i	马褂的
4l-1b	olqo	olχo	令畏惧
4l-1b	olqoc¹oqa	olχocuqa	可畏
4l-1b	olqoma	olχome(-mbi)	畏惧
4l-1b	olqosioma	olχošome(-mbi)	谨慎
4m-1b	ombitara	ombidere	想必可以
1-7b	omira	omire	喝的
1-7b	omiqon	omiχon	饥饿
1-7b	omota	omo de	于池
1-7b	omo lota	omolo de	于孙
1-7b	ōmosi	omosi	众孙
4m-1b	omsion、omsiy¹on	omšon	十一（月）
2n-1b	onc¹o	onco	宽

附录　无圈点、加圈点满文词语对照表

续表

出处	无圈点满文词语	加圈点新满文词语	汉译词语
2n-1b	onc¹oqon	oncoχon	仰面、傲慢
3ng-1b	ongqoƅi	ongGofi(-mbi)	忘
3ng-1b	ongqolo	ongGolo	前、河港
3ng-1b	ongqoraqo	ongGoraqū	不忘
3k-1b	oktofi	oqdofi(-mbi)	迎接
3k-1b	oktokini	oqdokini	准迎接
3k-1b	oktoma	oqdome(-mbi)	迎接
3k-1b	oktonjiqa	oqdonjiχa	来迎接了等
3k-1b	oktono	oqdono	令去迎接
3k-1b	oktoro	oqdoro	迎接的
3k-1b	oktoqo	oqdoχo	迎接了、迎接的
3k-1b	oksoma	oqsome(-mbi)	走
3k-1b	okto	oqto	药
3k-1b	oktoi	oqtoi	药的
3k-1b	oktoloqo	oqtoloχo	用药了、用药的
2r-1b	orto	ordo	亭
1-9b	oran	ōren	像
2r-1b	orqota	orχoda	人参
2r-1b	orqoi	orχoi	草的、以草
1-7b	ooso	oso	令为
1-7b	owasiqai	ošoχoi	爪的
1-7b	oy¹o	oyo	房顶
1-7a	oqaqo、oqoqo	oχaqū	未允
1-7a	oqo	oχo	成为了、成为的
1-7a	oqoc¹i	oχoci	自成为
1-7a	oqota	oχode	成为时
2i-4b	paiba qaibi	pai be Gaifi(-mbi)	领牌

301

无圈点满文

续表

出处	无圈点满文词语	加圈点新满文词语	汉译词语
2i-4b	pailoi owakei	pailu i wehei	牌楼石的
2n-3b	pang c¹an forima	pan can forime(-mbi)	敲打云牌与金
2n-3b	panja keo	pan giya keo	潘家口
2n-3b	panc¹an	pancan	盘缠
3ng-3a	pangsa	peng ša	彭纱
3ng-3a	pangta、pūngtan、pangtowan	pengduwan	彭缎
1-20b	bijan	pijan	皮箱
1-20b	bilafi	pilefi(-mbi)	批
1-20b	bilake	pilehe	批了、批的
1-20b	bilama	pileme(-mbi)	批
3ng-3a	bing ku	pinggu	苹果
4o-3a	boo	poo	炮
1-21a	pūsa	puse	铺子
1-21a	posanoqo	puse noχo	尽是补子
1-21a	posali	puseli	铺面
1-11a	qatala	qadala	令管束
1-11a	qata laraqo	qadalaraqū	不管束
1-11b	qaƀi	qafi(-mbi)	围
2i-2b	qaicama、qaic¹ama	qaicame(-mbi)	呐喊
4l-2b	qalq~a	qalqa	藤牌
4m-2a	qamc¹ibobi	qamcibufi(-mbi)	使合、使兼
4m-2a	qamc¹ibombi	qamcibumbi	使合、使兼
4m-2a	qamc¹iboma	qamcibume(-mbi)	使合、使兼
1-11a	qanaqan	qanaɢan	借口
1-11a	qaningqa	qaningɢa	随和
1-11b	qarc¹in	qaracin	喀喇沁
2r-2b	qarkiy¹aboraqo	qargiburaqū	不使截齐

302

附录 无圈点、加圈点满文词语对照表

续表

出处	无圈点满文词语	加圈点新满文词语	汉译词语
2r-2b	qarmaraqo	qarmaraqū	不保护
1-11b	qaro	qaru	报
1-11b	qarolacʼi	qarulaci	若报
1-11b	qarolambi	qarulambi	报
1-11b	qaron	qarun	哨所
1-11a	qatarama	qatarame(-mbi)	颠
1-11a	qaqa	qaχa	围了、围的
2i-3a	kuimali	qoimali	狡诈
4m-2b	qomsoo	qomso	少
4o-2a	qoolingqa	qoolingɢa	有礼法的
2r-2b	qorcʼin	qorcin	科尔沁
1-13a	qoroboqa	qorobuχa	使伤心了等
1-13a	qorobi	qorofi(-mbi)	伤心
2r-2b	qorsoboqa	qorsobuχa	使愧恨了
2r-2b	qorsoboqabio	qorsobuχabio	使愧恨了吗
2r-2b	qorsobi、qorsobʼi	qorsofi(-mbi)	愧恨
1-14b	qobolira	qūbulire	变的
1-14b	qolan	qūlan	黑鬃黄马
1-14b	qowai morin	qūwa morin	干草黄马
1-14b	qowaran	qūwaran	院子、局、营
1-14b	qowatar	qūwatar (seme)	劣马惊跑
1-24b	saban	šaban	角齿
1-24b	sabisa	šabisa	徒弟们
1-21b	sabo	sabu	鞋
1-21b	sabobi	sabufi(-mbi)	看见
1-21b	saborao	sabureo	看见吗
1-21b	saboqa	sabuχa	看见了

无圈点满文

续表

出处	无圈点满文词语	加圈点新满文词语	汉译词语
1-21b	saboqo	sabuχū	急忙
1-21b	sac¹a	saca	盔
1-21b	sac¹i	saci	若知道
1-21b	sac¹ic¹i	sacici	若砍
1-22a	sac¹ifi	sacifi(-mbi)	砍
1-21b	sac¹ima	sacime(-mbi)	砍
1-21b	sac¹iqa	saciχa	砍了、砍的
1-24b	satambi	šadambi	乏
1-25a	sataraba	šadara be	将疲乏的
1-24b	sataraqo	šadaraqū	不疲乏
1-24b	sataqa	šadaχa	乏了、乏的
1-21b	satolaqa	sadulaχa	结亲了
1-21b	saton	sadun	亲家
1-21b	satosin	sadusa	众亲家
1-22a	sabi、saƀi	safi(-mbi)	知道
2i-5a	saibi	saifi(-mbi)	咬
2i-5a	saiq~a	saiqan	美、好好的
2i-5a	saisaboma	saišabume(-mbi)	使夸奖、被夸奖
2i-5a	saisa c¹i	saišaci	若夸奖
2i-5a	saisabi	saišafi(-mbi)	夸奖
2i-5a	saino、saion	saiyūn	好吗
1-25a	sajilafi	šajilafi(-mbi)	禁约
1-25a	sajilama	šajilame(-mbi)	禁约
1-25a	sajilaqa	šajilaχa	禁约了、禁约的
1-25a	sajin	šajin	禁约、法
1-25a	sajimba	šajin be	将禁约、将法
4l-4b	salqabobi	salɢabufi(-mbi)	命中注定

附录 无圈点、加圈点满文词语对照表

续表

出处	无圈点满文词语	加圈点新满文词语	汉译词语
1-21b	saliboc'i	salibuci	若估价
1-21b	salibobi	salibufi(-mbi)	估价
1-21b	saliboqabio	salibuχabio	估价了吗
1-21b	salira	salire	值的、执掌的
4m-3b	sambitara	sambidere	想必知道
1-21b	sama	same(-mbi)	知道
4m-3b	samsiboc'i	samsibuci	若使散
4m-3b	samso	samsu	翠蓝布
2n-5a	san faitabi	šan faitafi(-mbi)	割耳、断耳
2n-4a	santo ing、santowan ing	san tun ing	三屯营
2n-5a	sang χai kuwan	šan χai guwan	山海关
2n-4a	sanqo、saqoi	san χo	三河
2n-4a	saqoo i siortama	san χo i šurdeme	三河周围
1-24b	sanaqa	šanaχa	山海关
1-24b	sanaqai	šanaχai	山海关的
2n-5a	sanc'in	šancin	山寨
2n-4a	santalama	sandalame(-mbi)	岔开
2n-4b	san tūng	šandung	山东
2n-5a	santongte	šandung de	于山东
3ng-3b	sangqala	sangɢala	知道之前
3ng-4a	sangkiy'an、siy'angkiy'an	šanggiyan	白、烟
3ng-4b	siy'angkiy'an qatai	šanggiyan χadai	商坚哈达的
3ng-4a	sangnabi	šangnafi(-mbi)	赏
3ng-4a	sangnama	šangname(-mbi)	赏
3ng-4a	sangnara	šangnara	赏的
3ng-4a	sangnaqa	šangnaχa	赏了、赏的
3ng-4a	sangsio	šangšu	尚书

无圈点满文

续表

出处	无圈点满文词语	加圈点新满文词语	汉译词语
1-24b	saqalama	šaqalame(-mbi)	用叉叉、插话等
3k-4a	sakta	saqda	老、老人
3k-4a	saktasa	saqdasa	诸老、老人们
3k-4a	saktaqabi	saqdaχabi	老了
1-22a	sarangqala	sara angɢala	与其知道
1-22a	sarafi	sarafi(-mbi)	撒、展翅
1-22b	saraqon	saraqūn	不知道吗
2r-4a	sarqan	sarɢan	妻
2r-4a	sarqac¹i	sarɢan ci	自妻、比妻
2r-4a	sarqata	sarɢata	众妻
1-22a	sarilama	sarilame(-mbi)	筵宴
1-22a	sarilaqa	sarilaχa	筵宴了、筵宴的
1-22a	sarilaqangke	sarilaχangge	筵宴者
2r-4a	sarqo	sarqū	不知道
2r-4a	sarqoqai	sarqū qai	不知道啊
2r-4a	sarqon	sarqūn	不知道吗
2r-4a	sartaboraqo	sartaburaqū	不耽误
1-21b	sa sa	sasa	一齐
1-21a	saqa	saχa	知道了、知道的
1-21a	saqata	saχa de	知道时
1-21a	saqabi	saχabi	知道了
1-21a	saqabo	saχabu	令砌、令摞
1-21a	saqaboqa	saχabuχa	使砌了、使砌的
1-21a	saqai	saχai	持续知道
1-21a	saqaliy¹an	saχaliyan	黑
1-21b	saqama	saχame(-mbi)	砌、摞
1-21a	saqaqo	saχaqū	未知

附录 无圈点、加圈点满文词语对照表

续表

出处	无圈点满文词语	加圈点新满文词语	汉译词语
1-21a	saqaqobi	saχaqūbi	未知
1-21b	saqaqon	saχaχūn	淡黑、癸
1-24b	saqon	šaχūn	淡白、辛
1-24b	saqoron、saqaron	šaχūrun	寒
4b-3b	sabtari	sebderi	阴凉
1-22a	saba	sebe	稀疏、将……等
1-22a	saba	sebe	将……等
4b-3b	sabjilama	sebjeleme	快乐
4b-3b	sabjanta	sebjen de	于乐
1-22a	sacʰi	seci	若说
1-22a	sate[①]、sata	sede	于……等
1-22b	safora	sefere	一把、勺
1-22b	sawararata	seferere de	攥时
1-23a	saƀi	sefi(-mbi)	说
1-22a	sake	sehe	说了、说的
1-22b	sakeqai	sehe qai	说了啊
1-22a	sakebi	sehebi	说了
1-22b	sakebitara	sehebidere	想必说了
1-22b	sakebike	sehebihe	曾说
1-25a	sakun	šehun	敞亮
2i-5a	saibani	seibeni	昔
1-22a	sajan	sejen	车
1-22a	sajilabi	sejilefi(-mbi)	叹气
1-22a	sake	seke	貂皮
1-22a	sakei	sekei	貂皮的
1-22b	sakiyʰaku	sekiyeku	草帽

① 该词辅音字母 t 的书写形式为词首形式。

307

无圈点满文

续表

出处	无圈点满文词语	加圈点新满文词语	汉译词语
1-22b	sakiy¹anc¹i	sekiyen ci	自源
3k-4a	saktake	sektehe	铺垫了、铺垫的
3k-4a	sakto	sektu	灵透
1-22a	salaboma	selabume(-mbi)	使畅快
1-22a	sala	sele	铁
1-25a	salabǐ	šelefi(-mbi)	舍
4l-4b	salkiy¹abi	selgiyefi(-mbi)	传令
4l-4b	salkiy¹aki	selgiyeki	请传令
4m-3b	sambiketa	sembihede	常说时
4m-3b	sambima	sembime	说而
1-22a	sama	seme(-mbi)	说
2n-5a	sinyang kec¹an	šen yang hecen	沈阳城
2n-4a	santalama fata	sendeleme fete	令刨豁口
3ng-3b	sangki	senggi	血
3ng-3b	sangki ba sooma qasqoqa	senggi be some ɢasχūχa	歃血盟誓了
3ng-3b	sangkuwama	sengguweme(-mbi)	恐惧
3ng-3b	sangkuwanta-ra	sengguwendere	想必恐惧
4o-4a	siobai、siobo、šobai	šeobei	守备
4o-3b	saola	seole	令思虑
4o-3b	saolac¹i	seoleci	若思虑
4o-3b	saolabi	seolefi(-mbi)	思虑
4o-3b	saolakeqo	seoleheqū	未思虑
4o-3b	saolaki	seoleki	请思虑
4o-3b	saolama	seoleme(-mbi)	思虑
1-22b	saraqo	seraqū	不说
1-22b	saraqon	seraqūn	不说吗
1-22b	sara	sere	说的

附录 无圈点、加圈点满文词语对照表

续表

出处	无圈点满文词语	加圈点新满文词语	汉译词语
1-22b	saraba	serebe	将说的
1-22b	saraboke	serebuhe	被发觉了等
1-22b	saraboraqo	sereburaqū	不被发觉
1-22b	saraboraχo	sereburaχū	恐被发觉
1-22b	sarata	serede	说时
1-22b	sarabi	serefi(-mbi)	发觉
1-22b	sarake	serehe	发觉了、发觉的
1-22b	sarakeqo	sereheqū	未发觉
1-22b	sarangke	serengge	所说者
1-22b	sarao	sereo	说吗
2r-4a	sarkunta	serguwen de	于凉快时
1-25a	siyʼarima、sarima	šerime(-mbi)	讹诈
1-25a	siyʼarin	šerin	金佛头、掩额
1-22b	saroken	seruken	略凉爽
1-22a	sayʼama	seyeme(-mbi)	怀恨
1-25a	sicʼing	ši cing	石青
1-25a	siman	ši men	石门
1-25a	sisansancʼi	ši san jan ci	自十三站
1-25a	siqowang	ši χūwang	石黄
1-23a	sitikiyʼama	sidahiyame	伸拳撸袖
1-23a	sitan	siden	中间、公家
1-23a	sitani	siden i	中间的、公家的
1-23a	siktanta、siktan ta	sidende	于中间、于公家
1-23b	sibiqo	sifiqū	簪子
1-23a	sike	sihe	塞了、补空了
1-23a	siki baba	sihe babe	将所塞之处
1-23a	sijikiyʼa	sijigiyan	袍

309

无圈点满文

续表

出处	无圈点满文词语	加圈点新满文词语	汉译词语
4l-4b	silki	silhi	胆
4l-4b	silkitama	silhidame(-mbi)	妒忌
1-23a	siliqota	silixo de	于十里河
1-23a	siolon	silun	猞猁狲
4m-3b	simba	simbe	将你
4m-3b	siomkun	simhun	指、趾
1-23a	simirata	simire de	唖时
1-23a	simiy¹an	simiyan	沈阳
1-23a	simiy¹an-te	simiyan de	于沈阳
4m-3b	simnabi、simnaf¹i	simnefi(-mbi)	考试
2n-4b	sin i jakū	sin i jeku	辛者库
2n-4a	sinta	sinda	令放
2n-4a	sintac¹i	sindaci	若放
2n-4a/b	sintafi、sinabi、sintaf¹i	sindafi(-mbi)	放
2n-4b	sintaki	sindaki	请放
2n-4b	sintambio	sindambio	放吗
2n-4b	sintama	sindame(-mbi)	放
2n-4b	sintara	sindara	放的
2n-4b	sintaqa	sindaxa	放了、放的
2n-4b	sintaqabi	sindaxabi	放了
2n-4b	sinta	sinde	于你
3ng-3b	singkebokini	singgebukini	准入己、准消化
3ng-3b	singkepoma	singgebume(-mbi)	入己、使消化
3ng-3b	singkec¹i	singgeci	若渗、若消化
3ng-4a	singkeri	singgeri	鼠、子
1-23a	siŋi	sini	你的
3k-4a	siksa	siqse	昨日

310

附录 无圈点、加圈点满文词语对照表

续表

出处	无圈点满文词语	加圈点新满文词语	汉译词语
1-23a	sirama	sirame(-mbi)	接续、承袭
1-23b	sirantoqai	siranduχai	相继
1-23a	siraqo	siraqū	假发
2r-4b	sirtan	sirdan	梅针箭
1-23a	siran	siren	瓜藤、光线
2r-4b	sirketabi	sirkedefi(-mbi)	连绵、贪黩
3s-3b	siske	sishe	褥子
1-23a	sisiqai	sisiχai	插着
1-23a	sitaraqo	sitaraqū	不迟
3s-3b	sittaraqo	sitχūraqū	不专心
1-23b	sookin	sohin	渐
1-25a	sioling qoo	šolingχo	小凌河
1-23b	solinjiqa	solinjiχa	来请了
1-25b	silo、siolo、siyʰolo	šolo	空闲、假、令烧
1-23b	soloki	solohi	騒鼠皮
1-23b	solokicʰi	solohi ci	比騒鼠皮
1-25b	sioloma	šolome(-mbi)	烧
1-25b	siolon、siyʰolon	šolon	叉子
4l-4b	solqo	solχo	高丽
4l-4b	solqocʰi	solχo ci	自高丽、比高丽
4l-4b	solqoi	solχo i	高丽的
1-23b	sooma	some(-mbi)	撒、祭
1-23b	somibi	somifi(-mbi)	躲藏、埋葬
1-23b	somiraqo	somiraqū	不躲藏、不埋葬
3ng-4a	songqocʰibi	songGocifi(-mbi)	一齐哭
3ng-4a	songqo bi、songqobi	songGofi(-mbi)	哭
3ng-4a	songqoma	songGome(-mbi)	哭

无圈点满文

续表

出处	无圈点满文词语	加圈点新满文词语	汉译词语
3ng-4a	songqoro	songgoro	哭的
2n-4a	sonjobi、sōjofʼi	sonjofi(-mbi)	选
2n-4a	sōjombi	sonjombi	选
4o-3b	sorin	soorin	座、位
4o-3b	sorimba	soorin be	将座、将位
4o-3b	sorincʼi	soorinci	自座、自位
3k-4b	soktobi	soqtofi(-mbi)	醉
3k-4b	soqʼdoχo	soqtoχo	醉了、醉的
1-23b	sooro	soro	枣
1-25b	sioro	šoro	筐
1-23b	soqon	soχon	淡黄、己
1-25b	sioban	šuban	书办
1-23b	sobarqan	subargan	塔
1-23b	sobaliyʼan	subeliyen	绒
1-23b	sūboke	subuhe	酒醒了、使脱了
1-25b	sioboršambi	šuburišembi	委随
1-24a	socʼongqa、sūcongqa、sūcʼongqa	sucungga	元
1-24a	socʼoqa	sucuχa	冲了
1-23b	sotori	suduri	史
1-24a	sofan	sufan	象
1-24a	sūbi	sufi(-mbi)	解、脱
1-24a	sūke	suhe	斧、纸锞
2i-6a	soijing	šui jing	水晶
2i-5b	sūi mangqa、soimangqa	sui mangga	冤枉
2i-5b	soikuma	suihume(-mbi)	醉闹
2i-5b	soikun	suihun	男子大耳坠
2i-5b	soilambitara	suilambi dere	想必劳苦

312

附录 无圈点、加圈点满文词语对照表

续表

出处	无圈点满文词语	加圈点新满文词语	汉译词语
2i-5b	soilara	suilara	劳苦的
2i-5b	soilaraqo	suilaraqū	不劳苦
2i-5b	soilaqa	suilaχa	劳苦了
2i-5b	soiqa	suiχa	艾
2i-5b	soiqai	suiχai	艾的、以艾
1-24a	sūjantobi	sujandufi(-mbi)	持续支持等
1-24a	sūja	suje	缎
1-24a	sūjai	sujei	缎的
1-24a	sūjoboma①、sūjoboma	sujubume(-mbi)	使跑
1-24a	sojobi	sujufi(-mbi)	跑
1-24a	sojoke	sujuhe	跑了、跑的
1-24a	sūjora	sujure	跑的
1-24a	žaojoraba②	sujure be	将跑的
1-26a	siokilambi	šukilambi	拳捣
1-26a	siokini	šukin i	舒钦的
1-23b	sūla、sola	sula	松、闲散
1-23b	solaboqa	sulabuχa	留空了
1-26a	siolabi	šulefi(-mbi)	征收
4l-5a	siowalke、siolke	šulhe	梨
4m-4a	siomboc¹i	šumbuci	若领悟
4m-4a	siomboraqo	šumburaqū	不领悟
1-23b	soma、sūma	sume(-mbi)	解、脱
1-26a	siomilama	šumilame(-mbi)	深入
1-26a	siomin	šumin	深
2n-5a	šon、sion、siy¹on	šun	日（太阳）

① 该词第一个元音字母 o 的书写形式为其词尾形式。
② 该词词首 žao-应为 so 之变形。

无圈点满文

续表

出处	无圈点满文词语	加圈点新满文词语	汉译词语
2n-5a	sion taktara	šun dekdere	日升的
2n-5a	siy¹on tokera erkic¹i	šun tuhere ergici	自西边
2n-5a	siy¹on toketala	šun tuhetele	直至日落
2n-5a	sūn yi kiy¹an	šūn yi hiyan	顺义县
3ng-4a	sūngsan	sungšan	松山
2n-4b	sōja、sonja	sunja	五
2n-4b	sonja-te	sunja de	于五
2n-4b	soncai	sunja i	五的、以五
2n-4b	sonjac¹i	sunjaci	第五
2n-4b	sonjata	sunjata	各五
2n-4b	sontaboma	suntebume(-mbi)	杀绝
3k-4b	sokton	suqdun	气
1-23b	soqo	suqū	皮
2r-5a	siortake	šurdehe	旋转了、旋转的
2r-5a	siortama	šurdeme(-mbi)	旋转、划圈
1-24a	sūra	sure	聪睿
1-24a	sūrama	sureme(-mbi)	喊叫
1-24a	soro	suru	白马
1-26a	sioro	šuru	珊瑚
1-24a	sorombuma	surumbume(-mbi)	宽解
1-26a	siorora	šurure	镞的、使篙的
1-25b	siosai	šusai	生员
1-25b	siosaisa	šusai sa	生员们
1-25b	siosihif¹i	šusihiyefi(-mbi)	挑唆
1-25b	siosikiy¹ake、siosikike	šusihiyehe	挑唆了、挑唆的
1-25b	siy¹osikiy¹ama、siosikiy¹ama	šusihiyeme(-mbi)	挑唆
1-25b	siosikira	šusihiyere	挑唆的

附录 无圈点、加圈点满文词语对照表

续表

出处	无圈点满文词语	加圈点新满文词语	汉译词语
1-25b	siosiqa	šusiχa	鞭子
1-25b	siosiqalabi	šusiχalafi(-mbi)	鞭打
1-25b	sosiqalama	šusiχalame(-mbi)	鞭打
1-25b	siosiqalaqa	šusiχalaχa	鞭打了、鞭打的
1-25b	siosio	šušu	紫、高粱
1-24b	sowaliy¹aboḃi	suwaliyabufi(-mbi)	使掺、被掺
1-24a	sowaliy¹ama	suwaliyame(-mbi)	掺上
1-24a	sowaliy¹an	suwaliyan	混杂
1-24a	soway¹an i	suwayan i	黄的
1-24b	sūwa	suwe	你们
1-24b	sūwaningke	suwe ningge	你们者
1-24b	sowan ba、sūwamba	suwembe	将你们
1-24b	sūwanta、sowan ta、sūwan-te	suwende	于你们
1-24b	sowani、sūwani	suweni	你们的
1-55b	sic¹owan	sycuwan	四川
4b-4b	tabc¹ilaḃi、tabc¹ilabi	tabcilafi(-mbi)	抢劫
4b-4b	tabc¹ilambi	tabcilambi	抢劫
4b-4b	tabc¹ilama	tabcilame(-mbi)	抢劫
4b-4b	tabc¹ilaqa	tabcilaχa	抢劫了、抢劫的
4b-4b	tabc¹in	tabcin	抢
1-26b	tac¹iboki	tacibuki	请教
1-26b	tac¹iboma	tacibume(-mbi)	教
1-26b	tac¹iboqo	tacibuqū	教习
1-26b	tac¹iboqa	tacibuχa	教了、教的
1-26b	tac¹ira	tacire	学的
1-26b	tawac¹i	tafaci	若登上
1-26b	tawantara	tafandara	攀登的

无圈点满文

续表

出处	无圈点满文词语	加圈点新满文词语	汉译词语
1-26b	tafoqa、tawaqa	tafaqa	登上了
1-26b	tafolac'ina	tafulacina	劝谏吧
1-26b	tafolabi	tafulafi(-mbi)	劝谏
1-26b	tawalara、tafolara	tafulara	劝谏的
2i-6a	taibingsai	tai ping jai	太平寨
2i-6a	taif'in、taibin、taiƀin	taifin	太平
2i-6a	taikiy'an	taigiyan	太监
2i-6a	taiposa	taipusy	太仆寺
1-28a	talo	talu	偶然
4m-4b	tambin	tampin	壶
4m-4b	tambi nōra	tampin nure	壶烧酒
4m-4b	tamsan	tamse	罐子
3ng-4b	tangqo	tangɢū	百
3ng-4b	tangqo-ta、tangqota	tangɢūta	各百
3ng-4b	tangqotai	tangɢūtai	百的
2n-5a	tantabi	tantafi(-mbi)	责打
1-26a	taqabora	taqabure	使认识的
1-26a	taqaqa	taqaχa	认识了、认识的
3k-5a	takto	taqtu	楼
1-26a	taqora	taqūra	令派遣
1-26a	taqūrac'i	taqūraci	若派遣
1-26a	taqorabi、taqūraƀi	taqūrafi(-mbi)	派遣
1-26a	taqorambike	taqūrambihe	派遣来着
1-26a	taqorara	taqūrara	派遣的
1-26a	taqoraraba	taqūrara be	将派遣的
1-26a	taqūraqa、taqoraqa	taqūraχa	派遣了、派遣的
1-26b	tarima	tarime(-mbi)	耕种

316

附录 无圈点、加圈点满文词语对照表

续表

出处	无圈点满文词语	加圈点新满文词语	汉译词语
1-26b	tarira	tarire	耕种的
1-26b	tariqa	tariχa	耕种了、耕种的
2r-5a	tarqo、tarqon	tarχū	肥胖
2r-5a	tarqobo	tarχūbu	令使肥胖
2r-5a	tarqola	tarχūla	令使上膘
2r-5a	tarqoqabi	tarχūχabi	肥胖了
2r-5a	tarqoqabio	tarχūχabio	肥胖了吗
1-26a	tasan	tašan	虚
1-26a	tasamba	tašan be	将虚
1-26b	tasirama	tašarame(-mbi)	错
3s-4a	tasqa	tasχa	虎
3s-4a	tasqari	tasχari	皂雕
1-26b	tataboqa	tatabuχa	使住了、使住的
1-26b	tatanta	tatan de	于下处
1-26b	tataqa	tataχa	住了、住的等
1-26b	tataqata	tataχa de	住时、拉时
1-28b	tabaliyʼake	tebeliyehe	抱了、抱的
1-28b	tabaliyʼama	tebeliyeme(-mbi)	抱
1-28b	tabo	tebu	令使坐、令安置
1-28b	tabo	tebu	令住、令坐等
1-28b	tabocʼi	tebuci	若使住等
1-28b	tabofi	tebufi(-mbi)	使住、使坐等
1-28b	taboke	tebuhe	使住了、使住的
1-28b	taboki	tebuki	请使住、请使坐
1-28b	tabombi	tebumbi	使住、使坐等
1-28b	taboma	tebume(-mbi)	使住、使坐等
1-29a	tacʼabi	tecefi(-mbi)	一起坐

无圈点满文

续表

出处	无圈点满文词语	加圈点新满文词语	汉译词语
1-29a	tac¹ake	tecehe	一起坐了等
1-29a	tac¹i	teci	若坐、若住
1-29a	tac¹iba	tecibe	虽坐、虽住
1-29a	tata	tede	迄今、那里
1-29b	tabi、taf¹i	tefi(-mbi)	坐、住
1-29a	take	tehe	坐了、坐的等
1-29a	takebi	tehebi	坐了、住了
1-29a	takebiqai	tehebiqai	坐了啊、住了啊
1-29a	takec¹i	teheci	自坐、自住
1-29a	takei	tehei	坐着、住着
2i-6b	tala、taila、teila	teile	仅仅、只
2i-6b	taiso、teiso	teisu	相对、相当
2i-6b	taisolake	teisulehe	逢了、逢的
2i-6b	teisolama	teisuleme(-mbi)	逢
2i-6b	taisongke	teisungge	恰当的
1-29a	taki	teki	请坐、请住
1-7b	talari	teleri	捏折女朝衣
4m-4b	tambi	tembi	坐、住、当
1-29a	tam~e、taman	temen	骆驼
4m-4b	tamkeolakengke	temgetulehengge	表扬者、证明者
4m-4b	tamsac¹i	temšeci	若争
4m-4b	tamsama	temšeme(-mbi)	争
4m-4b	tamsantombi	temšendumbi	相争
4m-4b	tamsiy¹antora	temšendure	相争的
4m-4b	tamsanoma	temšenume(-mbi)	相争
4m-4b	tamsara	temšere	争的
1-28b	tanake	tenehe	去住了、去住的

附录 无圈点、加圈点满文词语对照表

续表

出处	无圈点满文词语	加圈点新满文词语	汉译词语
1-28b	tanakebi	tenehebi	去住了、去坐了
1-28b	tani	teni	方、才
2n-5b	tantake	tenteke	那样
3k-5a	taksilabi	teqsilefi(-mbi)	整齐、均齐
3k-5a	taksi、taksin	teqsin	齐
1-29b	taraqo	teraqū	不坐、不住
1-29a	tara	tere	那个
1-29a	taraba	terebe	将那个
1-29a	tarac'i	tereci	自那个
1-29a	tarai	terei	那个的
1-29a	tarao	tereo	那个吗
1-28b	tasa	tese	那些人
1-28b	tasaba	tesebe	将那些人
1-28b	tasata	tesede	于那些人
1-28b	tasai	tesei	那些人的
1-28b	taso	tesu	本、该
1-28b	tasombi	tesumbi	足、足够
1-29a	tatantara、tetan tera	tetendere	既然
1-29a	taton	tetun	器、棺
1-29a	tay'aboma	teyebume(-mbi)	使歇息
1-29a	tay'antara	teyendere	持续歇息的
1-29b	tabi、tif'i	tifi(-mbi)	坐、住、当
1-30a	tiy'anc'i	tiyan ki	天启
4b-5a	tobkiy'a	tobgiya	膝、膝盖骨
1-30b	tofoqoc'i	tofoχoci	第十五
1-30b	tofoqon	tofoχon	十五
1-30b	tofoqoto	tofoχoto	各十五

319

无圈点满文

续表

出处	无圈点满文词语	加圈点新满文词语	汉译词语
4l-5b	tolkin	tolgin	梦
1-30b	tolobi	tolofi(-mbi)	数
1-30b	toloma	tolome(-mbi)	数
1-30b	tooma	tome	每个
4m-5a	tomsro	tomsoro	收捡的、殓的
2n-6a	tonc¹i、tooc¹i	ton ci	自数、比数
2n-5b	tonto	tondo	忠、直、公
2n-5b	tontoi	tondoi	以忠、以公等
2n-5b	tontoloma	tondolome(-mbi)	直走
3ng-5a	tongqo	tonggo	线
4o-5a	tooc¹i	tooci	若骂
4o-5a	tootambi	toodambi	偿还
4o-5a	tootama būra	toodame bure	偿还的
4o-5a	toosalama	tooseleme(-mbi)	权变
4o-5a	tooqa	tooχa	骂了、骂的
3k-5b	tokso	toqso	村庄
3k-5b	toksota	toqso de	于村庄
3k-5b	toq¹soi、toksoi	toqso i	村庄的
3k-5b	toktobo	toqtobu	令使定
3k-5b	toktoboma	toqtobume(-mbi)	使定
3k-5b	toq¹toborangke	toqtoburengge	使定者
3k-5b	tobtoboqa、toq¹toboqa	toqtobuχa	使定了、使定的
3k-5b	toktoma	toqtome(-mbi)	定
3k-5b	toktoqaqo	toqtoχaqū	未定
3k-5b	toqtoχo naqo、toq¹toqo aqo	toqtoχon aqū	无定
1-30a	toromboma	torombume(-mbi)	劝慰
1-30b	tosobi	tosofi(-mbi)	防备、截路

附录 无圈点、加圈点满文词语对照表

续表

出处	无圈点满文词语	加圈点新满文词语	汉译词语
1-30b	tosoraqo	tosoraqū	不防备、不截路
1-30a	toqobi	toχofi(-mbi)	备、套
1-30a	toqolion efan	toχoliyo efen	水
1-30b	toqolon	toχolon	锡
1-30a	toqoromboma	toχorombume(-mbi)	安抚
1-30a	toqoqo	toχoχo	备了、套了等
1-30b	toqoqoi	toχoχoi	备着、套着
3ng-10b	sangkuwan	tsang guwan	仓官
2n-11a	sanjan	tsanjiyang	参将
1-32a	tucʻang kuwan	tu ceng guwan	土城关
1-33a	too kiro	tu kiru	旗纛
1-33b	to① owacʻike	tu wecehe	祭纛、祭旗
1-31b	toba	tuba	彼处
1-31b	tʻūbacʻi	tubaci	自彼处
1-31b	tobata、tūbata	tubade	于彼处
1-31b	tūbai	tubai	彼处的
1-31b	tobike、tubike	tubihe	果子
1-32b	tocʻi	tuci	令出
1-32b	tocʻibocʻi	tucibuci	若使出、若派出
1-32b	tʻūcʻiboḃi、tʻūcʻibofʻi	tucibufi(-mbi)	使出、派遣等
1-32b	tocʻiboke、tūcʻiboke	tucibuhe	使出了、使出的
1-32b	tʻūcʻiboma	tucibume(-mbi)	使出、派出
1-32b	tūcʻiboraqo	tuciburaqū	不使出、不派遣
1-32b	tʻūcʻiboraba	tucibure be	将派遣的等
1-32b	tūcʻicʻiba	tucicibe	虽出、虽长出
1-32b	tūcʻiḃi、tūcʻifʻi、tʻūcʻibi	tucifi(-mbi)	出、长出

① 该词元音字母 o 的书写形式为词尾形式。

321

无圈点满文

续表

出处	无圈点满文词语	加圈点新满文词语	汉译词语
1-32a	tʰūcʰike	tucike	出了、出的等
1-32a	tūcʰiketa	tucike de	出时、长出时
1-32b	tʰūcʰikebi	tucikebi	出了、长出了等
1-32a	tʰūcʰima	tucime(-mbi)	出、长出
1-32a	tʰūcino	tucinu	令出去
1-32a	tocʰiraqū	tuciraqū	不出、不长出
1-32b	tʰūcʰirata	tucire de	出时、长出时
1-33a	tofon	tufun	镫
1-33a	tūki	tugi	云
1-32b	tokebocʰi	tuhebuci	若使跌倒等
1-32b	tʰūkebočʰi、tʰūkebobi	tuhebufi(-mbi)	使跌倒、使落
1-32b	tʰūkeboke	tuhebuhe	使跌倒了等
1-32b	tʰūkeboma	tuhebume(-mbi)	使跌倒、使落
1-32b	tokebora	tuhebure	使跌倒的等
1-33a	tūkeke	tuheke	跌倒了、落了
1-32b	tʰūkekeba	tuheke be	将跌倒的等
1-33a	tokekini	tuhekini	准跌倒、准落
1-32b	tʰūkembi	tuhembi	跌倒、落
1-33a	tokentaraqo	tuhenderaqū	不持续跌倒
1-32b	tʰūkenaraqo	tuheneraqū	不倒下、不坠入
1-33a	tokera	tuhere	跌倒的、落的
2i-7a	toibalaqa ūlkiyʰan	tuibalaχa ulgiyan	煺毛的猪
2i-7a	toilabi	tuilafi(-mbi)	惊跑
2i-7a	toilambi	tuilambi	煺毛
1-33a	tokiyʰafi、tokrabi、tokiyʰabi	tukiyefi(-mbi)	抬、举
1-33a	tʰūkiyʰake	tukiyehe	抬了、抬的等
1-33a	tūkyʰimbi、tūkiyʰambi、tukiyʰama	tukiyembi	抬、举

附录　无圈点、加圈点满文词语对照表

续表

出处	无圈点满文词语	加圈点新满文词语	汉译词语
1-33a	tokiy¹ara	tukiyere	抬的、举的
1-32a	t¹ūla、tūla	tule	外
1-32a	t¹ūlaki、tūlarki	tulergi	外面
1-32a	turkitari	tulergideri	由外面
1-32a	t¹ūlari	tuleri	外边
1-32a	tolasi	tulesi	向外
41-6a	t¹ūlkiy¹an	tulgiyen	以外、另外
1-32a	tūlike	tulike	逾限了、逾限的
1-32a	tolikeqo	tulikeqū	未逾限
1-32a	tolira	tulire	逾限的
1-32a	t¹ūman、toman	tumen	万
2r-6a	tongc¹i	tun ci	自岛
3ng-5b	t¹ūngjao、tongjo、tūngjo	tung jeo	通州
3ng-5b	tūngjoi	tung jeo i	通州的
3ng-5b	tonglo	tung liui	铜绿
3ng-5b	t¹ūngken cang t¹ūma	tungken can dūme(-mbi)	敲打金鼓
3ng-5a	tūngsa	tungse	通事
3ng-5a	tungsaba¹	tungsebe	通事们
3k-6a	toksan	tuqšan	牛犊
3k-6a	tuktan、toq¹tan	tuqtan	起初
2r-5b	torqa	turɢa	瘦
2r-5b	torqalafi	turɢalafi(-mbi)	变瘦
2r-5b	torqalaqa	turɢalaχa	瘦了、瘦的
2r-6a	turχa laχabi、torqalaqabi	turɢalaχabi	瘦了
2r-6a	torkun	turgun	缘故
2r-6a	torkumba	turgun be	将缘故

323

无圈点满文

续表

出处	无圈点满文词语	加圈点新满文词语	汉译词语
2r-6a	turhunta、torkunta	turgunde	于缘故
1-33a	tori	turi	豆、令租
1-33a	toriboketa	turibuhede	使租时、脱落时
1-33a	t¹ūrima	turime(-mbi)	租
1-31b	t¹ūsa、tosa	tusa	裨益
1-31b	tosaboqa	tušabuχa	使遭逢了等
1-31b	tosambiqai	tušambiqai	遭逢啊
1-31b	tosaqa	tušaχa	遭逢了、遭逢的
1-32a	totafi	tutafi(-mbi)	滞留
1-32a	tottala	tutala	那些
1-32a	totambi	tutambi	滞留
1-32a	t¹ūtaqa	tutaχa	滞留了、滞留的
1-32a	totaqaba	tutaχa be	将滞留的
3s-4b	totto	tuttu	如彼、所以
1-33a	towa	tuwa	火、令看
1-33b	towaboma	tuwabume(-mbi)	使看
1-33b	towaboqa	tuwabuχa	使看了、使看的
1-33b	towac¹i	tuwaci	若看、看得
1-33b	towac¹ina	tuwacina	看吧
1-33b	towabi	tuwafi(-mbi)	看
1-33b	towakiy¹abo	tuwakiyabu	令使看守
1-33b	towakiy¹ac¹i	tuwakiyaci	若看守
1-33b	towakiy¹ama	tuwakiyame(-mbi)	看守
1-33a	towakiy¹antoki	tuwakiyanduki	请共同看守
1-33a	towakiy¹ara	tuwakiyara	看守的
1-33b	towakiy¹arangke	tuwakiyarangge	看守者
1-33b	towakiy¹aqa	tuwakiyaχa	看守了、看守的

附录 无圈点、加圈点满文词语对照表

续表

出处	无圈点满文词语	加圈点新满文词语	汉译词语
1-33b	towambi	tuwambi	看
1-33a	tuwama	tuwame(-mbi)	看
1-33b	towana	tuwana	令去看
1-33b	towanabi	tuwanafi(-mbi)	去看
1-33b	towanaqa	tuwanaχa	去看了
1-33a	towangkima	tuwanggime(-mbi)	使人往看
1-33b	towanjima	tuwanjime(-mbi)	来看
1-33b	towaqa	tuwaχa	看了、看的
1-33b	towaqai	tuwaχai	盯、看着
1-33a	towaqaqo	tuwaχaqū	未看
1-33b	towari	tuweri	冬
2i-12b	soisan ton	tsui san tun	崔山屯
1-9a	ū jalangqa	u jalangɢa	长辈
1-8a	obacʼi、oobacʼi	ubaci	从这里
1-8a	ūbata	ubade	在这里
1-8a	obasacʼi	ubašaci	若叛
1-8a	obasaqa、obasiyʼaqa、obalaqa	ubašaχa	叛了
1-8a	ūbo	ubu	份
1-9a	ūcʼarabʼi	ucarafi(-mbi)	遇
1-9a	ocʼatari、ūcʼatarai	uce deri	从门
1-9a	ocʼobi	ucufi(-mbi)	拌
1-9a	ocʼori、ocʼiri	ucuri	时候
1-8b	ota	uda	令买
1-8b	otabi boo	udafi bu	买给
1-8b	otabi	udafi(-mbi)	买
1-8b	ūto	udu	几个、虽
1-8b	ototo、oto oto	ududu	许多

无圈点满文

续表

出处	无圈点满文词语	加圈点新满文词语	汉译词语
1-9b	owarac¹i	ufaraci	若失误
1-9b	owarabi	ufarafi(-mbi)	失误
1-9a	ūkeri	uheri	共
1-9a	ūji	uji	令养
1-9a	ūjic¹i、ojic¹i	ujici	若养
1-9a	ojiƀi	ujifi(-mbi)	养
1-9a	ūjike	ujihe	养了、养的
1-9a	ūjolaƀi	ujulafi(-mbi)	为首
1-9a	ūcolaqa	ujulaχa	为首的
1-9a	ūjongqa、ojongqa	ujungɢa	有头的
1-9a	okuta	uku de	于鱼笼
1-8b	ola	ula	江
1-8b	ola-ta	ula de	于江
1-8b	ūlai	ulai	江的
1-8b	ūlama	ulame(-mbi)	传
1-8b	ūlan	ulan	传、沟
1-8b	ūlabo	ulebu	令喂
1-8b	ūlaboke	ulebuhe	喂了
1-8b	ūlangkun	ulenggu	脐
41-2a	olkikeqo	ulhiheqū	未晓得
41-2a	ūlkima	ulhime(-mbi)	晓得
41-2a	olkiraqo	ulhiraqū	不晓得
41-2a	ūlkira	ulhire	晓得的
41-2a	ūlkiso、olkiso	ulhisu	颖悟
41-2a	olkitala	ulhitele	直至晓得
41-2a	olkiy¹an	ulhiyen	渐
41-2a	ūlku	ulhu	灰鼠皮

326

附录 无圈点、加圈点满文词语对照表

续表

出处	无圈点满文词语	加圈点新满文词语	汉译词语
4l-2a	ūlkun	ulhun	领子、被头等
1-8b	ūlin	ulin	财
4l-2a	olma	ulme	针
4l-1b	olqa	ulχa	牲畜
4l-1b	olqaba	ulχa be	将牲畜
4l-1b	olqoma	ulχūma	雉、野鸡
1-8b	oma i	umai	全然
1-8b	ūmai naqaqo	umainaχaqū	没怎么样
1-8b	ūmai naqaqo	umainaχaqū	没怎么样
4m-1b	ūmbobo	umbubu	令使掩埋
4m-1b	omboqa	umbuχa	掩埋了、掩埋的
1-8b	ūma	ume	勿
1-8b	ūmosi、emosi	umesi	着实、很
1-8b	omiyʼaqa	umiyaχa	虫
1-9a	ūmison	umiyesun	腰带
4m-1b	ompo	umpu	山楂
1-8b	ūmasikun	umušuhun	俯卧
2n-1b	oncʼa	unca	令卖
2n-1b	oncʼakini	uncakini	准卖
2n-1b	oncʼaraqo	uncaraqū	不卖
2n-1b	oncʼaqa	uncaχa	卖了、卖的
2n-1b	oncʼikin、ūncʼiken	uncehen	尾
2n-1b	oncʼakeba	uncehen be	将尾
2n-1b	ūnta	unde	尚未
2n-1b	ūntaken	undehen	板子
2n-1b	ūntaingke	undengge	尚未者
1-8a	ūṇangki	unenggi	诚

327

无圈点满文

续表

出处	无圈点满文词语	加圈点新满文词语	汉译词语
3ng-1b	ūngki	unggi	令差遣
3ng-1b	ūngkibi、ūngkifi	unggifi(-mbi)	差遣
3ng-1b	ongkike	unggihe	差遣了、差遣的
3ng-1b	ūngkikeqū	unggiheqū	未差遣
3ng-1b	ūngkima	unggime(-mbi)	差遣
3ng-1b	ūngkir~e	unggire	差遣的
1-8a	oiy¹an	uniyen	乳牛
2n-1b	ūntokulakebi	untuhulehebi	空过、空着
2n-1b	ūntokun	untuhun	空、虚
2n-1b	ūntokuri	untuhuri	徒然
1-8a	ūnon	unun	负担
1-8a	oqac¹i	uqaci	若逃
1-8a	oqabi	uqafi(-mbi)	逃
1-8a	ūqama	uqame(-mbi)	逃
1-8a	oqanjoi	uqanju i	逃犯的
3k-2a	okc¹aqa	uqcaχa	脱逃了、脱逃的
3k-2a	ūq¹c¹aqangke	uqcaχangge	脱逃者
3k-1b	ūksilabofi	uqsilebufi(-mbi)	使穿甲
3k-1b	ūksilama	uqsileme(-mbi)	穿甲
3k-1b	ūksin	uqsin	甲、披甲
3k-1b	oksimba	uqsin be	将甲、将披甲
3k-1b	ūkson	uqsun	宗室
3k-2a	oksoni	uqsun i	宗室的
1-9a	ūrkilama	urahilame(-mbi)	探听
1-9a	orambi	urambi	响
2r-1b	ūrkuntac¹i	urgedeci	若辜负
2r-1b	ūrkutara	urgedere	辜负的

附录 无圈点、加圈点满文词语对照表

续表

出处	无圈点满文词语	加圈点新满文词语	汉译词语
2r-1b	orkun	urgun	喜
2r-1b	orkuni	urgun i	喜的、以喜
2r-1b	ūrkunjaboma	urgunjebume(-mbi)	使喜悦
2r-1b	orkunjambi	urgunjembi	喜悦
2r-1b	ūrkunjaraqo	urgunjeraqū	不喜悦
2r-1b	orkū	urhu	偏
2r-1b	ūrkuma	urhume(-mbi)	偏向
2r-1b	ūrkuraqo	urhuraqū	不偏向
2r-1b	orkilabi	urkilafi(-mbi)	作响声
2r-1b	ūrsa	urse	众人
1-9b	ūro、oro	uru	是
1-9b	ūron	urun	媳妇
1-9b	oronaqo	urunaqū	必定
1-9b	ūrosa	urusa	媳妇们
1-9b	ūrosa	urusa	媳妇们
1-9b	orosacʼi	uruşeci	若为是等
1-9b	orota	urute	众媳妇
1-8a	ūsaboqa	ušabuχa	诖误了、诖误的
1-8a	osabi	usafi(-mbi)	伤悼
1-8a	osatacʼi	ušataci	若拖累
1-8a	osaŋoqo	use noχo	尽是籽粒
1-8a	ūsin	usin	田
1-8a	osiqa	usiχa	星
3s-1a	osqacʼon	usχacun	恼
3s-1a	osqambi	usχambi	嗔恼
3s-1a	ūsqara	usχara	嗔恼的
1-8a	ottala	utala	这些

329

无圈点满文

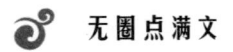

续表

出处	无圈点满文词语	加圈点新满文词语	汉译词语
3t-1a	otto	uttu	如此
1-8b	otor	uturi	围两头
3t-1a	otqai	utχai	即刻
1-9a	oy¹an	uyan	软
1-9a	oy¹ake	uyehe	揣了、揉了
1-9a	oy¹oc¹i	uyuci	第九
1-9a	oy¹on	uyun	九
1-9a	oy¹onjo	uyunju	九十
1-8a	ūqoma	uχūme(-mbi)	剜
1-53a	waboc¹i	wabuci	若使杀、若被杀
1-53a	wabora	wabure	使杀的、被杀的
1-53a	waboqa	wabuχa	使杀了等
1-53a	waboqabi	wabuχabi	使杀了、被杀了
1-53a	wac¹i	waci	若杀
1-53b	wac¹ikiy¹a	wacihiya	令完结
1-53b	wac¹ikiy¹aki	wacihiyaki	请完结
1-53b	wac¹ikiy¹ama	wacihiyame(-mbi)	完结
1-53b	wabi	wafi(-mbi)	杀
1-53b	wajingqala	wajingɢala	完之前
1-53b	wajira	wajire	完的
1-53b	wajirangke	wajirengge	完者
1-53b	wajiqa	wajiχa	完了、完的
4l-10a	walkiy¹ara	walgiyara	晒的
4l-10a	walkiy¹abi	walgiyefi(-mbi)	晒
1-53a	walii~a	waliya	令弃、令撂等
1-53a	waliy¹abofi	waliyabufi(-mbi)	使弃、使撂等
1-53a	waliy¹aboraqo	waliyaburaqū	不丢

附录　无圈点、加圈点满文词语对照表

续表

出处	无圈点满文词语	加圈点新满文词语	汉译词语
1-53a	waliyᵢaboqa	waliyabuχa	丢了、丢的等
1-53a	waliyᵢacᵢi	waliyaci	若弃、若摆等
1-53a	waliyᵢabi	waliyafi(-mbi)	弃、摆、上坟
1-53a	waliyᵢara	waliyara	弃的、摆的等
1-53a	waliyᵢaragke	waliyaragge	应弃者
1-53a	waliyᵢaqa	waliyaχa	弃了、弃的
1-53a	waliyᵢaqangke	waliyaχangge	弃者、摆者等
4m-9a	wambake	wambihe	杀来着
3ng-10b	wangsa	wang sa	诸王
3ng-10b	wangsata	wang sede	于诸王
1-53a	wanocᵢi	wanuci	若相杀
1-53a	waqalabi	waqalafi(-mbi)	参、责备
1-53a	waqalaraqon	waqalaraqūn	不责备吗等
1-53b	waraqocᵢi	waraqūci	若不杀
1-53b	waraχo	waraχū	恐怕杀
2r-10b	warki	wargi	西面
1-53a	wasa	wase	瓦
1-53a	wasimboqa	wasimbuχa	降了、降的
1-53a	wasimboqangke	wasimbuχangge	降者
1-53a	wasintaraba	wasindara be	将持续降的
1-53a	wasiqon	wasiχūn	往西、往下
1-53a	waqa	waχa	杀了、杀的
1-53a	waqata	waχa de	杀时
1-53a	waqabi	waχabi	杀了
1-53b	ūwata	we de	于谁
1-53b	owaba	webe	将谁
1-54a	owacᵢabi	wecefi(-mbi)	祭

331

无圈点满文

续表

出处	无圈点满文词语	加圈点新满文词语	汉译词语
1-54a	owacʼike	wecehe	祭了、祭的
1-54a	owacʼiku、ūwacʼoku	weceku	神祇
1-54a	owacʼikuta	weceku de	于神祇
1-54a	ūwacʼambi	wecembi	祭
1-53b、54b	owacʼama、ūwacʼama	weceme(-mbi)	祭
2n-11a	ūwanjan ŋimaku	wecen nimeku	温病
1-54a	owacʼara	wecere	祭的
1-54a	owacʼi	weci	自谁、比谁
1-54a	owake、ūwake	wehe	石
1-54a	ūwaketa、owaheta	wehe de	于石
1-54a	owakei、ūwakei	wehei	石的
1-54a	ūwakiyʼa	wehiye	令扶助
1-54a	wakiyʼama	wehiyeme(-mbi)	扶助
2i-11b	ūwai so	wei šo	卫所
2i-12a	owaike	weihe	牙、角
2i-12a	owaikei	weihe i	牙的、角的
2i-12a	waiku、owaiku	weihu	独木舟、船
2i-12a	owaikuta、ūwaikuta	weihu de	于独木舟、于船
2i-12a	owaikui	weihu i	独木舟的、船的
2i-12a	owaikuken、ūwaikuken	weihuken	轻
2i-12a	owaikun、ūikuwan	weihun	活的
2i-12a	owaikunta	weihun de	活时
2i-12a	owaicobora	weijubure	使复活的
2i-11b	oila、oila、oil~a	weile	罪、事
2i-11b	oilaba	weile be	将罪、将事
2i-11b	oilata	weile de	于罪、于事
2i-11b	oilatara	weile dere	想是罪、想是事

附录 无圈点、加圈点满文词语对照表

续表

出处	无圈点满文词语	加圈点新满文词语	汉译词语
2i-11b	oilai	weile i	罪的、事的
2i-11b	oilaboki	weilebuki	请使作工等
2i-11b	oilaboraqo	weileburaqū	不使作工
2i-11b	oilabora	weilebure	徒的、使作工的
2i-11b	oilake	weilehe	做了、劳作了
2i-12a	oilakeqobi	weileheqūbi	未作、未劳作
2i-11b	oilama	weileme(-mbi)	做、劳作
2i-12a	oilangke	weilengge	有罪者、犯人
2i-12a	oilaraqo	weileraqū	不作、不劳作
2i-12a	oilaraqoc[1]i	weileraqūci	若不劳作等
2i-12a	oilara	weilere	做的、劳作的
2i-12a	oilarangke	weilerengge	做者、劳作者
3k-11a	owakji、owakjii	wekji	米皮
3k-11a	wakjara	wekjire	理横丝
1-53b	wama	weme(-mbi)	融化
4m-9b	ūwampi	wempi	感化
2n-11a	ūwan	wen	化、扣
2n-11a	owanjabi	wenjefi(-mbi)	发烧、加热
1-54a	owari、ūwari	weri	他人、令留
1-54a	ūwaric[1]i	werici	若留、自他人等
1-54a	owaribĭ、ūwarifĭ	werifi(-mbi)	留
1-54a	owarike、ūwarike	werihe	留了、留的
1-54a	owarikeqo	weriheqū	未留
1-54a	owariraqo	weriraqū	不留
1-53b	ūwasikun、ūwasihun	wesihun	贵、崇高、往东
1-53b	owasike	wesike	升了、升的
1-53b	ūwasimbofi、ūwasimbubi	wesimbufi(-mbi)	擢、奏、题

333

无圈点满文

续表

出处	无圈点满文词语	加圈点新满文词语	汉译词语
1-53b	ūwasimboke	wesimbuhe	擢了、奏了等
1-53b	ūwasimbiki	wesimbuki	请奏、请题等
1-53b	ūwasimboma	wesimbume(-mbi)	擢、奏、题
1-53b	ūwasimbora	wesimbure	奏的、题的等
1-53b	ūwasintara	wesindere	渐升的
1-53b	ūwasintara	wesindere	持续升的
1-42a	y¹abac¹i	ya baci	自何处
1-42a	y¹abobombike	yabubumbihe	使行走来着
1-42a	y¹aboc¹i	yabuci	若行走
1-42a	y¹abofi	yabufi(-mbi)	行走
1-42a	y¹aboki	yabuki	请行走
1-42a	y¹abombike	yabumbihe	行走来着
1-42a	y¹abombiketa	yabumbihede	于行走来着
1-42a	y¹aboma	yabume(-mbi)	行走
1-42a	y¹abora	yabure	行走的
1-42a	y¹aborangke	yaburengge	行走者
1-42a	y¹aboqa	yabuχa	行走了、行走的
1-42b	y¹ac¹in	yacin	青
1-42a	y¹ataboraqo	yadaburaqū	不使贫
1-42a	y¹atafi	yadafi(-mbi)	贫、气绝
1-42a	y¹atakini	yadakini	准贫
1-42a	y¹atalingqo	yadalingɢū	软弱、虚弱
1-42a	y¹atara	yadara	贫的
1-42a	y¹ataqon	yadaχūn	贫
1-42b	y¹afaqalafi	yafaχalafi	步行
1-42b	y¹afaqan、y¹awaqa~n	yafaχan	徒步
1-42a	y¹ali	yali	肉

附录 无圈点、加圈点满文词语对照表

续表

出处	无圈点满文词语	加圈点新满文词语	汉译词语
1-42b	yʲaliba	yali be	将肉
1-42b	yʲalingqa	yalingɢa	富态
4l-8a	yʲalmangki	yalmanggi	炕洞煤
1-42b	yʲaloboqa	yalubuχa	使骑了、使骑的
1-42b	yʲalocʲi	yaluci	若骑
1-42b	yʲalobi	yalufi(-mbi)	骑
1-42b	yʲalora	yalure	骑的
1-42b	yʲaloqa	yaluχa	骑了、骑的
1-42b	yʲaloqabi	yaluχabi	骑了
1-42b	yʲaloqai	yaluχai	骑着
4l-8a	yʲalqo	yalχū	有把槽盆
4m-7a	yʲamji	yamji	晚
4m-7a	yʲamjibobi	yamjibufi(-mbi)	使晚
4m-7a	yʲamjiqa	yamjiχa	晚了、晚的
4m-7a	yʲamqa	yamqa	或许
1-42b	yʲamolara	yamulara	上衙门的
1-42b	yʲamon	yamun	衙门
1-42b	yʲamonta	yamun de	于衙门
1-42b	yʲamoni	yamun i	衙门的
3ng-7b	yʲangsabora	yangsabure	使耘草的
3ng-7b	yʲangsama	yangsame(-mbi)	耘草
3ng-7b	yʲangsara	yangsara	耘草的
3ng-7b	yʲangsaqa	yangsaχa	耘草了、耘草的
3ng-7b	yʲangsalama	yangselame(-mbi)	文饰
3ng-7b	yʲangsimo	yangsimu	养息牧
3k-8a	yʲaksibi	yaqsifi(-mbi)	闭
3k-8a	yʲaksiqaqobi	yaqsiχaqūbi	未闭

无圈点满文

续表

出处	无圈点满文词语	加圈点新满文词语	汉译词语
2r-8a	y¹arkiy¹alama	yargiyalame(-mbi)	验实
2r-8a	y¹arkiy¹alaraqoc¹i	yargiyalaraqūci	若不验实
2r-8a	y¹arkiy¹an	yargiyan	实
2r-8a	y¹arkiy¹aboma	yarkiyabume(-mbi)	使引诱、被引诱
2r-8a	y¹arkiy¹abi	yarkiyafi(-mbi)	引诱
2r-8a	y¹arkiy¹ama	yarkiyame(-mbi)	引诱
1-42b	y¹aroma	yarume(-mbi)	引
2r-8a	y¹arqa	yarχa	豹
2r-8a	y¹arqai	yarχai	豹的
2r-8a	y¹arqotama	yarχūdame(-mbi)	引导、牵领
1-42a	y¹asa	yasa	眼
1-42a	y¹asai	yasai	眼的
1-42b	y¹ay¹a、y¹ai~a、yai~a	yaya	诸凡
1-42b	y¹ay¹ac¹i、yayac¹i	yaya ci	自诸凡、比诸凡
1-43a	y¹abalaraqo	yebeleraqū	不悦
4b-7a	y¹abken、y¹ebeke	yebken	英俊
1-43a	y¹ake	yehe	盔顶上托子等
1-43a	y¹akei	yehei	叶赫的等
1-43a	y¹akera	yehere	磁
2n-8a	y¹antaboc¹i	yendebuci	若使兴旺
2n-8a	y¹antakebi	yendehebi	兴旺了
2n-8a	y¹antambi	yendembi	兴旺
3ng-7b	y¹angsi	yengsi	筵席
3ng-7b	y¹angsilake	yengsilehe	设宴了、设宴的
2n-8a	y¹angke mangkun	yenke menggun	银锞
2r-8a	y¹arkuwai	yerhuwe i	蚂蚁的
2r-8a	y¹artaboma	yertebume(-mbi)	使愧

附录 无圈点、加圈点满文词语对照表

续表

出处	无圈点满文词语	加圈点新满文词语	汉译词语
2r-8a	yʹartecʹon	yertecun	惭愧
1-43a	yʹaro	yeru	穴
1-7a	icʹeng	yi ceng	驿丞
1-7a	eijo	yi jeo	义州
1-7a	ijoi	yi jeo i	义州的
1-43a	yʹoojoi	yo jeo i	耀州的
1-43a	yʹokintaraqo	yohindaraqū	藐视
3ng-7b	yʹōngkiyʹaboma	yongkiyabume(-mbi)	使完全
3ng-7b	yʹōngkiyʹaki	yongkiyaki	请完全
4o-7b	yʹoni、yʹooni	yooni	全
2r-8b	yʹortobi、yʹorto bi	yordofi(-mbi)	射骲头
2r-8b	yortoqo	yordoχo	射骲头了
1-43a	yʹoto	yoto	傻公子等
3ng-8a	yʹūngping、yūngbing	yung ping	永平
3ng-8a	yʹongsion、yʹongsiyʹon	yung šūn	雍舜
1-43a	iowansowai	yuwanšuwai	元帅
1-43a	yʹayʹoma	yuyume(-mbi)	饥馁
1-43a	yʹoyʹora	yuyure	饥馁的
4b-2a	qabsa	χabša	令告状
4b-2a	qabsanaqa	χabšanaχa	去告状了等
4b-2a	qabsanjiqa	χabšanjiχa	来告状了等
4b-2a	qabsanjo	χabšanju	令来告状
4b-2a	qabsarangke	χabšarangge	告状者
4b-2a	qabsaqa	χabšaχa	告状了、告状的
1-12b	qacʹin	χacin	样、项
1-13a	qacʹini	χacin i	样的、项的
1-13a	qacʹin qacʹiṇi	χacin χacin i	样样的

337

无圈点满文

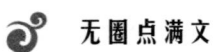

续表

出处	无圈点满文词语	加圈点新满文词语	汉译词语
1-13a	qac¹oqan	χacuχan	小锅
1-12b	qata	χada	山峰
1-12b	qatata	χada de	于山峰
1-12b	qatabi	χadafi(-mbi)	钉
1-12b	qatala	χadala	砦
1-12b	qatama	χadame(-mbi)	钉
1-12b	qataqa	χadaχa	钉了
1-12b	qato	χadu	令割
1-12b	qatobo	χadubu	令使割
1-12b	qatofon	χadufun	镰刀
1-12b	qatokiŋi	χadukini	准割
1-12b	qatoma	χadume(-mbi)	割
1-12b	qatora	χadure	割的
1-13a	χafan	χafan	官
1-13a	qawanba	χafan be	把官
1-13a	qawasata、qawasa-ta	χafasa de	于官员们
1-13a	qabirabobi	χafirabufi(-mbi)	被迫
1-13a	qaibirama	χafirame(-mbi)	逼勒、夹
1-13a	qabiraqon	χafiraχūn	狭窄
1-13a	qabʼitama	χafitame(-mbi)	夹
1-13a	qafobi	χafufi(-mbi)	通彻
1-13a	qafokiy¹abʼi	χafukiyafi(-mbi)	使通晓
1-13a	qafokiy¹ama	χafukiyame(-mbi)	使通晓
2i-3a	qailon	χailun	水獭、水獭皮
2i-3a	qairama	χairame(-mbi)	爱惜
2i-3a	qairantara	χairandara	持续爱惜的
2i-3a	qairantaraqo	χairandaraqū	不持续爱惜

附录　无圈点、加圈点满文词语对照表

续表

出处	无圈点满文词语	加圈点新满文词语	汉译词语
2i-3a	qairantara qocʼi	χairandaraqūci	若不持续爱惜
2i-3a	qairaqan	χairaqan	很可惜
1-13a	qacʼon	χajun	犁刀、器械
1-12b	qalai	χalai	姓的、乖谬的
1-12b	qalama	χalame(-mbi)	更换
1-12b	qalajacʼi	χalanjaci	若轮流
1-12b	qalarangke	χalarangge	更换者
1-12b	qalasama	χalašame(-mbi)	撒娇
4l-2b	qalba	χalba	琵琶骨
4l-2b	qalbofi	χalbufi(-mbi)	容留
4l-2b	qalboraqo	χalburaqū	不容留
4l-2b	qalbora	χalbure	容留的
4l-2b	qaltaba	χaldaba	谄
4l-2b	qaltabasama	χaldabašame(-mbi)	谄媚
4l-3a	qalfiyʼan	χalfiyan	扁
4l-3a	qalbiyʼancʼi	χalfiyan ci	比扁
4l-2b	qalqon	χalχūn	热
1-12b	qamiraqocʼi	χamiraqūci	若受不得
1-12b	qamiraqongke	χamiraqūngge	受不得者
2n-2b	qancʼi	χanci	近
2n-2b	qancʼiki	χanciki	近处
2n-2b	qanto	χandu	稻、粳米等
3ng-2a	qangnara	χangnara	焊的、焗补的
3k-2b	qaqsan、qaksan	χaqsan	险
1-13a	qarangqa	χarangGa	所属的
2r-2b	qarsama	χaršame	偏袒
2r-2b	qarsaraqo	χaršaraqū	不偏袒

339

无圈点满文

续表

出处	无圈点满文词语	加圈点新满文词语	汉译词语
2r-2b	qarsaqaqo	χaršaχaqū	未偏袒
1-12a	qasan	χasan	癫
1-12b	qasi	χasi	茄子
3s-2a	qasqalabi	χasχalafi(-mbi)	夹篱笆
3s-2a	qasqan	χasχan	篱笆栅
3s-2a	qasqo	χasχū	左
1-13a	qay¹aqa	χayaχa	缘边了、盘绕了
1-12a	qaqa、qaq~a	χaχa	男人
1-14a	qobota	χobo de	于棺
1-14a	qoota	χode	想是、盖
2i-3b	qoiwa	χoifa	辉发
2i-3b	qoiwai	χoifai	辉发的
2i-3b	qoiqan	χoiχan	围场
1-14b	qojiqon	χojiχon	女婿
1-14b	qoki	χoki	党类、伙
1-14b	qolo	χolo	虚假、山谷
1-14b	qolota	χolo de	于山谷
4l-3a	χoltoc¹i、qoltoc¹i	χoltoci	若欺骗
4l-3a	qoltobi	χoltofi(-mbi)	欺骗
4l-3a	qoltoraqo	χoltoraqū	不欺骗
4l-3a	qoltosioma	χoltošome(-mbi)	迟久欺骗
4l-3a	qoltoqobi	χoltoχobi	欺骗了
1-14b	qowamiy¹an	χomin	锄头
4m-2b	qomqon	χomχon	刀鞘
2n-2b	qonc¹i	χonci	羊皮
1-14a	qonin	χonin	羊、未
1-14a	qono	χono	尚且

附录 无圈点、加圈点满文词语对照表

续表

出处	无圈点满文词语	加圈点新满文词语	汉译词语
2n-2b	qontoqo	χontoχo	半、科、管领
2n-2b	qontoqoloma	χontoχolome(-mbi)	分给半分
4o-2a	qoošan	χoošan	纸
1-14a	qoqobobi	χoqobufi(-mbi)	使离开等
1-14a	qoqoraqocʰi	χoqoraquci	若不离开
1-14a	qoqoro	χoqoro	离开的等
3k-3a	qoksontora	χoqsondure	一齐忧忿的
1-14b	qoribi	χorifi(-mbi)	圈、监禁
1-14b	qorima	χorime(-mbi)	圈、监禁
1-14b	qorira	χorire	圈的、监禁的
1-14b	qoriqa	χoriχa	圈了、监禁了
2r-2b	qorqo	χorχo	竖柜、猪羊圈
1-14a	qosio	χošo	隅、角、和硕
1-14a	qosioba	χošobe	将隅、将角
1-14a	qosiocʰi	χošoci	自隅、自角
1-14a	qosioi	χošoi	隅的、和硕的
1-14a	qosiongqo	χošongɢo	方的
1-14a	qosioto	χošoto	众和硕
1-14a	qoton、χoton	χoton	城
1-14a	qatomba	χoton be	把城
1-14b	qotoncʰi	χoton ci	自城
1-14a	qotoɳi	χoton i	城的
1-14a	qoqori	χoχori	耳门
1-15b	qūboi kerken	χū bu i hergen	户部衔
1-15b	qoba	χūba	琥珀
1-15b	qobalaqaqo	χūbalaχaqū	未裱糊
1-39	qocʰin	χūcin	井

无圈点满文

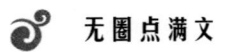

续表

出处	无圈点满文词语	加圈点新满文词语	汉译词语
1-15b	qotai	χūdai	生意的、价的
1-15b	qotasacʻi	χūdašaci	若贸易
1-15b	qotasaki	χūdašaki	请贸易
1-15b	qotasama	χūdašame(-mbi)	贸易
1-15b	qotolama	χūdulame(-mbi)	加快
1-15b	qotoqan	χūduqan	略快
1-15b	qola	χūla	令读
1-15b	qolaboqa	χūlabuχa	使读了等
1-39	qolacʻi	χūlaci	若读
1-39	qolama	χūlame(-mbi)	读
1-16a	qolasama	χūlašame(-mbi)	兑换
1-15b	qolaqa	χūlaχa	读了、读的
4l-3b	qolki	χūlhi	糊涂
4l-3b	qolkima	χūlhime(-mbi)	犯糊涂
4l-3b	qolqa	χūlχa	贼
4l-3b	qolqaba	χūlχa be	将贼
4l-3b	qolqacʻi	χūlχaci	若偷
4l-3b	qolqabi	χūlχafi(-mbi)	偷
4l-3b	qolqai	χūlχai	贼的
4l-3b	qolqoraqū	χūlχaraqū	不偷
4l-3b	qolqa-qa	χūlχaχa	偷了、偷的
2n-3a	qoncʻikin、qoncʻikin	χūncihin	同族、亲
2n-3a	qontaqan	χūntaχan	盅子
1-16a	qori	χūri	松子
1-16a	qoro	χūru	竹口琴
2r-3a	qorqatacʻi	χūrχadaci	若大网打鱼
2r-3a	qorqan	χūrχan	大围网

附录　无圈点、加圈点满文词语对照表

续表

出处	无圈点满文词语	加圈点新满文词语	汉译词语
2r–3a	qorqanta	χūrχande	于大围网
1-15b	qosiqa	χūsiχa	裹了
1-15b	qoson	χūsun	力
1-15b	qūson boo	χūsun bu	令给力
1-15b	qosongke	χūsungge	有力的
1-15b	qosotolake	χūsutulehe	用力了等
1-15b	qosotolarangke	χūsutulerengge	用力者
1-15b	qotori、χotori	χūturi	福
1-16a	qowabocong	χūwa boo cung	花豹冲
1-16a	qowata	χūwa de	于院子
1-16a	qowai	χūwa i	院子的
1-16a	qowajan	χūwa jan	画匠
1-16a	qowajan	χūwa jan	画匠
1-16a	qoitara	χūwaitara	拴的
1-16a	qowajabi	χūwajafi(-mbi)	破
1-16a	qowajama	χūwajame(-mbi)	破
1-16a	qowakiy¹ara	χūwakiyara	剖开的
1-16a	qowalara	χūwalara	打破的
1-16a	qowaliay¹abi	χūwaliayafi	和好、和解
1-16a	qowaliy¹ac¹i	χūwaliyaci	若和好
1-16a	qowaliy¹an	χūwaliyan	和气、和顺
1-16a	qowaliy¹antara	χūwaliyandara	持续和好的等
1-16a	qowaliy¹aqata	χūwaliyaqa de	和好时
1-16b	qowangtan	χūwang dan	黄丹
1-16b	qowangkiy¹araqo	χūwanggiyaraqū	无妨
1-16b	qowaqsan	χūwaqšan	椿
1-16b	qowaksiqan	χūwaqšaχan	周栏竖柱
1-16a	qowasan	χūwašan	和尚

后　　记

　　值此《无圈点满文》教材即将付梓之际，略抒编著原委，并致谢悃。

　　去年（2024）年初，朝克教授与我联系，告诉我中国社会科学院大学拟编写满语文系列教材，由他主编，并邀请我承担《无圈点满文》一书的编写任务。多年来，我一直关注无圈点满文，在此之前做了许多基础性研究工作，撰写了《老满文研究》（《满语研究》2003 年第 2 期）等若干篇论文，并出版《〈旧清语〉研究》（北京燕山出版社 2002 年版）、《清代中央决策机制研究》（科学出版社 2007 年版）等成果。在这些著作内，大量使用过《无圈点档》等清代档案资料。在此基础上，我进一步系统整理了清代《无圈点字书》等弥足珍贵的历史文献，近年来尤其致力于无圈点档翻译与研究，并取得一定阶段性成果。所有这些，为撰写这次无圈点满文教材打下了坚实基础，提供了丰富资料，使得撰稿工作顺利完成。在此非常感谢朝克教授提供的全面系统研究清代无圈点满文的好机会。

　　尽管教材书稿已交给出版社，但因涉及汉文简体字、繁体字、无圈点满文、加圈点满文、蒙文、拉丁文和国际音标等多种文字和转写系统，加上不同文字交替使用和相互间的切换频繁高，特别是无圈点满文输入程序复杂繁琐，乃至出现一些字母临时变通或灵活拼写等疑难问题。由此难免出现考虑不周之处，请读者提出宝贵意见。

　　在本教材编写、校改、印刷出版工作中，得到中国社会科学院大学、中国社会科学出版社领导和编辑工作者的鼎力支持。对于他们付出的辛劳，特表示崇高的敬意和诚挚的谢意！

后 记

　　本教材是至今为止，唯一全面系统研究无圈点满文的成果，编写时采用了传统满文《十二字头》教学法与现代音素教学法相结合的方法，目的是方便读者掌握无圈点满文，以及更好地利用无圈点满文史料从事清代历史文化研究工作。最后，再次恳切希望大家对书中不足之处进行批评指正。

编著者

2025 年 1 月